U0123839

本书由

大连市学术著作出版基金资助出版

The published book is sponsored by the Dalian Evaluation

Committee for Publishing Academic Works Financed

HANZI YU ZHONGHUA CHUANTONG WENHUA

汉字与中华传统文化

李索 著

高等教育出版社·北京

内容提要

　　本书主要是从传统文化的视角对汉字进行全方位解读，在讲解说明汉字的性质、起源、形义关系的基础上，重点阐释寓含在汉字形体中的中华传统文化信息，继而讲述正确认识、规范使用汉字的原则和规律，使读者从根本上了解汉字，热爱汉字，规范使用汉字，并从中接受中华民族优秀传统文化的熏陶。希望本书能够为普及汉字基本知识，弘扬中华传统文化，促进汉字规范和汉语推广，提升读者汉文化素质略尽绵薄之力。

图书在版编目（CIP）数据

　　汉字与中华传统文化／李索著. —北京：高等教育出版社，2014.8（2023.2重印）
　　ISBN 978 - 7 - 04 - 039936 - 3

　　Ⅰ.①汉… Ⅱ.①李… Ⅲ.①汉字—传统文化—研究—中国 Ⅳ.①H12

　　中国版本图书馆 CIP 数据核字（2014）第095021号

策划编辑　王　丽		责任编辑　王　丽		封面设计　张　楠		版式设计　王　莹	
责任校对　刘春萍		责任印制　朱　琦					

出版发行	高等教育出版社	咨询电话	400 - 810 - 0598
社　　址	北京市西城区德外大街4号	网　　址	http://www.hep.edu.cn
邮政编码	100120		http://www.hep.com.cn
印　　刷	涿州市京南印刷厂	网上订购	http://www.landraco.com
开　　本	787mm×1092mm　1/16		http://www.landraco.com.cn
印　　张	17	版　　次	2014 年 8 月第 1 版
字　　数	400千字	印　　次	2023 年 2 月第 8 次印刷
购书热线	010 - 58581118	定　　价	58.00元

本书如有缺页、倒页、脱页等质量问题，请到所购图书销售部门联系调换

版权所有　侵权必究
物 料 号　39936 - 00

序

汉字，古老而神奇。它穿越时间的阻隔，承载着中华五千年的文明，记录了汉民族悠久的历史；它超越空间的界限，维系着汉民族大家庭不同方言区的信息沟通；它生发出的书法、篆刻艺术，成为中华艺术的瑰宝。同时，作为记录汉语的书写符号，汉字本身在构形和使用过程中，也充满了文化元素，与汉文化的产生、发展息息相关，成为中华传统文化的主要载体。

在漫长的历史岁月中，随着社会和语言的发展，汉字的工具性特质日益突显，使用日趋广泛，书写工具和材料也相应发生了显著变化，从而导致汉字的形体也发生了重大的改变，汉字的表意性及其所携带的大量文化信息日趋隐没。今日大多数汉字使用者对汉字的性质及其文化特征知之不多，在他们眼里，汉字仅仅是一种书写符号而已。再加上以英语为代表的外来语言的大量介入及近年来网络语言的冲击，致使对汉字的正确理解和规范使用产生了诸多新的困难和问题。

近年来，继承弘扬中华优秀传统文化成为全民共识，汉字作为汉文化的重要载体也日益受到人们的关注，于是通过分析汉字形体，说解汉字意义，进而谈论传统文化的现象日益多了起来。其中有些现象不得不引起人们的注意和思考。

首先，随意分解字形，解读字义和文化。

如某"著名营养专家"在人民大会堂召开的大会上公开讲："大家想一想，'精'的一半是'米'，那边是'青菜'，你如果不吃米和青菜还有'精'吗？……我们说人有神，'神'的一半是田，田上面种庄稼，所以我们要多吃植物性食品才能健康。"[①]"多吃植物性食品才能健康"或许没错，但问题是不能这样分析"精"和"神"。《说文·米部》："精，择。从米、青声。"[②]段玉裁解释说："精，择米也。……《庄子·人间世》：曰'鼓策播精'，司马云，简米曰精。简即柬，俗作拣者是也。引申为凡最好之称。"[③]可见，精的意思是拣择，也指拣择出来的好米。引申指纯净、精细，与杂乱、粗疏相对，于是事物中最优质部分的也叫"精"。在"精"字的形体中，"青"只表示读音，不表示意义。如果硬说其中的"青"是"青菜"的话，那么，"情"怎么办？是不是要多吃青菜才会产生感情？依此类推，水怎么就"清"了，往水里加青菜；天怎么就"晴"了？往天空扔青菜；眼"睛"怎么就明亮了？多用青菜擦；"请"大夫怎么办？不仅用"言"语表达，还要背上一捆青菜……显然于理不通。"神"字甲骨文作"𤔲"（申），象闪电的形状，后来加上"示"字，小篆写作"𥛓"，后省作"神"，指神灵。"神"字的初文"申"是闪电的形象，与"田"风马牛不相及，更不用说在上面种庄稼了。

---

① 京报网 2007 年 6 月 19 日《让有氧代谢进入中国——健康快车十周年纪念活动实况》；同期《北京晚报》。
② 汉·许慎：《说文解字》，中华书局 1963 年版，第 147 页。
③ 清·段玉裁：《说文解字注》，上海古籍出版社 1981 年版，第 331 页。

还有"专家"这么分析"温"字：地上放个盆，往里面倒点儿水，太阳一晒，怎么样了呢？温暖了①。照这样分析，"媪"字是不是可以说：地上放个盆，把女孩儿放里面，太阳一晒，怎么样了呢？变成老太婆了。

某知名"文化学者"公开宣称："痴"的意思是"知识多了就是病"，"安"的意思是"家中有女就是安"，于是得出了"中国历史上能够传世的家教之母，都是没有文化的女人"的理论依据。真乃旷世奇葩，"语不惊人死不休"啊！"痴"是"癡"的简化字（古代的俗体字），意思与"癡"相同。《说文·疒部》："癡，不慧也。从疒，疑声。"②段玉裁解释说是"迟钝之意，故与慧正相反。"③可见痴的意思是呆傻，迟钝，怎么会是"知识多了"的缘故呢？和知识联系起来，可能是看到"痴"字中有了"知"字，其实，"知"同"疑"一样，都是表示读音的，不能直接用来解释字义。"安"字的甲骨文构形作"⿰"，象一名女子在⿱（房屋）下。宋·戴侗《六书故》认为："室家之内，女所安也，故安从女。"④女子在屋子里才会感到安宁，所以，"安"的本义指安居，安宁。"家中有女就是安"正好因果颠倒了。

诸如此类，貌似有理，好像在宣扬传统文化，但与汉字的本义及其寓含的文化信息大相径庭，对正确理解汉字和传统文化造成的危害是显而易见的。

其次，随意解析字形字义，误读经典文献。

近年来，在弘扬传统文化的过程中，"国学热"在各地迅速兴起。"国学热"热了传统经典文献，而其基础——小学（汉语传统语言文字学）因古奥艰深，又不能即刻"致用"，则很少有人顾及，从而导致对经典的解说往往鱼龙混杂，泥沙俱下。某些"文化学者"小学根基浅薄，偏又急功近利，只好望文生训，凭己意妄加联想，"创新"经典文意，借以哗众取宠。

有人说解《论语·学而》中的"学而时习之"的"时"字，称"时"字左边是"日"，右边是"寸"，意思是"一寸光阴一寸金"，孔子此话的意思是要求学生珍惜时光，抓紧时间学习。其实，"時"（时）字是"从日，寺声"的形声字，哪里有什么"一寸光阴一寸金"？

还有某网络名人称"孔夫子当年也是国骂的好手，或者说当时国骂的制造者"。他的依据是孔子骂他的学生是"朽木"，是"用屎尿涂的墙没办法粉刷"。

这句话来源于《论语·公冶长》："朽木不可雕也，粪土之墙不可杇也，于予与何诛？"⑤文中的"朽木"是不是骂人的话姑且不论，这位名人显然是把"粪土之墙"理解成了"用屎尿涂的墙"了。其实，稍有生活常识的人都知道，什么人会用屎尿来涂墙呢？用屎尿涂墙的房屋给谁住呢？显然，造成这种"创新"解释的关键是用今天的意思来理解"粪土"了。

"粪土之墙"的"粪土"是什么意思？今天的许多版本都没有注释，有的则直接注成了"粪便和泥土"。"粪"的甲骨文构形作"⿱""⿰"，象两只手，端着一个簸箕，簸箕中有小点掉下去。组合在一起表示打扫，扫除，是个动词。所以《说文》说："粪，弃除也。"⑥段玉裁解释

---

① 李敏生：《汉字哲学初探》，社会科学文献出版社2001年版，第73~74页。
② 汉·许慎：《说文解字》，中华书局1963年版，第156页。
③ 清·段玉裁：《说文解字注》，上海古籍出版社1981年版，第353页。
④ 宋·戴侗：《六书故》卷二十五，《景印文渊阁四库全书》，台北商务印书馆1986年版。
⑤ 宋·朱熹：《四书章句集注》，中华书局1983年版，第78页。
⑥ 汉·许慎：《说文解字》，中华书局1963年版，第83页。

说:"古谓除秽曰粪,今人直谓秽曰粪,此古义今义之别也。"①即"粪"的本义是"除""扫除",在先秦文献中多有用例。由"扫除"引申指扫除出来的污物,即"秽物",再与"土"结合成复音词即"粪土",义为"秽土""脏土"。用垃圾、秽土堆成的墙当然不能粉刷,因为本身"素质"就不好。所以孔子用"粪土之墙"作比喻,说明宰予白天睡觉,自身就不想学习,对他这样的学生不知道该批评什么。哪里有什么骂人、国骂的意思呢?

诸如此类,名为阐释国学,实则贻害大众。清人张之洞说:"由小入经学者,其经学可信。"②而离开了对国学经典文本原字原义的正确阐释,则是对国学经典和传统文化的歪曲与亵渎。所以,学国学、传播中华传统文化也当从"识字"始。

第三,国际汉语教育中的汉字教学问题。

随着社会主义文化事业的大发展、大繁荣和汉语国际化程度的提高,"汉语热"在全球迅速升温。由于汉字与西方文字性质不同,形义关系不同,识读方法各异,加之文化风俗习惯的差异,汉字的识读和书写历来是外国人学习汉语的主要难点之一。于是在汉字教学中,有人为了识记方便,也用这种办法分析说解汉字。如:

"警",警察要先敬礼后说话。(本义是戒备。从言从敬,敬亦声。)

"婚",女人发昏才结婚。(本义是妇家,引申指结婚。从女从昏,昏亦声。)

"理",真理掌握在王者手里。(本义是治玉,从玉里声。)

"旧",新的东西过了一日就成为旧的了。(繁体字作舊,从萑臼声。)

这种方法虽然可以使汉字教学形象生动一些,但却破坏了汉字结构的完整性和系统性,传达了错误的文化信息,弊多利少,得不偿失。

以上三种情况表明,向汉字的使用者和学习者宣传汉字的基本知识及其文化特征,对于准确理解汉字、规范使用汉字和汉语推广以及中华优秀传统文化的继承传播是必要和紧迫的。

有鉴于此,本书试图在普及汉字学、汉字构形学知识的基础上,遵循"从汉字形体讲中华传统文化,就中华传统文化谈汉字形体"的原则,从文化的视角,以汉字的甲骨文、金文、篆书形体为视点,以东汉许慎的《说文解字》和清人段玉裁的《说文解字注》为桥梁,对汉字形体中寓含的传统文化信息进行分析阐释。

本书内容包括三部分:前三章为第一部分,扼要介绍汉字的性质、起源、形义关系及其构形的文化特征,是理解全书内容的理论基础。第四至第十九章为第二部分,分别从衣、食、住、行、婚育、身体、德行、政事、武备、文教及时令、方位等十六个方面阐释寓含在相关汉字形体中的传统文化信息,是全书的主要部分。第二十章为第三部分,简要介绍了汉字形体演变对据形析义的影响,并结合当今对国学经典文献的误读误释的现象,说明了解汉字的形义关系和文化特征对准确理解经典文献的含义及正确弘扬中华传统文化的重要意义,算是一点结合实际的应用。

如上文所言,汉字是中华传统文化的瑰宝,本书初衷是向广大学生、对外汉语教师、学习汉语的外国人乃至中等文化程度以上的汉字使用者宣传汉字的基本知识及其文化特征,使读者更深入全面地了解汉字,热爱汉字,正确理解、规范使用汉字,并从中接受优秀传统文化

---

① 清·段玉裁:《说文解字注》,上海古籍出版社 1981 年版,第 158 页。

② 清·张之洞:《书目答问·国朝著述诸家姓名略》,上海古籍出版社 1983 年版。

的熏陶。理论性、知识性、趣味性相结合，深入浅出，雅俗共赏则是本书追求的风格特色。

　　中华文化源远流长，汉字文化博大精深。本人才疏学浅，尽管撰写过程中常怀敬畏之心而终日乾乾，每析一字力求持之有据，不敢以己意妄加揣测，但学识和时间所限，缺憾与不足在所难免，尚乞方家指正。此外，本书撰写过程中，参考了众多前贤和时彦的相关论著，在此一并致谢。如果能够为普及汉字基本知识，弘扬中华传统文化，促进汉字规范和汉语推广，提升读者汉文化素质尽绵薄之力，则此心足矣。

目　录

第一章 汉字的性质与起源

汉字是世界上迄今仍在使用的最古老的文字。在漫长的历史岁月中，它穿越时空的阻隔，承载着华夏五千年的文明，记录着汉民族源远流长的历史；几千年来，它一直是中华民族最重要的辅助性的交际工具，并且迄今仍充满着勃勃生机。可以说，汉字确实是先民留给我们的极其宝贵的文化遗产。

那么，汉字的性质是什么？是谁造的？有哪些特点？这些问题看起来简单、熟悉，但大多数汉字的使用者却都说不清楚、说不准确。而它却是学习汉字、理解汉字、规范使用汉字，甚至阅读汉语文献的前提和基础。

第一节 汉字是什么

一、汉字是记录汉语的书写符号体系，属于表意体系的文字

语言是人类最重要的交际工具，而词是最小的、有意义的、能够独立运用的语言单位。如果说语言是一座大厦的话，词就是建筑这座大厦的一砖一瓦。无论哪一种文字，都是记录语言的符号体系，汉字自然是记录汉语的书写符号体系。这是从总体上讲的，具体到每个字，记录的大都是语言里的词。

从构成上看，词又是一个音义结合体，即由意义和读音两部分构成。意义是词的内核，读音是其物质外壳。于是文字在记录词的时候就有两种选择，要么记录词的读音，要么记录词的意义。如图1-1所示：

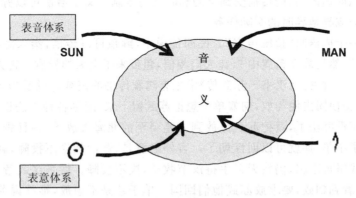

图1-1 字词关系图

记录词的读音的叫表音体系的文字，而记录词的意义的叫表意体系的文字。显然，"SUN"和"MAN"记录的是英语中表示"太阳"和"人"的词的读音，汉字"☉"和"ʔ"表示的是"日"和"人"这两个词的意义。所以汉字属于表意体系的文字。

表音体系的文字的特点是人们看到这个字可以读出它所记录的词的读音,什么意义未必清楚;表意体系的文字的特点是人们看到字形可以了解词的意义,但到底读什么音则看不出来。如人们看到汉字"射"可以知道它记录的意义是"射箭",但未必能看出"shè"这个读音;"牧"字的构形是一只手拿着一根棍,旁边是一头牛,自然会联想到它的意义是"放牧",但看不出它"mù"这个读音。"及"(及)字的构形是前面一个人,后面一只手,合在一起可以分析出来是"追上""赶上"的意思,但看不出"jí"的读音来。

需要注意的是,汉字虽然一开始象形性很强,但它毕竟是记录汉语的符号,是词的书写符号,而不是图画。所以,它不要求画得多像,而要求能够与表示其他事物的字区分开来,即能够区分是关键。例如:

"⊙"画的是太阳的样子,而"☽"画的是月亮的样子,其实月亮也有圆的时候,之所以不画成一个圆形,是为了同表示太阳的⊙相区别;牛(牛)和羊(羊)的区别在于它们的角,而"虎"(虎)和犬(犬)的主要区别在于身上的花纹。

如果还要问,⊙中间的圆点是什么意思?与其像有人说的是太阳黑子,倒不如说是加上这个圆点表示⊙是一个实体。如果说,既然是实体,为什么不全部涂黑,写成一个实心圆呢?其实这正是文字符号性的表现。汉字是记录汉语的,是要写下来的,汉字产生当初大多是刻在岩壁上或是龟甲兽骨上,如果是一个实心圆,反而既不易"写",也不易认了。所以加上一个点,表示它不是一个环,而是实心的就可以了。其实,甲骨文中,"日"字甚至有写成"▱"的,与图画就相去更远了。写成方块状,也是为了书写的方便。

二、汉字是汉民族及其他使用汉语的人最重要的辅助性的交际工具

如前所述,语言是人类最重要的交际工具,但是这个交际工具自身存在着先天性的缺陷。两个人谈话,其他地方的人就听不到;孔子当年讲学的话,我们现在也没有办法听到。因为语音是稍纵即逝的,它的传播受到空间和时间的限制。文字恰恰可以弥补这个缺陷,它可以帮助人类完成异地异时的交际任务。

汉语中有一个成语叫"鱼雁传书"。民间传说中,鲤鱼可以传信,秦末陈涉、吴广曾在帛上写上"陈胜王",然后放在鱼腹中①,让人们相信,鱼带来了上天的旨意。古人还把信放在鱼形木函中,称鱼函、鲤书。《汉书·苏武传》中也有鸿雁传书的记载。说是当年苏武奉汉武帝之命,率一个外交使团出使匈奴,匈奴单于想把苏武留下来,用尽各种办法逼苏武投降,苏武宁死不屈。单于没办法了,就把苏武流放到人迹罕至的北海去放羊,并且告诉苏武说,等什么时候公羊生了小羊,你就可以回汉朝了。言外之意是,苏武如果不投降,就只能老死在异国他乡。但苏武坚贞不屈,仍然天天手持汉节牧羊,决不投降。后来汉武帝去世,汉昭帝即位,汉朝又派使者到匈奴,要求放苏武他们回国。单于还是不想放,推辞说苏武等人已经故去,不在了。汉代的使者说,前两天我们汉朝天子在上林苑射猎的时候,射中了一只从北方飞来的大雁,大雁的腿上系着写在帛(丝织品)上的一封信,苏武在信中说,他现在就在北海

---

① 汉·司马迁《史记》卷四十八,中华书局 1959 年版,第 1950 页。

图1-2　苏武牧羊图

放羊呢。单于听了，大吃一惊，只好承认苏武等人还活着。于是苏武终于回到了他阔别十九年、朝思暮想的故乡(图1-2)。

当然，这个故事是汉朝的使者临时编的，但是，不管是编的还是真的，多亏了那封信，多亏了那封信上的那些汉字，苏武才回到了他的故乡。鱼雁传书的故事说到底就是文字完成了异地的交际任务。

文字还可以完成异时的交际任务。在中国古代历史上，文字的这个特点导致人丧命的事情并不鲜见。《左传·襄公二十五年》记载：齐国大夫崔杼策划杀了国君庄公，齐国太史在简册上写下了"崔杼弑其君"五个字(图1-3)。于是，崔杼杀了太史。太史的弟弟接续太史的职务，又这样写，崔杼又杀了太史的弟弟。太史的另一个弟弟还是这样写，崔杼又杀了他。为了这一句话，崔杼杀了太史兄弟三人。但是太史的另外一个弟弟还是坚持这样写，崔杼没法再杀下去了，只好作罢。与此同时，另外一个史官——南史氏，听说太史和他的两个弟弟都因为在简册上写"崔杼弑其君"而被杀了，就在家里把这几个字写在简册上，拿着前去上朝，准备以死抗争。半路上听说已经这样记载了，才又回去了。

这件事情反映了春秋时期的史官秉笔直书的可贵的职业操守。但细分析其中缘故，崔杼为了这五个字杀了三个人，而其他史官仍然前仆后继，根本原因是什么呢？显然，崔杼策划杀死庄公在当时是路人皆知的，但崔杼最害怕的是让后人知道，让他永远背上弑君的恶名。因为文字可以完成异时的交际任务，美名一旦用文字记入史册，就可永垂不朽；恶名若是载入了史册，就会遗臭万年。

历史上，汉字完成异时交际任务的例子不胜枚举，从孔孟的仁义礼智到老庄的玄静清

图 1-3　史官书写"崔杼弑其君"图

虚，从春秋时期的风起云涌到战国时代的百家争鸣，中华民族五千年的思想意识、道德观念、学术理论、治国方略大多是靠文字记录传承下来，才使我们今天得以继承发扬。

三、汉字是汉文化的最主要的载体

第一，我们的汉文化主要是依靠汉字记录才得以传承下来的。

从春秋时期的《诗》《书》《礼》《易》《春秋》到屈原、司马迁，从李白、杜甫、韩愈、柳宗元、欧阳修、苏轼，一直到大家熟悉的《红楼梦》《三国演义》《西游记》《水浒传》，我们浩如烟海、汗牛充栋的古代典籍，主要是通过文字记载下来，并传承到今天的。

第二，汉字构形本身就记录了我们先民的文化现象。

比如"临"字，甲骨文字作"𦣞""𦣞"，上部象一个人，突出他的眼睛，下面的三个小三角或三个"口"表示物品，整个构形象是一个人俯视众物，表示从上向下看，俯视。所以《诗经·大雅·大明》说："上帝临女，无贰尔心。"意思是上帝从天上看着你们，不要有二心。可见，"临"这个动作的发出者是上帝，所以引申为"降临"，即从上面到下面去。汉语中，"临"具有"以尊适卑"的意义特点，所以皇帝到了叫"驾临""临幸"。今天欢迎领导和来宾时常说欢迎"莅临""光临"，是表示对对方的尊敬，隐含的意思是对方的地位高，我们的地位低。由于有些人不明白"临"的意义特点，常常用错。生活中常听到这样的对话：

甲："明年还请您光临。"乙："好的，好的，一定光临，一定光临。"

显然，乙这样说不合适，是失礼的。原因是他没有理解"临"所寓含的文化意蕴。人家请他来称"临"，是尊重他；自己称自己"临"，就有高位自居之嫌了。

"𦣞"字的构形形象地反映了古代礼仪文化的特征。

四、汉字是连结汉民族的纽带

中华大地，土地辽阔，方言众多。不同方言区的人说出来的话可能互相听不明白，一不小心就会造成误解。例如，刚到大连，发现大连城市整洁，环境优美，交通便利，文明浪漫。

乘公交车,排队上车后,司机师傅说:"刚上车的乘客,往后边'窜一窜',门口的乘客往后边'窜窜'。"当时一听'窜',马上想到"抱头鼠窜""狼狈逃窜",兔子才窜,怎么能让乘客"窜"呢?问别人,告诉说,"窜一窜"就是挪动挪动地方,走一走。走怎么能叫"窜"呢?太不文明了吧。后来,请大连的同学把他们的"窜一窜"写到黑板上,他们毫不犹豫地写上了"串一串"三个字。原来,大连方言中"zh ch sh"和"z c s"发音时分不清楚,所以司机师傅就把"串"(chuàn)说成了"窜(cuàn)",让不懂大连方言的人误以为是"窜"。多亏有了汉字,才避免了误解。

在成都还听了一个小故事,一位年轻女子坐在井边哭,说:"快来人呀,我的孩子掉井里了。"于是来了一帮人赶快打捞,结果人没有捞到,只捞上来一只鞋。大家正感到遗憾时,没想到这个女的倒乐了,说:"谢谢你们把我的孩子捞上来了。"原来在她的方言里,"鞋"读成"hái",在别人听来,"鞋子"就成了"孩子"。但是要写下来,她也写成"鞋子",绝不会写成"孩子"。

正因为有了汉字,不同方言区的人,无论是南方的还是中原的、东北的,尽管口音南腔北调,互相听不懂,但只要是写下来,都能顺利交流。汉字超越了方言的界限,保障着不同方言区的人顺利交流沟通,确实是联结中华民族的一条纽带,使我们之间的交流永远不会出现隔阂,使中华民族大家庭的人永远团结得那么紧密。

第二节　汉字是谁造的

汉字源远流长,今天我们所见到的最早的文字形式——甲骨文,在殷商时代已经是发展较成熟阶段的成系统的文字,并不是汉字的最初形态。那么,汉字是谁发明的,是怎样产生的呢?

一、汉字起源的三种传说

关于汉字的起源,东汉人许慎在他编著《说文解字·叙》中说:"古者庖牺氏之王天下也,仰则观象于天,俯则观法于地,视鸟兽之文与地之宜,近取诸身,远取诸物;于是始作《易》八卦,以垂宪象。及神农氏,结绳为治而统其事。庶业其繁,饰伪萌生。黄帝之史仓颉,见鸟兽蹄迒之迹,知分理之可相别异也,初造书契。"[①]

这段话中包括了汉字起源的三个传说:八卦说、结绳说和仓颉造字说。

1. 八卦说
许慎在《说文解字·叙》中提到了伏羲(庖牺)作八卦,但并未直接说八卦就是汉字的直接源头。一般认为,汉字源于八卦的说法流传于宋代。但八卦中一个符号往往代表着许多事物,且不与汉语的词发生直接关系。而且八卦符号很有限,不可能演化出大量汉字。所以从总体上说"八卦"不可能是汉字的起源。但甲金文中个别汉字的构形借鉴甚至来源于八卦中的符号是可能的。

---

① 汉·许慎:《说文解字》,中华书局1963年版,第314页。

2. 结绳说

结绳就是通过在绳子上打结的办法帮助记忆。《易·系辞下》也记载："上古结绳而治，后世圣人易之以书契。百官以治，万民以察。"①说明在史前时期确实存在着"结绳记事"的时代。人类学、民俗学的研究也充分证明了这一点。但结绳只是一种帮助记忆的方法，本身并不记录语言，所以与文字没有直接关系。上述文献的记载只是说明在文字产生之前有过一段"结绳记事"的时期，至多是结绳为后来的造字提供了一点启发和借鉴。如甲骨文中有如下符号：

分别表示"十""二十""三十"。竖线中间的圆点象绳子的结，所以有些学者认为汉字的产生是受了结绳的影响。

3. 仓颉造字说

仓颉造字在汉字起源的传说中影响最大，许多文献都有记载。例如：

《吕氏春秋·君守》记载"奚仲作车，仓颉作书，后稷作稼，皋陶作刑，昆吾作陶，夏鲧作城"②。说是奚仲（黄帝的后代，夏朝车正）造了车，仓颉造了字，后稷（尧的农官，周朝的始祖）总结了种庄稼的办法，皋陶（舜的刑官）制定了刑法，昆吾（颛顼的后代）制作了陶器，夏鲧（大禹的父亲）建造了城郭。

《韩非子·五蠹》中说："古者仓颉之作书也，自环者谓之私，背私谓之公。"③意思是仓颉（图1-4）造字的时候，用向自己怀里弯曲的符号（ ）表示"私"，在 字上面加上一个表示相背相反的"八"（八）字，表示与私的意义相背的"公"（ ）字，所谓"背 谓之 "。

图1-4 河南黄帝陵前的仓颉塑像

① 《黄侃手批白文十三经·周易》，理艺出版社1998年版，第46页。
② 《诸子集成·吕氏春秋》，中华书局1986年版，第203页。
③ 《诸子集成·韩非子集解》，中华书局1986年版，第345页。

《淮南子·本经训》说得更形象、更夸张："昔者仓颉作书而天雨粟，鬼夜哭。"①意思是从前仓颉造字的时候，上天像降雨一样直接降下粮食，鬼在夜里号哭。不管作者用意如何，这种记载客观上表明，仓颉造字是一件惊天地、泣鬼神的大事。

二、仓颉是怎么造字的

许慎在《说文解字·叙》中记录了他认为的仓颉造字的过程：

"黄帝之史仓颉，见鸟兽蹄迒之迹，知分理之可相别异也，初造书契。"②

意思是说，仓颉是看到鸟、兽留在地上的印迹以后，受到启发而开始造字的。请看这两张图片（图1-5）：

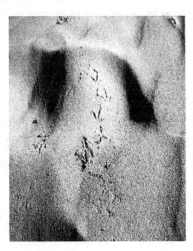

图1-5 禽兽印迹图

显然，左边这张图片是新雨过后沙地上留下的鸟类的脚印，右边那张图片，茫茫雪原上留下来的是兽的脚印。许慎认为，仓颉当年就受了这个启发，他发现不同的印迹，不同的图形，可以把不同的事物区分开来。尽管只看到这个印迹，没有看到经过的那只鸟、那只老虎或者豹子。但是人们知道，左边经过的肯定是鸟，右边经过的肯定是兽，仓颉突然意识到，原来不同的印迹，不同的纹理可以把事物区分开来。受到这个启发以后，他就开始造字。具体而言，仓颉是怎么造字的呢？

许慎说："仓颉之初作书，盖依类象形，故谓之文。其后形声相益，即谓之字。字者，言孳乳而浸多也。"③

意思是说，仓颉开始造字时，是按照词义所表示事物的具体形状去构造字形的，所以叫文（纹）。"文"的本义是花纹、纹理。

如"⊙"字的构形是按照太阳的样子描画下来的，"〗"是按照月亮的样子描画下来的。同样，"⅄""⅄""虘"分别描画的是牛、羊、虎这些动物的形体。而词所表示的自然和社会

① 《诸子集成·淮南子》，中华书局1986年版，第116页。
② 汉·许慎：《说文解字》，中华书局1963年版，第314页。
③ 汉·许慎：《说文解字》，中华书局1963年版，第314页。

以至人的思维、情感中的事物和概念大部分都没有具体形状,都不可描绘。"依类象形"的造字方法远远完不成记录汉语词汇的任务,后来人们又采取一种方法叫作"形声相益"。

所谓"形声相益",是指为一个词造字时,用一个已有的汉字表示这个词的意义类别,再用另一个汉字表示这个词的读音,从而合成一个新的字。如"洢""洘",用"氵"表示意义类别,用"可""胡"表示读音;"姑""㛃"用"女"表示意义类别,用"古""夬"表示声音。看到"洢""洘"时,尽管不知道它们的确切意义,但会知道它们都与"氵"有关;读到"姑""㛃"时,尽管不知道它们的具体意义,但会知道它们都与"女"有关。类似这种用两个或两个以上的字组合构成的新字,许慎把它们叫作"字"。"字"甲骨文作"字",许慎解释为:"乳也。从子在宀下,子亦声。"[①]"字"的本义有繁衍滋生越来越多的意思,所以称这样的汉字为"字",以与"依类象形"的"文"相区别。

三、当今学术界的看法

首先,对于汉字的起源和仓颉造字的传说,学术界一般认为:

文字是人类社会发展到一定阶段的产物,是为了满足交际的需要而产生的。它的产生和使用是一种社会行为,不是个人行为。汉字的形成是我们的先人群体智慧的结晶,不是一个人所独创。所以,从根本上来说,汉字并不是仓颉一个人创造的。甲骨文中众多异体字的存在也证明了这一点。例如,

"涉"字的甲骨文有"涉""涉""涉""涉"等多种写法,如果是一个人造字,根本就没有必要为一个词造这么多的字。

这么说,并不是完全否定了仓颉的作用,那么,仓颉的作用是什么呢?如前所述,汉字是汉民族最主要的辅助性的交际工具,既然是在社会上广泛使用的交际工具,首先要得到群体的承认,大伙儿用的时候总得有一个统一的标准和规定,哪怕是约定俗成也好,这就需要有人出来整理规范。谁来整理呢?当然是能够较多地接触汉字的、有文化的,并且脱离了体力劳动、有时间的。而巫、史一类的人,像仓颉等,最有条件,最有机会,也最有可能做这些整理工作。所以我们说,文字是由集体创造的,像史官仓颉这类人对汉字的进行过整理加工。

其次,汉字产生的具体途径,一般被认为与图画、契刻有关。原始绘画是人类社会早期普遍使用的表意记事、帮助记忆、传递信息的手段。虽然图画并不是文字,它所表示的只是具体的物象,并不与语言中的词相联系。但是它以事物的外在形象代替事物本身,对文字的产生有着重要的启发诱导作用。

契刻是在竹、木、石、陶器等物体上刻画记号来记事的。除了类似事物形貌的符号以外,还有抽象的符号。在仰韶文化及稍后的大汶口文化、龙山文化等遗址中出土的陶器上往往刻有如下符号:

一 二 三 亖 ✕ 人

---

① 汉·许慎:《说文解字》,中华书局1963年版,第310页。

这类符号刻在同类陶器相同的位置上,可知不是随意的刻画,甚至被认为是数字"一二三四五六"的前身①。此外,契刻的一个重要作用是用于契约,需要得到众人的认同,它的约定俗成性对汉字的产生也具有重要的启示作用。

我国古代文献中不乏"书画同源"、文字与契刻密切相关的记载。郑樵在《通志·六书略》中说:"书与画同出。画取形,书取象;画取多,书取少。凡象形者皆可画也,不可画则无其书矣。"《易·系辞下》:"上古结绳而治,后世圣人易之以书契。"许慎也认为是"黄帝之史仓颉""初造书契"。对这两个"书契",有人以为是"契刻符号",有人以为是"文字"。大家虽然认识不一,但恰恰说明了书契与文字有着密切的关系。

所以,学术界一般认为,汉字的直接源头有两个,一个是契刻符号,一个是图画。当然,图画和契刻符号只是汉字的起源,本身并不是汉字,因为它们不与语言中的词相联系,没有固定的读音,含义也不固定。一旦人们把特定的图形符号同语言中的词对应起来,并按照语法规律做线性排列,它们就成为了真正的文字。所以,学术界一般认为汉字起源于距今已有五六千年历史的仰韶文化时期,汉字体系的形成不会晚于夏代中叶,距今已有约四千年的历史了。

---

① 裘锡圭:《文字学概要》,商务印书馆 1988 年版,第 23、24 页。

第二章 汉字的形义关系

汉字是表意体系的文字,从构形的角度,说得确切一点,就是根据词的意义来构造字的形体。于是就会产生两个问题:汉字的形体同它所记录的词的意义之间到底有什么样的联系呢?又是怎么联系的呢?

第一节 字形整体与词的本义有直接联系

这个定义有两个关键词,一个是"整体",指的是字形的整体,不是其中的某一部分;第二个是"本义",是词的本义而不是引申义。按照文字学上传统的"六书"的说法,这样的字有三类。

一、象形字

所谓象形字,就是按照词所表示的事物的形状,把它的形体轮廓和突出特征描画下来而构成的字。许慎把这种方法叫作"画成其物,随体诘诎",意思是按照词所表示的事物的样子把它描画下来,线条随着事物的形体而弯弯曲曲。如:

这些是象形字,仔细分析它们的形体结构,又可以分成两类:

第一行字的特点是以字的整个形体来描摹词所表示的物象,可以称作独体象形。这种类型是象形字的主体。

第二行字的特点是以部分笔画描绘词所表示的物象,再用其他笔画描绘与它相关的事物加以烘托陪衬,可以称作合体象形。如第一个字"眉",如果没有下边那个" "(目)给它作陪衬,我们可能不知道上边的" "是三根眉毛呢?还是三棵小草?加上" "陪衬烘托后,才明确 表示"眉毛"。"页"本义是人的头,用下面的人身来衬托,才更容易辨认。"牢"本义是牲畜圈,所以加上" "(牛)来标识。"向"本义是朝北开的窗户,如果只有中间的" "(口),不知道是什么意思,加上一个表示房屋的" ",才能确认中间的部分是窗口。"栗"字如果没有下面的木,真不知道上面的三个 是栗树的果实。"州"表示江河中的小块陆地,所以加上" "(川)使意义更明显。"聿"( )读"yù",本义是用来书写的工具,即

"笔"字的初文，加上"彐"（手）来衬托，才知道"𦘒"是笔。"文"是花纹、纹理，只有中间的"乂"表达不清楚，所以加上一人形（父）来烘托，让人想到"断发纹身"的形状。

理解象形字时应当注意：象形字不是图画，它是有固定读音和意义的符号，是汉字系统中的一员，因此，构形时，只要描摹出事物的轮廓和突出特征就可以了，便于同其他事物区分开来是标准，而不一定与事物多么相像。

同其他类型的字相比，象形字的特点有三：一是象形字不能分成两个独立的字，即使是合体象形字也不行。因为分开后，除了那个完整的象形字以外，其余部分表义不明确，而其余部分恰恰是字的意义所在。如"𥅵"（眉），分开后 𥃦（目）意义明确，𥄕 就不知是什么了，而 𥄕 恰恰是𥅵所要表示的意义所在；二是象形字的形体表现的大都是具体的物象，是有形可象的事物，所以以表示具体事物的名词为多；三是象形字的形体中没有表音成分。

由于客观事物的复杂性和人类思维的抽象性，自然界和人类社会中可以取象以供描画的事物并不多，所以在汉字系统中，象形字也比较少。如《说文解字》所收的 9 353 个正文中，象形字仅仅 264 个。但象形字是其他类型的字的构形基础，其他类型的字大多是在象形字的基础上构形的，因而象形字在汉字的构形体系中占有重要地位。

二、指事字

一	二	三	亖	𠄡	二	二	中
一	二	三	四	五	上	下	中

𣎳	𣏟	𣐀	㓞	甘	曰	寸	亦
本	末	朱	刃	甘	曰	寸	亦

文字学上把这一类字叫作指事字。所谓指事字，就是用纯粹的笔画指出词所表示的意义来。也就是许慎说的"视而可识，察而见意"。

第一行是由纯粹的抽象符号构成的指事字，叫作独体指事。其中"二"和"二"中的曲线表示基准，上边和下边的短横线表示方位，标识出意义所在，即上和下。"中"字则是用圆圈表示范围，中间的竖线指出意义所在。

第二行字都是在象形字的基础上增加了一个指示性的笔画构成，称合体指事。"𣎳"是在"𣏟"的下面加上短横，表示树根；"𣏟"则是把短横加在上面，表示树梢。汉语中有个成语叫"本末倒置"，知道了"本"和"末"的构形理据后，对这个成语的理解就更具体形象了。试想，植树时若是"本末倒置"，树肯定是栽不活了，而做事情时要是"本末倒置"，事情非办砸了不可。

"朱"则是把短横加在中间，表示树桩子，是"株"的初文。《韩非子·五蠹》里讲了一个小故事："宋人有耕田者，田中有株，兔走触株，折颈而死，因释其耒而守株，冀复得兔，兔不可复得而身为宋国笑。"由此便产生了一个成语："守株待兔"。在现代讲解成语故事的画册中，为"守株待兔"配的图画有两类，如图 2-1、图 2-2：

图 2-1 守株待兔(1)

图 2-2 守株待兔(2)

　　哪一幅画更准确呢?当然是第二幅。因为"守株待兔"的"株"不是大树,而是树桩子。如果像图 2-1 画的,有那么大一棵树,除非兔子眼睛瞎了,否则是不会往上撞的。"株"是树桩子,露出地面不多,不容易看到,所以兔子才不小心撞了上去,以至于折断脖子死了。第一幅画的作者的错误在于对"株"字的本义理解不准确。

　　"刃"是在"刀"上加一点,说明字义是刀口、刀刃。"甘"是在"口"中加一短横,表示甘甜的味道。曰是在"口"上面加上表示气的符号,表明是在说话。"寸"是在手(又)腕下加上短横,指出"寸口"的所在(一说表示一寸远的长度)。"木"的中间是人,用一边一点指出意义的所在——腋下。

　　总体上看,指事字以合体指事字为主。由于指事字大都是用指示性符号"指"出意义所在,而无论是自然界还是人类社会,能"指"的事物毕竟很少,所以在汉字体系中,指事字最少。据王筠的《说文蒙求》统计,《说文解字》9 353 个正字中,指事字仅 129 个。

三、会意字

武　休　牧　及　宿　安　莫　射

从　北　步　友　炎　林　轰　晶

文字学上把这一类字叫会意字。所谓会意字，从构形上看，就是会合两个或两个以上现有的字形来构造出新字的形体；从意义上看，是会合两个或两个以上意义相关的字，从它们的相互关系中体现所记录的词的意义。许慎把它定义为："比类合谊，以见指㧑。"

例如，"武"字上面是"　"（戈），代表兵器，下面是"　"（止），表示脚印，表示有人扛着兵器走过——武力征伐；"休"的左边是"　"（人），右边是"　"（木，树），人倚靠着树，表示休息；"牧"左上边是"　"（牛），右下边是"　"（攴，手拿棍），合在一起表示放牧；"及"前面是一个"　"（人），后面有一只"　"（手），手拽住了前面的人，表示追上、赶上；"宿"字由三部分构成，在"　"（房屋）里面，"　"（人）躺在"　"（席）上，表示住宿、过夜，所以"宿"古代有"住一夜""一夜"的意思；"安"则是在"　（屋子）"里面有一个"　"（女），表示女孩到房屋里就安宁了；"莫"字上、下都是"　"（草），中间是"　"（日），表示太阳落到地平线下，天色昏暮；"射"是一只"　"（箭）搭在"　"（弓）上，表示射箭。显然，这八个字都是由两个或两个以上不同的字组合而成的，一般称作异体会意字。

第二排字，"从"是两个"　"（人）前后相随，表示跟随；"北"（背）却是两个"　"（人）相背，表示违背；一前一后两只"　"（脚）表示"步"；一上一下两只"　"（又，手）表示"友"；两团"　"（火）相叠组合成"炎"，两棵"　"（树）并列构成"林"；三辆"車"同时经过，它们发出来的响声就是"轰"；三颗太阳"　"构成"晶"，表示日光。

这八个例字都是由相同的字构成的，一般称为同体会意字。相同的形体构成新形表示新意的毕竟不多，所以在汉字体系中，大部分会意字都是异体会意字。

从以上例字中可以看出，会意字的主要特点有两条：一是它由两个或两个以上的字构造形体，是合体字。反过来说，它的形体可以分成两个或两个以上独立的字，这一点是它同象形字、指事字在构形上显著不同的地方。二是它的构形部件中没有表音成分，这是它同形声字最明显的不同之处。

另外，会意字是以象形字和指事字为基础构成的，不仅可以表示具体事物，也可以表示抽象概念，扩大了单纯表意符号的使用频率，数量也大大多于象形字和指事字。

从字形与意义的相互联系分类，象形字、指事字、会意字是一类。这一类字，它们的形体的整体同词的本义有直接的联系，也就是说，可以通过分析这些字的形体来探求词的本义。

还有一点需要注意的是，这些字的形体只同词的本义发生直接联系，而不同词的引申义发生直接联系。如"休"，从人从木的形体只同"休息"发生直接联系，而同"争论不休"的"休"（停止）没有直接联系，同"休戚与共"的"休"（欢乐）更没有直接联系。"从"只同"相互跟随"

的意义有直接联系,同"力不从心"的"从"(听从)没有直接联系,同"从此"的"从"更没有直接联系。

第二节　部分字形与词的本义发生联系

所谓部分字形与词的本义发生联系,是说在合体字中,只有部分字形与词的本义有关,而另一部分形体,表示词的读音,与所记录的词义无关或没有直接联系。这种情况指的是形声字。如:

河　洋　桃　锦　梨　闻　固　裁

所谓形声字,是由已有的两个字构成的新字,这两个字一个表示意义类别,叫形符;一个表示读音,叫声符。形符和声符两部分合在一起,构成一个新的字,所以叫形声字。这种字的造字方法,许慎定义为"以事为名,取譬相成"。"名"就是字,"譬"是"比""近"的意思。即根据所要记录的词的意义找一个字作为属(类)名,再并列上一个与要记录的词读音相同相近的字,合在一起构成新字。

就形体而言,我们从构形上看不出形声字记录的具体意义,但可以看出它们所属的事物类别。如"河""洋"与"氵(水)"有关,"桃""梨""裁"与"木(树)"有关,"锦"同"帛(帛)"有关,"闻"同"耳(耳)"有关,"固"同"囗(围)"有关。

理解形声字时要注意:

第一,形声字是由两部分构成的,是合体字。其中一部分表音,一部分表意。也就是说,它可以分成两个独立的字,这是它同象形字、指事字在构形上的显著区别;它有表音的部分,这是同会意字的显著区别。

第二,绝大部分形声字的形符表示的只是词义所属的事物类别,而不是具体的意义,而声符表示的是与这个词相同或相近的读音。形声字的声符和字的意义没有直接联系,不能参与到意义的分析解释中,比如我们不能说,什么是"河"呀?"可以喝的水";什么是洋呢?"羊喝的水";什么是"梨"呀?"对人有利的果树"等等,尤其是在分析汉字形体,说解汉字意义的时候,千万不能犯这样的错误。这一条非常重要。

第三,形声字一次切分只能分成两部分,即使是由多个构件构成的,一次也只能分为两部分,然后再一层一层切分下去。如"梨"字,先分成"利"和"木",即从"木","利"声。然后"利"字可再分成从"禾",从"刂(刀)"。

第四,形声字形符和声符的位置并不固定,一般有左形右声(梅)、左声右形(锦)、上形下声(葫)、上声下形(恐)、内形外声(问)、内声外形(圉)、形在一角(颖)、声在一角(徒)和形声交叉(游,从辶,汙声)等数种。其中后三种形声字形符和声符所占的比重和位置都不均衡,分析时易出错,常见的还有如下一些字:

形在一角的:修、脩、條、倏(以攸为声符)

　　　　　　腾、胜、滕、𦽛(以朕为声符)

　　　　　　裁、载、栽、哉(以㦮为声符)

　　　　　　觳、穀、榖、𣪊(以㱿为声符)

声在一角的：旗、族、施（以扩为形符）

　　　　　　　　徒、徙、從（以辵为形符）

　　第五，在后起的新字中，绝大部分都是以形声的方式构形的。形声字在汉字中数量最多。有人统计，在《说文》所收的 9 353 个字中，形声字已达 80％以上。

第三章　汉字构形的文化特征

作为表意体系的文字，汉字的形体与它的意义有着直接的或者是间接的联系。其实，在汉字的构形当中，还记载着、保存着汉民族大量的古代文化信息，这些文化信息对于我们了解、学习、继承、弘扬中华民族的优秀文化，有着重要的启迪作用。

第一节　汉字形体同汉文化关系密切

汉字是表意体系的文字，它的形体与意义有着直接或间接的联系。而意义又是客观事物和人的主观情感的反映，客观事物尤其是人的主观情感当然应该受到文化的影响。所以，从这个意义上讲，一般也都从这个意义上讲，汉字的形体同汉民族的文化传统有关系，而且关系密切。

但是，仔细分析就会发现，汉字的形体同汉文化的联系，最关键的一点是，明白这个词的意思了，了解我们的先人用什么样的笔画去描画它，用什么样的符号去展示它，赋给它一个什么样的形体，这个过程才是把汉字形体同汉民族文化联系到一起的关键。因为同一个词义，可以由多种方法、选择不同的图形符号来构造形体，而实际上使用哪一种，往往是人的主观意图的反映，而这种意图要受到民族文化的制约，从而不可避免地带上文化的烙印。

根据词的意义，为它设计、构造一个形体，这个形体反映了造字者的主观意图，这种主观意图，文字学上把它叫作造意。也就是说，造意就是造字者造字时的主观意图、构形的意图[①]。

如"抛弃"的"弃"，甲骨文形体作"![字形]"。它由三部分构成。最下面的部分"![字形]"是两只手，读"gǒng"，两只手捧着中间的部分"![字形]"，![字形]是象形字"其"，簸箕，簸箕里边有个"![字形]"（小孩）。这是个会意字，两只手把簸箕里的孩子扔出去。用这个构形表示"抛弃"的意思。古文的形体更简单了，写作![字形]，省略了中间簸箕的"![字形]"，两只手"![字形]"直接就把"![字形]"（孩子）扔出去了。

显然，"抛弃"这个词所表示的意思，可以有很多方法、很多形体来记录，来表示，我们的先人为什么造字时偏偏选了一个"两只手把孩子扔出去"的构形呢？现在看来这事确实是有点儿奇怪，为什么要扔掉孩子呢？实际上，历史地看就会发现，它反映了远古时代的一种"弃子"的风俗。为什么要"弃子"？原因可能是多方面的。

首先，远古时期，物质匮乏，再加上人类还不会计划生育。结婚后孩子不停地生，物质资料又匮乏，生下来后，养不活，怎么办呢？就得抛弃。

---

① 参见王宁《汉字构形学讲座》，上海教育出版社 2002 年版，第 22 页。

第二个原因据说和生殖竞争有关，结婚后，有些人怀疑妻子生的第一个孩子不是自己的，生下来也要把孩子扔掉。还有非正式结婚而生的孩子，也因为怀疑孩子的父亲不是自己而将孩子扔掉。这种原因导致被"弃"的往往是长子。这个现象还有一个旁证，《墨子·节葬下》记载：

"昔者，越之东有輆沐之国者，其长子生则解而食之，谓之宜弟。"[1]

长子生下来后要"解而食之"，把孩子吃了。为什么呢？吃了以后有营养了，身体好了，他的弟弟生下来的时候就健壮了，所以叫"宜弟"。

《后汉书·南蛮西南夷列传》记载："其西有啖人国，生首子辄解而食之，谓之宜弟。味旨，则以遗其君，君喜而赏其父。"[2]

所谓"味旨，则以遗其君，君喜而赏其父"，意思是如果觉得味道好，还要把长子献给君王，君王高兴了，要因此而赏赐孩子的父亲。对形成这种风俗的原因尽管众说不一，但这很可能是远古时期存在的一种文化现象。

第三种原因大致属于优胜劣汰。远古时候近亲结婚、通婚的现象比较普遍，结果生下的孩子往往不健康，甚至畸形，所以当这些不健康的、畸形的孩子生下来后，自然会被扔掉了。

还有另外一种情况，在母系氏族社会中，孩子生下来，只知道母亲是谁，不知道父亲是谁。出于这种原因，有时也会把孩子扔掉。《诗经·大雅·生民》记载，周朝的始祖名字就叫"弃"，为什么叫"弃"呢？是因为他母亲（有邰氏之女、帝喾之妃姜嫄）踩了上帝的大脚趾的印，怀孕生了弃。生下来后，顺手就把他给扔了。这一扔，还把名字也扔出来了，于是顺便起名就叫"弃"，也是这种风俗的记载。当然，从科学的角度分析，踩一百遍脚趾印也怀不了孕，周人这样记载他们的始祖，无非是想证明他们的始祖是上天的儿子，周王朝的建立是奉天之命。

有人研究，直到近代，在某些少数民族地区还有这种"弃子"的风俗。而甲骨文中"弃"字的构形，恰恰就反映了远古时期的这种文化现象。

第二节　汉字形体记录汉文化的方式

具体地讲，汉字的形体是如何记录汉文化的呢？

一、在事物形体轮廓的描摹当中寓含着文化信息

比如"𡗕"（文）字，描画了一个正面的人，这个人把胸膛露出来了，而且在胸膛上画了一个 X，表示文身。所以《说文解字》解释说："文，错画也，象交文。"[3]象交叉的笔画，纹理。上古时期科学技术不发达，人们对自身的来源和自然界的很多事物和现象都无法解释，就认为万事万物都有神灵，每个民族、部落都有自己崇拜的一种动物、植物或是事物，把它们作为自己生命的来源、崇拜的偶像，当作自己的保护神，这就是所谓的"图腾"。"图腾"确定之后，这

---

① 《诸子集成·墨子间诂》，中华书局 1954 年版，第 116 页。

② 南朝宋·范晔：《后汉书》，中华书局《景印文渊阁四库全书》，台北商务印书馆 1986 年版。

③ 汉·许慎：《说文解字》，中华书局 1963 年版，第 185 页。

个氏族的人为了求得神灵的保佑,就把他们氏族的"图腾"——动物、植物、事物文在自己的身上。所以文身是一种文化现象,而这种文化现象就是用""这个符号给记录下来了。

再如"大"(大)字,是典型的人的正面形状,表示成年人,同"子"(子)相对。但许慎在《说文解字》中解释说:"天大、地大、人亦大,故大象人形。"①这是许慎的理解,未必符合造字之初的情况,但反映了秦汉时期人们的文化观念。《道德经》中也说:"人法地,地法天,天法道,道法自然。"②把人和天、地,还有道家所认为的万物之源的"道"并列。所以有的人说,这个"大"表示"大人"。谁算大人呢? 君王、皇帝、天子,这样的人才可以立于天地之间,才可以称"大"。其实,不管是"大人"还是普通人,总而言之,"人是万物之灵",所以《说文》里说,人是"天地之性最贵者也"③。天地之间,人是万物之灵,所以我们的先人用人形来表示那个抽象意义的"大",确实很贴切。

二、在图形符号的组合中体现文化特色

通过描摹人或事物的形体来记录词的意义所形成的"独体字"最具形象性,它们是汉字的基础。但世间能够描摹的事物毕竟太少了,因此汉字中大部分是以这些独体字作为构件,组合在一起来记录词义的"合体字"。但谁与谁组合? 如何组合? 这些都要受到造字者所处时代的文化风俗的制约和影响,于是汉字的文化特色也往往在这种选择与组合中体现出来。

"具"的本义是共置,甲骨文构形作""""象两只手""举着、抬着一只""(鼎)。"共置"的事务有很多种,先民选用""来构形,把两只手举鼎作为最典型的"共置",说明在当时"鼎"在人们的生活中占有很重要的地位。""是象形字,本是古代日常煮饭用的器物,青铜铸造,器型以三足两耳为多,也有方型四足的(图3-1)。

图3-1 古代的鼎

相传大禹收九州之金铸成九鼎,鼎遂成为王权的象征,传国的重器。一个新王朝的建立

---

① 汉·许慎:《说文解字》,中华书局1963年版,第213页。
② 《诸子集成·老子注》,中华书局1954年版,第14页。
③ 汉·许慎:《说文解字》,中华书局1963年版,第161页。

称为"定鼎"。《左传·宣公三年》还记载了楚庄王北伐,陈兵洛水,向王孙满问周王朝的镇国之宝"九鼎"的大小轻重的故事,反映出楚庄王觊觎周王朝天下的野心,于是产生出"问鼎"一词①。鉴于鼎在日常生活和社会政治中地位的重要性,在古代汉语中,有不少以鼎为语素构成的词汇。如"鼎足""鼎立""鼎力""鼎沸""鼎食""鼎新""鼎盛""鼎鼎"等等。"鼎"字以两只手举鼎构形,正是这种社会文化现象的反映。

"具"的小篆构形作"具",《说文·廾部》:"具,共置也。从廾,从贝省。"按照许慎的分析,小篆中的"具"不再从鼎,而是从"贝"了。为什么从贝呢?许慎认为,是因为"古以贝为货"②,即古代以贝作为货币,贝在人们生活中占有重要地位的缘故。汉字中,以贝作为表意构件的字往往和货币财物有关,如资、财、贷、赏、赐、贸、责(债)、贵、贱、贡、赋等等,可以证明,许慎的说法是有道理的,只是它反映的是殷商之后的一种文化现象。

"章"字的构形作"章"。常听人谈话,"先生贵姓?""免贵姓章。""弓长张还是立早章?""立早章。"说"章"是"立"和"早"构成,是按照现代汉字书写的结构分析的。其实,按照许慎的解释,先民在给"章"字构形的时候,不是"立"和"早",而是"音"和"十"。《说文·音部》:"乐竟为一章,从音从十。十,数之终也。"③即"章"的本义是"乐曲终了",是"乐章"。这一点从章字从"音"就可以看出来。为什么又从"十"呢?因为古人认为,"十"是"数之终也"。《周易·屯》:"女子贞不字,十年乃字。"孔颖达疏:"十者,数之极。"④"数之极"就是最大的数,所以汉语中表示完备达到极点时,常用"十"表示,如"十分""十足""十全十美""十恶不赦"……但是千万不要以为古人只能计算到"十",许慎的意思是,十是数之终,但终而复始,以至于无穷。我们数数到十以后,还要再回过头来,从一开始;数到一万,再往多数,"一万零一",也还要从"一"开始。看似愚朴,实则精深,颇有大智若愚的味道。其实这本不奇怪,中国古代哲学"大象无形,大音稀声"的道理就是如此。"章"字的构形,已经寓含着这种文化信息。

其实,许慎的上述观点,是秦汉时期的文化现象的反映。商周金文中,"章"字作"章"。其构形由"辛"和"曰"两部分构成,但这两个构件到底表示什么,学术界看法尚不一致。一说上部分的"辛"(辛)为标识之具,下面的"曰"(日)表示明白显著,合在一起表示"彰明"⑤。一说上部分的"辛"为加工玉器的凿具,下部的"曰"是一块未理之玉,合在一起表示治玉使其文彩彰明。显然,无论两个构件表示什么,都与"音""十"无关。其本义均为"彰明"。这种构形是商周时期文化的反映。

再看"寇"字,一所房子,房子里边有一个人,后来进来一个人,手拿着棍子在敲击房主

———————————

① 杨伯峻:《春秋左传注》,中华书局1981年版,第669~672页。

② 汉·许慎:《说文解字》,中华书局1963年版,第59页。

③ 汉·许慎:《说文解字》,中华书局1963年版,第58页。

④ 《十三经注疏·周易正义》,中华书局1980年版,第19页。

⑤ 夏渌:《试论古文字的穿合结构》,转引自刘志基《汉字——中国文化的元素》,华东师范大学出版社2007年版,第119页。

人的头，这就是"寇"字。《说文·攴部》："寇，暴也。"①"寇"的构形告诉人们，寇就是闯入别人家里去杀人抢劫的强盗。同时，"寇"的构形也反映了我们的先人反对暴力，反对侵害他人的处世态度。"寇"确实是人类和平的一大祸害，所以，20世纪，侵略中国的日本侵略者称为"日寇"，不是随意的，是有传统文化的信息在其中的，是渊源有自的，很贴切。

通过以上分析可以看出，汉字的构形与汉文化确实有着密切的联系，这种联系体现在汉字的造意当中，是汉字构形时就产生的，也可以说是与生俱来的。另外，汉字在几千年的使用过程中，寓含在汉字中的文化信息还在不断发展和丰富。汉字构形确实是了解中华传统文化的一条重要的可资信赖的途径。

---

① 汉·许慎：《说文解字》，中华书局1963年版，第68页。

第四章　衣着服饰篇

衣、食、住、行是中国老百姓日常生活的四件大事。衣服的作用包括蔽体、御寒、遮羞、美饰、保护等等。随着人类文明的产生,衣服成了人们生活的必需品,服饰文化也就成为人类文化一个重要的、基本的组成部分。我们的先人在汉字的造意当中保存了大量古代服饰文化的信息。

1. "衣"

"衣"是个象形字,甲骨文形体作"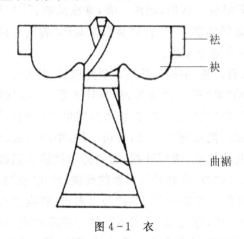""",金文构形作"介"。上部象衣领,下部象衣袖,相交部分是衣襟,整体象上衣的形状(图4-1)。

祛

袂

曲裾

图4-1　衣

《说文·衣部》:"衣,依也。上曰衣,下曰裳(cháng)。"①段玉裁注释说:"人所倚以蔽体者也。"②意思是说,之所以叫"衣",是因为它要和人的身体相互倚靠。《诗经·邶风·绿衣》里说:"绿兮衣兮,绿衣黄裳。"毛传:"上曰衣,下曰裳。"③

可见,早在周朝,上衣下裳的服装体式就已经明确了。其实,关于衣和裳的记载可以追溯到号称中华民族人文初祖的黄帝。

《周易·系辞》里记载说:"黄帝、尧、舜垂衣裳而天下治"④,"垂衣裳",意思是衣裳自然下垂,这句话是说黄帝等人端拱垂衣,不用自己亲自动手,天下就安宁太平。这条记载从一个侧面证明,早在黄帝时期,我们的先人就有了讲究的衣着,并且规定"上衣下裳"了。据古书

① 汉·许慎:《说文解字》,中华书局1963年版,第170页。
② 清·段玉裁:《说文解字注》,上海古籍出版社1981年版,第388页。
③ 《十三经注疏·毛诗正义》,中华书局1980年版,第29页。
④ 《十三经注疏·周易正义》,中华书局1980年版,第75页。

记载,黄帝的官员伯余(一说是胡曹)创制了汉民族的"衣"。

分析"衣"字的构形,可以看出,上古衣的形制特点是长袖、斜襟,并且前襟较长,一种说法是前身要长到膝盖以下。

相对而言,在甲骨文中,衣襟(即"衽")向左斜、向右斜的都有,而金文、篆书中,衣字下边一笔多向右偏斜。表明远古时期,汉族人的衣襟左开、右开都有,即"左衽"、"右衽"均可;周朝以后,情况发生了变化,汉族人的衣襟一般是向右开,即"右衽"(左襟压右襟),归附于周王朝的一些民族也学习中原地区,衣襟向右,而把衣襟向左开即"左衽"(右襟压左襟),看作落后的文化习俗。但少数民族的衣襟仍有向左开的。所以孔子说:"微管仲,吾其披发左衽矣。"①(《论语·宪问》)意思是说:"如果没有管仲辅佐齐桓公称霸诸侯,推行汉文化的话,我们恐怕要披着头发,穿着衣襟向左开的衣服了。"意思是已经变成落后的民族了。这种斜襟的、长过膝盖的"衣"作为汉服的有代表性的款式,一直穿到了近代。

2. 裳

"裳"是个形声字,小篆作"常",本字当作"常",第一个,从衣尚声;第二个,从巾尚声。

《说文·巾部》:"常,下裙也。从巾,尚声。裳,常或从衣。"②按照《说文》的说法,"常"才是正字,是下裙。"裳"倒是异体字。下裙叫"常",又写作"裳"。《诗经·邶风·绿衣》毛传:中的"上曰衣,下曰裳",正是这个意思。

作为人们经常穿的衣服,"裳"字构形从"衣"很好理解,但为什么《说文》只是把"裳"作为异体字,而正体是从"巾"的"常"呢?也就是说,为什么要从"巾"呢?段玉裁解释说:"从巾者,取其方幅也。""幅巾者,巾广二尺二寸,其长当亦同。"③意思是说,这个巾是长、宽各二尺二寸,一块方方正正的布。把布前边一块,后边一块,中间一系,就成了"常"。可见,原来最常用的裳由前身、后身两片构成,两侧开衩,起到劳动保护和遮蔽的作用。后来发展到前身三幅,后身四幅等形制。从"巾"恰好是其形制的反映,比从"衣"更具体。

"裳"只在白天穿。《诗经·小雅·斯干》:"乃生男子,载寝之床,载衣之裳,载弄之璋。"郑玄注释说:"男子生而卧于床,尊之也。"(表示对他的尊重)"裳,昼日衣也,衣以裳者,明当主于外事也。"是预示着他将来要主持外事。男主外,所以要给他穿白天穿的衣服。"玩以璋者,欲其比德焉。"这就是今天"弄璋之喜"这个成语的来源。

生了女孩怎么办呢?"乃生女子,载寝之地,载衣之裼,载弄之瓦。"(《诗经·小雅·斯干》)郑玄注释说:"卧于地,卑之也。裼,夜衣也。明当主于内事也,纺砖,习其所有事也。"④晚上穿的衣服叫"裼",也叫"襗",给女孩穿夜衣,意味着女主内。当然,这是秦汉人的文化观念。

还有一种较特殊的裳叫帷裳,是用整幅布帛围在腰间,类似于今天的筒裙。所以《论语·乡党》记载:"非帷裳,必杀之。"⑤"杀"的意思是开缝。这句话的意思是,除了帷裳,一定

---

① 《十三经注疏·论语注疏》,中华书局 1980 年版,第 56 页。
② 汉·许慎:《说文解字》,中华书局 1963 年版,第 158 页。
③ 清·段玉裁:《说文解字注》,上海古籍出版社 1981 年版,第 358 页。
④ 《十三经注疏·毛诗正义》,中华书局 1980 年版,第 170 页。
⑤ 《十三经注疏·论语注疏》,中华书局 1980 年版,第 38 页。

要开缝、开衩。

"常"的来源是"市"(fú)。

3. 市(fú)

"市"也是象形字,甲骨文构形作"市"。《说文·市部》:"市,韠也,上古衣蔽前而已,市以象之。"意思是上古的衣服只是遮挡住身体的前面,正象市字的构形,上面一横象一条带子,把兽皮系在腰间垂下来。"天子朱市,诸侯赤市,大夫葱衡。从巾,象连带之形……韍,篆文市,从韦从犮。"[①](图4-2)

《诗经·小雅·采菽》:"赤芾在股,邪幅在下。"郑玄注释说:"芾,太古蔽膝之象也。冕服谓之芾,其他服谓之韠。以韦为之,其制上广一尺,下广二尺,长三尺,其颈五寸,肩革带,博二寸。"孔颖达解释说:"古者田渔而食,因衣其皮。先知蔽前,后知蔽后。后王易之以布帛,而犹存其蔽前者,重古道不忘本。"[②]原始时期,人们渔猎而食,开始时常用树叶、兽皮遮蔽在下体前面,后来才知道遮蔽后面。"市"字的构形准确地反映了当时这种服饰文化的特点,后衍化成常(裳),相传黄帝为重古道而仍制成蔽前的形状,用来表示不忘本源。"市"在商周时期成为系在裳前的一种祭祀用的服饰,多以皮革缝制,形制上窄下宽,不同等级的官员颜色不同,图案花纹也不相同,成为一种权力的象征。后代多用布帛制作,名称也改称"蔽膝"。

图4-2 韍 《三才图会》

既然上古汉人的衣前身可以长过膝盖,甚至到达脚踝,平时下身穿的是"裳"——裙子,裳前还可以有市(蔽膝),那么先秦时期的汉人穿裤子吗?

4. 绔

东汉的《说文》和南朝时的《玉篇》里面没有"裤"这个字。但《说文·系部》有一个"绔"字,读"kù",从"糸","夸"声。《说文》解释说,这个"绔"是"胫衣也"(图4-3)。段玉裁《说文解字注》解释说,所谓"胫衣"就是后代的"套裤",所以叫"胫衣",是因为穿时要"左右各一,分衣两胫"。即左腿上套一条,右腿上套一条,中间是分开的,裆部不相连,用带子系在腰里。

---

① 汉·许慎:《说文解字》,中华书局1963年版,第160页。
② 《十三经注疏·毛诗正义》,中华书局1980年版,第222页。

所以说，上古时的裤子和今天的裤子的形式是不一样的，是"胫衣"，而不是今天连裆的裤子。

图 4-3 绔

今天连裆裤子的样式，据史书记载是受了少数民族——胡人的启发，时间可以追溯到战国时期赵武灵王"胡服骑射"（图 4-4）。

图 4-4 赵武灵王"胡服骑射"

"胡"是北方的少数民族，擅长骑马。也许是为了骑马方便，他们的裤子是连裆的。而汉人上身穿的是衣，下身是裙式的"裳"，或是腿上裹着不连裆的"绔"，骑马很不方便。《战国策·赵策》记载，赵武灵王发现胡人的士兵穿着短衣、长裤，束腰，上马下马非常方便，效率很高，于是就大胆改革中原的战服，推行胡服，让士兵也穿上连裆的"裤"，进而建立了中原的第一支骑兵部队。先秦典籍《左传》《战国策》里记载的汉族中原的军队，不是步兵，就是车兵，很少提到骑兵，作战时都是车战，可以作为这件事的一个佐证。当然，战国时期连裆的裤子只是士兵穿的军服、战服，普通百姓还是不穿。

普通百姓穿这种连裆的裤子据说开始于汉代。汉代做"绔"的材料因身份不同也有很大差别。皇亲贵戚的子弟用丝织品——"绢"做裤子，以显示其奢华，时人称为"纨绔"。后来人们就用"纨绔"来代指骄奢淫逸的富家子弟。这些人不学无术，却终日纸醉金迷；而许多读书的饱学之士却饥寒交迫，衣食无着。对此，杜甫曾在诗中说过两句愤激的话"纨绔不饿死，儒冠多误身"，正是唐代这种情况的真实写照。后来就给这些锦衣玉食却不学无术的富二代们起了一个专属名词——"纨绔子弟"。

上面说的"裤"是长腿的，古人有短裤吗？汉代有种短裤叫"犊鼻裈"（dúbíkūn），有人说这种短裤早在战国时越王勾践也穿过。"犊"指牛犊,牛犊的鼻子短且粗,鼻孔很大。这种短裤肯定是比较短,裤腿比较肥。所以有人说,这实际上是一种内衣。

据《史记·司马相如列传》记载,司马相如家贫才高,善鼓琴,在富贾卓王孙家的宴会上,一曲《凤求凰》挑动了卓王孙新寡的女儿卓文君的春心。文君爱慕司马相如的才华,于是趁夜晚同相如私奔。卓王孙气愤异常,发誓不给他们一分钱。后来,相如和文君来到临邛,开了一家小酒馆,文君前台当垆卖酒,相如身著犊鼻裈同一帮贱役、下人在市中心刷盘洗碗,故意让人们耻笑。卓王孙听说后,觉得实在是丢人了,没脸见人,于是闭门不出。后来别人劝他,相如虽然贫穷,但才华可依,又是临邛令的贵客,为什么让他这么丢人呢?何况文君已经同相如在一起了。卓王孙不得已,才分给卓文君童仆百人,钱百万,及其出嫁的衣被财物。文君才与相如一起回到成都[①]。

可见,犊鼻裈是一种下层人穿的短裤。据说因为司马相如穿了犊鼻裈,犊鼻裈才名声大噪,流传下来了。

5. 裘

甲骨文中"裘"字作"𧚍",即"求"字,象形字,用兽皮做的、毛露在外面的皮衣。《说文·裘部》:"裘,皮衣也。""求,古文省衣。"[②]

相传"伏羲作裘"。也有人说黄帝时已有其物其名。古代的裘用兽皮制作,皮在里,毛在外。

《左传·僖公十四年》记载了一件事:秦国发生了饥荒,秦穆公派使者到邻国晋国求购粮食,晋人不卖。晋大夫庆郑主张卖给秦国,作为邻居,不能幸灾乐祸,何况秦国曾帮助过晋国。但晋惠公的舅舅虢射不同意,说:"皮之不存,毛将焉附?"[③]意思是晋国曾经对秦国背信弃义,得罪秦国很深了,卖粮食给秦国这点小事不可能消除秦国的怨恨,就好像皮都不存在了,毛又将依附在哪里呢?如果卖粮食给秦国,不但不能减少怨恨,反而增加了敌人的实力,不如不给。于是"皮之不存,毛将焉附"就成了人或事物行动失去了赖以生存的基础,就无法存在的比喻之辞。

《新序·杂事》记载,魏文侯出游,看见一名路人反穿裘衣背着柴草。魏文侯问他:"为什么反穿裘衣让皮板露在外面呢?"背柴草的人回答说:"小人是爱惜裘衣上的那些毛,怕把它们磨掉了。"魏文侯说:"你难道不知道皮磨光了,毛就没有依附的地方了吗?"这个小故事正是"皮之不存,毛将焉附"的典型注解。

值得注意的是,在上古时期,各阶层的人都可以穿裘,不一定非得是贵族和有钱人。当然,裘的质料不同,形制不同,表明穿的人的等级也不一样。最好的裘是用狐狸腋下的纯白的皮毛制成的狐白裘,既轻柔,又温暖,只有王公贵族才能穿。

《诗经·秦风·终南》:"终南何有?有条有梅。君子至止,锦衣狐裘。颜如渥丹,其君也哉!"孔疏引《礼记·玉藻》:"锦衣狐裘,诸侯之服也。"[④]

---

① 资料源自汉·司马迁:《史记》卷七,中华书局1959年版,第3000~3001页。

② 汉·许慎:《说文解字》,中华书局1963年版,第173页。

③ 《十三经注疏·春秋左传正义》,中华书局1980年版,第101页。

④ 《十三经注疏·毛诗正义》,中华书局1980年版,第104页。

秦汉文献中,诸侯贵族穿狐白裘的记载很多。《晏子春秋·谏上》记载:"齐景公的时候,大雪连降三天不晴天。景公穿着狐白之裘坐在大堂侧面的台阶上。晏子进见,站了一会儿,景公说:'真是奇怪,大雪降了三天而天不冷。'晏子回答说:'天真的不冷吗?'景公笑而不答。晏子说:'我听说,古代的贤君吃饱了却知道别人饥饿,穿暖了却知道别人寒冷,安逸了却知道别人劳苦。如今君王不知道啊!'景公说:'好,我听明白了。'于是就下令拿出裘衣和粮食给受冻挨饿的人[1]。

《礼记·玉藻》对裘衣的服用记载得比较详尽:君王穿狐白裘,还要用锦衣作外套来装饰;君王左右的人穿虎裘和狼裘;大夫穿狐青裘和麛裘,而鹿裘、犬羊裘最差,是庶人穿的,没有文饰[2]。所以民间有"千羔之皮,不如一狐之掖(腋)"的说法。

可以制裘的狐狸皮很难得,狐狸腋下的那块毛皮就更加珍贵,所以汉语中有"集腋成裘"的成语,比喻好的事物可以日积月累,聚少成多。

由于狐狸腋下的毛皮难得,制一件纯狐狸皮的裘衣不易,于是就有人用狐狸皮做身筒,配上羊皮的袖子做成皮衣,叫"狐裘羔袖"。《左传·襄公十四年》记载了一件事,卫国的大夫(右宰)谷跟随卫献公流亡到齐国,后来又逃回了卫国,卫国那些把献公驱逐出卫国的人要杀死谷。谷争辩说:"当初随从国君逃亡我并不愿意,我是'狐裘而羔袖'。"意思是我的功和善是主要的,过和恶是次要的,卫国人因此就赦免了他[3]。于是"狐裘羔袖"就常用来比喻大体上是完美的,但也有些缺点与不足——所谓大美而小恶的人或事物。

甲骨文中有"𧘇"字,而且非常形象,表明我们的先人在上古时期就会用兽皮制作衣服了,也是服饰文化的具体表现。

与"𧘇"相关的一个字是"表"。

6. 表

"表"字的小篆构形作"𧘇"。《说文·衣部》:"表,上衣也。从衣从毛,古者衣裘,以毛为表。"[4]是个会意字,段玉裁解释说:"上衣者,衣之在外者也……古者衣裘,谓未有麻丝,衣羽皮也。衣皮时毛在外,故裘之制毛在外。以衣毛制为表字,示不忘古。"[5]所谓"衣之在外者",即外衣。用穿裘衣时毛露在外面来表示外衣,这种构形正可以同"𧘇"字所记录的上古裘衣毛在外面的特征相吻合。段玉裁认为是"不忘古"的表现。

衣有内外之分,是服饰文明的具体体现。

《论语·乡党》中记载:君子"当暑,袗絺绤,必表而出之"。孔安国注释说:"暑则单服絺绤葛也,必表而出之,加上衣也。"[6]袗(zhěn)是单衣,絺(chī)是细麻布,绤(xì)是粗麻布。意思是说,暑天炎热,君子在家里可以只穿麻布做的单衣,如果出门接待宾客,就一定要再加上外衣,因为只穿单衣不礼貌。

---

① 依据《诸子集成·晏子春秋校注》,中华书局1954年版,第28页。
② 《十三经注疏·礼记正义》,中华书局1980年版,第251页。
③ 《十三经注疏·春秋左传正义》,中华书局1980年版,第255页。
④ 汉·许慎:《说文解字》,中华书局1963年版,第170页。
⑤ 清·段玉裁:《说文解字注》,上海古籍出版社1981年版,第389~390页。
⑥ 《十三经注疏·论语注疏》,中华书局1980年版,第38页。

"表"本义是"外衣"（一说指上衣向外的一面），故可引申指外面。与"裹"（"裹"与"里"本为两字，"里"的本义是邻里，"裹"简化作"里"）相对。其实，"裹"的本义是衣服向内的一面，《说文·衣部》："裹，衣内也。"[①]即衣服的里子，引申指里面。所以汉语中常"表"、"裹"连用。

　　《左传·僖公二十八年》："子犯曰：'战也！战而捷，必得诸侯；若其不捷，表裹山河，必无害也。"杜预注："晋国外河而内山。"[②]意思是说，晋国外面有黄河与楚国相隔，里面多山岭险隘，均可用于防守，不用担心。

　　"表"指外面，外面就是给人看的，可以作为一个特定的标记，所以，古代把作为标识的木桩、石柱称作"表"。

　　《吕氏春秋·慎小》记载了一件事，魏武侯派吴起治理西河，吴起想在百姓中建立信誉，于是"夜日置表于南门之外"。意思是第一天晚上在南门外竖立起一根木桩，号令城中说："明天如果有人把南门外的木桩（表）推倒，就让他做长大夫的官。"第二天直到傍晚，也没有人去推木桩（表）。百姓相互议论说："这肯定不是真的。"有一个人说："我去把表（木桩）推倒试试看，如果不是真的，就不得赏赐罢了，难道还有什么别的害处吗？"就去推倒了那根木桩（表），回来报告了吴起。吴起亲自接见他并让他做了长大夫。第二天晚上又立了一根木桩，又像上一次一样遍告城中百姓。城中人挤满城门争先恐后地去推表（木桩）。但这次表（木桩）埋得很深，很牢固，没有人能推倒，自然也就没人再得到赏赐。从此之后，百姓们都相信吴起的赏罚讲究信用[③]。

　　相传尧时曾经立木为标识来征求百姓意见。晋·崔豹《古今注·问答释义》记载："程雅问曰：'尧设诽谤之木，何也？'答曰：'今之华表木也。以横木交柱头，状若花也，形似桔槔，大路交衢悉施焉。或谓之表木，以表王者纳谏也，亦以表识衢路也。秦乃除之，汉始复修焉。今西京谓之交午也。'"[④]

　　按照崔豹的记载，华表源于尧设立诽谤木，又叫表木，因为形状像花，所以叫华表。其功能一是表示王者纳谏，一是标明道路走向，即路标。后代立在宫殿、宅院、坟墓等建筑前的那些木制、石制的华表，大都仅仅是一种装饰了，但其起源却有丰富的文化含义。

　　立表当然要庄重规范，所以"表"又有"仪范、标准"的意思。所以古代把孔子称为"万代师表"。今天还要求教师要德高学博，为人师表。

7. 卒

　　"卒"的甲骨文形体作"
"、"
"。《说文·衣部》："隶人给事者衣为卒。卒，衣有题识者。"[⑤]意思是从事劳役的奴隶穿的一种带有标志的衣服。朱骏声《说文通训定声》解释说："本训当为衣名，因即命着此衣之人为卒也。古以染衣题识。"[⑥]据此来看，"卒"本是一种带有

---

　　① 汉·许慎：《说文解字》，中华书局 1963 年版，第 170 页。

　　② 《十三经注疏·春秋左传正义》，中华书局 1980 年版，第 123 页。

　　③ 《诸子集成·吕氏春秋》，中华书局 1954 年版，第 326～327 页。

　　④ 晋·崔豹：《古今注》，《景印文渊阁四库全书》，台北商务印书馆 1986 年版。

　　⑤ 汉·许慎：《说文解字》，中华书局 1963 年版，第 173 页。

　　⑥ 清·朱骏声：《说文通训定声》，武汉古籍书店影印本 1983 年版，第 622 页。

标志记号的衣服,专为从事劳役的奴隶们准备的。后来就把穿"卒"这种衣服的人也称作"卒"。卒是听命于人,供驱使的,所以常把他们称作"走卒",意思是供驱使奔走的差役。

《史记·五宗世家》记载,汉景帝的儿子赵王彭祖喜欢做侦探破案一类的事情,"常夜从走卒,行徼邯郸中"①意思是赵王常常在夜里跟着办案的差役在邯郸城中巡察。

古代官吏出行多骑马,于是牵着马,在马前面奔走的差役就叫"马前卒"。

韩愈《符读书城南》诗中记述两个邻居的孩子,"提孩巧相如"且"少长聚嬉戏",但成年后却"一为马前卒,鞭背生虫蛆;一为公与相,潭潭府中居。问之何因尔,学与不学欤?"②好学的做了公相,不学习的做了"马前卒""鞭背生虫蛆",形象地描述了"马前卒"的地位和境遇。

从事奴役劳动或供驱使的差役人数众多,地位低下,因穿着有标志的服装,与军队中的士兵相似,故"卒"又可指部队中的步兵,甚至成为士兵的泛称。

《左传·隐公元年》:"大叔完聚,缮甲兵,具卒乘,将袭郑。"杜预注:"步曰卒,车曰乘。"③相对而言,在春秋时期,步兵叫"卒",车兵叫"乘"。

步兵叫"卒",因而军队的建制单位也叫"卒"。《周礼·地官·小司徒》:"五人为伍,五伍为两,四两为卒,五卒为旅。"④古代军队"百人为卒""五人为伍",所以用"卒伍"泛称古代军队。

"卒"是最底层的士兵,所以作战要处在最前面。这种现象甚至反映在中国象棋中。在中国的象棋中,对垒双方的棋子中"卒"和"兵"最多,它们布在最前沿,并且只能向前冲,不得向后退,形象地记录了古代军队中"卒"的地位和功能。

当然,古今征战中一些将领常常能奋勇当先,率领士兵冲锋陷阵,这种行为就被称作"身先士卒"。

甲骨文中在"衣"字的上面加上标志性的符号来表示"卒",这种构形,表明在殷商时期,已经开始用服色种类来区别人们的职业与地位了,服饰被赋予了新的社会文化功能。

8. 甲

甲骨文中,"甲"字作"✛""⊟""㊉",象古代军士战时所穿的铠甲的形状,是象形字其本义当是甲衣,即古代将士的护身衣(见图4-5)。

《周礼·夏官·司甲》郑玄注:"甲,今时铠也。"孔颖达解释说:"甲者,军师所用……今古用物不同,其名亦异。古用皮谓之甲,今用金谓之铠。"⑤意思是,古代的甲是用兽皮制作的。据《周礼·冬官·考工记》记载:"函人为甲,犀甲七属,兕甲六属,合甲五属。犀甲寿百年,兕甲寿二百年,合甲寿三百年。"意思是说,函人负责制作甲衣,用犀皮、兕(sì,犀牛的一种,一说为雌犀)皮和两种以上的混合皮做甲衣,材料不同,连属的皮块多少也不一样,可使用的年限也有百年、二百年和三百年的区别。"凡为甲,必先为容,然后制革。

---

① 汉·司马迁:《史记》卷五十九,中华书局1959年版,第2099页。
② 唐·韩愈:《昌黎集》卷六,《景印文渊阁四库全书》,台北商务印书馆1986年版。
③ 《十三经注疏·春秋左传正义》,中华书局1980年版,第14页。
④ 《十三经注疏·周礼注疏》,中华书局1980年版,第73页。
⑤ 《十三经注疏·周礼注疏》,中华书局1980年版,第194页。

权其上旅与其下旅,而重若一,以其长为之围。"①凡是制作甲衣,要先量好人的身体尺寸,并按照腰以上和腰以下分别设计,在确定了上下层数的前提下,根据牛皮片长短来缝制,以便合身适用。

据文献记载,先秦甲衣主要用犀牛皮制作,也有用青铜片制作的。原始的甲衣是将整块兽皮包在身上,活动不便。商周时期,改用小块兽皮连缀而成,穿着舒适,便于活动。战国时期,随着冶铁技术的发展,出现了铁甲,汉代又出现了用丝、麻等制作的软甲,宋明时期还出现了用棉、纸等制作的棉甲、纸甲,对一般的兵器的冲击也有一定的防护作用。此外,还有因地制宜,采用当地原材料制成的竹甲、藤甲、绦(丝绳)甲、鲛皮甲等。

甲的防护范围,开始时主要是胸和背部,后来逐渐扩大,包括防护臂膀的披膊、防护腿部的吊腿等。此外,还有为保护战马而制的马甲。

甲骨文中的"甲"字构形记录的正是多版甲版构成的甲衣的形状,不仅反映了甲衣的发展和进步,也从一个侧面反映了远古时期的战争文化。

图 4-5 甲

9. 带

"带"字的甲骨文形体作"𢂷",小篆作"帶"。《说文·巾部》:"带,绅也。男子鞶带,妇人带丝。象系佩之形。佩必有巾,从巾。"②"带"字构形,上面象束于腰间的带子和用带的两端打的结,下面象被系住的下垂的佩巾。古人衣服没有纽扣,要用带把衣服固定好,所以带是古代服饰中的一个很重要的组成部分。

"带",相传为黄帝始作,古代的带种类很多,其典型代表是《说文》中解释为"绅"的"大带",是贵族礼服所用的腰带。《说文解字注》:"古有大带,有革带,革带以系佩韨,而后加之

————————

① 《十三经注疏·周礼注疏》,中华书局 1980 年版,第 279 页。
② 汉·许慎:《说文解字》,中华书局 1963 年版,第 158 页。

大带。"①意思是,古代有大带和革带,先用革(皮)带把韍(市)系好,然后再把大带系在革带上面。周代的大带用白色丝帛制作,宽度、里子的颜色因地位高低而各有不同,天子、诸侯的大带四边还要加上缘饰。革带用皮制作,又叫鞶带,周代礼服制度,革带用于系佩巾、佩玉等物,魏晋后在革带上加饰金、银、铜、玉等饰物。

具体而言,大带下垂部分叫绅。但绅也泛指大带。《论语·卫灵公》记载了一则小故事:"子张问行,子曰:'言忠信,行笃敬,虽蛮貊之邦,行矣。言不忠信,行不笃敬,虽州里,行乎哉?立则见其参于前也,在舆则见其倚于衡也,夫然后行。子张书诸绅。"孔安国注:"绅,大带。"②

这段话的意思是说,子张问孔子怎样行身处世,孔子说,说话讲究忠信,做事诚恳谦敬,即使到了野蛮的地方,也能行得通;如果说话不讲忠信,做事不讲究诚恳谦敬,即使在家乡,能行得通吗?站着,就仿佛看见"忠信笃敬"几个字就在眼前,坐车,这几个字仿佛就刻在车辕的横木上,这样,在哪里都能行得通。子张(担心记不住老师的话)马上就把它记在绅带上。因为绅带是素色的,所以可以把事情记在上面。其实,古代的绅带还有一项更重要的用途,就是插笏板。

古代君臣朝会时手拿一块长条形板子,叫笏板,天子用玉制作,诸侯及以下百官质料各不相同。君臣相见,有些话要说,但又怕临时忘记了,就可以把想说的话事先写在笏板上。笏板平时都插在绅带上,这些插笏板的古代官员又叫缙绅之士,简称"缙绅"。

因为官员和有身份有地位的人都在腰里系一条大带,所以人们就把这些系绅带的人称作"绅士"或者"乡绅"了。

10. 巾

甲骨文中,"巾"字作"巾",金文中作"巾"。《说文·巾部》:"佩巾也。从冂,丨象系也。"③段玉裁注:"佩巾,礼之纷帨也。郑曰:纷帨,拭物之佩巾也。按以巾拭物曰巾。如以帨拭手曰帨。""《玉篇》曰:'本以拭物。后人著之于头。'……有系而后佩于带。"④

"巾"的甲骨文和金文的形体都象下垂的佩巾,即妇女用的手巾,平时可以系在腰带上,用来擦拭物体。北宋张俞《蚕妇》:"昨日入城市,归来泪满巾。遍身罗绮者,不是养蚕人。"诗中的巾就是用来擦眼泪用的。

这种"巾"又叫"帨"(shuì),女子在家时挂在门右,出门时系在身左。《礼记·内则》:"子生,男子设弧于门左,女子设帨于门右。"郑玄注:"表男女也。弧者,示有事于武也,帨,事人之佩巾也。"⑤《诗经·召南·野有死麕》:"舒而脱脱兮,无感我帨兮。"毛传:"感,动也。帨,佩巾也。"郑笺:"奔走失节,动其佩饰。"⑥意思是,不要动我的佩巾。可见佩巾是女子的贴身亵物,不许他人随便动。

另有一种用来束发裹头或作为头饰的"巾",俗称头巾。一说是从佩巾发展来的。古代

① 清·段玉裁:《说文解字注》,上海古籍出版社 1981 年版,第 358 页。
② 《十三经注疏·论语注疏》,中华书局 1980 年版,第 61 页。
③ 汉·许慎:《说文解字》,中华书局 1963 年版,第 158 页。
④ 清·段玉裁:《说文解字注》,上海古籍出版社 1981 年版,第 357 页。
⑤ 《十三经注疏·礼记正义》,中华书局 1980 年版,第 241 页。
⑥ 《十三经注疏·毛诗正义》,中华书局 1980 年版,第 25 页。

男子士人二十岁要举行冠礼,表示已经成年,类似于今天的成人礼。庶人不举行冠礼,便用巾裹头。这种巾是用整幅布制成的,所以又叫"幅巾"。《释名·释首饰》:"巾,谨也。二十成人,士冠,庶人巾,当自谨修于四教也。"①意思是,之所以叫"巾",其意义来源于"谨",是希望能谨慎修养德行。

"巾"作为束发裹头的饰物,秦汉后使用越来越多,种类也日益繁多,如图4-6。常见于古书记载的名巾如:相传由东汉人郭林宗创制的林宗巾,又称折角巾;相传由诸葛亮所创,流行于三国两晋的诸葛巾,又称纶巾;由仙人吕纯阳所创制的纯阳巾;唐代名士孟浩然风雪中所戴的浩然巾;宋代大学士苏东坡戴的东坡巾;唐代帝王所戴的唐巾;隐者所服用黑色的折角巾——乌巾;折角向上的折上巾;由鹿皮所制的鹿巾等等。

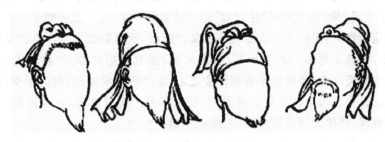

图4-6 巾 (见名物大典)

一块小小的佩巾,记载着头饰文化的发展轨迹,寓含着丰富的文化内涵。

11. 婴

"婴"是会意字,金文形体作"　"。《说文·女部》:"颈饰也。从女、賏。賏,其连也。"②王筠《说文解字义证》:"古人连贝为婴。"③"婴"字构形,上贝下女,依《说文》,是系在女子颈上的用贝制作的项链。

产于大海的贝是上古时期难得的珍贵之物,所以处于中原地区的汉人最早是把贝用作等价交换物——钱币的。汉字中与钱有关的字的形体往往与贝有关就是最显著的证明。如财、资、货、贡、赋、费、贵、贱、赐、赏、赠、贷、赊(赊)、贸、買(买)、賣(卖),还有表示财物的"贿",表示经商的"贾",表示讨债的"责",以及爱财的"贪"等等,都从贝得义。

爱美是人的天性,颈部又是人类最重要的装饰部位之一,把珍贵又漂亮的贝穿起来做颈部的装饰品,正如同后代用金银珠宝做项链一样,是人类自然的选择。时至今日,用贝做的项链仍为许多爱美的女孩所喜爱。"婴"字的构形反映了远古时期的汉族女子爱美的心理和对美的追求。

"婴"作为饰物是系在脖子上的,所以在脖子上系东西也叫"婴"。《荀子·富国》:"辟之,是犹使处女婴宝珠、佩宝玉,负戴黄金,而遇中山之盗也。"杨倞注:"婴,系于颈也。宝,谓珠玉中可宝者也。"④"处女婴宝珠",也可证明将珠宝用于颈饰在春秋战国时期已习以为常了。

① 清·王先谦:《释名疏证补》,中华书局1984年版,第236页。
② 汉·许慎:《说文解字》,中华书局1963年版,第262页。
③ 清·王筠:《说文解字义证》,上海古籍出版社1987年版,第1086页。
④ 《诸子集成·荀子集解》,中华书局1954年版,第129页。

此外，唐苏鹗《苏氏演义》卷上："《苍史篇》女曰婴，男曰儿。婴者，盈盈也，女之貌也。又，婴字从賏，賏者，贝也，宝贝璎珞之类，盖女子之饰也。"①据此，女孩叫"婴"，似乎也与佩戴贝做的项链有关了。可备一说。

12. 冠

"冠"字的篆文构形作"冠"，《说文·冖部》："絭也。所以絭发，弁冕之总名也。从冖，从元，元亦声。冠有法制，从寸。徐锴曰：'取其在首，故从元。'"②《说文解字注》："絭者，缠臂绳之名。所以约束袖者也。冠以约束发。故曰絭发。引申为凡覆盖之称。""析言之冕、弁、冠三者异制，浑言之则冕、弁亦冠也。""元犹首也。""（冠有法制）谓尊卑异服。故从寸，古凡法度之字多从寸者。"③依《说文》和段注，"冠"是会意兼形声字，是人戴的帽子。

刘向《说苑·修文》阐释了古人冠礼的意义："冠者，所以别成人也。修德束躬以自申饬，所以检其邪心，守其正意也。君子始冠，必祝成礼，加冠以厉其心，故君子成人必冠带以行事，弃幼少嬉戏惰慢之心，而衎衎于进德修业之志，是故服不成象，而内心不变，内心修德，外被礼文，所以成显令之名也。是故皮弁素积，百王不易。既以修德，又以正容。孔子曰：'正其衣冠，尊其瞻视，俨然人望而畏之，不亦威而不猛乎？'"④

"冠"字构形，从冖（mì），从元，从寸。"冖"表示覆盖，"元"是人头，"寸"表示有法度。"冠"其实就是帽子，但古人却从中融入了很多文化元素。首先，帽子要戴在人的头上，所以"冖"下是表示人头的"元"字；其次，古代士人二十岁要举行冠礼。所谓男子"二十而冠，始学礼。可以衣裘帛，舞大夏，惇行孝弟，博学不教，内而不出"⑤。举行冠礼，表示业已成人，开始学礼。最后，学礼则要讲究法度，所以"冠"字从寸。"冠"字的构形，很形象地反映了当时士人成年礼的文化现象。

古人非常重视冠礼，把冠礼看作是礼义的基础。《礼记·冠义》称："凡人之所以为人者，礼义也。礼义之始在于正容体，齐颜色，顺辞令。容体正，颜色齐，辞令顺，而后礼义备。以正君臣，亲父子，和长幼。君臣正，父子亲，长幼和，而后礼义立。故冠而后服备，服备而后容体正，颜色齐，辞令顺。故曰冠者礼之始也。是故古者圣王重冠。"⑥意思是说，人之所以为人的原因，是人有礼义。而礼义开始于体态容貌端正，面色态度庄重，辞令通顺畅达。做到这些就奠定了礼义的基础。进而可以促使君臣关系正，父子亲，长幼和。君臣关系正，父子亲近，长幼和顺，礼义也就建立了。所以说实行冠礼后礼服也就准备好了，戴上礼冠，穿好礼服，然后才能端正容体，庄重颜色，畅顺辞令。所以说，冠礼是礼的开始，正因为这样，古代的圣王都非常重视冠礼。

据《礼记·王制》注疏记载，古人有六礼，即"冠礼、昏（婚）礼、丧礼、祭礼、乡饮酒礼和相见礼，冠礼处于六礼之首。之所以如此，是因为加了冠，就表示成人了。既已成人，就将按照

---

① 唐·苏鹗：《苏氏演义》卷上，《景印文渊阁四库全书》，台北商务印书馆1986年版。
② 汉·许慎：《说文解字》，中华书局1963年版，第156页。
③ 清·段玉裁：《说文解字注》，上海古籍出版社1981年版，第353页。
④ 汉·刘向：《说苑疏证》卷十九，华东师范大学出版社1985年版，第563页。
⑤ 《十三经注疏·礼记正义》，中华书局1980年版，第243页。
⑥ 《十三经注疏·礼记正义》，中华书局1980年版，第451页。

成人的标准要求他，具体而言，"将责为人子、为人弟、为人臣、为人少者之礼行焉"。"故孝、弟、忠、顺之行立而后可以为人，可以为人而后可以治人也。"①（《礼记·冠义》）就是要用为人子、为人弟、为人臣、为人少的礼仪规范来要求他，为人子，就要孝；为人弟，就要悌；为人臣，就要忠；为人少，就要顺。孝、悌、忠、顺做到了才算学会了做人，学会做人以后才可以统治人。这就是古代圣王都非常重视冠礼的原因。

既然圣王重视，冠礼的过程自然也很隆重。据《仪礼·士冠礼》记载，举行冠礼，首先要"筮于庙门，选择吉日"，即在祖庙门前用蓍草筮卦，根据《周易》的卦辞选择吉日。第二步是"梳头挽髻"，即由赞者（主持冠礼的人的助手）为受冠者梳头，然后用帛缠发并盘在头顶。第三步是"加冠"，先加缁（黑）布冠，再加皮弁，最后加爵弁。受冠人身份地位不同，加冠次数也不相同。第四步是"拜尊者"。加冠后，受冠者要先拜谢母亲，母亲也要回拜，然后是拜谢兄弟、姑姊，最后去拜见国君、卿大夫和乡先生（回乡的卿大夫）。以此表示已经成人，得到各方面的认可。第五步是"命字"，即由冠礼主持人为受冠人取字，有了字，表明正式成人，再与人交往时，可以得到别人的尊重了。具体表现就是，除了国君、父亲、老师和自称外，一般人不得再称呼其名，只能称字，表示尊敬礼貌。字已定好，冠礼才算结束了。在整个过程中，所有参与人的服饰、所处位置、言谈举止等等都有固定程序和要求。因为对受冠者而言，冠礼是其生命旅程中具有里程碑意义的大事，从此他将告别孩童，成为社会正式的一员了。由此看来，冠字构形从寸，表示有法度，确实是有理据的。

举行冠礼的时间，周代并不固定。据《通志·礼略》记载："周制，文王年十二而冠，成王十五而冠。"②相传周文王十三生了伯邑考，所以《左传·襄公九年》说："国君十五而生子，冠而生子，礼也。"③意思是周文王年十二而冠，第二年即十三岁时生了伯邑考。先举行冠礼，表示已经成人。一年以后生子，是符合礼的。所以杜预注释说："冠，成人之服，故必冠而后生子。"为什么十二岁而冠呢？杜预解释说："岁星十二岁而一周天。"即岁星每十二年在天上转一圈，所以天人相应，十二岁而冠。但一般士人还是二十岁才加冠礼。《礼记·曲礼上》："人生十年曰幼，学；二十曰弱，冠；三十曰壮，有室；四十曰强，而仕；五十曰艾，服官政；六十曰耆，指使；七十曰老，而传；八十、九十曰耄。"④所以把二十岁称作"弱冠"。初唐四杰之首的王勃在他的名作《滕王阁序》中曾说自己："无路请缨，等终军之弱冠；有怀投笔，慕宗悫之长风。"王勃当时不到二十岁，汉博士终军向汉武帝请命出征南越时曾说："愿受长缨，必羁南越王而致之阙下。"当时终军年仅十八岁。王勃的意思是说，自己年龄同当年的终军相同，均是弱冠之年，但终军可以向国君请缨杀敌，自己却壮志难酬⑤。

正因为冠礼是非常重要而隆重的成人礼，所以在先秦时期，只有有身份的成年人才可以加冠，罪人、平民及孩童是不能加冠礼的，也不能戴冠，平民只能戴巾。也正因为如此，士人对自己的冠也就格外看重。《左传·哀公十五年》记载了一件事，卫国发生了动乱，子路同叛乱的人交战，系冠的缨被砍断了，冠要掉下来。子路说，君子就是死了，冠也不能脱落。于是

① 《十三经注疏·礼记正义》，中华书局 1980 年版，第 452 页。
② 宋·郑樵：《通志·礼略》，《景印文渊阁四库全书》，台北商务印书馆 1986 年版。
③ 《十三经注疏·春秋左传正义》，中华书局 1980 年版，第 241 页。
④ 《十三经注疏·礼记正义》，中华书局 1980 年版，第 4 页。
⑤ 唐·王勃：《王子安集》卷五，《景印文渊阁四库全书》，台北商务印书馆 1986 年版。

就停下来结缨系冠,对手趁机把他杀死了①。在战场上为系冠缨丢了性命,子路确实够愚的,但这件事也真实地反映了冠在士人心目中的重要地位。

"冠"是戴在头上的,位置最高,所以把超过众人,处在第一位的人称作"冠军"。《史记·项羽本纪》:"王召宋义,与计事而大悦之,因置以为上将军;项羽为鲁公,为次将;范增为末将,救赵诸别将,皆属宋义,号为卿子冠军。"②宋义被封为上将军,地位最高,所以号称卿子冠军。

"冠"在几千年的流传过程中,无论是质料还是样式都发生了很大变化。相传远古时期,以皮制冠。黄帝开始用布帛做冠。秦汉以来,使用日渐广泛,名称种类也日趋繁多,形制多有变化。周朝时冠又叫章甫。

《论语·先进》:"非曰能之,愿学焉。宗庙之事,如会同,端章甫,愿为小相焉。"郑玄注:"端,玄端也,衣玄端,冠章甫。"③

除了章甫,还有玄冠、缁布冠、大白冠、束发冠、素冠、丧冠、切云冠等等。秦后有汉高祖刘邦创制的刘氏冠,樊哙戴的樊哙冠、汉祭祀时的方山冠、巧士冠、唐代流行的翼善冠、为太平公主制造的玉叶冠,明代的忠靖冠等。冠也是官员等级和职业的标志,如帝王和大夫以上的官员的冠称"冕"和"弁","冕"相传为黄帝所制,"弁"为夏禹所制;士大夫的冠叫"章甫";儒生戴的叫"儒冠",武官戴的叫"武冠",武士戴的叫"鹖冠",将士作战戴的叫"胄",等等,不一而足。"冠"文化确实是中华服饰文化的一个极富特色的组成部分(图4-7)。

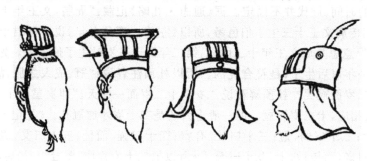

图4-7 冠 (见名物大典)

13. 弁

"弁"字的籀文形体作"^鼻",篆文形体或作"^弁",象用双手扶着帽子,所以"弁"字的本义是帽子。《说文·皃部》:"弁,冕也。周曰弁,殷曰吁,夏曰收。从皃,象形。"④"冕"也是帽子,上古吉礼戴冕,常礼用弁。

"弁"又分皮弁和爵弁两种,武官戴皮弁,文官戴爵弁。所以称武官为武弁,或直接称其为弁,甚至称一般士兵为弁。《仪礼·士冠礼》:"爵弁,服纁裳、纯衣、缁带、韎韐。"郑玄注:"此与君祭之服。《杂记》曰:'士弁而祭于公。'爵弁者,冕之次。其色赤而微黑,如爵头然。"

---

① 《十三经注疏·春秋左传正义》,中华书局1980年版,第473页。

② 司马迁:《史记》卷七,中华书局1959年版,第304页。

③ 《十三经注疏·论语注疏》,中华书局1980年版,第44页。

④ 汉·许慎:《说文解字》,中华书局1963年版,第177页。

爵弁是参与君王祭祀时戴的,因其颜色和形状象爵的头,所以称爵弁。又"皮弁,服素积,缁带,素鞸。"郑玄注:"此与君视朔之服也。皮弁者,以白鹿皮为冠,象上古也。"①

上古男子二十举行冠礼,以表示成年,这种加冠的行为也称作弁。《诗经·齐风·甫田》:"婉兮娈兮,总角丱(guàn)兮。未几见兮,突而弁兮。"意思是说,小小少年相貌美好,头发两束梳成羊角。不久前刚见到他,突然戴上了成人帽。毛传:"弁,冠也。"郑玄笺:"见之无几何,突耳加冠为成人也。"②

"弁"作为帽子自然是戴在头上,引申之,文章开头的部分叫"弁言",即序言。

14. 初

"初"字的甲骨文构形作 ，左上部是"衣"形,右下部是"刀"。表示用刀裁制衣服。

《说文·刀部》:"初,始也,从刀从衣,裁衣之始也。"③制作衣服首先从用刀切割材料开始。上古时期,人们以兽皮为衣,或系于腰间,或披于身上。要想合身适用,必须对兽皮进行加工,于是用刀裁割兽皮,制作衣服。初字的甲骨文"从刀从衣"的构形,或许记录的正是上古时期这种制衣的情景。同时也表明上古时期我们的先人就学会了通过切割剪裁来制作合体的衣服,也是制衣的一大进步。

此外,"初"的本义是开始,为了用形体符号记录开始的意义,古人选择了"衣"和"刀"相合的构形,也说明在当时用刀裁割材料制作衣服已经是一种常见的现象了。

---

① 《十三经注疏·仪礼注疏》,中华书局1980年版,第950页。
② 《十三经注疏·毛诗正义》,中华书局1980年版,第353页。
③ 汉·许慎:《说文解字》,中华书局1963年版,第91页。

第五章　食物饮品篇

民以食为天,饮食是人类生存最基本的物质条件,饮食文化自然就成了人类文化最重要的组成部分之一。在人类社会漫长的发展岁月中,中华民族创造了辉煌灿烂的饮食文化,汉字中有关古代饮食文化的信息非常丰富。

1. 食

甲骨文中"食"字作"🍚",上部"亼"象一个盖儿,下部分"🫖"是甲骨文的"簋"(guǐ)字。"簋"是一种盛黍、稷、稻、粱等主食的器皿,外圆内方,加上盖,可能是为了保温。"食"字的这种构形表明,最初"食"表示主食,后来才泛指食物①。

《孟子·公孙丑上》:"饥者易为食,渴者易为饮。"②食,当指主食。

主食叫食,引申之,食也可以泛指食物;再引申,吃饭、吃东西这种动作行为也可以叫食。《左传·宣公二年》:"问其病,曰,不食三日矣。"③"不食三日"即三天没有吃东西了。

《汉书·食货志》说:"人情,一日不再食则饥。"④意思是,人的习惯,一天不吃两顿饭就会感到饥饿。所谓"再食"就是吃两次饭。《孟子》中记载了一件事,农家许行从楚国来到滕国,评论滕国的国君时说:"贤者与民并耕而食,饔飧而治。"⑤"饔飧而治"就是一边做早饭和晚饭一边治理国家。据此可以看出,上古往往一日两餐。早餐叫"朝食",也叫"饔",甲骨文字形作"🔥"依唐兰先生之言,象两只手抓"🫖"中的食物吃。晚饭叫"餔食",也叫"飧"。《说文·食部》:"飧,餔也,从夕食。""餔,日加申时食也。"⑥即太阳在申时吃饭叫"餔",古代以干支记时,申时相当于现在的 15 时至 17 时。《左传·僖公二年》记载齐晋鞍之战开始的时候说:"齐侯曰,我姑翦灭此而朝食。"意思是我姑且消灭了这些人再吃早饭。

主食叫食,路上吃的干粮叫糧(粮)。《庄子·逍遥游》:"适百里者宿春粮,适千里者三月聚粮。"⑦意思是到百里远的地方去的人,头一天晚上就得准备干粮;要是到千里远的地方去,就得提前三个月准备路上吃的干粮。

2. 即

"即"字,甲骨文构形作"🍚",象一个人面对"🫖"跪着吃饭。

① 王宁:《训诂学原理》,中国国际广播出版社 1996 年版,第 287 页。
② 《十三经注疏·孟子注疏》,中华书局 1980 年版,第 20 页。
③ 《十三经注疏·春秋左传正义》,中华书局 1980 年版,第 165 页。
④ 汉·班固:《汉书》卷二十四上,《景印文渊阁四库全书》,台北商务印书馆 1986 年版。
⑤ 《十三经注疏·孟子注疏》,中华书局 1980 年版,第 41 页。
⑥ 汉·许慎:《说文解字》,中华书局 1963 年版,第 107 页。
⑦ 《诸子集成·庄子集解》,中华书局 1954 年版,第 2 页。

《说文·皀部》解释说："即，即食也。"即食，就是就食，走近食物去吃。由此再引申，泛指接近，走近。所以徐锴解释说是"就也"①。当"接近""走近"讲，古书中多有用例。《诗经·卫风·氓》："匪来贸丝，来即我谋。"郑玄注释说："即，就也。"②意思是，那个人不是来换丝的，是来接近我商量事情（婚事）的。《论语·子张》："子夏曰：'君子有三变：望之俨然，即之也温，听其言也厉。"邢昺注释说："人远望之，则正其衣冠，尊其瞻视，常俨然也；就近之，则颜色温和；及听其言辞，则严正而无佞邪也。"③意思是说，在他人看来，君子有三种不同的神态，远远望去，则庄重严肃；走近他，则平易温和；听他的话，则严正无邪。

上两例中的"即"，都表示走近，接近。

今天还在使用的成语中，不少还保留着"即"的古义。如"若即若离"，意思是像是很接近，又像离得很远，让人把握不准。"不即不离"，意思是既不接近，也不疏远，保持适当距离。"可望不可即"，意思是可以看得见，但不能接近。

3. 既

构形与"即"（（甲骨文字形））相类的是"既"，甲骨文作"（甲骨文字形）"，象一个人吃饱了饭，回头离开的样子。用以表示事情"终了""完结"，非常形象。

《左传·哀公十四年》记载了一件事："左师每食，击钟。闻钟声，公曰：'夫子将食。'既食，又奏。公曰：'可矣。'以乘车往。"④宋景公和大夫皇野想把左师向魋引出来，又怕他以吃饭为借口不出来。向魋有个习惯，每次吃饭，都要敲钟。听到钟声后，宋景公说："他将要吃饭了。"吃完饭后（既食），又敲钟。景公说："可以了。"于是皇野就同景公坐一辆车前往向魋家。"既食"，表示饭已经吃完了。

由人的吃饭结束扩展到自然现象中，古人把事情结束也叫"既"。

《春秋·桓公三年》："秋七月，壬辰朔，日有食之，既。"杜预注："既，尽也。"孔颖达疏："谓日光尽也。"⑤显然，这是记录了发生在鲁桓公三年即公元前 709 年 7 月 17 日的一次日全食天象⑥。既，表示太阳完全被遮住。

由完了、终结义虚化为副词"已经"，如：

"文王既没，文不在兹乎？"（《论语·八佾》）既没，即已经故去了。

"故远人不服，则修文德以来之。既来之，则安之。"⑦（《论语·季氏》）意思是远人不归服，就完善本国的道德教化吸引他们来。已经使他们来了，就要使他们安定下来。这句话中的"既"原是已经的意思。但今天很多人都说是"既然来了，就安心待着吧"，不仅字义变了，而且主语也变了。

还有一点，明白了"即"和"既"的构形，就会对它们表示的意义把握得更准确、明白，就不

① 汉·许慎：《说文解字》，中华书局 1963 年版，第 106 页。
② 《十三经注疏·毛诗正义》，中华书局 1980 年版，第 56 页。
③ 《十三经注疏·论语注疏》，中华书局 1980 年版，第 76 页。
④ 《十三经注疏·春秋左传正义》，中华书局 1980 年版，第 471 页。
⑤ 《十三经注疏·春秋左传正义》，中华书局 1980 年版，第 44 页。
⑥ 杨伯峻：《春秋左传注》，中华书局 1981 年版，第 96～97 页。
⑦ 《十三经注疏·论语注疏》，中华书局 1980 年版，第 64 页。

会再把"既然"写成"即然"、把"即使"写成"既使"了。

4. 乡

构形与""相关的还有一个""字,王宁先生认为"象宾主二人面向食器对坐,所以是飨的本字"①。通过构形可以看出,""字两边是面对面坐着的人,中间是盛满了熟食的器皿,表示的意义是相向而坐,享用美食。

《汉书·文帝纪》:"夫以朕之不德,而专乡独美其福,百姓不与焉,是重吾不德也。"②"专乡"即独自享受。这个"乡"字后又作飨、饗。

《诗经·豳风·七月》:"九月肃霜,十月涤场,朋酒斯饗,曰杀羔羊。"毛传:"肃,缩也,霜降而收缩万物。涤场,功毕人也。两樽曰朋,饗者,乡人以狗,大夫加以羔羊。"郑玄笺:"十月民事男女俱毕,无饥寒之忧,国君闲于政事而饗群臣。"③无论是宴请乡人,还是宴请群臣,饗在句中的意思都是请别人吃饭。

氏族社会时期,同一氏族的常在一起吃饭议事,于是乡又可指一个部落,一个居住区域,即乡里。如上例中的"饗者,乡人以狗,大夫加以羔羊"。意思是宴飨的食品,乡人用狗肉,大夫则要加上鲜美的羔羊。

《论语·乡党》记载,孔子与乡人饮酒时,"席不正不坐,乡人饮酒,杖者出,斯出矣"④。杖者即老年人。乡人饮酒礼,年老者为主,年老者礼毕而出,孔子跟在老人后面出来。

邀请同族或乡人吃饭饮酒,双方隔着食物相对而坐,于是"乡"又用来指面向、相向,意思与表示向北开的窗户的""混同,于是又写作"嚮",后来简化时用了一个笔画简单的古字,作"向"。

《诗经·大雅·皇矣》:"依其在京,侵自阮疆,陟我高冈。"郑玄注:"在岐山之南,居渭水之侧,为万国之所嚮。"⑤"万国之所嚮"即天下诸侯面对的地方。

5. 美

人们吃饭当然喜欢美食,许慎认为,"美味"正是"美"的本义。

"美"字的甲骨文构形作"",上半部分是一只羊,下面是大。《说文·羊部》:"甘也,从羊从大。羊在六畜主给膳也。"⑥段玉裁解释说:"五味之美皆曰甘,引申之,凡好皆谓之美。"所以,美指美味。

表示美味,为什么用"羊"和"大"来构形呢?其中寓含着什么文化信息呢?

段玉裁说:"羊大则肥美。"⑦这只是其一,最主要的还是许慎的解释"羊在六畜主给膳

① 王宁:《训诂学原理》,中国国际广播出版社1996年版,第288页。
② 汉·班固:《汉书》卷四,《景印文渊阁四库全书》,台北商务印书馆1986年版。
③ 《十三经注疏·毛诗正义》,中华书局1980年版,第124页。
④ 《十三经注疏·论语注疏》,中华书局1980年版,第39页。
⑤ 《十三经注疏·毛诗正义》,中华书局1980年版,第253页。
⑥ 汉·许慎:《说文解字》,中华书局1963年版,第78页。
⑦ 清·段玉裁:《说文解字注》,上海古籍出版社1981年版,第146页。

也"。六畜又叫六牲,是家畜的总称,具体指马、牛、羊、豕(猪)、犬、鸡。在这些家畜中,羊的主要任务就是"给膳",是供给人吃的。只有好吃,味美,人才爱吃。

王宁先生写过一篇小文叫《说"羊"》,在梳理古代药经与食经的基础上,列举了羊肉的好处:"羊肉味甘而大热,性属火,食后可以补中益气,安心止惊,开胃健力。肥羊肉煮汤,如加上当归、黄芪、生姜,对产后厥痛、大虚、带下之病,可谓汤到病除。羊的头、蹄、皮均可益手,血、乳有滋中之效,羊油止痢,心、肺、肾补心,羊肝明目,连骨髓都是上好的滋补物。只有羊脑不宜食用,却可以治皮肤病。羊的全身都是宝,食一羊而利全身。"

文章还指出:"羊性成群——群字从羊……便于驯养和繁殖,其类必多,它在食用畜中居首位,是毫不奇怪的。"①

可见,用"羊""大"构形来表示味美,反映了上古时期饮食文化的一个重要特色。与此相关的,首先是"羡"字。

6. 羡

"羡"字甲骨文构形作"𦎫",右边是一个人张着大口,左边的三点是流出来的口水。象人见到美食而大流口水,表示贪欲。小篆原作"𦎫",后加一个羊字作"𦎫",见到羊肉而大流口水,也证明羊肉确实是美味,令人垂涎三尺。𦎫的构形进一步证明了"羊在六畜主给膳"的地位和特点。

美味当然想自己享用,但在等级分明的社会中,还是要进献给神或是地位高的人。于是又有一个"羞"字。

7. 羞

"羞"字的甲骨文构形作"𦎫",象用手拿着做熟的羊肉进献之形。《说文·丑部》:"羞,进献也。从羊。羊,所进也。"②作为进献的食物,当然是美食,"羞"字从羊、从手表示进献的构形,进一步证明了上古时期,羊确实是公认的美食这样一种文化传统。

《周礼·天官·笾人》:"凡其死生鲜薧之物,以共王之膳,与其荐羞之物,及后世子之膳羞。"郑玄注:"备品物曰荐,致滋味乃为羞……郑司农云,鲜谓生肉,薧谓干肉。"③按郑玄的意思,古人把进献美味叫作羞,美味是什么呢?郑玄又引用其父亲的话,活的动物的肉叫鲜,死了的制成肉干的叫薧。

《左传·僖公十七年》记载了发生在齐国的一件事:齐桓公有王姬、徐嬴、蔡姬三位夫人,都没有儿子。桓公喜好女色,有很多内宠,其中受宠幸如同夫人(像夫人)一般的有六人:长卫姬、少卫姬、郑姬、葛嬴、密姬和宋华子。长卫姬生了武孟,少卫姬生了惠公,郑姬生了孝公,葛嬴生了昭公,密姬生了懿公,宋华子生了公子雍。桓公同管仲一起把郑姬生的儿子孝公托付给宋襄公,让宋襄公辅助他做了太子。掌管烹饪的官员雍巫(名易牙)受到长卫姬的贿赂,他通过寺人貂给桓公进献美味佳肴,从而受到桓公宠幸。桓公答应他立长卫姬的儿子

---

① 王宁:《训诂学原理》,中国国际广播出版社 1996 年版,第 291~292 页。
② 汉·许慎:《说文解字》,中华书局 1963 年版,第 310 页。
③ 《十三经注疏·周礼注疏》,中华书局 1980 年版,第 661 页。

武孟为太子。管仲去世后,五位公子都请求立为太子。这年冬季的十月初七,齐桓公小白去世。易牙趁机进入宫中,与寺人貂一起依靠桓公的内宠杀死了许多大臣,拥立公子武孟做国君。齐孝公(公子昭)逃奔到宋国。

易牙之所以受到齐桓公的宠幸,是由于他"因寺人貂以荐羞于公"①。荐羞,就是进献美味。从这一点说,导致齐桓公去世后齐国动乱的原因,不是别的,就是齐桓公喜爱美色和美食引起的。

后代称美食仍然叫"羞"。美食自然难得而珍贵,所以诗人李白在《行路难之一》诗里又加了一个"珍"字,称"珍羞"。

"金樽清酒斗十千,玉盘珍羞直万钱。"

《古风五十九首·其十八》:"入门上高堂,列鼎错珍羞。香风引赵舞,清管随齐讴。"

《感时留别从兄徐王延年、从弟延陵》:"药物多见馈,珍羞亦兼之。谁道滇渤深?犹言浅恩慈。"

《过汪氏别业二首·其一》:"我来感意气,捶炰列珍羞。扫石待归月,开池涨寒流。"

后来为了表意更加明确,人们就在会意字"羞"字旁边增加了一个表意的"食"字,造出一个形声兼会意字"馐"来。

8. 炙与脍(鲙)

"炙"字小篆形体作"炙"。《说文·炙部》:"炙,炮肉也。从肉在火上。"②炙上面是肉,下面是火,这个构形告诉我们,所谓炙,就是把肉直接放在火上烤。《左传·哀公十五年》:"栾宁将饮酒,炙未熟。闻乱,使告季子。"③"炙未熟",就是肉还没烤熟。

"脍(鲙)"字小篆形体作"脍"。《说文·肉部》:"脍,细切肉也。"④脍是细切的鱼肉,切薄鱼片、肉片是做熟的第一步。《晋书·张翰传》记载,吴郡人张季鹰有才善文而放任不拘,在洛阳为官时,"因见秋风起,乃思吴中菰菜、莼羹、鲈鱼脍。曰:'人生贵得适志,何能羁宦数千里以要名爵乎?'遂命驾而归。"⑤看来这鲈鱼脍真是美味,让张翰放弃了功名利禄。

肉要先切薄了再烤,所以"脍"也是"炙"的第一步,古人常脍、炙连用。

《孟子·尽心下》记载,曾晳喜欢吃羊枣,曾晳死后,他的儿子曾子再也不忍心吃羊枣了。公孙丑问孟子说:"脍炙与羊枣哪一种更好吃呢?"孟子回答说:"当然是脍炙。"公孙丑说:"既然这样,那么曾子为什么可以吃脍炙却不吃羊枣呢?"孟子说:"大家都认为脍炙好吃,而羊枣是曾子父亲情有独钟的。所以曾子不忍心吃羊枣,就如同避讳君父的名而不用避讳其姓是一样的道理。姓是公用的,名却是自己独有的。"⑥

脍炙作为美食,自古以来受人喜爱,所以汉语中有成语"脍炙人口",比喻诗文优美,被人广泛传诵。宋·洪迈《容斋随笔》:"元微之、白乐天在唐元和、长庆间齐名,其赋咏天宝时事,

---

① 《十三经注疏·春秋左传正义》,中华书局1980年版,第107页。
② 汉·许慎:《说文解字》,中华书局1963年版,第212页。
③ 杨伯峻:《春秋左传注》,中华书局1981年版,第1695页。
④ 汉·许慎:《说文解字》,中华书局1963年版,第90页。
⑤ 《晋书》第九十二卷,《景印文渊阁四库全书》,台北商务印书馆1986年版。
⑥ 宋·朱熹:《四书章句集注》,中华书局1983年版,第374页。

《连昌宫词》《长恨歌》，皆脍炙人口，使读之者情性荡摇，如身生其时，亲见其事。"①

"炙"是烤肉，但古代的烤法又有许多不同。

《诗经·小雅·瓠叶》："有兔斯首，燔之炙之。君子有酒，酌言酢之。"郑玄笺："凡治兔之宜，鲜者毛炮之，柔者炙之，干者燔之。"孔颖达疏："……若鲜明而新杀者，合毛炮之；若割截而柔者，则焻贯而炙之，若今炙肉也；干者谓脯腊，则加之火上燔之，若今烧干脯也。柔谓杀已多日而未干也。"②

郑玄在注文中提到了三种烤肉的办法：

第一种烤法叫"炮"，用来烤新猎获的野兽或刚宰杀的家畜。《说文·火部》："炮，毛炙肉也。"③段玉裁注释："炙肉者，贯之加于火。毛炙肉，谓肉不去毛炙之也。"④按照段玉裁的意思，所谓毛炙肉，就是连皮带毛一起烤。怎么烤呢？"炮"从"包"得声的语源义给我们透露了一些信息，大概是先糊上一层泥，然后拿到火上，泥烤干了，里面的肉也烤熟了。去掉泥，把毛也带下来，肉原汁原味自然很鲜美。或许今天的"叫花鸡"的吃法与"炮"相似。

第二种烤法叫"炙"，用来烤那些杀了几天但还没有干的肉。怎么烤呢？段玉裁解释："炙肉者，贯之加于火。"即串起来放到火上烤，类似于今天的烤羊肉串。

第三种烤法叫"燔"，燔的目的是把肉烤成脯——肉干，以便保存。《诗经·大雅·生民》毛传："傅火曰燔。"即把肉块一面一面地贴近火去烤，直到烤成肉干。

烤熟的肉当然比生的好吃，更重要的是，"炙"的构形表明，我们的先人在很早就懂得了使用火来加工食物，比起茹毛饮血来，炙确实是饮食文化的一大进步。而且这种烤肉的吃法一直流传了几千年而不衰，并且全人类都有这种吃法。

9. 羴(shān)与鱻

同羊有关的还有一个"羴"字值得一说。"羴"字的甲骨文形体作" "，三只羊聚在一起。《说文·羴部》解释说："羊臭也。从三羊。"⑤"羊臭"即羊的气味。三表示多数，很多羊聚集在一起，气味自然就冒出来了。这个"羴"字后来又写作"膻"。

今天常见人把餐馆的名字叫"犇羴鱻饭店"，三头牛是犇(bēn)，三只羊是膻(shān)，三条鱼是鱻。犇羴鱻堆在一块，什么意思呢？可能老板要的只是字形：牛多，羊多，鱼多，引人注目，大多数人都不大懂，感到新奇，于是来吃吃试试，其实与字义没有什么关系。

"鱻"字读 xiān，意思是"新鲜"。《说文·鱼部》："鱻，新鱼精也。从三鱼，不变鱼。"⑥段玉裁解释说："此释'从三鱼'之意，谓不变其生新也。"可见"鱻"字的本义就是新鲜、生鲜。段氏还认为"凡鲜明、鲜新字皆当作'鱻'，自汉人始以鲜代鱻。《周礼》经作'鱻'，注作'鲜'，是其证"⑦。《周礼·天官·庖人》："凡其死生鱻薧之物，以共王之膳，与其荐羞之物及后、世子

① 宋·洪迈：《容斋随笔》卷十五，《景印文渊阁四库全书》，台北商务印书馆 1986 年版。
② 《十三经注疏·毛诗正义》，中华书局 1980 年版，第 231 页。
③ 汉·许慎：《说文解字》，中华书局 1963 年版，第 208 页。
④ 清·段玉裁：《说文解字注》，上海古籍出版社 1981 年版，第 482 页。
⑤ 汉·许慎：《说文解字》，中华书局 1963 年版，第 78 页。
⑥ 汉·许慎：《说文解字》，中华书局 1963 年版，第 245 页。
⑦ 清·段玉裁：《说文解字注》，上海古籍出版社 1981 年版，第 581 页。

之膳羞。"郑玄注:"郑司农云,鲜谓生肉,薧谓干肉。"①

表示新鲜为什么"从三鱼"呢?王宁先生认为:"这是因为传说中的洪水时期,人们住在山顶和树颠上,鱼成为人类的主要食品。最早见的彩陶纹多为鱼纹,周代宫廷最隆重的宴会必须有鱼。""《孟子·告子》说:'鱼我所欲也,熊掌亦我所欲也。'把鱼和珍稀的食物熊掌并称,都是洪水时期饮食文化的遗风。'新鲜'字从三个'鱼',也反映了这种古老的文化。"②

10. 舂

"舂"字的甲骨文构形作"𦥑"。下面部分是臼,其中有米,上部分左、右两只手抱着木棒"午"在加工稻米谷物,即把稻米谷物的皮舂掉,以利于更好地食用,非常形象。

《诗经·大雅·生民》:"诞我祀如何?或舂或揄,或簸或蹂。"③意思是说,怎样祭祀呢?有的舂米,有的舀粮("揄"yóu,把舂好的米从臼中舀出去),有的簸米,有的扬糠。非常形象地记录了祭祀前加工稻米谷物的过程。

"舂"字的构形所表示的用杵、臼加工稻谷这种方法一直延续了几千年,直到 20 世纪,广大农村各族民众也很常见。鲁迅先生在他的代表作《阿 Q 正传》中曾写到:"阿 Q 真能做,舂米便舂米,撑船便撑船。"④记录的正是浙江一带农村加工稻米和撑船等农活的情况。

11. 臼

"臼"字的小篆构形作"𦥑"。《说文·臼部》:"舂也。古者掘地为臼,其后穿木石。象形。中,米也。"⑤𦥑字构形,有边有底,上留小口,中间小点表示臼中正在舂的米,非常形象。依《说文》,上古时期,先民在地上掘坑为臼来舂米,谷物要经过加工脱去皮壳才能成为米,"臼"正是脱去谷物皮壳的工具。《论衡·量知篇》记述了由谷到饭的加工过程:"谷之始熟曰粟,舂之于臼,簸其粃糠,蒸之于甑,爨之以火,成熟为饭,乃甘可食。"⑥

12. 午(杵)

"午"是"杵"的初文,甲骨文构形作"↓",商代金文作"↓",西周金文作"↑",象舂米用的木棒。《周易·系辞下》记载,上古民众"断木为杵,掘地为臼。"⑦为了使用方便,杵一般都不太长,所以要把木棒砍断,即所谓"断木为杵"。

同"臼"一样,"杵"也是古人舂米的工具。有专门工具来加工谷物以供食用,表明在甲骨文时期的殷商时代,我们的先民不仅脱离了茹毛饮血的原始游猎的生活方式,进入了农耕时代,而且有专门工具加工谷物以利食用,说明饮食文化已经达到了较高的水平。

---

① 《十三经注疏·周礼注疏》,中华书局 1980 年版,第 661 页。
② 王宁:《〈说文解字〉与汉字学》,河南人民出版社 1994 年,第 85 页。
③ 《十三经注疏·毛诗正义》,中华书局 1980 年版,第 531 页。
④ 鲁迅:《阿 Q 正传》,人民文学出版社 2002 年版,第 8 页。
⑤ 汉·许慎:《说文解字》,中华书局 1963 年版,第 148 页。
⑥ 《诸子集成·论衡》,中华书局 1954 年版,第 123 页。
⑦ 《十三经注疏·周易正义》,中华书局 1980 年版,第 75 页。

13. 飲(饮)

飲(饮)的甲骨文构形作"🍶""🍶",象一个人趴在酒器上低头饮酒的样子,非常形象。所以饮的本义是喝。

《礼记·玉藻》:"五饮,上水、浆、酒、醴、酏。"五饮就是人们日常喝的五种饮料,以水为上,其余四种,"浆"是一种带酸味的饮料,"醴"是甜味的酒,"酏"(yí)是用黍米酿造的酒。还有一种说法,说"酏"是用黍酿的稀粥样的液体。

《山海经·海外北经》里记载了一个小故事:"夸父与日逐走,入日,渴,欲得饮。饮于河渭,河渭不足;北饮大泽,未至,道渴而死。"①"欲得饮"的"饮"指喝的东西——水;"饮于河渭""北饮大泽"的"饮"是喝的意思。

"饮"的构形表明,喝的不仅是水,还有可能是"酒"。《说苑·贵德》:"今有满堂饮酒者,有一人独索然向隅而泣,则一堂之人皆不乐矣。"②

甲骨文时期就产生的这个"饮"字,说明上古时期我们的先民就可酿造美酒了。

14. 酒

"酒"字是个会意兼形声字,甲骨文构形作"🏺""🏺","🏺"是"酉",盛酒的器皿,侧面或两边是"水",酉中有水,即为酒,很形象。《说文·酉部》:"酒,就也,所以就人性之善恶。从水从酉,酉亦声。"酒是谁发明的呢?《说文》称:"古者仪狄作酒醪(láo),禹尝之而美,遂疏仪狄。杜康作秫酒。"③

"酒醪"是一种没有过滤的味道醇美的甜酒。据《战国策·魏策》记载:"昔者帝女令仪狄作酒而美,进之禹,禹饮而甘之,遂疏仪狄,绝旨酒。曰:'后世必有以酒亡其国者。'"④

相传仪狄是大禹时代的人,酿出美酒后,给禹品尝,禹品尝后觉得甘美异常,担心后世会有人沉溺其中,耽误国事,就疏远了仪狄,下令禁绝美酒。这条记载告诉我们:首先,早在夏禹时代,我们的先人就已经掌握了酿酒的技术,酿出了足以令人陶醉的美酒;其次,在大禹时代,我们的先人已经会品尝美酒,且能分出酒品的优劣;最后,已经能够意识到酗酒的危害,从而对酒有了较深刻全面的认识。所以许慎才用"就也,所以就人性之善恶"来解释酒命名的缘由,即酒这种饮品有两重性:用得好,喝得适量,可以成人之善;用得不好,沉溺于其中,也可以成人之恶。由此看来,在夏禹时期,酿酒技术就相当成熟了,人们对酒的认识也相当深刻了。

据典籍记载,周代已经设有专门管理酿酒的官员,酒官之长叫"酒正"。《周礼·天官·酒正》:"酒正掌酒之政令,以式法授酒材。"⑤

意思是酒正作为最高的酒官,不仅要掌管有关酒的政令,而且还要把酿酒的方法及做酒

---

① 《山海经》卷八,《景印文渊阁四库全书》,台北商务印书馆 1986 年版。
② 赵善诒:《说苑疏证》卷五,华东师范大学出版社 1985 年版,第 108 页。
③ 汉·许慎:《说文解字》,中华书局 1963 年版,第 311 页。
④ 《战国策》卷二十三,上海古籍出版社 1983 年版,第 846 页。
⑤ 《十三经注疏·周礼注疏》,中华书局 1980 年版,第 30 页。

所用的材料教给他人。

　　周代按照酒的清、浊质量分为五齐。即"泛齐、醴齐、盎齐、缇齐、沈齐",《周礼·天官》:"酒人掌为五齐三酒,祭祀则共奉之,以役世妇。"[1]世妇是宫中的女官,掌管女官住宿斋戒祭祀等事情。祭祀时,酒人把酒交给世妇,一起来祭祀。

　　按照酒的用途,又分为"事酒、昔酒、清酒"三类。"事酒,有事而饮也;昔酒,无事而饮也;清酒,祭祀之酒。"[2]

　　《说文》记载,"杜康作秫酒"。相传杜康是周人,善于用谷物酿酒,即所谓"秫酒"。杜康本是酿酒人,因为他酿的酒好喝,所以后人称好酒名杜康。曹操在他的《短歌行》中也借杜康酒抒发自己的情感,写道:"慨当以慷,忧思难忘。何以解忧?唯有杜康。"

　　汉代从西域引进了酿制葡萄酒的技艺,开始酿制真正意义上的葡萄酒。魏晋以后,酒类渐多,名称也不胜枚举,由酒引起的奇闻逸事更是俯拾皆是。

15. 酉

　　"酉"字的甲骨文构形作"　""　"。外形象盛酒的器皿——尊的形状,里面的部分表示尊内有酒。《说文·酉部》:"酉,就也。八月黍成,可为酎酒。象古文酉之形。""酎,三重醇酒也……《明堂·月令》曰'孟秋,天子饮酎'。"[3]所谓三重醇酒,段玉裁认为:"谓用酒为水酿之,是再重之酒也。次又用再重之酒为水酿之,是三重之酒也……秋当作夏。"[4]《礼记·明堂·月令》:"是月也,天子饮酎,用礼乐。"郑玄注:"酎之言醇也,谓重酿之酒也。春酒至此始成,与群臣以礼乐饮之于朝,正尊卑也。孟冬云大饮烝,此言用礼乐,互其文。"[5]

　　许慎、段玉裁的说解和《礼记》的上述记载,给我们提供了许多上古时期有关酒文化的信息:首先,最初的酒是用黍酿制的米酒。其次,米酒可以反复发酵酿造,三重发酵酿制,味道醇厚。(郑玄认为是春天酿制的春酒,一直酿到夏天才酿成。)第三,不同等级的人饮不同的酒,天子喝的是味道最醇的酎。第四,饮酒也有时间的要求,也要按时令、地点加以区别。天子在孟夏时节,即夏历四月在朝廷上同群臣喝酎酒;而在孟冬时节,即夏历十月,要在太学宴请群臣,叫作"大饮烝"。据郑玄的注释,"十月农功毕,天子诸侯与其群臣饮酒于太学,以正齿位,谓之大饮……烝谓有牲体为俎也"。并认为《诗经·豳风·七月》第八章"九月肃霜,十月涤场,朋酒斯飨,曰杀羔羊。跻彼公堂,称彼兕觥,万寿无疆"就是歌颂大饮的诗篇[6]。第五,饮酒还与礼制有关。天子在朝廷上与群臣饮酎酒时还要伴着礼乐,以辨明尊卑。而在孟冬时节在太学的饮酒是为了序齿,别老幼。

16. 酌与斟

　　"酌"字的金文构形作"　",左边是酉,右边是勺,表示用勺往酒杯中盛酒,请人饮用,即

　　① 《十三经注疏·周礼注疏》,中华书局 1980 年版,第 32 页。
　　② 《十三经注疏·周礼注疏》,中华书局 1980 年版,第 31 页。
　　③ 汉·许慎:《说文解字》,中华书局 1963 年版,第 312 页。
　　④ 清·段玉裁:《说文解字注》,上海古籍出版社 1981 年版,第 748 页。
　　⑤ 《十三经注疏·礼记正义》,中华书局 1980 年版,第 138 页。
　　⑥ 《十三经注疏·毛诗正义》,中华书局 1980 年版,第 392 页。

斟酒劝饮。《说文·酉部》："酌,盛酒行觞也。从酉勺声。"[1]段玉裁注:"盛酒于觯中以饮人曰行觞。《投壶》云:'命酌曰请行觞',觯实曰觞。"[2]《诗经·小雅·吉日》:"以御宾客,且以酌醴。"郑玄笺:"酌醴,酌而饮群臣。"

用勺盛酒然后再注入酒杯中,反映了殷商时期饮酒时的一种风俗习惯。《六书故·工事四》:"酌,以勺挹酒注之爵也。以勺曰酌,以斗曰斟。"[3]

爵是酒杯,用勺舀酒倒进爵中,叫做酌,所以后人称饮酒为酌,邀三五好友小酌,自斟自饮叫独酌。李白还有《月下独酌四首》:"花间一壶酒,独酌无相亲。举杯邀明月,对影成三人……"极写其内心的孤独与苦闷。

用一种长柄的量具"斗"来倒酒叫作斟,所以斟字构形从斗。《诗经·小雅·大东》:"维南有箕,不可以簸扬;维北有斗,不可以挹酒浆。"[4]意思是说,南方天空中有箕星,但不可以用来簸扬米糠;北方天空中有斗星,但不能够用来盛舀酒浆。时至今日,人们仍把给客人倒酒叫做斟。

民间俗称筛酒浅叫斟,深叫酌。"斟"和"酌"同义连用而成为了一个复音词"斟酌"。陶渊明《移居》诗之二:"过门更相呼,有酒斟酌之。"后斟酌引申指取舍、思考等,当初与饮酒有关。

17. 配

"配"字的甲骨文构形作"𢀖",象一个人跪在酒樽前调酒。《礼记·内则》:"重醴、稻醴、清糟。"孔疏:"此稻黍粱三醴各有清、糟,以清、糟相配重设,故云重醴。"[5]"清"是颜色透明过滤后的酒,"糟"指不透明,不清亮,与渣相混的酒。所谓"配"就是将二者调匀以供使用,与今天的调酒有相似之处。

18. 酣

"酣"字的篆文构形作"酣",《说文·酉部》:"酣,酒乐也。从酉从甘,甘亦声。"[6]段玉裁注:"张晏曰,中酒曰酣。引申为凡饱足之称。""甘"从口,中有一点,表示甘甜,甘美。所以"酣"记录的意思当是饮酒尽兴。

《韩诗外传》卷七记载了一件事:"楚庄王赐其群臣酒,日暮酒酣,左右皆醉。殿上烛灭,有牵王后衣者,后挖冠缨而绝之,言于王曰:'今烛灭,有牵妾衣者,妾挖其缨而绝之,愿趣火视绝缨者。'王曰:'止!'立出令曰:'与寡人饮,不绝缨者不为乐也。'于是冠缨无完者,不知王后所绝冠缨者谁。于是王遂与群臣欢饮,乃罢。后吴兴师攻楚,有人常为应行合战者,五陷阵却敌,遂取大军之首而献之。王怪而问之曰:'寡人未尝有异于子,子何为于寡人厚也?'对曰:'臣先殿上绝缨者也。当时宜以肝胆涂地。负日久矣,未有所效。今幸得用于臣之义,尚

① 汉·许慎:《说文解字》,中华书局 1963 年版,第 312 页。
② 清·段玉裁:《说文解字注》,上海古籍出版社 1981 年版,第 748 页。
③ 宋·戴侗:《六书故》《景印文渊阁四库全书》,台北商务印书馆 1986 年版。
④ 《十三经注疏·毛诗正义》,中华书局 1980 年版,第 194 页。
⑤ 《十三经注疏·礼记正义》,中华书局 1980 年版,第 236 页。
⑥ 汉·许慎:《说文解字》,中华书局 1963 年版,第 312 页。

可为王破吴而强楚。"①楚庄王能宽厚待人，容人之过，所以能得人死力报之。当初正是因为"酒酣"，才导致"左右皆醉，殿上烛灭"，以至于发生了有人拉扯王后衣服的事件。

19．醉

"醉"字的篆文形体作"醉"。《说文·酉部》："醉，卒也。卒其度量，不至于乱也。一曰溃也。从酉从卒。"②段玉裁注："卒也。卒其度量不至于乱也。以叠韵为训。从酉、卒。此以会意包形声。卒亦声也。"③显然，所谓醉，指已经达到能力的上限了，再要喝下去，就要神智不清楚，就是醉了。《左传·僖公二十三年》记载，晋公子重耳出游到齐国："齐桓公妻之，有马二十乘。公子安之，从者以为不可。将行，谋于桑下。蚕妾在其上，以告姜氏。姜氏杀之，而谓公子曰：'子有四方之志，其闻之者，吾杀之矣。'公子曰：'无之。'姜曰：'行也，怀与安，实败名。'公子不可，姜与子犯谋，醉而遣之。醒，以戈逐子犯。"④"醉而遣之"，即趁重耳喝醉酒的时候把他带走。

"醉"的本义是酒喝得过量导致神智不清醒，但汉语中还有"醉翁之意不在酒"的成语。宋代大文学家欧阳修在《醉翁亭记》中就塑造了一个"不在酒"的醉翁形象："太守与客来饮于此，饮少辄醉，而年又最高，故自号曰'醉翁'也。醉翁之意不在酒，在乎山水之间也。山水之乐，得之心而寓之酒也。"⑤于是"醉翁之意不在酒"，便成了表示形在此而意在彼，另有所图的成语。

20．尊

"尊"字的甲骨文构形作"尊""尊"。《说文·酋部》："酒器也。从酋，廾以奉之。《周礼》六尊：牺尊、象尊、著尊、壶尊、太尊、山尊，以待祭祀宾客之礼。"⑥段玉裁注释说："凡酒必实于尊以待酌者。郑注《礼》曰：'置酒曰尊。'凡酌酒者必资于尊，故引申以为尊卑字，犹贵贱本谓货物而引申之也。自专用为尊卑字，而别制罇、樽为酒尊字矣。""廾者，竦手也。奉者，承也。设尊者必竦手以承之。"⑦"尊"字的甲骨文构形，象两手举着酉进献，依《说文》和段注，上古酒杯叫尊，尊里注满酒用来祭祀或招待宾客，周代有六尊，分别用于不同的场合。享用这尊酒的人地位自然高贵，所以后来尊又引申指地位尊贵。

21．爵

"爵"字甲骨文构形作"爵""爵"，是一种盛行于殷商到周初的酒器。《说文·鬯部》："爵，礼器也，象爵之形，中有鬯酒。又持之也，所以饮。"⑧《礼记·礼器》："宗庙之祭，贵者献以爵，

---

①　许维遹：《韩诗外传集释》，中华书局 1980 年版，第 256 页。
②　汉·许慎：《说文解字》，中华书局 1963 年版，第 312 页。
③　清·段玉裁：《说文解字注》，上海古籍出版社 1981 年版，第 750 页。
④　杨伯峻：《春秋左传注》，中华书局 1981 年版，第 406～407 页。
⑤　宋·欧阳修：《文忠集》卷十五，《景印文渊阁四库全书》，台北商务印书馆 1986 年版。
⑥　汉·许慎：《说文解字》，中华书局 1963 年版，第 313 页。
⑦　清·段玉裁：《说文解字注》，上海古籍出版社 1981 年版，第 752 页。
⑧　汉·许慎：《说文解字》，中华书局 1963 年版，第 106 页。

贱者献以散；尊者举觯，卑者举角。"郑玄注："凡觞，一升曰爵，二升曰觚，三升曰觯，四升曰角，五升曰散。"①用爵的地位高贵，但爵容积小；地位卑贱的用散，但散的容积大。

爵多数是用青铜制造的，用玉制造的叫"瓉"。《说文·王部》："瓉，玉爵也。夏曰瓉，殷曰斝，周曰爵。"②

"觚"也叫爵，是举行乡饮酒礼时用的。《说文·角部》："乡饮酒之爵也。一曰觞受三升者谓之觚。"③

"觯"也是酒杯，也用于乡饮酒礼，只是容积比觚大。《说文·角部》："觯，乡饮酒角也。《礼》曰：'一人洗，举觯。'觯受四升。"

"觥"是用兕牛角制作的爵，又写作"觵"。是一种惩罚失礼者的"罚爵"。容积大，一说盛五升，且要求受罚者一饮而尽。

"櫑"是木制的酒杯，金文作" "，《说文·木部》："龟目酒尊，刻木作云雷象，象施不穷也。从木畾声。罍，櫑或从缶。"④

古代的酒杯种类繁多，时间、场合、人物不同，酒杯也要有讲究。这些正从一个侧面体现了汉民族酒文化的发达。

---

① 《十三经注疏·礼记正义》，中华书局 1980 年版，第 205 页。
② 汉·许慎：《说文解字》，中华书局 1963 年版，第 14 页。
③ 汉·许慎：《说文解字》，中华书局 1963 年版，第 94 页。
④ 汉·许慎：《说文解字》，中华书局 1963 年版，第 122 页。

第六章　宫室居处篇

住所是人类生存的基本条件之一,房屋居所的变化与人类文明的程度密切相关。汉字的构形中保存了大量古代居住方面的文化信息。

1. 宀

"宀"字音"mián",甲骨文形体作"介"。《说文解字·宀部》:"宀,交覆深屋也。"段玉裁解释说:"古者屋四注,东西与南北,皆交覆也。"[①]意思是说,屋顶把东西南北四面的墙都覆盖上,中国典型的"大屋顶式"建筑就是这种风格的延续(图6-1)。

图6-1　古代建筑图

《周易·系辞下》记载:"上古穴居而野处,后世圣人易之以宫室,上栋下宇,以待风雨。"[②]《墨子·辞过》也说:"古之民未知为宫室时,就陵阜而居,穴而处,下润湿伤民,故圣王作为宫室。"[③]可见原始时期,先民确实曾经"穴居",在洞穴中居住。考古发现,上古居住的"洞穴"大致可分为两种,高原丘陵地区往往是在崖壁上凿洞,叫"横穴";平原地区往往是向下挖坑,上面用树枝等物覆盖,称"竖穴"。甲骨文中"介"字的出现,表明我们的先人已经从远古时代的洞穴中走了出来,住到地表之上的房屋中了。洞穴中潮湿憋闷,不利于通风透光;地上房屋干燥、通风、向阳。由洞穴向"介"的转化,确实是人类居住文化的一个重大的变化。所以在汉字的构形中,从宀得义的字往往都与房屋有关。如宫、室、宇、宙、宅、牢、守、宰、官、宦、寄、寓、宿、家、安等等。

①　清·段玉裁:《说文解字注》,上海古籍出版社1981年版,第337页。
②　《十三经注疏·周易正义》,中华书局1980年版,第75页。
③　《诸子集成·墨子间诂》,中华书局1986年版,第17页。

什么是"深屋"呢？段玉裁解释说："有堂有室，是为深屋。"[①]看来堂和室又是人们居所的重要组成部分。

2. 堂与室

"堂"的金文构形作"臺"，象人工筑起的方形土台。南朝顾野王编著的字典《玉篇·土部》解释为："堂，土为屋基也。"清人俞樾认为："古人封土而高之，其形四方，即谓之堂。"从构形上看，"臺"的本义当是用土堆成的房基，可以叫"堂基"，房屋倒是它的引申义。

根据《仪礼》记载，古代贵族盖房子，先要用土堆起堂基。不同地位等级的人，堂基垫起的高低各不相同，从而造成台阶的多少也不一致。最高的当然是天子的宫殿，例如故宫的太和殿，台阶分三层，下层21级，中、上层各9级，高达8.13米，有三层楼那么高。而且在此之前，还要先登上28级的太和门台阶。如果从故宫正门——午门算起，进入太和殿，台阶达数十级之多。堂和室都建在堂基上，所以汉语词汇中常说"登堂""上堂"，表明都要经过台阶向上登，才能进堂。在这一点上，"登"和"上"是同义词。古代官员开始工作先要"升堂"，"升"也是"登"的意思。(图6-2)是古代房屋的简单结构图：

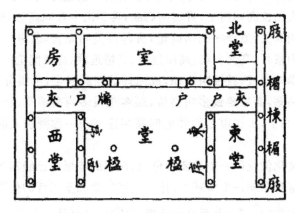

图6-2　寝　（见《汉语大字典》）

可以看到，堂和室连在一起，都建在堂基上，被同一个顶所覆盖，就是《说文》解释"宀"时所说的"交覆深屋也"。前面是堂，后面中间部分是室，室侧是房，堂大于室。堂的东西北三面都有墙，东面的墙叫东序，西面叫西序，北墙上西边有窗，叫"牖"，两边有门，叫"户"，后面是室。

堂的南面对着庭院，没有墙，所以堂上不住人，是议事、行礼、交际的地方，因为南面没有墙，显得敞亮，于是汉语中就有"堂皇"一词，或者叫"堂而皇之"，形容不假掩饰，一切公开。

堂的南面有台阶和庭院相连。一般是东、西两道台阶，分别叫东阶和西阶。上堂时，一般主人走东阶，客人走西阶，所以汉语中把客人尊称为"西席""西宾"；而主人则被尊称为"东人""东主""东家"。

堂有时也称殿，后来"殿堂"成为一个复音词。《说文·土部》："堂，殿也。"段玉裁解释说，这是"以今释古也。古曰堂，汉以后曰殿"。"古上下皆称堂，汉上下皆称殿，至唐以后，人

① 　清·段玉裁：《说文解字注》，上海古籍出版社1981年版，第337页。

臣无有称殿者矣。"①意思是说，古代称堂，汉代叫殿，唐代以后，只有帝王居住的地方才能称殿，其他人都不能称殿了，仍然叫堂。如故宫，不仅太和殿、中和殿、保和殿三大殿称"殿"，两旁还有文华殿、武英殿，就连贮存皇帝衣服鞋帽的房屋也叫"端凝殿"，放图书翰墨的房间叫"懋勤殿"等等。

"毫"的构形不仅表明了"堂"的本义是"堂基"，而且透露出地处中原地区的汉族"追求高、崇尚高"的文化特色。选择高地建房居住，首先可以避免洪水灾害；其次是光照充足，通风干燥；再就是"喜高厌低"的心理在起作用。民谚说"人往高处走，水往低处流"正是这种心理的反映。

其实"高"的构形也和建筑有关系。"高"字甲骨文作"亯"，象台观高耸的形状。高是一个抽象概念，用台观高耸来构形，不仅透露出当时的建筑物已经有"多层"的文化信息，同时也是汉民族"崇高""尊高"心理的反映。

在汉民族的语言生活中，"崇高"的特色无处不在。古代"皇"和"帝"又叫皇上和上帝，"上"就意味着高，他们都高高在上，所以史官记事有时干脆简称"上"。

汉语中，官大叫高位，年龄大称高寿，本领大叫高人，技艺好叫高手，和尚道行大叫高僧，弟子学得好叫高足，人品位高叫高士，贵宾叫高朋，善于出主意叫高参，道德、品行好叫高品、高行，行为符合道义叫高义，道理深刻叫高论，言辞善美叫高言，名声大叫高名，节操风范好叫高风亮节；还有高山景行、高文大典、高屋建瓴、高情远致、高谈阔论……

现代也一样，大学叫高校，教授叫高职，成绩好的叫高材生，考得分数多叫高分，产量多叫高产，钱挣得多叫高薪，商家要钱多叫高价，顾客花钱多叫高消费，贷款利息多叫高利贷，十三级以上的干部叫高干，十层以上的住宅叫高层住宅……称赞别人的主意好叫"高，实在是高！"

尊高、崇高是汉文化传统的一个重要特色，在汉字的构形中已经寓含了这样的信息。

作为房屋，堂和室建在同一个堂基上，什么是室？堂和室二者的位置是什么样的呢？

甲骨文中，"室"字作"室"。上面是一所房子（宀），里面是个至字（至），象一支箭倒着落到地上，上部分是箭，下面的"一"（横）表示地面，箭插到地上，再也下不去了，表示到达、停止的意思。宀和至组合，表示人到了这里就可安止、休息，不用再走了，堂则不可。所以作为房屋，室就是居室、寝室、睡觉的地方，很形象。所以《说文·宀部》解释说："室，实也。从宀从至。至，所止也。"②徐锴《说文系传》进一步解释说："室，堂之内，人所安止也。"③

堂在前，室在后，即前堂后室。在堂上通过"户"进入室内。室东西长，南北短。古代室又分为寝室和庙室两部分，寝室住人，庙室祭祖。

因为前堂后室，所以如果有人来，要先登堂，后入室。《论语·先进》记载了孔子评价子路（仲由）的一件小事，子路弹瑟的水平没有达到孔子要求的标准，孔子批评说："由之瑟奚为于丘之门？"意思是：仲由弹瑟的这点水平为什么还要在我的门前展示呢？于是，"门人不敬

① 清·段玉裁：《说文解字注》，上海古籍出版社 1981 年版，第 685 页。
② 汉·许慎：《说文解字》，中华书局 1963 年版，第 150 页。
③ 南唐·徐锴：《说文系传》卷十四，《景印文渊阁四库全书》，台北商务印书馆 1986 年版。

子路",见到这种情况,孔子又解释说:"由也升堂矣,未入于室也。"升堂就是登堂,孔子的话表面意思是说子路已经登上孔子的堂了,还没有进入到内室。实际是说"子路之学,已造乎正大高明之域,特未深入精微之奥耳"①。于是汉语中就有"登堂入室"的成语。古人把拜师求学分成三个层次,首先是"入门",然后是"登堂",最高层次是"入室"。唐代韩愈在《答李翊书》中说:"愈所谓望孔子之门墙而不入于其宫者。"意思是说,我就是人们所说的那种只是看到了孔子的门墙而没有进入到宫室去的人。仅仅是看到了门墙,还没有入门,更谈不上入室了。当然这是韩愈自谦的话,比喻自己对孔子学问的了解只是皮毛,还不深入。但从中也说明,相对于堂而言,"室"是更深入、隐密的部位。

3.门与户

"门"字的甲骨文构形作"𨳌",象双扇的门;"户"字甲骨文作"𢼄",象单扇的门。所以《说文》解释说"半门曰户"。关于门和户,需注意以下两点。

第一,两个字的构形表明,尽管今天常用"窗户"来指窗,但古代"户"只是门,而不是窗。《诗经·小雅·斯干》:"筑室百堵,西南其户。"②意思是说,盖了百间房屋,东西厢的门都向着南面。今天门向南的房子还称正房,因为采光好。成语中有"路不拾遗,夜不闭户"的说法,"户"也指门。

现代汉语中,"户"当门讲,作为一个独立的词,一般不用了。但是在"户口""门户""户外运动""顶门立户"等词语中,"户"作为语素仍然表示"门"的意义,即"户"的古义还存在着,不小心容易造成误解。

第二,笼统地说,"门"和"户"可以通用,如"顶门立户""门户"。但相对而言,古代典籍中的"门"和"户"是不同的:"门"既可以指屋的门,也可以指院的门,甚至城墙的门。"户"一般指内室的门。唐代和尚玄应《一切经音义》解释说:"户外为堂,户内为室。"从堂上经过"户"而进入"室"。所以《礼记·曲礼》里有"将入户,视必下"的说法③。意思是进入人家的寝室,眼睛要向下,不能乱看。

院子的门不能叫户,只能称门。城墙的门更不能叫户。一是形制上,门由两扇构成,比户大,这一点从构形上就可看出。门宽且高,称门;门窄且矮,称户。城门、院门高大,称门;室门矮小,称户。二是"门"往往是财富地位的象征,所以无论是达官贵人还是普通百姓,家门往往要尽力修缮得宏伟、壮观一些,还常加上一些装饰,外人送的匾额自然也要挂在门上。城门也是如此。比如甘肃的玉门(图6-3),原名并不叫"玉门",而是叫"小方盘城"。为什么改名叫"玉门"了呢?难道真的是"玉"做成的城门吗?相传自从丝绸之路开通之后,西域于阗国的特产"和田玉"也就源源不断地经过"小方盘城",运到内地。于阗国王为换回中原的大批丝绸、茶叶等特产,专门派了一队官兵,往内地押解运送玉石。开始通过必经之路"小方盘城"时,一切顺利。但有一次,驮着玉石的驼队进入小方盘城时,骆驼们突然口吐白沫,昏迷不醒。押运的官兵着急万分,却又束手无策。后来他们听从当地一位老人的建议,在小方盘城的城门上镶嵌了一圈上等玉石,城门在阳光的照耀下,霎时光彩夺目,关楼更显得雄伟

① 宋·朱熹:《四书章句集注》,中华书局1983年版,第126页。

② 《黄侃手批白文十三经·毛诗》,理艺出版社1988年版,第80页。

③ 《黄侃手批白文十三经·礼记》,理艺出版社1988年版,第3页。

壮丽。回头看,运送玉石的骆驼们全都不治而愈。于是在悠扬的驼铃声中,驼队平安到达长安。从此,小方盘城就改名叫玉门,俗称玉门关。这个传说似乎表明,即使"神灵"也喜欢装点"门面"。所以,汉语中把财力、能力不够仍要做某事,叫"撑门面",这也从一个侧面表明门在传统文化中的重要地位。

图 6-3　玉门　小方盘城遗址

从教育的角度,认了老师,就叫进了师门,就成了老师的门生、门徒、门人。户则没有这些说法。

与门、户相关的,还有向和囧。

4. 向和囧

"向"字的甲骨文构形作"⿱宀口",⿱(mián)象一所房子,中间部分象开的窗户。《说文·宀部》:"向,北出牖也。从宀从口。"①即向北开的窗户。通过上文对"堂"和"室"的介绍,可以知道,作为向北开的窗户,"向"一般是指"室"的北墙上的窗户。《诗经·豳风·七月》中有冬季到来前"穹窒熏鼠,塞向墐户"的记载。所谓"塞向",就是用茅草把向北开的窗户堵上,防止北风灌到室内;所谓"墐户",就是用泥把单扇的门——"户"涂抹一遍,因为这些"户"很可能是用树条子编成的,有缝隙,透风,所以要用泥涂抹。⿱宀口的构形正反映了当时的这种民俗。

"囧"字的甲骨文构形作"⊗",小篆作"囧",《说文·囧部》认为是"窗牖丽廔闿明"之形,表示明亮。"明"字又作"朙",从囧从月,正是取其明亮之意。⊗的构形象窗口中有枝条隔开,既便于堵塞,又可以让阳光进入室内,或许正是今日窗户用窗棂隔开的雏形。反映了上古时期与⿱宀口不同的另一种窗户的样式。

---

① 汉·许慎:《说文解字》,中华书局 1963 年版,第 150 页。

5. 宫与家

甲骨文中"宫"字作"⌂""⌂"。《说文·宫部》:"宫,室也。"[1]段玉裁解释说:"宫言其外之围绕,室言其内。析言则殊,统言不别也。"[2]按照段玉裁的解释,古代宫与室的差别,大致可以这样理解,宫是整栋房子,整所住宅;室则是宫的一部分,是住宅内屋的一间。

"宫"字的构形表明,首先,宫是人居住的地方;其次,宫已经完全建筑在地面之上。《墨子·辞过》记载:"古之民未知为宫室时,就陵阜而居,穴而处,下润湿伤民,故圣王作为宫室。为宫室之法曰:室高足以辟润湿,边足以圉(御)风寒,上足以待雪霜雨露,宫墙之高,足以别男女之礼。谨此则止,凡费财劳力不加利者,不为也。是故圣王作为宫室,使(便)于生,不以为观乐也。"[3]

墨子的话有三点值得注意:一是建筑宫室的原因,先民穴居潮湿,所以圣王在地面高处建筑宫室。二是建筑宫室的目的,圣人建宫室只是为了生存,为了民生,并不是为了观赏行乐。三是宫作为住所,并没有贵贱之分,只是人停留休息的处所而已,普通百姓也可以居住。

宫当初没有贵贱之分,古代典籍多有记载。《尔雅·释宫》记载:"宫谓之室,室谓之宫。"[4]《战国策·秦策》记载,战国时期著名策士苏秦家的房屋是"穷巷掘(窟)门,桑户棬枢",即在狭窄的胡同里,把墙窟窿当作门,用桑树条子编成门扇,用弯曲的木头做门轴。苏秦因为游说秦王不成功,回家后"妻不下纴,嫂不为炊,父母不与言",于是发奋读书,一年后离家游说赵王,成功后,又南下游说楚王,途中经过他的老家洛阳。苏秦的父母听说后,"清宫除道,张宴设饮,郊迎三十里"[5]。其实苏秦家的房屋并没多少改变,其父母更与皇帝君主无关,但当时也可以称"宫"。

《孟子·滕文公上》记载,孟子批评向农家学习的陈相说:"许子何不为陶冶,舍皆取诸其宫中而用之?"[6]意思是,主张一切亲力亲为的许行为什么自己不去烧制陶器,冶炼农具,而是都从自己屋里拿现成的来使用呢?许行以给人织草鞋(一说麻鞋)编草席为生,许行住的房屋孟子也称之为"宫",可见当时"宫"确实不分贵贱,泛指住宅。

秦汉后,宫才专指帝王的宫殿,如:阿房宫、大明宫、故宫。今天词义又有变化,宫成了民众集体活动的场所,如:文化宫、少年宫、科技宫等等。

"家"字的甲骨文中构形作"⌂""⌂"。外部象一间房屋,中间有一头豭(jiā),后省作豕(猪)。《说文·宀部》:"家,居也。"[7]

对"家"的构形,学界认识不一致,从而导致对"家"的本义认识也不相同。段玉裁认为,"家"的构形表示它本是"豕"(猪)住的地方,引申指人居住的地方。证据是"牢"本是养牛羊的地方,引申指关押罪人的处所。"家"的形义可以类比。并认为,豕生子最多,所以引申为

---

① 汉·许慎:《说文解字》,中华书局 1963 年版,第 152 页。
② 清·段玉裁:《说文解字注》,上海古籍出版社 1981 年版,第 342 页。
③ 《诸子集成·墨子间诂》,中华书局 1986 年版,第 17 页。
④ 清·郝懿行:《尔雅义疏》,上海古籍出版社 1983 年版,第 623 页。
⑤ 汉·刘向:《战国策》,上海古籍出版社 1985 年版,第 85～90 页。
⑥ 宋·朱熹:《四书章句集注》,中华书局 1983 年版,第 258 页。
⑦ 汉·许慎:《说文解字》,中华书局 1963 年版,第 150 页。

人聚居的地方①。还有人说，因为豕是家畜中重要的一员，与人的关系密切，所以用豕来构形。甲骨文、金文中用"豭"，不用"豕"。《说文·豕部》："豭，牡豕也。"②豭的甲骨文构形作"𢁅"，不同于豕"𢁄"，豕是猪，而豭是公猪。所以，有些学者据此认为：豭体健个大，古代捕获了大的野兽要缴"公"，"家"很可能就是平分大野兽的公房，是集体活动的场所。所以古代才用来指家族和大夫的封邑，"家庭"的意思倒是引申义。

尽管目前说法不一，但"家"的构形确实给我们提供了上古人们有关"家"的文化信息。

6. 除与陛

"除"字的小篆形体作陰，《说文》解释为"殿陛也，从𨸏余声"③。意思是"除"就是指宫殿的台阶，作为宫殿的台阶，自然是一步一步向上登。《世说新语·政事》记载了一个小故事，说东晋名士陶侃作荆州刺史时，命令船官全部收集锯木屑，不限多少。大家都不理解他的用意。后来正月初一聚会，赶上连续下雪后刚晴天，"听事前除雪后犹湿，于是悉用木屑覆之，都无所妨"④。意思是会堂前的台阶上下雪后还湿滑，于是全部撒上锯末，行走起来一点妨碍也没有了。"听事前除"的"除"字正是用的本义。登上一层台阶表示告别旧的一层，也是新的一层开始，所以"除"字就有了"辞旧迎新"的意思。汉语中把任命官职叫除官，暗含"辞去旧官担任新职"的意思；把每年的最后一个晚上叫作"除夕"，寓含着"辞旧迎新之夜"的意思；除夕还可以叫"除夜"，每年的最后一个月（十二月）可以叫"除月"，都是这个意思。

"陛"字的小篆形体作"陛"，也从𨸏得义，本义也是宫殿前的台阶。但在中国古代，见了皇帝、天子均称"陛下"，是什么意思呢？原来皇帝、天子是坐在殿堂上的，在殿堂的台阶（陛）下面站着传达圣旨的人。群臣是人，不敢直接和"天子"对话，只能找站在殿阶下的使臣向皇帝传递信息。所以就用"陛下"来尊称皇帝、天子，陛下就成了天子、皇帝的代称。于是又类比出了一系列表敬的称号：殿下—太子，阁下—大臣，麾下—将军等等。

7. 里与井

"里"字的小篆形体作"里"。《说文·里部》："里，居也。从田从土。"⑤里的构形简单明了，上面是田，下面是土。段玉裁解释说"有田有土而可居矣"。所以指人们居住的地方。《韩诗外传》卷七记载了一个寓言故事："人有市酒而甚美者，置表甚长，然至酒酸而不售。问里人其故，里人曰：'公之狗甚猛，而人有持器而欲往者，狗辄迎而啮之，是以酒酸不售也。'"⑥意思是说市场上这家卖的酒很好，卖酒的幌子也很长，但酒直到放酸了也卖不出去。问了"里人"才知道，原来是自家的狗吓退了前来买酒的人。里人，就是住在一块的邻居。《周礼》记载，古代五家为邻，五邻为里。"里"是古代的一种行政组织，一里就是二十五家。中华传统文化中主张要"和睦邻里"，就是居住在一个"里"的各家的人们要和睦相处。汉语中"故

---

① 清·段玉裁：《说文解字注》，上海古籍出版社 1981 年版，第 337 页。
② 汉·许慎：《说文解字》，中华书局 1963 年版，第 197 页。
③ 汉·许慎：《说文解字》，中华书局 1963 年版，第 306 页。
④ 余嘉锡：《世说新语笺疏》，中华书局 1983 年版，第 179 页。
⑤ 汉·许慎：《说文解字》，中华书局 1963 年版，第 290 页。
⑥ 许维遹：《韩诗外传集释》卷七，中华书局 1980 年版，第 250 页。

里"便是人的出生之地。今天的里弄、乡里、故里等,其中的"里"都表示居住的群落。

"里"字从田从土的构形,表明古代人们集体居住的基本条件是要有田,有土。反映出当时已进入农耕时代。值得注意的是,"里"还引申指长度单位,古人称三百步为一里。与裹外的"裹"是两个字,从构形上可以很容易区分开来。

"井"字的甲骨文构形作"井""井",象用四根圆木隔起来的井口的形状。小篆作"井",依《说文》的解释,中间的圆点·表示汲水用的陶罐、陶瓶。《周易·井》:"改邑不改井。"孔颖达疏:"古者穿地取水,以瓶引汲,谓之为井。"①人类生存必须饮水,为避免水害,先民居住又不敢离河流湖泊等地表水太近,于是穿井汲水就成了人们定居一地时必须要做的一件工事,所以,古人聚居的地方必然有井。"井"甚至成了故乡的代称,所以汉语中离开故里又称"背井离乡"。同去远方取运地表水相比,饮用井水既方便,又卫生,是人类居住文明的一大进步。

由于有了井水饮用,聚居的群落必会日渐庞大,随着人们交易的需求,有井之处往往会形成市场,有市必然要有井,于是汉语中便有"市井"一词。《战国策·韩策二》:"臣所以降志辱身居市井者,徒幸而养老母。老母在,政身未敢以许人也。"②由于市井是普通百姓生活的地方,从这里出来的人往往文化素质不高,于是有"市井之徒"的说法。

8. 宿与安

"宿"字的甲骨文构形作"宿",象人在房间里,🛏是睡觉时背后铺的席子。所以"宿"的本义是夜晚睡觉,即过夜。后来引申指住一夜或一夜。《左传·僖公二十四年》记载了一个小故事:晋公子重耳回国做了国君,即晋文公。晋怀公的两个旧臣准备放火烧重耳的宫室来杀害他。寺人披听到消息后来求见,重耳派人指责他说:"蒲城之役,君命一宿,女即至。"意思是国君命令过一夜以后,第二天赶到来杀我,你当天就到了。"后来你替惠公来害我","命女三宿,女中宿至",意谓惠公让你三天后赶到,你两天就到了。"虽然有国君的命令,但你为什么那么快呢?那只被你砍断的袖子我还保存着,你还是快走吧!"寺人披说:"臣下对国君的命令不能有二心,这是自古以来的规矩。除去国君痛恨的人,就要尽自己的全力。""齐桓公不计较射钩的事而使管仲辅佐自己。您如果不能像桓公那样,我自己就会走开,又何必用您屈尊下命令呢?"于是晋文公接见了他,寺人披把有人准备作乱的事报告了文公,晋文公因此躲过了一场灾祸③。

其中,"一宿"指一夜,"三宿"即三夜。今天"宿舍"的"宿"仍然保留了古代的意义。

"安"字的甲骨文构形作"安",象一名女子在宀(房屋)下。宋戴侗《六书故》认为:"室家之内,女所安也,故安从女。"④女子在屋子里才会感到安宁,所以,"安"的本义指安居,安宁。古代儒家治国,讲究"不患贫而患不均,不患寡而患不安",意思是治国不担心物质资料不丰富,而担忧分配不均;不担心人少,而担心百姓不安宁。《左传·襄公十一年》中"居安思危"

---

① 《十三经注疏·周易正义》,中华书局 1980 年版,第 60 页。

② 汉·刘向:《战国策》,上海古籍出版社 1985 年版,第 994 页。

③ 杨伯峻:《春秋左传注》,中华书局 1981 年版,第 414 页。

④ 宋·戴侗:《六书故》卷二十五,《景印文渊阁四库全书》,台北商务印书馆 1986 年版。

的"安"也是这个意思,今天还在使用。

　　"安"还可引申指安静,《易经·系辞下》:"君子安其身而后动。"孔颖达解释说:"先须安静其身而后动。"[①]可见,在传统文化中,君子先要安静其身、安定其心,然后才能做事,所以自身修养是事业的基础。要"安静其身",首先要安定其心,内心坦荡,坦然面对荣辱得失,所谓"不以物喜,不以己悲",才能平和恬安,才能安静其身。所谓"君子坦荡荡,小人常戚戚"。《论语·述而》中说孔子:"恭而安。"意谓"恭谨而安详",做到"恭谨而安详",是我们的先民人生修养所追求的一个很高的境界,也是优秀民族文化的一个重要组成部分,值得我们去品味,去继承发扬。

---

　　① 《十三经注疏·周易正义》,中华书局1980年版,第88页。

第七章　舟车行旅篇

前几章我们讨论了汉字构形中记载的有关"衣、食、住"方面的文化信息,"行"也是人类生活的重要内容,汉字构形中也保存了大量有关出行、行走方面的文化信息。

1. 行

"行"字的甲骨文构形作"╬",象十字路口。关于"╬"的构形,罗振玉认为:"象四达之衢,人之所行也。"四达之衢,就是四方可通的道路。所以"行"的本义是大道,读 háng。

《诗经·周南·卷耳》是一首描写青年女子思念征人的诗:"采采卷耳,不满顷筐。嗟我怀人,置彼周行。"①意思是说,卷耳这种野菜采呀采呀,总装不满这只斜底的小筐。为什么呢?因为这位女子心里想着她那个远征的人。感叹我思念的那个人,干脆把这小筐放到大道边上(好好想)。

诗中的"周行",就是大道。小路叫"微行"。

《诗经·豳风·七月》:"春日载阳,有鸣仓庚。女执懿筐,遵彼微行,爰求柔桑。"毛传:"懿筐,深筐也。微行,墙下径也。"②"墙下径"即墙下的小路。"遵彼微行",就是沿着那条墙下小路。为什么要沿着墙下的小路去采桑叶呢?因为周代常常有院子里种植桑树。《孟子·梁惠王上》记载:"五亩之宅,树之以桑,五十者可以衣帛矣。"③

"╬"的构形表明,在甲骨文产生的殷商时期,已经有了四通八达的道路,这表明中原地区的交通已经有了较大的发展。

在路上行走,人自然会排成行列,所以把同类的事物按照同一个方向排列起来也可以叫行(háng)。古代军制,二十五人称"行",五人称"伍",于是军队称"行伍";《战国策·中山》:"至于平原君之属,皆令妻妾补缝于行伍之间。臣人一心,上下同力,犹勾践困于会稽之时也。"④"行伍之间"即军士当中。

同一类的事物排列起来叫行,于是有了"行业"的意思,如"三十六行""三百六十行""同行""内行""外行"等等。从事金钱交易、货币流通的行业当然也可以叫"行",近代货币最具代表性的是"银圆",于是称"银行"。

道路是让人走的,所以"行走""行驶"的"行"也用这个符号来记录,读 xíng。

2. 止、彳、辵

"止"字的甲骨文构形是"𐅃",象人的脚;"行"字的甲骨文构形作"╬",也可以作"𧗞",

---

① 《十三经注疏·毛诗注疏》,中华书局 1980 年版,第 9 页。
② 《十三经注疏·毛诗注疏》,中华书局 1980 年版,第 121 页。
③ 《十三经注疏·孟子注疏》,中华书局 1980 年版,第 7 页。
④ 汉·刘向:《战国策》卷三十三,上海古籍出版社 1985 年版,第 1189 页。

象十字路口,"彳"正是"行"的左半部分,读"chì"。"行"的右半部分即"亍",读"chù"。商承祚《殷墟文字类编》:"古从行之字,或省其右作彳,或省其左作亍。""辵"(chuò)字的甲骨文构形作"辵",象一只脚在路中,或作"彳",上部分是省写"行"的"彳",下部分是表示脚的"止"。从这些字的甲骨文构形可以看出,它们都同"行走"有关。所以汉字中,用行、止、彳、辵作为表意构件构形的字,都和行走类的内容有关。

3. 衍

"衍"字甲骨文作"衍",水在行中间,水顺着水道流。《说文·水部》:"衍,水朝宗于海也。从水从行。"[1]清王筠《说文句读》认为:"衍"字所记载的是《孟子》中所说的"水由地中行"的情景。他认为,衍字表示的是"禹治水之后,其流顺轨朝宗于海"。

关于"禹治水之后,其流顺轨朝宗于海"这件事,《孟子·滕文公章句下》称:"当尧之时,水逆行,泛滥于中国。蛇龙居之,民无所定。下者为巢,上者为营窟……使禹治之。禹掘地而注之海,驱蛇龙而放之菹。水由地中行,江淮河汉是也……然后人得平土而居之。"[2]说是尧统治天下的时候,中原一带洪水泛滥成灾,百姓无法安居。有的在树上搭巢来居住,有的爬到山上,住在悬崖上的洞里……于是尧派禹来治水。大禹疏通水道,把水注入到大海中,把龙蛇驱赶到沼泽里面。水顺着大禹疏通的水道流走了,长江、淮河、黄河、汉水就是这样的水道……这样,人们才能在平原上居住了。"衍"字"水在行中"的构形正好反映了大禹治水以后才出现的水流现象,就是水顺着人们为它疏通的河道,也就是顺着人们的意志流进了大海,不再危害人类了。

表示"水在路中行的""衍"字今天不常用了。今天常见的用"行"作为表意构件的汉字,仍然大都和道路有关。如:

"街"是城市的大道;

"衝"(chōng)是通途,大道,交叉路口,所以有交通"要衝"一说;

"衢"往往指叉道口。所以古人告诫说:"行衢道者不至,事两君者不容。"[3](《荀子·劝学》)

"術"(shù)是都邑中的道路;

"銜"是"行马者也",即驾御马时让马含在嘴里的金属棒,两端有绳与缰绳相连,以便控制马行走的方向。

4. 徒

"徒"的金文作"徒",由"彳""止""土"三部分构成,"彳"表示道路,"止"是脚,"土"表示读音。

---

① 汉·许慎:《说文解字》,中华书局1963年版,第229页。
② 《十三经注疏·孟子注疏》,中华书局1980年版,第50页。
③ 《诸子集成·荀子集解》,中华书局1954年版,第5页。

《说文·辵部》:"徒,步行也。"①《诗经·小雅·黍苗》:"我徒我御,我师我旅。我行既集,盖云归处。"郑玄笺:"步行曰徒。召伯营谢邑,以兵众行,其士卒有步行者,有御兵车者。"②上古徒(步)与御(车)常相对而言,步行叫徒,乘车叫御。所以步兵又叫徒兵。

《左传·襄公元年》:"夏五月,晋韩厥、荀偃帅诸侯之师伐郑,入其郛,败其徒兵于洧上。"杜预注:"徒兵,步兵。"③

古代一般是尊者乘车,随从人员步行,步行的总是跟在乘车的后面,所以"徒"可以引申指跟随的人、徒弟。《孟子·滕文公上》"其徒数十人,皆衣褐,捆屦织席以为食。"赵岐注:"其徒,学其业者也。"④学其业者,即其弟子。跟着老师、师傅学习的人又叫徒弟、学徒、徒子,徒弟(子)的学生叫徒孙。今天还把学徒叫徒工。

由于步行的人多,而乘车的人少,所以"徒"又有众多的意思,后来又有"徒众"一词。《春秋穀梁传·隐公元年》:"克者何?能也。何能也?能杀也。何以不言杀?见段之有徒众也。"⑤

徒步行走,即不依靠任何工具,所以"徒"又泛指"没有凭借""空"。空手叫"徒手",空费力气叫"徒劳无功",空有某种名声叫"徒有其名"。

5. 徙

甲骨文构形作"𢓊""𣥠",一边是"彳",表示道路;另一边是一前一后两只脚。象是有人在路上行走,表示迁徙。《孟子·离娄下》:"孟子曰:'无罪而杀士,则大夫可以去;无罪而戮民,则士可以徙。'"邢昺疏:"国君无罪而诛戮其民,则为之士者可以徙而避之。无他,盖士于民虽以为尊,不可命以为民,然亦未离乎民之类也,是亦恶伤其类耳。"⑥"可以徙",即可以迁移到其他国家。

"徙"的意思是迁,迁、徙常常连用,后成为一个复音词。

《诗经·小雅·伐木》:"伐木丁丁,鸟鸣嘤嘤。出自幽谷,迁于乔木。"郑玄笺:"迁,徙也。谓乡时之鸟出从深谷,今移处高木。"⑦"乡时"即以前的时候,"迁于乔木",即迁徙到高高的树上去,"乔"是高的意思。汉民族尊高、崇高,希望人往高处走,不断上进。迁徙也一样,也要由低洼、幽暗、阴湿的地方迁徙到高平、干爽、光明的地方。所以,今天人们仍把搬迁新居称为"乔迁"。

6. 步

甲骨文构形作"𣥂",象一前一后两只脚,表示一步一步地走。《说文·步部》:"步,行

① 汉·许慎:《说文解字》,中华书局1963年版,第39页。
② 《十三经注疏·毛诗正义》,中华书局1980年版,第227页。
③ 《十三经注疏·春秋左传正义》,中华书局1980年版,第226页。
④ 《十三经注疏·孟子注疏》,中华书局1980年版,第41页。
⑤ 《十三经注疏·春秋穀梁传注疏》,中华书局1980年版,第1页。
⑥ 《十三经注疏·孟子注疏》,中华书局1980年版,第62页。
⑦ 《十三经注疏·毛诗正义》,中华书局1980年版,第142页。

也。"①即徒步而行。"徒"与"步"均指步行,所以有"徒步"一词。

相对而言,"行"可以指一般行走,"步"则是慢行。《尔雅·释宫》:"堂下谓之步。"郝懿行疏:"《淮南子·人间篇》云:'夫走者,人之所以为疾也;步者,人之所以为迟也。'是步为徐行。"②汉刘熙《释名·释姿容》:"两脚进曰行……徐行曰步,……疾行曰趋,趋,赴也,赴所期也。疾趋曰走,走,奏也,促有所奏至也。"③

"步"是徐行、慢走。所以今天称"安步""漫步""散步",都含有悠闲自然,安详平稳的意思。

7. 走

"走"的甲骨文构形作"⚘",象一个人甩开双手,迈开大步奔跑的样子。所以刘熙《释名·释姿容》说:"疾趋曰走。"

《山海经·海外北经》:"夸父与日逐走,入日,渴,欲得饮。饮于河渭,河渭不足,北饮大泽。未至,道渴而死,弃其杖,化为邓林。"④"与日逐走",即追着太阳走。"入日",即进入了太阳的影子当中。追逐太阳,速度慢了是不行的。所以,"走"相当于今天的跑。

《孟子·梁惠王上》记载了一个五十步笑百步的故事:"君好战,请以战喻:填然鼓之,兵刃既接。弃甲曳兵而走,或百步而后止,或五十步而后止。以五十步笑百步则何如?曰:'不可,直不百步耳,是亦走也。'"⑤"弃甲曳兵而走",即抛弃铠甲,拖着武器逃跑,惟恐跑得慢了被追上。"是亦走也",即这也是在逃跑。所以跑五十步的人是没有资格耻笑跑一百步的人胆怯怕死的,因为他们本质上是一样的。

人跑叫"走",动物跑也叫"走",最常见的就是"走狗"一词。《史记·越王勾践世家》:"当是时,越兵横行于江淮东,诸侯毕贺,号称霸王。范蠡遂去,自齐遗大夫种书,曰:'蜚鸟尽,良弓藏;狡兔死,走狗烹。越王为人长颈鸟喙,可与共患难,不可与共乐。子何不去?'种见书,称病不朝。人或谗种且作乱。越王乃赐种剑,曰:'子教寡人伐吴七术,寡人用其三而败吴,其四在子,子为我从先王试之。'种遂自杀。"⑥

大夫种的遭遇,再次印证了范蠡信中"飞鸟尽,良弓藏;狡兔死,走狗烹"的道理。句中的"走狗",即善跑的良犬。所以,本句话中"走狗"又作"良狗"。

《史记·淮阴侯列传》:"信持其首,谒高祖于陈。上令武士缚信,载后车。信曰:'果若人言,狡兔死,良狗亨;高鸟尽,良弓藏;敌国破,谋臣亡。天下已定,我固当亨!'"⑦

可见,"走狗"在古代是褒义词。现代汉语中,"走狗"用来比喻受人豢养帮人作恶的人,已成为贬义词。但其中"走"作为语素,仍保留了古代的"跑"的意义。

类似的还有"走马"。《诗经·大雅·绵》:"古公亶父,来朝走马,率西水浒,至于岐下。爰及姜女,聿来胥宇。"孔疏:"文王之先久古之公曰亶父者,避狄之难,其来以早朝之时,疾走

---

① 汉·许慎:《说文解字》,中华书局 1963 年版,第 38 页。

② 清·郝懿行:《尔雅义疏》,上海古籍出版社 1983 年版,第 655 页。

③ 清·王先谦:《释名疏证补》,上海古籍出版社 1984 年版,第 128 页。

④ 《山海经》卷八,《景印文渊阁四库全书》,台北商务印书馆 1986 年版。

⑤ 《十三经注疏·孟子注疏》,中华书局 1980 年版,第 2 页。

⑥ 汉·司马迁:《史记》卷四十一,中华书局 1959 年版,第 1746~1747 页。

⑦ 汉·司马迁:《史记》卷九十二,中华书局 1959 年版,第 2623 页。

其马,循西方水厓,漆沮之侧,东行而至于岐山之下。于是与其妃姜姓之女曰大姜者,自来相土地之可居者。言大王既得民心,避恶早而且疾,又有贤妃之助,故能克成王业。"①诗中的"走马"意即"疾走其马","疾"是快的意思,就是使其马快跑、奔驰。汉语中有一个成语叫"走马观花",也叫"走马看花",骑在奔跑的马上看花,比喻只能大略地看一下。

唐孟郊《登科后诗》:"春风得意马蹄疾,一日看尽长安花。"②乘着春风一天就把长安的鲜花美景看完了。把科考及第后的喜悦心情抒写得淋漓尽致。

宋杨万里《和同年李子西通判》:"走马看花拂绿杨,曲江同赏牡丹香。向来年少今俱老,君拜监州我作郎。"③

8. 奔

金文形体作"象"。上部分"夭",象一个人甩开双手,迈开大步奔跑的样子;下部分是三只脚,可见,"奔"的意思是快跑。《说文·夭部》解释说:"走也……与走同意。"④段玉裁解释说:"奔者,趋也。《释宫》曰:'室中谓之时,堂上谓之行,堂下谓之步,门外谓之趋,中庭谓之走,大路谓之奔,此析言之耳。浑言之则奔、走、趋不别也。引申之,凡赴急曰奔,凡出亡曰奔。'"可见,"奔"的意思是跑,基本意义与"走"相同。所以汉语中有"奔走"一词。

《史记·乐书》:"师旷不得已,援琴而鼓之。一奏之,有白云从西北起;再奏之,大风至而雨随之,飞廊瓦,左右皆奔走。平公恐惧,伏于廊屋之间。晋国大旱,赤地三年。"⑤

与"走"相比,"奔"在使用中往往具有某种不得已的原因,且带有明确的目的性。

上古时期,最常见的用法是表示出奔。《春秋左传要义》卷二十二:"奔者,迫窘而去,逃死四邻,不以礼出也。"《左传事纬》前集卷四:"诸侯之大夫迫逐逃亡曰奔,受罪黜免曰放。"

《左传·隐公元年》:"五月辛丑,大叔出奔共。""郑共叔之乱,公孙滑出奔卫。"大叔段在国内作乱,失败后逃亡到共。同样的原因,公叔段之子公孙滑逃亡到卫国。

《左传·隐公四年》:"宋殇公之即位也,公子冯出奔郑。"

因为宋穆公立了殇公,公子冯被迫逃亡到郑国。

《左传·桓公十年》:"夏,虢公出奔虞。"

因为詹父率领王师讨伐虢国,所以虢公才逃到虞国避难。

其次,女子不经过正常聘礼,私下去与男方结合也叫奔。《礼记·内则》:"聘则为妻,奔则为妾。"

《左传·昭公十九年》:"楚子之在蔡也,郧阳封人之女奔之,生太子建。及即位,使伍奢为之师。

楚平王在蔡国的时候,郧阳封人的女儿私奔到他那里,生了太子建。

《国语·周语》:"恭王游于泾上,密康公从。有三女奔之。"韦昭注:"奔,不由媒氏也。"

同是跑,"走"与"奔"又不相同,造成词义特点不同的原因,正是文化特色使然。

① 《十三经注疏·毛诗正义》,中华书局 1980 年版,第 242 页。

② 唐·孟郊:《孟冬野集》,《景印文渊阁四库全书》,台北商务印书馆 1986 年版。

③ 宋·杨万里:《诚斋集》,《景印文渊阁四库全书》,台北商务印书馆 1986 年版。

④ 汉·许慎:《说文解字》,中华书局 1963 年版,第 214 页。

⑤ 司马迁:《史记》卷二十四,中华书局 1959 年版,第 1236 页。

9. 逐

"逐"的甲骨文作"""",上半部分""""是"豕",即"猪";下半部分""是脚印,意思是追赶家畜。《说文·辵部》:"逐,追也。从辵,从豚省。"①

"逐"用本义是追赶。《左传·成公二年》:"齐师败绩,逐之,三周华不注。"②"逐之",即晋军追赶齐军。

"跟随"也叫逐。《周礼·冬官·考工记》:"匈奴无屋宅,田猎畜牧,逐水草而居。""逐水草而居"即随着水草的变化而迁徙居住。

"驱逐"也叫逐。《史记·管晏列传》:"吾尝三仕三见逐于君,鲍叔不以我为不肖,知我不遭时也。"见逐于君即被君王驱逐。

竞争、争夺也可以叫"逐"。《史记·淮阴侯列传》:"秦失其鹿,天下共逐之。"《集解》张晏曰:"以鹿喻帝位也。"③所谓"天下共逐之",即天下人共同争夺帝位。于是汉语中有成语"逐鹿中原"。

10. 涉

在水中徒步行走则叫"涉"。"涉"的甲骨文形体作"""""",象河的两岸各有一只脚。这个构形形象地表明了"涉"的本义确实是"徒步过河"。

《吕氏春秋·察今》中记载了一个"循表夜涉"的故事。"荆人欲袭宋,使人先表澭水。澭水暴益,荆人弗知,循表而夜涉,溺死者千有余人,军惊而坏都舍。"④楚军想渡过澭水,就派人白天到澭水测量,并做上标记。晚上,澭水突然暴涨了。楚人不知道,仍然顺着白天的标记涉水过河,结果淹死了一千余人,军队的惊呼声像房屋倒塌一样大。

《诗经·卫风·氓》:"送子涉淇,至于顿丘。"⑤"涉淇",即徒步淌过淇河。今还用"跋山涉水""长途跋涉"来形容路途遥远难行,其中的"涉"就是徒步淌水过河的意思。

当然,字的构形反映的正是在不使用船和桥的情况下的交通情景。

11. 陟和降

徒步过河叫"涉",徒步登山则叫"陟"。"陟"字的甲骨文构形作""。右边的""(阜)表示高山,左边是一上一下两只脚,组合在一起表示登山。《说文·阜部》:"陟,登也,从阜从步。"⑥《诗经·周南·卷耳》:"陟彼崔嵬,我马虺隤。"毛传:"陟,升也。崔嵬,土山之戴石者。"⑦"登"即是"升","陟彼崔嵬"即徒步登上山冈。

① 汉·许慎:《说文解字》,中华书局1963年版,第41页。
② 杨伯峻:《春秋左传注》,中华书局1981年版,第792页。
③ 汉·司马迁:《史记》卷九十二,中华书局1959年版,第2629页。
④ 《诸子集成·吕氏春秋》,中华书局1954年版,第177页。
⑤ 《十三经注疏·毛诗正义》,中华书局1980年版,第56页。
⑥ 汉·许慎:《说文解字》,中华书局1963年版,第305页。
⑦ 《十三经注疏·毛诗正义》,中华书局1980年版,第10页。

徒步上山叫"陟",下山则叫"降"。《说文·阜部》:"降,下也。"①"降"字甲骨文形体作"降",右边仍然是表示高山的"F"(阜),左边仍然是一上一下两只脚,与"陟"不同的是,"陟"的脚是向上的,而"降"的脚是向下的,组合在一起表示下山,非常形象。《诗经·鄘风·定之方中》:"升彼虚矣,以望楚矣。望楚与堂,景山与京,降观于桑。""降观于桑",即从高山上走下来到桑田里观看。

由"下山"泛指自上而下。

《楚辞·九歌·湘君》:"帝子降兮北渚,目眇眇兮愁予。"王逸注:"帝子谓尧女也,降,下也。言尧二女娥皇女英随舜不反,堕于湘水之渚,因为湘夫人。"②帝尧的女儿,自然是从上而来。最高的"上"是天,所以"天降"用得最为普遍。

《礼记·孔子闲居》:"清明在躬,气志如神。耆欲将至,有开必先。天降时雨,山川出云。"③

《孟子·告子下》:"天将降大任于是人也,必先苦其心志,劳其筋骨,饿其体肤,空乏其身……"④

天上可以降雨,也可以降大任,还可以降灾、降命、降威等等。

"陟"和"降"的构形反映了原始社会时期住在山区和丘陵地带人们的交通情况。

12. 御(驭)

"御"字的甲骨文构形作"御",左边部分象一个坐着的人,右边象纽结的马缰绳。又作"御",由"彳(道路)""马缰(马缰)"和一个坐着的人"御"构成。表示人驾驭马车在路上行走。

《说文·彳部》:"御,使马也。从彳从卸。驭,古文御,从又从马。"⑤赶车驾马叫作"御"。古代把驾御作为士人的一项专门技艺,非常讲究。

《周礼·地官·保氏》:"保氏掌谏王恶,而养国子以道。乃教之六艺:一曰五礼,二曰六乐,三曰五射,四曰五驭,五曰六书,六曰九数。乃教之六仪:一曰祭祀之容,二曰宾客之容,三曰朝廷之容,四曰丧纪之容,五曰军旅之容,六曰车马之容。"⑥不仅把"五驭(御)"列为人生最重要的"六艺"之一来教授,而且还把"车马之容"列入最重要的六种仪容来讲究。

所谓"五驭",按照郑众的解释,即"鸣和鸾,逐水曲,过军表,舞交衢,逐禽左"。是驾车驱驰的五项规范。古人把驾车的规范同做人的规范等同看待,非常注重。《孟子》中记载了一件事:

从前,赵简子派善于驾车的王良给赵简子宠幸的小臣奚驾车射猎。结果一整天没有射中一只鸟。奚回来报告赵简子说,王良是天下技艺最差的御者了。有人把这件事告诉了王良,王良说:"请再来一次。"再三要求宠臣奚才答应了。结果一个早晨就猎获了十只。宠臣奚回来对简子说:"王良是天下最好的御者。"简子说:"我让他专门为你驾车。"对王良说,王

---

① 汉·许慎:《说文解字》,中华书局 1963 年版,第 305 页。

② 汉·王逸:《楚辞章句》,中华书局《景印文渊阁四库全书》,台北商务印书馆 1986 年版。

③ 《十三经注疏·礼记正义》,中华书局 1980 年版,第 389 页。

④ 《十三经注疏·孟子注疏》,中华书局 1980 年版,第 98 页。

⑤ 汉·许慎:《说文解字》,中华书局 1963 年版,第 43 页。

⑥ 《十三经注疏·周礼注疏》,中华书局 1980 年版,第 93 页。

第七章 舟车行旅篇 **63**

良不同意。说："我为他按照规范驾车，他一天里射不中一只；为之不按规范来，一个早晨就射中了十只。《诗经》上说'不违反驾车的规范，箭发出去，猎物应声倒地'。我不习惯给小人驾车(因为嬖奚不懂君子之射，不习于礼)，请求辞去。"①

当然，孟子讲这个小故事的用意是为了说明不能违反道德规范而屈从权贵和利益。但从中也可以看出，古代御者驾车要"不失驰驱之法"，即严格遵守驾车规范，否则就不合乎礼义要求。

13. 去

"去"字的甲骨文构形作""，上部是"大"，一个成年人的形状，下部是居住的洞穴，象成年人离开住所到外面去。所以，古代"去"的意思是"离开"。

《战国策·秦策》："陈轸去楚之秦。张仪谓秦王曰：'陈轸为王臣，常以国情输楚。仪不能与从事，愿王逐之。即复之楚，愿王杀之。'"②"去楚之秦"，即离开楚国，前往秦国。

《吕氏春秋·长见》："吴起至于岸门，止车而望西河，泣数行而下。其仆谓吴起曰：'窃观公之意，视释天下若释躧。今去西河而泣，何也？'"③"视释天下若释躧"的意思是说，把放弃天下看得如同扔一只破鞋一样，以凸显吴起的达观。"去西河而泣"，意思是离开西河而流泪。同今天"到……去"的意思不同，从方向上看，正好相反。例如，"去北京"，按古代的意思，是"离开北京"，今天是"到北京去"。古今词义的这种差异，容易造成对古代文献的错误解读，我们阅读文献时需小心在意。

14. 逆

"逆"字的甲骨文构形作""。右半边""表示道路，左半边上部分""是一个倒着的人，下半部分""象一只脚。表示外面有人来，主人去迎接的意思。所以《说文·辵部》解释说："逆，迎也……关东曰逆，关西曰迎。"④段玉裁解释说："逆、迎双声，二字通用。如《禹贡》'逆河'，《今文尚书》作'迎河'是也……《方言》：逢、逆，迎也。自关而西或曰迎，或曰逢，自关而东曰逆。"⑤

《左传·僖公二十四年》记载了一个小故事：晋公子重耳回到晋国做了国君后，狄人把重耳的妻子季隗送回了晋国。之前晋文公把女儿赵姬嫁给赵衰，生了原同、屏括、楼婴。"赵姬请逆盾与其母，子余辞。姬曰：'得宠而忘旧，何以使人？必逆之。'固请，许之。来，以盾为才，固请于公，以为嫡子，而使其三子下之。以叔隗为内子，而己下之。"⑥意思是说，赵姬请求把赵盾同他母亲叔隗从狄国迎接回来，赵衰不肯。赵姬说："得到了新宠而忘记了旧爱，以后还怎能用人？一定要迎接他们回来。"就坚决请求，赵衰答应了。回来后，赵姬认为赵盾有

---

① 《十三经注疏·孟子注疏》，中华书局 1980 年版，第 46 页。
② 《战国策》卷三，上海古籍出版社 1985 年版，第 129 页。
③ 《吕氏春秋》卷十一《诸子集成》本，中华书局 1954 年版，第 113 页。
④ 汉·许慎：《说文解字》，中华书局 1963 年版，第 40 页。
⑤ 清·段玉裁：《说文解字注》，上海古籍出版社 1981 年版，第 71 页。
⑥ 杨伯峻：《春秋左传注》，中华书局 1981 年版，第 416～417 页。

才，又向文公再三请求，立赵盾为嫡子，让她所生的三个儿子居于赵盾之下。并让叔隗做正妻，自己处在她的后面。句中的两个"逆"字，都是"迎接"的意思。

按照许慎和段玉裁的解释，迎、逆本义相同，都是迎接的意思，之所以用两个字表示，是因为方言的不同造成的。细想也有道理，比如今天说"迎接客人"，迎接时的方向同客人走来的方向一定是相反的。否则，顺着客人走来的方向，肯定是迎接不到的。成语"逆水行舟"，其中的"逆"也是迎着水流的方向行船。

15．車（车）

"車"（车）字的甲骨文构形作"

"、"

"，象古代车的形状：上部象驾马牛的车衡和车轭，中间一竖是车辕，两侧圆圈是两轮，横穿两轮的是车轴，非常形象。《说文·车部》："车，舆轮之总名。夏后时奚仲所造。象形。"[①]段玉裁解释说："浑言之，则舆轮之总名；析言之，则唯舆称车，以人所居也，故《考工记》曰'舆人为车'。""《释名》曰：'古者曰车，声如居，言行所以居人也；今曰车，车，舍也，行者所处若屋舍也。'"[②]段玉裁的解释引用《释名》的说解，从语源解释了为什么叫车。"车"字古读与"居"字相同，"车"字与"居"字同源，都是人所居留之处。

从"车"字的甲骨文形体可以看出，作为中原地区汉民族主要的陆上交通工具，在商代就已经成熟定型了。至周代，车的结构与装饰更加完善，种类更加繁多。但总体上可分为两大类，一类是牛车——用牛拉的大车，一类是马车——用马拉的小车。《周易·系辞下》："服牛乘马，引重致远，以利天下。"[③]牛车载重大，马车载重小。《论语·为政》："子曰：'人而无信，不知其可也。大车无輗，小车无軏，其何以行之哉？'"何晏注引包咸曰："大车，牛车；輗者，辕端横木以缚轭。小车，驷马车。軏者，辕端上曲钩衡。'"[④]

上古时期，人们平日乘坐的车、兵车、打猎乘坐的车，都是马车。春秋之前，车就一根辕，驾车至少要两匹马，战国时期才出现双辕车。先秦时期，多为一车驷马。所以"驷马"慢慢就成了马车的代名词。今天还说："君子一言，驷马难追。"

古代乘车是身份地位的象征。不同等级的人、办理不同的事情，坐的车也各有不同。帝王乘坐的车叫大辂，也作大路，主要用来祭天时乘坐；帝王诸侯乘坐的打仗的兵车叫戎辂（路）；打猎的车叫田辂（路）。周代天子还有"用玉装饰的玉路、用金装饰的金路、用象牙装饰的象路、用皮革包裹的革路和不作装饰的木路"，合称五路；王后也有"重翟、厌翟、安车、翟车、辇车"五路。五路用途不同，规格、装饰各异。此外还有五副路。官府的车叫公车，也叫车乘；皇太子乘的车叫青盖车，大夫乘坐的统称大车，达官贵人坐的装饰华美的车叫文车，也叫文轩，朝廷使者及显贵乘坐的漆成朱红色的车叫朱轩，仙人乘坐的车叫五云车……

即使普通人，也以乘车为荣。《战国策·齐策》就记载了齐相孟尝君的门客冯谖争车坐的故事。

"齐人有冯谖者，贫乏不能自存，使人属孟尝君，愿寄食门下。孟尝君曰：'客何好？'

① 汉·许慎：《说文解字》，中华书局1963年版，第301页。
② 清·段玉裁：《说文解字注》，上海古籍出版社1981年版，第720页。
③ 《十三经注疏·周易正义》，中华书局1980年版，第75页。
④ 《十三经注疏·论语注疏》，中华书局1980年版，第7页。

曰：'客无好也。'曰：'客何能？'曰：'客无能也。'孟尝君笑而受之，曰：'诺！'左右以君贱之也，食以草具。居有顷，倚柱弹其剑，歌曰：'长铗归来乎！食无鱼！'左右以告，孟尝君曰：'食之，比门下之客。'居有顷，复弹其铗，歌曰：'长铗归来乎！出无车！'左右皆笑之，以告。孟尝君曰：'为之驾，比门下之车客。'于是乘其车，揭其剑，过其友，曰：'孟尝君客我！'"①显然，冯谖认为，只有食鱼乘车，才算是一名真正的门客，才算有面子，有地位，才可以在朋友面前炫耀。

上古乘车，一般都要站着，这些站乘的车一般都比较高，所以叫高车、高盖车，也叫立车。可以坐着的车叫安车，周代规定，贵族妇女、大夫七十以上可以乘坐安车。所以，安车也就成为皇帝赏赐重臣或征召贤良以示恩宠的用车。这种规定直到战国末期才逐渐废止。

《左传·成公十三年》："国之大事，在祀与戎。"②即国家最大的事情有两件，一件是祭祀，一件是打仗。而祭祀和打仗都离不开车，所以车在国家和社会生活中占有重要地位。先秦时期作战，车是最重要的装备，春秋时战车统称兵车、戎车、武车、革车。据《周礼》记载，周时有五戎之说，即戎路、广车、阙车、苹（屏）车、轻车。轻车又称驰车，用于突击；苹（屏）车外覆牛皮，主要用于防守；还有用于屯守的轩车，用于载物资且可坐人的辎车……秦汉后，随着武器装备的发展，又生产出多种具有专门功能的作战用车。

先秦多车战，周代为了维护周天子的统治，规定了不同等级的诸侯国拥有的兵车数量：天子万乘，诸侯千乘，卿大夫百乘。《礼记·孔子闲居》："故制国不过千乘，都城不过百雉，家富不过百乘。"孔疏："天子万乘，诸侯千乘，大夫百乘。此大判言之，尊卑相十之义。"③《孟子·梁惠王上》："万乘之国，弑其君者，必千乘之家；千乘之国，弑其君者，必百乘之家。"赵岐注："兵车万乘，谓天子也"；"兵车千乘，谓诸侯也。""百乘之家，谓大国之卿食采邑，有兵车百乘之赋者也。"④

先秦乘车作战也要讲礼仪规范。一般情况下，一辆兵车并排站三人，尊者在左，御者居中，车右在右侧。如果是国君或主帅的战车，则御者在左，国君或主帅居中，车右在右侧。尊者的任务是执弓射箭，国君或主帅则负责击鼓，车右的主要任务有二，一是敌人迫近时，执戈、矛御敌；二是战车因故不能行走时，要推车行进，所以车右一般都是勇武有力之人。如汉高祖刘邦的车右就是樊哙。

如《说文》所释，相传奚仲造车。《左传·定公元年》："薛之皇祖奚仲居薛，以为夏车正。"杜预注："奚仲为夏禹掌车服大夫。"⑤段玉裁据此认为"然则非奚仲始造车也……盖奚仲时车制始备，合乎勾股曲直之法。"⑥段玉裁说的有道理，看来早在夏朝车已普遍使用，且用来区分贵贱等级，所以有了管理车服的大夫。奚仲是夏禹时管理车服的大夫。车的发明应该在奚仲之前。

① 《战国策·齐策》卷十一，上海古籍出版社1985年版，第395～396页。
② 《十三经注疏·春秋左传正义》，中华书局1980年版，第209页。
③ 《十三经注疏·礼记正义》，中华书局1980年版，第390页。
④ 《十三经注疏·孟子注疏》，中华书局1980年版，第1页。
⑤ 《十三经注疏·春秋左传正义》，中华书局1980年版，第429页。
⑥ 清·段玉裁：《说文解字注》，上海古籍出版社1981年版，第720页。

图 7-1　车　（见《名物大典》P943）

16.舟

"舟"字的甲骨文构形作"![字]",象小船。《说文·舟部》:"舟,船也。古者,共鼓、货狄刳木为舟,剡木为楫,以济不通。"①《方言》卷九:"舟,自关而西谓之船;自关而东或谓之舟,或谓之航。南楚江湘凡船大者谓之舸,小舸谓之艖。"②段玉裁引《诗经》毛传解释说:"舟,船也。古人言舟,汉人言船。"可见,"舟"和"船"实为一物,因为时间和地域的不同,称呼也有所不同。

是谁最早造了舟呢?许慎说是共鼓和货狄。段玉裁解释说:"共鼓、货狄,黄帝尧舜间人。货狄疑即化益,化益即伯益也。"③据此,最早造舟的是黄帝尧舜时期的共鼓和货狄。

他们当初是怎么造舟的呢?《易·系辞》:"刳木为舟,剡木为楫。舟楫之利,以济不通。"孔疏:"舟必用大木,刳凿其中,故云刳木也……楫必须纤长,理当剡削,故曰剡木也。"④刳是剖,剡是削,所以,当初的舟是有一根长且粗的木头,在中间剖凿而成,即独木舟。再把细长的木头削磨细扁,做成楫(浆),用来划水,以此来渡过江河。

《吕氏春秋·察今》中还记载了一个"刻舟求剑"的故事:"楚人有涉江者,其剑自舟中坠于水。遽契其舟,曰:'是吾剑之所从坠。'舟止,从其所契者入水求之。舟已行矣,而剑不行,求剑若此,不亦惑乎?"⑤

由于上古时期汉民族生活的中心是中原地带,生活环境以陆地为主,所以车的种类繁多,船则无法与车相比,种类要少许多。先秦典籍记载的船以小船为多。文学作品中常用"一苇""刀"来喻称。《诗经·卫风·河广》:"谁谓河广?一苇杭之。""谁谓河广?曾不容刀。"⑥"一苇杭之",即像一片苇叶似的小船就可以渡过去。"不容刀"即容不下一只像刀似的小船。

①　汉·许慎:《说文解字》,中华书局 1963 年版,第 176 页。

②　汉·扬雄:《方言》卷九,《景印文渊阁四库全书》,台北商务印书馆 1986 年版。

③　清·段玉裁:《说文解字注》,上海古籍出版社 1981 年版,第 403 页。

④　《十三经注疏·周易正义》,中华书局 1980 年版,第 75 页。

⑤　《吕氏春秋》卷十一,《诸子集成》本,中华书局 1954 年版,第 178 页。

⑥　《十三经注疏·毛诗正义》,中华书局 1980 年版,第 326 页。

17．方

"方"字的甲骨文构形作"十""十"，《说文·方部》："方，并船也。象两舟省总头形。"[1]即上部分象两舟舟头系在一起，下部分象两舟舟身相并。

《诗经·大雅·大明》："造舟为梁，不显其光。"郑玄笺："天子造舟，周制也，殷时未有等制。"[2]《尔雅·释水》："天子造舟(注，比舡为桥)，诸侯维舟(注，维连四舡)，大夫方舟(注，并两舡)，士特舟(注，单舡)，庶人乘泭(注，并木以渡)。"[3]可见所谓造舟，就是把船并列于水上，上面盖上木板，造成一座浮桥来过河。"维舟"是把四条船前后连在一起，"方舟"是把两条船并在一起，"特舟"是一条船，"泭"则是竹木编成的筏子、桴，是不同级别的人渡河的工具。

方，由两船并在一起使用，又叫方舟，汸舟，舫舟，是一种较大的船。《史记·张仪列传》："秦西有巴蜀，大船积粟，起于汶山，浮江以下，至楚三千余里。舫船载卒，一舫载五十人与三月之食，下水而浮，一日行三百余里。"[4]说明在秦汉时期即有这种用法。

---

① 汉·许慎:《说文解字》,中华书局1963年版,第176页。
② 《十三经注疏·毛诗正义》,中华书局1980年版,第239页。
③ 清·郝懿行:《尔雅义疏》,上海古籍出版社1983年版,第907页。
④ 汉·司马迁:《史记》卷七十,中华书局1959年版,第2290页。

第八章 婚姻生育篇

　　婚姻生育、生老病死,事关人类自身的生存繁衍,是人的本性的自然体现,在人类的生活中占有重要地位,自然也与社会文化密切相关。汉字构形中也记载和反映了上古时期中华民族在婚姻生育方面的风俗文化。

1. 婚

　　《礼记·郊特牲》:"天地合而后万物兴焉。夫昏(婚)礼,万世之始也。"①结婚是人一生中最重大的事情之一,礼仪自然也最讲究。

　　《诗经·邶风·谷风》:"宴尔新昏,如兄如弟。""宴尔新昏,不我屑以。"②今天还说"新婚宴尔"。宴是安,是乐,"宴尔"即"快乐的样子"。值得注意的是,"新昏"的"昏"字没有女字旁。《诗经·小雅·我行其野》:"我行其野,蔽芾其樗。昏姻之故,言就尔居。""昏姻之故,言就尔宿。"③《诗经·小雅·正月》:"彼有旨酒,又有嘉肴,洽比其邻,昏姻孔云。"④

　　上述诗中"昏姻"的"昏"字也没有女字旁。传世本的《诗经》中,结婚、婚姻的婚字几乎都作"昏"。其他先秦经典的原文中,也多作"昏"。这种现象似乎说明,在《诗经》成书的两周时期还没有造出"婚"这个字,结婚、婚姻都用"昏"来记录。

　　"昏",甲骨文作" ",象一只手指着下面的太阳(日),表示日已西沉,黄昏到来的意思。为什么把男女结合这么重要的事情叫作"昏"呢?

　　古代表示婚姻的"昏"字,汉代已经有了后起字"婚",《说文·女部》解释说:"礼,娶妇以昏时,妇人,阴也,故曰婚。"⑤许慎的说法,代表了先秦时期人们的认识。《礼记·郊特牲》孔疏:"天地合而后万物兴焉者,言天气下降,地气上腾,天地合配,则万物生焉。若夫妇合配则子胤生焉。"⑥古时认为,世间万物都是由"阴阳相合"而生成的,同样也都可以分成阴和阳两大类。天为阳,地为阴;太阳为阳,月亮为阴;白天为阳,晚上为阴;男为阳,女为阴……阴阳相合而产生万物。黄昏时正是白天和夜晚阴阳交合的时候,应该在这个时候娶妻才符合"天人合一"的观念,所以把这种男女结合的仪式叫作"昏"。后来,因为要把女孩娶过来,所以又增加了一个女字旁,作"婚"。

　　当然,许慎的这种说法反映了秦汉时期人们对婚姻的认识。

　　为什么把男女结合叫"昏"? 还有另外一种说法:因为娶妻,或者说是女到男方家居住的

---

① 《十三经注疏·礼记正义》,中华书局 1980 年版,第 228 页。
② 《十三经注疏·毛诗正义》,中华书局 1980 年版,第 36 页。
③ 《十三经注疏·毛诗正义》,中华书局 1980 年版,第 167 页。
④ 《十三经注疏·毛诗正义》,中华书局 1980 年版,第 175 页。
⑤ 汉·许慎:《说文解字》,中华书局 1963 年版,第 259 页。
⑥ 《十三经注疏·礼记正义》,中华书局 1980 年版,第 228 页。

婚姻，是原始社会中母权制向父权制过渡的产物。娶妻、结婚标志着由原来的"男从女居"转变为"女从男居"。这是婚姻文化史上的一次极其重要的转变，也是人类社会发展史上的一件具有里程碑意义的大事。

由母权制向父权制过渡之初的婚姻形式是"掠夺婚"，又叫"抢婚"，就是男方用武力偷偷地把心仪的女孩抢到家中来成婚。

《周易·上经·屯》记载了一件事："屯如邅如，乘马班如。匪寇，婚媾。"①意思是（一群人）走走停停，骑着马团团打转。但他们不是强盗，是来求婚的。

《周易·下经·睽》中还有一段话："见豕负涂，载鬼一车。先张之弧，后说之弧。匪寇，婚媾。往，遇雨则吉。"②意思是说，一头猪背上涂满了泥，还有一车怪模怪样的人。他们先是张弓要射，后又放下弓。但他们不是强盗，而是来婚配的。前往，遇上雨，就吉祥。

一般认为，这两段话记载了上古时期掠夺婚的情景。既然是抢，在昏暮时分，朦胧不清，自然是下手的好时机。所以抢婚也多在黄昏时分进行。近代一些少数民族地区还保留着这种原始的婚姻形式。

其实，时至今日，民间婚俗中的许多形式都还留有原始掠夺婚的痕迹。如有些地方新娘从娘家上车后，脚再不能落地，直到新郎把新娘抱进屋放在床上。上古掠夺婚时，为了防备新娘逃跑，途中也是不能让她落地的，甚至把新娘的腿捆起来，自然要男子把她抱进屋里。还有许多地方的新娘一直要用一块红布盖着头，进入新房才能由新郎掀开。掠夺婚也需要用布蒙上新娘的头，防止她看到回家的路而逃回。今天新郎到新娘家迎娶，新娘家要设置重重障碍，新郎要费尽周折才能把新娘娶回来，从中也可以看到上古掠夺婚武力争夺、艰难费力的影子。

关于"婚"的命名，上述两种不同的说法，即由黄昏"抢人"，到"天人合一，阴阳交合"，正反映了上古到秦汉时期婚姻文化的发展与进步。而汉字构形由"昏"到"婚"的变化，也正寓含着这种原始文化的信息。

2. 姻

"姻"字小篆作"㛰"。《说文·女部》："姻，壻家也。女之所因，故曰姻。从女，从因，因亦声。"③段玉裁解释说："《释亲》曰，壻之父为姻，妇之父母、壻之父母相谓为婚姻。壻之党为姻兄弟。"④

根据《说文》和段玉裁的解释，所谓"壻家"，今人多数释为"女婿的家"。《左传·定公十三年》："邯郸午，荀寅之甥也；荀寅，范吉射之姻也。"杜预："壻父为姻，荀寅子娶吉射女。"⑤因为荀寅的儿子娶了范吉射的女儿，所以荀寅就成了范吉射之姻。《史记·项羽本纪》："项伯即入见沛公。沛公奉卮酒为寿，约为婚姻。""约为婚姻"，即沛公与项伯约为儿女亲家。先民造字的时候，是如何从女方的角度为"壻之父"这个意义构形呢？先民选择了"女"和"因"

① 《十三经注疏·周易正义》，中华书局1980年版，第7页。
② 《十三经注疏·周易正义》，中华书局1980年版，第39页。
③ 汉·许慎：《说文解字》，中华书局1963年版，第259页。
④ 清·段玉裁：《说文解字注》，上海古籍出版社1981年版，第614页。
⑤ 杨伯峻：《春秋左传注》，中华书局1981年版，第1590页。

两个符号。选择"女"是自然的,因为女的是当事人;为什么选择"因"呢?甲骨文中"因"字的构形作"🉈",象是一个方垫,上面坐着一个人。对于坐着的人来说,这个方垫是凭借、依靠。而在父权制社会中,男方的家正是结了婚以后的女人的依靠,所谓"嫁出去的姑娘泼出去的水,活着是人家的人,死了是人家的鬼"。"姻"字的形体由"女"和"因"两个字构成,反映的或许正是这种文化风俗,形象地传达出了当时以男性为中心的社会文化信息。

3. 取(娶)

《诗经·齐风·南山》:"艺麻如之何?衡从其亩。取妻如之何?必告父母。既曰告止,曷又鞠止?析薪如之何?匪斧不克。取妻如之何?匪媒不得。"①意思是说,种麻怎么办呢?先要整好地;娶妻怎么办呢?先要告知父母。……砍柴怎么办呢?没有斧头不行;娶妻怎么办呢?没有媒人不成。

《诗经·豳风·伐柯》:"伐柯如何?匪斧不克。取妻如何?匪媒不得。"②"柯"是斧子的柄,诗的意思是说,要砍斧柄怎么办呢?没有斧头可不行;要娶妻子怎么办呢?没有媒人行不通。所以今天为人保媒又叫"伐柯"。

《诗经·陈风·衡门》:"岂其食鱼,必河之鲂?岂其取妻,必齐之姜?岂其食鱼,必河之鲤?岂其取妻,必宋之子?"③意思是说,难道说吃鱼,一定要吃黄河之鲂?难道说娶妻,必定要娶齐国之姜?难道说吃鱼,一定要吃黄河之鲤?难道说娶妻,必定要娶宋国之子?

需要注意的是,上述诗句中"取妻"的"取",都没有"女"字。传世本的《诗经》原文中,"取妻"的"取"都不加"女"字。这种现象同"昏"字一样,表明《诗经》成书时期,"娶"字还没有造出来。

"取"的甲骨文构形作"🉑""🉑",左半部分是一只耳朵,左耳朵;右半部分是一只手,右手,用右手把左耳拿下来,表示"捕取"的意思。《说文·又部》:"取,捕取也。从又从耳。《周礼》:'获者取左耳。'《司马法》曰:'载献聝。'聝者,耳也。"④

《周礼·地官·山虞》:"若大田猎,则莱山田之野。及弊田,植虞旗于中,致禽而珥焉。"郑玄注:"令获者皆致其禽而校其耳,以知获数也。……郑司农云,珥者,取禽左耳以效功也。《大司马职》曰:获者取左耳。"孔疏:"取左耳者,以其听乡(向)任左,故皆取左耳也。"⑤

《周礼·夏官·环人》:"环人掌致师。"郑玄注引《春秋传》:"吾闻致师者,右入垒,折馘执俘而还。"孔疏:"死者取左耳曰馘,生者曰俘。"⑥

以上材料告诉我们,上古打仗时,往往把打死的敌人的左耳割下来,作为报告战功的凭据。同样,打猎时,猎获了小的野兽归自己,而大的野兽要缴公,于是割下打死的野兽的左耳,作为已上缴的证据。为什么要取左耳呢?一说是为了计数方便,避免重复申报;一说是"以其听乡(向)任左"。即相对而言,听力主要靠左耳。所以"取"的构形是右手拿着左耳。

———————————

① 《十三经注疏·毛诗正义》,中华书局1980年版,第84~85页。

② 《十三经注疏·毛诗正义》,中华书局1980年版,第131页。

③ 《十三经注疏·毛诗正义》,中华书局1980年版,第109页。

④ 汉·许慎:《说文解字》,中华书局1963年版,第64页。

⑤ 《十三经注疏·周礼注疏》,中华书局1980年版,第109页。

⑥ 《十三经注疏·周礼注疏》,中华书局1980年版,第206页。

由"获者取左耳"的意义引申,上古的"取"多伴随着暴力。例如把不属于自己的东西破坏掉也叫"取"。《左传·隐公三年》记载了一件事:"四月,郑祭足帅师取温之麦;秋,又取成周之禾。周郑交恶。"杜预注:"四月,今二月也;秋,今之夏也。麦禾皆未熟,言取者,盖芟践之。"句中的两个"取"都是"芟践之",芟是割刈,践是踩踏,派军队把没有成熟的小麦和秋庄稼割砍了、践踏了。显然,郑国这样做不是为了粮食,也不是收获,而是在泄愤,是郑庄公为了表达对周王室不再信任自己的不满。结果必然是"周郑交恶",即周王室同郑国结下了仇恨。其中的"取"并没有拿过什么东西来,只是用武力把东西破坏掉了。

战胜了敌人的军队也叫"取"。

《左传·隐公十年》:"八月壬戌,郑伯围戴。癸亥,克之,取三师焉。"取三师,即战胜了三国的军队。

攻占了敌方的土地城池也叫"取"。

《左传·隐公元年》:"郑共叔之乱,公孙滑出奔卫。卫人为之伐郑,取廪延。""取廪延",即攻占了郑国的城邑廪延。

把不属于自己的东西夺过来据为己有也叫"取"。

《左传·桓公二年》:"二年春,宋督攻孔氏,杀孔父而取其妻。"

这是把孔父的妻子当成器物了。是在先杀了其夫以后才"取"的,暴力霸占的味道十足。

当然,把具体的器物夺过来也叫"取"。

《左传·庄公二十年》:"秋,王及郑伯入于邬。遂入成周,取其宝器而还。"①

古人娶妻居然也用"把左耳割下来"的这个"取"字,或许正透露出上古掠夺婚的特点,但无论如何,取妻"取"过来的是"活生生的人",同取下"一只耳朵"或是取过什么别的东西的差别太大了,性质也截然不同。于是后来为了区别,又为"取妻"造了一个形声字"娶"。

《世说新语·贤媛》:"王公渊娶诸葛诞女,入室言语始交。王谓妇曰:'新妇神色卑下,殊不似公休。'妇曰:'大丈夫不能仿佛彦云,而令妇人比踪英杰?'"②意思是说,王公渊娶了诸葛诞的女儿为妻,进入内室就开始斗嘴。王公渊对妇人说:"新妇神色低下,一点也不像公休(诸葛诞字公休)。"妇人回敬说:"大丈夫自己不能像彦云(王公渊父字彦云),却让妇人比照英杰?"

这个"娶"字就一直沿用至今。

4. 妻

娶过来的女人就成了男人的妻子。"妻"字甲骨文构形作"🪶""🪶",象一只手抓着、拽着一个女子的头发。一种说法是抓着一个梳着发髻的女子的头发。梳着特定形状的发髻,表示已成年。但不管是什么样的发型,总之是把女子"抓"过来了。把女子拽过来成为妻子。《甲骨文字典》:"上古有掳掠妇女以为配偶之俗,是为掠夺婚姻。甲骨文之'妻'字即是此掠夺婚姻之反映。"③通过武力掠夺美女以为妻子的,历史上并不鲜见。

《国语·晋语一》:"(晋献)公不听,遂伐骊戎,克之,获骊姬以归。有宠,立以为夫人……

---

① 上述五例分别见《十三经注疏·春秋左传正义》,中华书局 1980 年版,第 21、33、16、38、72 页。

② 余嘉锡:《世说新语笺疏》,中华书局 1983 年版,第 677 页。

③ 徐中舒:《甲骨文字典》,四川辞书出版社 1988 年版,第 1303 页。

史苏曰：'昔夏桀伐有施，有施人以妹喜女焉。妹喜有宠，于是乎与伊尹比而亡夏。殷辛伐有苏，有苏氏以妲己女焉。妲己有宠，于是乎与胶鬲比而亡殷。周幽王伐有褒，有褒人以褒姒女焉。褒姒有宠，生伯服，于是乎与虢石甫比，逐太子宜咎而立伯服，太子出奔申，申人鄫人召西戎以伐周，周于是乎亡。今晋寡德而安俘女，又增其宠，虽当三季之王，不亦可乎！'"①

史苏讲了四件事，夏桀讨伐有施，得到了美女妹喜，妹喜有宠，夏朝灭亡；商纣讨伐有苏，得到美女妲己，妲己有宠，殷朝灭亡；周幽王讨伐有褒，得到美女褒姒，褒姒有宠，西周灭亡。如今晋献公又宠幸俘获来的美女骊姬，虽然附在夏桀、商纣、周幽王的后面，也是可以的。换一个角度看，这四位王侯都是靠武力征伐夺得了美女，并宠幸她，以她为妻，也可以说是与掠夺婚一脉相承的。

为什么丈夫要把结婚后的女子叫"妻"呢？换句话说，"妻"这个名称命名的原因是什么呢？许慎《说文·女部》解释说："妻，妇与夫齐者也。"②即妻的得名来源于"齐"，是与丈夫地位齐平的人。意思是嫡配、正妻。当然这也是先秦时期人们的观点。

春秋时期，地位高低不同，同是嫡配、正妻，名称却不相同。《礼记·曲礼下》记载："天子之妃曰后，诸侯曰夫人，大夫曰孺人，士曰妇人，庶人曰妻。"③

《礼记·檀弓上》郑玄注记载，帝喾、帝尧均立四妃；舜立三妃，称三夫人……夏后氏增至十二人，殷人又增至三十九人，周人上法帝喾，立正妃，总数增至一百二十一人。依次称后、夫人、嫔、世妇、女御。妻可以"与夫齐"，相对于其他嫔妃而言，正妻的家庭和社会地位还是很高的。

《左传·隐公》记载了一件事：鲁惠公的第一位夫人是孟子。孟子死了以后，惠公又续娶了声子，声子生了隐公。后来又以"夫人"的名义娶了仲子，生了桓公，桓公年幼时惠公就去世了。鲁隐公因为母亲声子是继室，不是正夫人，所以自己尽管年长，但也只是摄政来辅佐桓公。

不仅如此，鲁隐公三年夏天，声子去世了，因为不是正夫人，所以隐公并没有向诸侯报丧，安葬后没有回到祖庙哭祭，没有把声子的神主放在她婆婆的神主的旁边，所以《春秋》中不称其为薨，没有记载下葬的情况，也没有记载她的姓氏。只是因为她是鲁隐公的生母，才称其为君氏④。可见，正夫人与继室地位在待遇上的差别是很大的。

5. 妾

"妾"的甲骨文构形作"𡥭""𡥭"，象头上有明显受刑标志的女子。《说文·辛部》："有罪女子，给事之得接于君者。从辛，从女。《春秋》云：'女为人妾，妾，不娉也。'"⑤"辛（qián），罪也。从干二，二，古文上字。"干二（上），即在犯法的人头上用刑，"𡥭"字下部分是𡙾（女），头上的部分是用过刑的标志、记号，所以是有罪的女子。有罪的女子进到官家做奴仆，从事

①　徐元浩：《国语集解·晋语一》，中华书局2002年版，第249～251页。

②　汉·许慎：《说文解字》，中华书局1963年版，第259页。

③　《十三经注疏·礼记正义》，中华书局1980年版，第39页。

④　《十三经注疏·春秋左传正义》，中华书局1980年版，第20～21页。

⑤　汉·许慎：《说文解字》，中华书局1963年版，第58页。

酒、浆、醢、盐、缝、舂等各种劳役。其中一些有姿色且温顺的,很有可能就成为主人的性对象,于是妾除了"有罪女子"的意思外,又增加了女性配偶的意思。

《礼记·内则》:"聘则为妻,奔则为妾。"郑玄注:"聘,问也。妻之言齐也,以礼聘问,则得与夫敌体。妾之言接也,闻彼有礼,走而往焉,以得接见于君子也。"①意思是名媒正娶,以礼聘问,可以与丈夫平起平坐的为妻;私奔前往,不经过聘问的叫妾。

由此看来,春秋时期,妾包括两类人,一类是身有罪而做奴仆的女子;另一类是男子在妻子之外又找的女人。与婚姻有关的,是第二类人。

《孟子·离娄下》:"齐人有一妻一妾而处室者,其良人出,则必餍酒肉而后反。"②可见,那时的男子都可以除妻之外还有妾。

古代社会中,无论丈夫多么宠爱,妾的名分和社会地位是无法与妻相比的。《礼记·曲礼上》:"取妻不取同姓,故买妾不知其姓,则卜之。"妻是"取"的,而妾则是"买"的。男子只要有钱,喜欢,可以随时花钱买。当然,不喜欢了也可以随时卖掉。通过买卖而得来的自然也就等同于器物一般了,因此,妾地位低下可以说是先天的。所以,妾字前面往往加一个贱字修饰,称"贱妾"。

《左传·宣公三年》:"初郑文公有贱妾,曰燕姞。梦天使与己兰,曰:'余为伯鯈,余而祖也。'"③《史记·卫康叔世家》:"初襄公有贱妾,幸之,有身。"④

久而久之,贱妾就成了古代女子的谦称。

魏曹丕《燕歌行》:"秋风萧瑟天气凉,草木摇落露为霜。群燕辞归鹄南翔,念君客游思断肠。慊慊思归恋故乡,君何淹留寄他方?贱妾茕茕守空房,忧来思君不敢忘,不觉泪下沾衣裳。援瑟鸣弦发清商,短歌微吟不能长……"⑤

还有一点值得注意,女子对丈夫常自称"妾",对其他男性也可以称妾,甚至对帝王。

《史记·孝文本纪》中记载了一件事:"齐太仓令淳于公有罪当刑,诏狱逮徙系长安。太仓公无男,有女五人。太仓公将行会逮,骂其女曰:'生子不生男,有缓急,非有益也!'其少女缇萦自伤泣,乃随其父至长安。上书曰:'妾父为吏,齐中皆称其廉平。今坐法当刑,妾伤夫死者不可复生,刑者不可复属,虽复欲改过自新,其道无由也。妾愿没入为官婢,赎父刑罪,使得自新。'书奏天子,天子怜悲其意……"⑥

淳于公的女儿缇萦给汉文帝上书,也自称妾,而且得到了汉文帝的"怜悲",但缇萦同汉文帝一点私人关系也没有。可见"妾"作为女子谦称,范围已不限于面对自己的丈夫。

中国古代历史上,由于妻和妾的矛盾、争斗导致改朝换代、国破家亡的事件不胜枚举,妻妾之争是中国古代家庭史中的主要内容之一。

6. 歸(归)

"归"的甲骨文构形作"�",右边是义符"帚",左边是"自",表示读音。小篆作"歸",《说

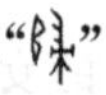

---

① 《十三经注疏·礼记正义》,中华书局1980年版,第243页。
② 《十三经注疏·孟子注疏》,中华书局1980年版,第68页。
③ 《十三经注疏·春秋左传正义》,中华书局1980年版,第166页。
④ 汉·司马迁:《史记》卷三十七,中华书局1959年版,第1598页。
⑤ 《乐府诗集》卷三十二,《景印文渊阁四库全书》,台北商务印书馆1986年版。
⑥ 汉·司马迁:《史记》卷十,中华书局1959年版,第427页。

文·止部》解释说："女嫁也。从止,从妇省,自声。"①即女子出嫁的意思。

《诗经·周南·桃夭》记载了一件女子结婚的事:"桃之夭夭,灼灼其华。之子于归,宜其室家。"②意思是说,桃树枝繁叶茂,桃花鲜艳俊俏,这位女子要出嫁了,祝福她家庭美好。

那么,为什么把出嫁叫"归"呢?孔颖达说:"女人生有外成之义,以夫为家,故谓嫁曰归也。"③意思是,女人是把丈夫家当作自己的家,娘家,只是寄养的地方,所以把出嫁叫作"归"。

孟子说:"丈夫生而愿为之有室,女子生而愿为之有家。父母之心,人皆有之。"④(《孟子·滕文公下》)所以古代称男子结婚为"有室",即有了妻室;女子结婚叫"有家"。

"归"的意思是"回",按照许慎的解释,女孩出嫁叫"归",这种解释似乎同今天的意思正相反。今天说,女孩出嫁了,是嫁到别人家里去了。回娘家,叫回门,才叫"归"。古代却是指女孩出嫁了,才终于有了自己的家了,那就意味着出嫁前的十几年都是寄养在别人家里了,直到出嫁才回到了自己的家。

"婚""姻""娶""妻"中寓含的上古婚姻文化的信息,反映出上古时期男权文化在婚姻上的特色。

由"女子出嫁"的意义引申,女子回娘家也叫"归",返回原处也叫"归"。把东西还回去也叫"归",于是有"归还"一词。

7. 妇(妇)

结婚后女孩就成了妇人。"妇"(妇)字的甲骨文构形作"𪩘",左边是一把扫帚,右边是个女子。许慎解释说:"服也。从女持帚,洒扫也。"⑤按照许慎的说法,女孩拿着一把扫帚,在家里打扫卫生,围着灶台、炕沿转,处于服从的地位,这就是妇。

《礼记·郊特牲》:"妇人,从人者也。幼从父兄,嫁从夫,夫死从子。"郑玄注:"从,谓顺其教令。"⑥顺其教令,说白了就是听话,服从命令。许慎及《礼记》中的这些说法代表了秦汉时期人们的观念——男主外,女主内,男尊女卑。

相对于"女"而言,"妇"专指已婚的女子。《诗经·卫风·氓》:"三岁为妇,靡室劳矣。"郑玄注:"无居室之劳,言不以妇身见困苦。有舅姑曰妇。"⑦已婚妇女称丈夫的父亲为舅,称丈夫的母亲为姑,有舅姑,自然就意味着已经结婚了。

由于男尊女卑的传统观念,"妇"作为语素构词时常常带有卑下、贬斥的意思。如:

"妇姑勃溪"本指婆媳争吵,比喻为了小事而内部争斗。《庄子·外物》:"胞有重阆,心有天游;室无空虚,则妇姑勃溪。"⑧

"妇人之仁",指优柔寡断,小恩小惠。《史记·淮阴侯列传》:"项王见人恭敬慈爱,言语

---

① 汉·许慎:《说文解字》,中华书局1963年版,第38页。
② 《十三经注疏·毛诗正义》,中华书局1980年版,第11页。
③ 《十三经注疏·周易正义》,中华书局1980年版,第51页。
④ 《十三经注疏·孟子注疏》,中华书局1980年版,第47页。
⑤ 汉·许慎:《说文解字》,中华书局1963年版,第259页。
⑥ 《十三经注疏·礼记正义》,中华书局1980年版,第228页。
⑦ 《十三经注疏·毛诗正义》,中华书局1980年版,第57页。
⑧ 《诸子集成·庄子集解》,中华书局1954年版,第180页。

呕呕。人有疾病,涕泣分食饮,至使人有功当封爵者,印刓敝,忍不能予,此所谓妇人之仁也。"①

"妇人之识",指见闻狭窄,目光短浅。《北史·后妃列传下》:"至如后稷禀灵巨迹,神元生自天女,克昌来叶,异世同符。魏诸后妇人之识,无足论者。"②

还有"妇人之见""妇人之态""妇人之性""妇人之事"等等。

此外,"妇孺"常连用,孺是幼童,把妇女等同于孩童。一方面,是把他们都视为弱者;另一方面,则是认为他们心智不成熟。如"妇孺皆知",常用来比喻妇女和儿童都懂得的浅显道理。

8. 嫁

嫁,小篆作"𡣕"。《说文·女部》:"女适人也。从女,家声。"③段玉裁解释说:"《白虎通》曰:嫁者,家也。妇人外成以出适人为家。按,自家而出谓之嫁。至夫之家曰归。"④可见,"嫁"的本义是女子结婚,女子出嫁。

古代女子多大年龄就可以出嫁了呢?

唐杜佑《通典》记载:"太古男五十而娶,女三十而嫁;中古男三十而室,女二十而嫁;尧举舜,曰有鳏在人间,以其二女妻之,二十而行之。周文王十五生武王。"⑤

《礼记·内则》记载:"女子十年不出……十有五年而笄,二十而嫁,有故,二十三年而嫁,聘则为妻,奔则为妾。"⑥所谓"有故",特指遭遇了父母的丧事,为父母守孝,可以延长到二十三岁。

这就是说,夏商周三代,正常情况下是男子三十而娶,女子二十而嫁。当然,男三十、女二十之数,是最晚的年龄。在此之前,男、女十五岁就结婚也是有的。如果遇到特殊情况,则另当别论:遇上了父母去世守丧,女子可以延长到二十三岁;越王勾践为了快速增加人口以报吴国之仇,甚至要求男二十之前必须娶妻,女十七岁之前必须嫁人,否则判父母有罪⑦。

规定"男三十而娶,女二十而嫁"这个年龄的依据是什么呢?

宋王昭禹《周礼详解》解释说:"《易》曰:参天两地而倚数,男三十而娶,则参天之数也;女二十而嫁,则两地之数也。男女之合天地之大义也。故嫁娶亦不过参两之数也。"⑧即认为男女结合是天地间的大义,所以要符合天地之数,所谓"天人合一"。

《孔子家语·本命解》:"鲁哀公问于孔子曰:'……男子十六通精,女子十四而化,是则可以生人矣,而《礼》男子三十而有室,女子二十而有夫也,岂不晚哉?'孔子曰:'夫礼言其极,不是过也。男子二十而冠,有为人父之端;女子十五而嫁,有适人之道。于此而往,则自

① 汉·司马迁:《史记》卷九十二,中华书局 1959 年版,第 2612 页。
② 唐·李延寿:《北史》卷十四,《景印文渊阁四库全书》,台北商务印书馆 1986 年版。
③ 汉·许慎:《说文解字》,中华书局 1963 年版,第 259 页。
④ 清·段玉裁:《说文解字注》,上海古籍出版社 1981 年版,第 613 页。
⑤ 唐·杜佑:《通典》卷五十九,《景印文渊阁四库全书》,台北商务印书馆 1986 年版。
⑥ 《十三经注疏·礼记正义》,中华书局 1980 年版,第 243 页。
⑦ 徐元浩:《国语集解》,中华书局 2002 年版,第 570 页。
⑧ 宋·王昭禹:《周礼详解》,《景印文渊阁四库全书》,台北商务印书馆 1986 年版。

婚矣。"①

孔子的意思是说,男二十举行冠礼,标志着已经成人,开始掌握为人父的道理,女十五举行笄礼,开始学为人妇的规矩。总之,双方思想已趋于成熟,能够负起相应的社会责任了,所以男二十、女十五以后就可以结婚了,男三十、女二十是最晚的极限。

《礼记·曲礼上》孔疏引《白虎通》:"男三十筋骨坚强,任为人父;女二十肌肤充盛,任为人母。"②这是从人的身体发育的角度看,认为男三十岁、女二十岁结婚是合适的。

如果男过了三十岁,女过了二十岁,该怎么办呢?

《诗经·召南·摽有梅》:"摽有梅,顷筐塈之。求我庶士,迨其谓之。"毛传:"不待备礼也。三十之男,二十之女,礼未备,则不待礼会而行之者,所以蕃育民人也。"郑玄笺:"时礼虽不备,相奔不禁。"③

毛亨和郑玄注释的意思已经很明白了,如果男子过了三十岁,女子过了二十岁还没有成婚,就可以"不待礼会而行之",即不必等待各种聘礼齐备了程序完备了再结婚,而是可以男女"相奔",不会有人禁止的。原因是为了"蕃育民人"。即为了繁殖人口,传宗接代,增加劳动力。

什么季节结婚合适呢?《孔子家语·本命解》:"男女穷天数之极,霜降而妇功成,嫁娶者行焉;冰泮而农桑起,婚礼而杀于此。"④意思是说,结婚合适的时间是从秋后霜降开起,到第二年正月冰雪融化、农活开始的时候就开始减少。农历二月完全停止。所谓"霜降而妇功成",意思是女为阴,霜降后即立冬,冬是阴,收藏万物,又是一年中孕育万物的最好的时期。所以也是男女交合孕育的佳期。夏历二月仲春时节,结婚应当停止,但又到了男女谈恋爱的季节了。可见,古人连结婚时间的选择与安排,都与自然节令相一致,体现出与自然和谐、"天人合一"的哲学观念。

9. 夫

甲骨文中"夫"字的形体作"夫",是在"大"(大)的上面加上一横。大(大)描画的是一个成年人的形状。《说文》:"夫,丈夫也。""丈夫"即指成年男子。

在"大"(大)的上面加上一横,表示什么意思呢?古代男子到二十岁时要举行一个成人礼——冠礼。举行冠礼首先要把头发挽起来,上面用一个簪子固定。"夫"在"大"上面那一横就表示这根束发的簪子。用簪子把头发束起来,就表示举行了冠礼(详见第四章),所以"夫"指成年男子。

《汉书·食货志》:"古之人曰,一夫不耕,或受之饥;一女不织,或受之寒。生之有时,而用之亡度,则物力必屈。"⑤

古代常把成年男子统称为"丈夫"。《说文·夫部》"周制以八寸为尺,十尺为丈,人长八

---

① 《诸子集成补编·孔子家语疏证》卷六,四川人民出版社 1997 年版,第 293 页。
② 《十三经注疏·礼记正义》,中华书局 1980 年版,第 4 页。
③ 《十三经注疏·毛诗正义》,中华书局 1980 年版,第 23 页。
④ 《诸子集成补编·孔子家语疏证》卷六,四川人民出版社 1997 年版,第 293 页。
⑤ 汉·班固:《汉书》卷二十四,《景印文渊阁四库全书》,台北商务印书馆 1986 年版。

第八章 婚姻生育篇　　**77**

尺,故为丈夫。"①显然,周制的长度比今天要小一些,长八尺也是一个笼统的说法。

《穀梁传·文公十二年》:"男子二十而冠,冠而列丈夫。"②

只要举行了冠礼,就表示已经成人,可以进入丈夫的行列了。

《晏子春秋·谏上》:"今齐国丈夫耕,女子织,夜以接日,不足以奉上。"

"丈夫"与"女子"相对,可见,丈夫是成年男子的泛称。

男子成年了才可以结婚,所以把妻子的配偶称作夫。

《仪礼·丧服》:"父子一体也,夫妻一体也,昆弟一体也。"

《荀子·大略》:"君臣不得不尊,父子不得不亲,兄弟不得不顺,夫妇不得不欢。"③

此外,基于男尊女卑的观念,"丈夫"还可以作为男子的美称,通常要在前面加上一个"大"字,称"大丈夫"。

关于什么样的人才可以称得上是"大丈夫",《孟子·滕文公下》里有一段经典的论述:

"景春曰:'公孙衍、张仪岂不诚大丈夫哉?一怒而诸侯惧,安居而天下熄。'孟子曰:'是焉得为大丈夫乎?子未学礼乎?丈夫之冠也,父命之;女子之嫁也,母命之。往送之门,戒之曰:"往之女家,必敬必戒,无违夫子!"以顺为正者,妾妇之道也。居天下之广居,立天下之正位,行天下之大道。得志,与民由之;不得志,独行其道。富贵不能淫,贫贱不能移,威武不能屈,此之谓大丈夫。'"④

公孙衍、张仪都是战国时期著名的纵横家,公孙衍号犀首,曾佩五国相印为纵长,他们用言辞游说各国诸侯,挑动诸侯争斗,一发怒则战祸起,平定下来则天下太平。所以景春认为他们可以称得上是"大丈夫"。但孟子从礼的标准分析,认为他们朝秦暮楚,翻云覆雨,名声再大也称不上是"大丈夫"。孟子大丈夫的标准是什么呢?即大丈夫要居住在天下最广阔的住宅——"仁"中,站立在天下最正确的位置——"礼"上,行走在天下最光明的大道——"义"上。自己的思想理念能够推行的时候,就带领百姓一起去做;不能推行时,就自己一个人坚守。富贵了,心不能乱;贫贱了,志不能变;恶势力面前,节不能屈。这才叫大丈夫。显然,孟子在这里提出了儒家所推崇、遵循的为人处世的标准。这也是中华传统文化中个人道德修养的核心内容之一。

于是"大丈夫"成为男子心目中崇敬的人的称号。

《史记·高祖本纪》:"高祖常繇咸阳,纵观,观秦皇帝,喟然太息曰:'嗟乎,大丈夫当如此也!'"⑤"繇咸阳"即在咸阳作徭役。一句"大丈夫当如此也",刘邦对秦始皇威风气派的无比艳羡之情跃然纸上。

与"夫"相关的还有一个"规"字值得一提。

《说文·夫部》:"𧠺(规),有法度也。从夫、见。"⑥

"规"为什么表示的是法度呢?"规"由"夫、见"两个字会意而成。夫是丈夫、成年男子,"见"字甲骨文构形作"𭰁",是看见,见解。"规"字为什么要从"夫"从"见"呢?《国语·鲁语

---

① 汉·许慎:《说文解字》,中华书局 1963 年版,第 216 页。
② 《十三经注疏·春秋穀梁传注疏》,中华书局 1980 年版,第 44 页。
③ 《诸子集成·荀子集解》,中华书局 1954 年版,第 326 页。
④ 《十三经注疏·孟子注疏》,中华书局 1980 年版,第 46 页。
⑤ 汉·司马迁:《史记》卷八,中华书局 1959 年版,第 344 页。
⑥ 汉·许慎:《说文解字》,中华书局 1963 年版,第 216 页。

下》记载了一件事,鲁国大夫公父文伯死了,他母亲敬姜告诫公父文伯的妾要"从礼而静",哭祭都不要过分。孔子听说后,称赞说:"女知莫如妇,男知莫如夫。公父氏之妇知也夫! 欲明其子之令德也。"①

所谓"女知莫如妇,男知莫如夫",是说未婚女孩的见识不如妇人,未冠男孩的见识不如丈夫。也就是说,同孩童相比,成年人年龄大,自然就见多识广,主意比未成年人高明,言行往往更合乎礼仪规范,全乎法度。所以"规"字从夫,从见,表示法度、规矩。

10. 孕

结了婚自然要生儿育女。甲骨文中"孕"字的构形作" 𡥈 ",由人和子构成,外部是人,里面是子,"子"表示胎儿,子在人腹中,或者叫腹中有子,即怀孕的形象。所以,"孕"的本义是怀胎。

《周易·渐》:"夫征不复,妇孕不育,凶。"王弼注:"夫征不复,乐于邪配,则妇亦不能执贞矣。非夫而孕,故不育也。"②丈夫出征,乐而忘归;妇人也不再守妇道,与他人苟合而怀孕,所以不能生育,要流产,《易》中"不育"当指"流产"。当然是凶兆。

怀孕又叫"有身"。《诗经·大雅·大明》:"大任有身,生此文王。"毛传:"大任,仲任也。身,重也。"郑玄注:"重谓怀孕也。"身是"重"(chóng)的意思,重说的就是怀孕。孔疏:"以身中复有一身,故言重。"即身体中(母体)又有一个身体(胎儿),所以叫"重",又叫"娠",即怀孕。

11. 育

"育"字的甲骨文形体作" 𠫓 "" 𠫓 "左上部分是半蹲的 𠬝 (女),右下部分" 𠫓 "是倒着的 𠬝 (子),象女人生产之形,因为婴儿出生时头向下,先出,所以画了一个倒子" 𠫓 "的形状。据此,育的本义当是生孩子,生育。

《周易·渐》:"夫征不复,妇孕不育,凶。"王弼注:"夫征不复,乐于邪配,则妇亦不能执贞矣。非夫而孕,故不育也。"③"非夫而孕,故不育也",意思是不是与丈夫交合而怀了孕,所以不能生下来(要流产)。

由生孩子引申指生万物,即万物生也称育。《礼记》:"能尽人之性则能尽物之性,能尽物之性则可以赞天地之化育,可以赞天地之化育则可以与天地参矣。"郑玄注:"尽性者,谓顺理之使不失其所也。赞,助也。育,生也。"所谓"化育"即生育,化育万物,即生育万物。

由生育再引申指养育、教育。汉刘向《说苑·贵德》卷五:"圣人之于天下百姓也,其犹赤子乎? 饥者则食之,寒者则衣之,将之养之,育之长之,唯恐其不至于大也。"④"育之",即养育他们。《孟子·告子下》:"葵丘之会诸侯,束牲、载书而不歃血。初命曰:'诛不孝,无易树子,

————————————

① 徐元浩:《国语集解》,中华书局 2002 年版,第 201 页。
② 《十三经注疏·周易正义》,中华书局 1980 年版,第 51 页。
③ 《十三经注疏·周易正义》,中华书局 1980 年版,第 51 页。
④ 赵善诒:《说苑疏证》卷五,华东师范大学出版社 1985 年版,第 105 页。

无以妾为妻。’再命曰：‘尊贤育才，以彰有德。’”①“育才”即养育、教育有才之人。

12. 字

“字”，甲骨文构形作“”。外部“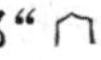”(mián)象一间小屋子，中间是“”(子)，表示婴儿。对于“字”的构形，许慎解释说：“乳也，从子在宀下。”“乳，人及鸟生子曰乳，兽曰产。”②所以，“字”的本义是生育。

《山海经·中山经》记载，有一座山叫苦山：“其上有木焉，名曰黄棘。黄华而员叶，其实如兰，服之不字。”③苦山上有一棵树，名叫黄棘，黄花圆叶，结的果实像兰，人“服之不字”。“不字”就是不生育，即人吃了黄棘的果实就不能生育了。

“字”既然表示生育，就意味着繁衍滋生越来越多，所以在造汉字的时候，人们把由两个或两个以上符号组合在一起表示新意而构成的新形，叫作“字”。也就是说，相对而言，文和字是不同的，笼统地说，叫独体为文(象形、指事字)，合体为字(会意、形声字)。合体之所以称字，按照许慎的说法，是“言孳乳而浸多也”。即在原来“文”的基础上繁衍滋生、越来越多。

通过构形可以看出，“孕”是怀孕，“育”和“字”是生育。

13. 乳

“乳”字的甲骨文构形作“”，象女子双手抱着婴儿哺乳的样子，本义当是哺乳。《说文·乙部》：“乳，人及鸟生子曰乳，兽曰产。”依《说文》，“乳”的本义是生子。

《史记·扁鹊仓公列传》记载了一件事：“菑川王美人怀子而不乳，来召臣意。臣意往，饮以莨菪药一撮，以酒饮之，旋乳。”④“怀子而不乳”，即怀孕临盆生不下来。“旋乳”即很快就生了。

《论衡·气寿》：“妇人疏字者子活，数乳者子死。何则？疏而气渥，子坚强；数而气薄，子软弱也。”⑤

“疏字”即生育间隔时间长，孩子生的少；“数乳”孩子生的又密又多。这说明，上古时期人们已经懂得了生育的道理——为了保证婴儿健康强壮，不能生得太多，且要有间隔才好。

其实，兽类产子也有称“乳”的。

《汉书·苏武传》：“(苏武)数日不死，匈奴以为神，乃徙武北海上无人处，使牧羝，羝乳乃得归。”⑥“羝乳乃得归”，即公羊生了小羊才能回国。实际上是说，苏武不投降，就永远不让他回国。

14. 子

“子”字的甲骨文构形作“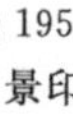”“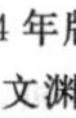”，小篆作“”，象婴儿的形状，所以子的本义就是婴儿。

---

① 宋·朱熹：《四书章句集注》，中华书局1983年版，第344页。

② 汉·许慎：《说文解字》，中华书局1963年版，第310、246页。

③ 《山海经》卷五，中华书局《景印文渊阁四库全书》，台北商务印书馆1986年版。

④ 汉·司马迁：《史记》卷一百五，中华书局1959年版，第2806页。

⑤ 《诸子集成·论衡》，中华书局1954年版，第7页。

⑥ 汉·班固：《汉书》卷五十四，《景印文渊阁四库全书》，台北商务印书馆1986年版。

在上古时期"子"既可指男孩，也可以指女孩，不分性别。《史记·孝文本纪》："齐太仓令淳于公有罪当刑，诏狱逮徙系长安。太仓公无男，有女五人。太仓公将行会逮，骂其女曰：'生子不生男，有缓急，非有益也！'"①"生子不生男"，句中的"子"是孩子，不分男女。

《诗经·周南·桃夭》："桃之夭夭，有蕡其实。之子于归，宜其家室。"②"之子于归"，是说这位女孩要出嫁了。出嫁的自然是女的，句中的"子"是女孩。

《论语·公冶长》："子谓公冶长，可妻也，虽在缧绁之中，非其罪也，以其子妻之。"③能嫁给人作妻子的，只能是女孩。所以孔子嫁给公冶长的是他的女儿。这个"子"也是指女孩。

"子"还是古代诸侯爵位第四等的名称。即第四等诸侯称"子"。《礼记·王制》："王者之制禄爵，公、侯、伯、子、男凡五等。"④春秋时期，诸侯分五等，如宋国国君是公爵，所以称宋公；齐国国君是侯爵，所以称齐侯；郑国国君是伯爵，所以称郑伯；楚国国君是子爵，所以称楚子；许国国君是男爵，所以称许男。

诸侯平时可泛称公，如齐桓公、晋文公、郑庄公、许穆公等，但服丧期间都称"子"。

《春秋·僖公九年》："九年春，王三月，丁丑，宋公御说卒。夏，公会宰周公、齐侯、宋子、卫侯、郑伯、许男、曹伯于葵丘。"

《左传·僖公九年》："九年春，宋桓公卒，未葬而襄公会诸侯，故曰子。凡在丧，王曰小童，公侯曰子。"杜预注："在丧未葬也。小童者，童蒙幼稚之称；子者，继父之辞。"

宋桓公去世还没有安葬，其子宋襄公就参与诸侯的盟会。所以《春秋》记载这件事时，称宋襄公为"宋子"而不是宋公。因为服丧期间要谦顺，"子"是相对于去世的父亲说的，即"继父之辞"。称"公侯曰子"，也包括"伯子男"三等，五等诸侯中，公侯位尊，尚且如此，伯子男就更不用说了。不仅诸侯这样做，天子在服丧期间也要称"小童"，表示"童蒙幼稚"的意思。

古代士大夫均可称"子"，"子"是士大夫及男子的美称。

《公羊传·宣公二年》："赵盾曰：'彼何也？夫畚曷为出乎闺？'呼之不至。曰：'子，大夫也，欲视之则就而视之。'"何休注："古者，士大夫通曰子。"⑤

就一般而言，称他人"子"，是对别人的敬称。

《公羊传·庄公十年》："人不若名，名不若字，字不若子。"就尊敬而言，称人不如称名，称名不如称字，称字不如称子。

古人对自己的老师都要称"子"以表示尊敬。

《论语·学而》："子曰：'学而时习之，不亦说乎！'何晏注："马融曰，子者，男子通称也，谓孔子也。"邢昺疏："子是有德之称。古者称师为子也。""后人称其先师之言，则以子冠氏上，所以明其为师也。子公羊子、子沈子之类是也。若非己师，而称他有德者，则不以子冠氏上，直言某子，若高子、孟子之类是也。"

马融的意思是说，子是男子通用的美称，但在这句话中指的是孔子。邢昺进一步解释说，子是对有德人的称呼，古代称自己的老师为子。如果引用老师的话，就要在老师的姓氏

① 汉·司马迁：《史记》卷十，中华书局 1959 年版，第 427 页。
② 《十三经注疏·毛诗正义》，中华书局 1980 年版，第 11 页。
③ 《十三经注疏·论语注疏》，中华书局 1980 年版，第 17 页。
④ 《十三经注疏·礼记正义》，中华书局 1980 年版，第 93 页。
⑤ 《十三经注疏·春秋公羊传注疏》，中华书局 1980 年版，第 85 页。

前加上一个子字,如老师姓氏为公羊,就要称"子公羊子",姓氏为"沈",就称"子沈子"。如果是自己老师之外的有德人,也要表示尊重,就不在氏前加子了,直接在姓氏后加子即可。如高子、孟子之类。

对孔子为什么不称"子孔子",而直接称"子曰"呢?是因为孔子"圣德著闻,师范来世,不须言其氏,人尽知之故也"①。

小小称谓的变化,反映了中华传统礼文化的博大精深。

15. 孙(孫)

"孙"字的甲骨文构形作"&#55356;",左边是"子",表示后代;右边是"系",丝绳,表示连续不断。《说文·系部》:"子之子曰孙。从子从系。系,续也。"②意思是子子孙孙,永续不断。《尔雅·释亲》:"子之子为孙,孙之子为曾孙,曾孙之子为玄孙,玄孙之子为来孙,来孙之子为晜孙,晜孙之子为仍孙,仍孙之子为云孙。"③一下子排出了七代"孙",从一个侧面反映出中国古代血缘关系对于维系社会秩序的重要性。

春秋时期,诸侯的子、孙前都要加一个"公"字,《左传·隐公元年》:"郑共叔之乱,公孙滑出奔卫。"公孙滑是共叔段之子。共叔段是郑武公的儿子,共叔段的儿子"滑"是郑武公的孙子,所以称公孙滑。《左传·隐公五年》孔疏:"诸侯之子称公子,公子之子称公孙,公孙之子不得祖诸侯,乃以王父之字为氏。"④

16. 男

"男"字的甲骨文构形作"〇",上面是田,下面的"〇"是耕田的农具"耒",合在一起表示"用耒耕田"。小篆形体作"〇",《说文·男部》:"男,丈夫也。从田从力,言男子用力于田也。"⑤可见,无论是甲骨文构形所显示的"用耒耕田",还是小篆的"从田从力",都表明在上古社会中,成年男人的主要社会责任就是耕田于外,以养家糊口。即所谓"男主外"。

17. 女

"女"字,甲骨文作"〇",像一个人,把两只手放到胸前,跪在地上。对这个构形有两种解释:传统的解释说,这个构形表现出女性在当时的社会中,地位低下,所以是一个跪着的形状。另一种解释说,这个构形表示出女性的柔顺端庄。我们同意第一种观点。有人说,中国古代的坐与跪姿势差不多,她是不是在那里坐着呢?但坐的时候,臀部是抵在脚后跟上的,她的臀部并没有挨住脚后跟,是典型地跪在那里,显示出女性社会地位的低下。

18. 葬

古人重视生,也很重视死。死了以后的安葬也是人生的大事。《孟子·梁惠王上》说:

---

① 《十三经注疏·论语注疏》,中华书局 1980 年版,第 1 页。
② 汉·许慎:《说文解字》,中华书局 1963 年版,第 270 页。
③ 清·郝懿行:《尔雅义疏》,上海古籍出版社 1983 年版,第 601~602 页。
④ 杨伯峻:《春秋左传注》,中华书局 1981 年版,第 18、41 页。
⑤ 汉·许慎:《说文解字》,中华书局 1963 年版,第 291 页。

"谷与鱼鳖不可胜食,材木不可胜用,是使民养生丧死无憾也。养生丧死无憾,王道之始也。"意思是粮食和鱼鳖吃不完,材木用不完,这样的话就会使百姓养活活着的人、安葬死去的人没有什么不满足的了,养活活着的人,安葬死去的人没有什么不满意了,这就是王道的开始。

"葬"字的小篆作"茻",由四部分构成,上下部分都是艹,中间是死和一。《说文·茻部》:"葬,藏也。从死在茻中。"①段玉裁进一步解释说:"上古厚衣以薪,故其字上下皆艹。"②据《易经·系辞》记载,"古之葬者,厚衣之以薪,葬之中野,不封不树,丧期无数。后世圣人易之以棺椁。"意思是:古代埋葬人,用厚厚的柴草把尸体裹好,安放到野外,不埋土,也不在周围种树,葬期也没有固定的时间。后世圣人才改变为使用棺椁安葬。可见"厚衣之以薪"正是"葬"字上下都是草的构形依据。

"葬"字的构形,与《周易》里记载的上古时代的丧葬风俗完全吻合,是原始社会时期丧葬文化的反映。

19. 弔(吊)

"吊唁",今天是一个词,但古代吊和唁又有区别。《玉篇·人部》说:"吊生曰唁,吊死曰吊。"即安慰活着的人叫唁,追悼死去的人叫吊。所以今天不能亲临现场的,要发唁电、唁函,不叫吊函。

"弔(吊)"甲骨文构形作"𠀡""𠁁",对于这个构形,学界众说不一。按照许慎的说法,是"从人持弓"。即象一个人,拿着一张弓。《说文》解释说:"吊,问终也。古之葬者,厚衣之以薪。从人持弓,会驱禽也。"③即拿着弓去驱赶禽兽。所以,"吊"表达的意思是"问终",即追悼死者,慰问死丧。

汉赵煜《吴越春秋·勾践外传》里记载了一个小故事:范蠡为越王推荐了一名善于射箭的人,叫陈音,楚国人。越王问陈音射箭的技艺。陈音说,"我听说弩生于弓,弓生于弹,弹起于古之孝子"。越王说:"孝子与弹有什么关系呢?"陈音说:"古代人民质朴,饥了吃鸟兽,渴了喝露水,死了就用白茅裹上,扔到野外。孝子不忍心看到父母被禽兽所食,于是就做了"弹"来守着父母的尸体,防止被禽兽侵害。"④这个"孝子驱禽,人持弓助之"的故事,正是"吊"字的构形所反映现象的真实写照。汉字产生的时候,已经有了棺椁,为什么"葬"和"吊"还这样构形呢? 段玉裁认为,这叫"反始不忘本"⑤,即回到当初,是为了不忘本源。

后代追悼死者的行为称"吊"。《左传·成公二年》:"九月,卫穆公卒。晋三子自役吊焉,哭于大门之外。"追悼死者的文章称"吊文"。汉代贾谊曾渡过湘水,凭吊屈原,写下了名作《吊屈原文》。晋代陆机也有《吊魏武帝文》。梁昭明太子萧统编的《文选》中专设"吊文"一类。

由"问终"——追悼死者,扩展到广义的安慰、慰问。《左传·成公九年》:"晋侯观于军

---

① 汉·许慎:《说文解字》,中华书局1963年版,第27页。

② 清·段玉裁:《说文解字注》,上海古籍出版社1981年版,第48页。

③ 汉·许慎:《说文解字》,中华书局1963年版,第167页。

④ 汉·赵煜:《吴越春秋》卷五,《景印文渊阁四库全书》,台北商务印书馆1986年版。

⑤ 清·段玉裁:《说文解字注》,上海古籍出版社1981年版,第383页。

府，见钟仪。问之曰：'南冠而絷者，谁也？'有司对曰：'郑人所献楚囚也。'使税之，召而吊之。再拜稽首。问其族，对曰：'泠人也。'公曰：'能乐乎？'对曰：'先父之职官也，敢有二事？'使与之琴，操南音。"①钟仪是郑国进献的楚军战俘，晋景公到军府视察，看见钟仪，让人为他松绑，召见他并且安慰他。钟仪还活着，没有死，所以"召而吊之"是召见他并且安慰他的意思。

① 杨伯峻：《春秋左传注》，中华书局 1981 年版，第 803、844 页。

第九章　肢体发肤篇

人体是一个复杂神秘的结构，人类对自身的研究自古至今从未停止过。这种认识和研究自然要受到民族文化的影响，汉民族对自身的认识也往往通过汉字的构形表现出来。而且汉民族先民造字，往往"近取诸身，远取诸物"①，即通过选取世人最熟悉的形象来构拟形体以表示意义，故而对一些自然现象和社会现象的认识也通过选取与人体相关的构形来表示。于是，有关人肢体发肤的汉字及其构件中就不可避免地寓含了许多传统文化的信息。

1. 元、首、页

"元"的甲骨文构形作"𠑹""𠑹"，象一个站立的人，突出其头部。所以，"元"的本义是人头。

《左传·僖公三十三》记载了一件事：鲁僖公三十三年，狄人讨伐晋国，一直打到箕地。八月二十二，晋襄公率军在箕打败了狄人。战斗中，大夫先轸说："匹夫逞志于君而无讨，敢不自讨乎？"此前先轸曾就襄公同意其母亲的请求释放了秦国三位将领的事在襄公面前发泄过不满，有过不礼貌的言行，但襄公并没有责怪他。所以这句话的意思是说："小小匹夫（先轸自称）敢在国君面前撒野而不受到惩罚，怎敢不自己惩罚自己呢？"于是他就"免胄入狄师，死焉。狄人归其元，面如生。"②意思是先轸为了惩罚自己对晋襄公的失礼行为，就故意不戴头盔冲入狄人的军队中，战死在了那里。事后，狄人把他的头归还给了晋国，脸色还同活着一样。说明他不怕死亡，死得坦然。句中"元"就是人头的意思。

《孟子·滕文公下》："志士不忘在沟壑，勇士不忘丧其元。"孔颖达疏："志士守其义者，常念虽死无棺椁，但没于沟壑之中而不恨也；勇义之士，念虽丧去其首而不顾也。"③孟子的话意思是说，作为仁人志士，时刻不忘为守义而死；作为勇义之人，时刻准备为守义而掉脑袋。"丧其元"即丢其首，就是掉脑袋。

"头"是人出生时从母体中先露出的部分，也是站立时人体的最高的部位，所以汉语中以"元"作为语素构成的词往往都有"开始"或"最高"的意思。

元年：国君即位的第一年，或是改元后的第一年。《公羊传·隐公元年》："元年者何？君之始年也。"④

元日：夏历（旧历）正月初一，即春节，中国最重要的传统节日。《尚书·舜典》："月正元日，舜格于文祖。"孔传："月正，正月；元日，上日也。舜服尧丧三年，毕，将即政，故复至文祖

---

① 汉·许慎：《说文解字·叙》，中华书局1963年版，第314页。

② 《十三经注疏·春秋左传正义》，中华书局1980年版，第131页。

③ 《十三经注疏·孟子注疏》，中华书局1980年版，第46页。

④ 《十三经注疏·春秋公羊传注疏》，中华书局1980年版，第2页。

庙告，询于四岳。"①元日又称上日，即正月初一。

元旦：本指新年的第一个早晨，代指新年的第一天。宋吴自牧《梦粱录》卷一："正月朔日，谓之元旦，俗呼为新年。一岁节序，此为之首。"②

元夕、元夜、元宵：夏历（旧历）正月十五，每年第一个月圆之夜。民俗，这天晚上要对着天空中的一轮圆月吃糯米粉裹馅制成的团形食物，代表着圆圆满满，所以元夕、元夜又叫"元宵"（宵即夜晚），吃的这种团形食物也称作"元宵子""元宵""汤圆"。元宵节也是中国重要的传统节日之一。

元首：元是人体最高的部位，首，也指头，甲骨文形体作"&"，所以"元首"合成一词，指君王，指国家的最高领导人。

元妃：君王和诸侯初娶的嫡妻。

元帅：军队中的最高统帅。

元相、元宰、元辅：即丞相，因其位于群官之首，是除君王外的最高的行政长官。也是君王的首席辅佐大臣。

元祖：始祖，宗族的开创人。

元子：天子或诸侯的嫡长子。

此外，长女叫"元女"，长兄叫"元昆"，长舅叫"元舅"，主犯叫"元凶"。还有，进士第一名叫"状元"，会试第一名叫"会元"，乡试第一名叫"解元"……

汉语中，"元"往往包含着最早、最高、最好等意义。

"首"的甲骨文形体作"&"，象人头。"首"的本义也是人头，所以和"元"合成一词——"元首"，代指君王、国家的最高领导人。首也有最高、第一的意思，所以把君王之下最高的行政长官叫首相，把某类人或事物中的排第一位的称"首某"，如首长、首都、首府、首席、首功、首富、首恶、首犯等等。

引申之，动物的头也可以称"首"。《礼记·檀弓上》："古之人有言曰：'狐死正丘首，仁也。'正丘首即头正对着山丘。为什么会这样呢？孔颖达解释说："所以正首而向丘者，丘是狐窟穴根本之处，虽狼狈而死，意犹向此丘，是有仁恩之心也。"③意思是，山丘上有狐狸出生的洞穴，虽然死在外面，但头正对着出生的山丘，表示铭记恩德，不忘本。所以"狐死首丘"就成了怀念故土、热爱家乡、不忘本的成语。流放中的屈原曾咏叹："曼予目以流观兮，冀壹反之何时？鸟飞反故乡兮，狐死必首丘。"（《离骚》）表达了他热爱祖国、回归故乡的渴望之情。

"页"的甲骨文构形作"&""&"，下部分是人的身体，上部分是人头。人体是陪衬，字的意义在于上部分的人头。甲骨文中的"页"和"首"是一个字，都表示人头。所以《说文·页部》解释说："页，头也。"④

因为"页"是人头，所以汉字中用"页"作为构件构形的字往往与人的"头"有关系。

---

① 《十三经注疏·尚书正义》，中华书局 1980 年版，第 18 页。
② 宋·吴自牧：《梦粱录》，《景印文渊阁四库全书》，台北商务印书馆 1986 年版。
③ 《十三经注疏·礼记正义》，中华书局 1980 年版，第 18 页。
④ 汉·许慎：《说文解字》，中华书局 1963 年版，第 181 页。

2. 题

"题"的小篆形体作"題"。《说文·页部》:"額也。从页,是声。"徐铉注释说:"(額)今俗作额。"[①]"题"的本义就是人的额头。

《礼记·王制》:"南方曰蛮,雕题交趾,有不火食者矣。"郑玄注:"雕文,谓刻其肌以丹青涅之。"[②]"雕题"即在额头上文上图案。

动物的额头也可以叫"题"。

《韩非子·解老》:"詹何坐,弟子侍。有牛鸣于门外,弟子曰:'是黑牛也而白题。'詹何曰:'然是黑牛也,而白在其角。'使人视之,果黑牛而以布裹其角。"句中的题是牛的额头。

额头在最上边,所以段玉裁解释说:"引伸为凡居前之称。"[③]即物体的开端、开头部分。

汉扬雄《甘泉赋》:"天子穆然,珍台闲馆,琁题玉英。"应劭注:"题,头也。橡椽之头,皆以玉饰,言其英华相烛也。"[④]意思是椽子的头部都用玉装饰。

开头、顶头的部分最明显,所以"题"又指事物的标识。

《左传·襄公十年》:"宋以桑林享君,不亦可乎! 舞师题以旌夏。"杜预注:"师,乐师也;旌夏,大旌也;题,识也。以大旌表识其行列。"[⑤]

文章的标识,写文章放在最前面的话也叫题,因为它的位置与额头在人的身体上的位置相似。额头和眼睛位置相近,都是人体最明显的部分,所以又称"题目"。

于是,在物体上写字作为标识也叫"题"。所以有题款、题署、题签、题跋等词语,还有题桥、题红、题壁等故事。

"题桥"相传是汉代文学家司马相如的故事。

晋常璩《华阳国志·蜀志》记载:"(成都)城北十里有升仙桥,有送客观。司马相如初入长安,题市门曰:'不乘赤车驷马,不过汝下也。'"成都多以桥为门,司马相如在升仙桥的柱子上题了这两句话,表达自己的决心和志向,有立此为证的意味。(图9-1)

题物明志,尤为古代文人墨客所喜爱,这一类故事,作为佳话,古代典籍中多有记载。但今天从保护文物、环境的角度看,这种作法不能效仿。

"题红"又称"红叶题诗",事件大体相同,但人物各异。

一种说法是唐代诗人顾况在洛阳时,有一天在园中闲游,从流水上飘来一片大梧桐叶,取来一看,叶上有一首诗:"一入深宫里,年年不见春。聊题一片叶,寄与有情人。"顾况读后,深有感慨,于是也在树叶上题了一首诗:"花落深宫莺亦悲,上阳宫女断肠时。帝城不禁东流水,叶上题诗寄阿谁?"第二天,从上游放到水流中让它漂进宫中。过了十几天,在园中春游的游客又在一片树叶上发现了一首诗,拿来给顾况看:"一叶题诗出禁城,谁人酬和独含情?自嗟不及波间叶,荡漾乘春取次行。"[⑥](图9-2)

---

① 汉·许慎:《说文解字》,中华书局1963年版,第181页。
② 《十三经注疏·礼记正义》,中华书局1980年版,第110页。
③ 清·段玉裁:《说文解字注》,上海古籍出版社1981年版,第416页。
④ 汉·班固:《汉书》卷八十七,《景印文渊阁四库全书》,台北商务印书馆1986年版。
⑤ 《十三经注疏·春秋左传正义》,中华书局1980年版,第245页。
⑥ 唐·孟棨:《本事诗》,《景印文渊阁四库全书》,台北商务印书馆1986年版。

图9-1　题桥　　　　　　　　　　　　图9-2　红叶题诗

顾况题诗的事情没有什么结果,还有一种传说是有结果的。

唐诗人卢渥入京应举,偶然到御沟旁边,见到一片红叶,命仆人拿过来,叶上有一首绝句:"流水何太急?深宫尽日闲。殷勤谢红叶,好去到人间。"于是卢渥把它放置在巾箱里保存起来。后来唐宣宗下诏,放出宫女嫁给百司官吏,卢渥迎娶了一位。这位宫女看到题诗的红叶后非常惊奇感慨,一问,原来她就是那个题诗的人。

3. 颜

"颜"的小篆形体作"𩑒"。《说文·页部》:"颜,眉目之间也。从页,彦声。"①

段玉裁解释说:"眉与目之间不名颜……颜为眉间,医经之所谓阙,道书所谓上丹田,相书所谓中正印堂也。"②据此,两根眉毛之间叫颜。引申之,可指发的下面,眉毛上面,两额角之间的部分。

《诗经·鄘风·君子偕老》:"子之清扬,扬且之颜也。"毛传:"扬,广扬而颜角丰满。"③朱熹《集传》:"颜,额角丰满也。"

由额头再扩大指面容、脸色。

《诗经·郑风·有女同车》:"有女同车,颜如舜华。"孔疏:"此女之美,其颜色如舜木之华然。"颜即面容,脸色,"舜木之华"即木槿花。颜如舜华,即面色像木槿花般娇艳。

唐白居易《长恨歌》:"回头一笑百媚生,六宫粉黛无颜色。"④"无颜色"即面色无光,不值得一看。

再引申还可以指脸,脸皮。

《诗经·小雅·巧言》:"蛇蛇硕言,出自口矣。巧言如簧,颜之厚矣。"郑玄笺:"颜之厚

① 汉·许慎:《说文解字》,中华书局1963年版,第181页。
② 清·段玉裁:《说文解字注》,上海古籍出版社1981年版,第415页。
③ 《十三经注疏·毛诗正义》,中华书局1980年版,第46页。
④ 《白氏长庆集》卷十二,《景印文渊阁四库全书》,台北商务印书馆1986年版。

者,出言虚伪而不知惭于人。"孔疏:"见人不知惭愧,其颜面之容甚厚矣。"[1]"颜之厚",就是今天常说的"脸皮厚"。

值得注意的是,例中的"颜色"是指面色,面容之色,不是今天作为染料的"黑颜色""白颜色"中的复音词。

4. 颈

"颈"的小篆形体作"頸"。《说文·页部》:"头茎也。从页,巠声。"[2]所谓"头茎",就是连接头和身体躯干的部分。

《史记·秦始皇本纪》:"秦王子婴素车白马,系颈以组,封皇帝玺符节,降轵道旁。"[3]"系颈以组",即把带子系在脖子上,表示受俘。

动物的脖子也可称"颈"。

《史记·乐书》:"师旷不得已,援琴而鼓之。一奏之,有元鹤二八集乎廊门;再奏之,延颈而鸣,舒翼而舞。"[4]"延颈而鸣",即伸长了脖子鸣叫。

相对而言,"颈"往往指脖子前面的部分。

《史记·廉颇蔺相如列传》:"廉颇闻之,肉袒负荆,因宾客至蔺相如门谢罪,曰:'鄙贱之人,不知将军宽之至此也。'卒相与欢,为刎颈之交。"[5]"刎颈",自然是用刀割脖子的前面,脖子后面是割不动的。于是"刎颈之交"便成了生死之交的形象说法(图9-3)。

图9-3 廉颇蔺相如

---

① 《十三经注疏·毛诗正义》,中华书局1980年版,第186页。
② 汉·许慎:《说文解字》,中华书局1963年版,第182页。
③ 汉·司马迁:《史记》卷六,中华书局1959年版,第275页。
④ 汉·司马迁:《史记》卷二十四,中华书局1959年版,第1236页。
⑤ 汉·司马迁:《史记》卷八十一,中华书局1959年版,第2443页。

5. 项

"项"的小篆形体作"瑗"。《说文·页部》："头后也。从页,工声。""头后",就是脖子的后面。相对而言,颈指脖子前面,项则指脖子后面。

《史记·魏其武安侯列传》："乃令骑留灌夫。灌夫欲出不得。籍福起,为谢。案灌夫项,令谢。夫愈怒,不肯谢。"[1]"案灌夫项",即按着灌夫的脖子后面。

《后汉书·酷吏列传》中记载了一个"强项令"的故事:湖阳公主的苍头(奴仆)白天杀人,洛阳令董宣用计把他杀了。湖阳公主报告给了光武帝,"帝大怒,召宣,欲棰杀之。宣叩头曰:'愿乞一言而死。'帝曰:'欲何言?'宣曰:'陛下圣德中兴,而纵奴杀良人,将何以理天下乎?臣不须棰,请得自杀。'即以头击楹,流血被面。帝令小黄门持之,使宣叩头谢主。宣不从,强使顿之。宣两手据地,终不肯俯。主曰:'文叔为白衣时,藏亡匿死,吏不敢至门。今为天子,威不能行一令乎?'帝笑曰:'天子不与白衣同。'因敕强项令出,赐钱三十万。宣悉以班诸吏。"[2]

董宣赢得了一个"强项令"的雅号,就是因为他的"项"太硬,宁死不弯,不向湖阳公主低头谢罪。

汉语中用"项背相望"表示前后互相观望。

《后汉书·左雄传》："视民如寇仇,税之如豺虎。监司项背相望,与同疾疢,见非不举,闻恶不察。"[3]

成语"望其项背",意思是能看到他的脖子后面和背部,表示虽不如人,但还能赶得上。不过,"望其项背"常常用在否定句中,合在一起表示相差甚远,不可企及。如,《四库全书总目提要·别集类八·竹隐畸士集》:"至其杂文,刻意研练,古雅可观。亦非俭陋者所能望其项背。"[4]

今天女孩系在脖子上的项链,之所以叫项链而不能叫脖链、颈链,正是因为它总是系在项上,而不是颈上,也不是整个脖子上。

6. 领

"领"的小篆构形作"領"。《说文·页部》："项也。从页,令声。"[5] 段玉裁解释说:"按'项'当作'颈'。《硕人》《桑扈》传曰:'领,颈也。此许所本也。'""领字以全颈言之。不当释以头后。"[6]

《诗经·卫风·硕人》："手如柔荑,肤如凝脂,领如蝤蛴。"毛传:"领,颈也。"[7]"领"是指整个脖子而言。

---

① 汉·司马迁:《史记》卷一百七,中华书局 1959 年版,第 2850 页。
② 南朝宋·范晔:《后汉书》卷一百七,中华书局 1965 年版,第 2490 页。
③ 南朝宋·范晔:《后汉书》卷一百七,中华书局 1965 年版,第 2017 页。
④ 《钦定四库全书总目》卷一百五十五,《景印文渊阁四库全书》,台北商务印书馆 1986 年版。
⑤ 汉·许慎:《说文解字》,中华书局 1963 年版,第 182 页。
⑥ 清·段玉裁:《说文解字注》,上海古籍出版社 1981 年版,第 417 页。
⑦ 《十三经注疏·毛诗正义》,中华书局 1980 年版,第 54 页。

《左传·成公十三年》:"东道之不通,则是康公绝我好也。及君之嗣也,我君景公引领西望曰:'庶抚我乎!'"①"引领西望",即伸长了脖子向西方眺望。因为秦国在晋国西面,所以晋景公向西望,表示十分期待与秦国友好。

于是,衣服上紧紧围绕着脖子的部分也叫"领",即衣领。汉语成语中有"提纲挈领"一词,挈领,就是提起衣服的领子,比喻做事情抓住关键。

南朝梁萧子显《南齐书·顾欢传》:"臣闻举网提纲,振裘持领。纲领既理,毛目自张。"②"振裘持领",意思是说要想顺利地拿起裘衣来,最好的方法是提起它的领子,做事情要抓住关键。

把衣服拿起来要抓住衣领,所以又引申出"统领""领导""带领"等词。

7. 自

"自"的甲骨文构形作"𦣞""𦣝"。《说文·自部》:"自,鼻也。象鼻形。"③可见"自"的本义是人的鼻子,是"鼻"字的初文。

段玉裁解释说:"今俗以作始生子为鼻子。"意思是,当时人把第一个出生的儿子叫做"鼻子"。因为古人认为,鼻子是胎儿最早形成的器官,所以鼻又有创始、开端的意思。汉语中称开创者为"鼻祖",意正始于此。

汉扬雄《方言》卷十三:"鼻,始也。兽之初生谓之鼻,人之初生谓之首。梁、益之间谓鼻为初,或谓之祖。"④所以汉语中称开创者为"鼻祖"。

《汉书·扬雄传》:"有周氏之蝉嫣兮,或鼻祖于汾隅。"颜师古注:"雄自言系出周氏而食采于扬,故云始祖于汾隅也。"⑤"鼻祖"即始祖。

或许是因为古人认为鼻子是胎儿最早形成的器官,所以汉人称自己时,常用手指着鼻子。"自"又可作为第一人称代词,代指自己。

8. 臭

"臭"(xiù)的甲骨文构形作"𤉢",上半部分是自(鼻子),下半部分是一只犬。犬鼻子嗅觉灵敏,所以用来辨别气味。《说文·犬部》:"臭,禽走臭而知其迹者,犬也。从犬,从自。"⑥意思是说,犬跑的时候用鼻子闻气味就能分辨出行走的道路。所以,"臭"的本义是用鼻子闻味,辨别气味。表示这个意思的,后来又产生了后起字写作"嗅"。

《荀子·礼论》:"利爵之不醮也,成事之俎不尝也,三臭之不食也。"王先谦注:"臭,谓歆其气也,谓食毕也。"⑦

由辨别气味引申泛指一切气味。既包括香气,也包括臭气。

---

① 《十三经注疏·春秋左传正义》,中华书局 1980 年版,第 210 页。
② 梁·萧子显:《南齐书》卷五十四,《景印文渊阁四库全书》,台北商务印书馆 1986 年版。
③ 汉·许慎:《说文解字》,中华书局 1963 年版,第 74 页。
④ 汉·扬雄:《方言》,《景印文渊阁四库全书》,台北商务印书馆 1986 年版。
⑤ 汉·班固:《汉书》卷八十七,《景印文渊阁四库全书》,台北商务印书馆 1986 年版。
⑥ 汉·许慎:《说文解字》,中华书局 1963 年版,第 205 页。
⑦ 《诸子集成·荀子集解》,中华书局 1954 年版,第 235 页。

《诗经·大雅·文王》："上天之载，无声无臭。"①"无声无臭"即没有声音，没有气味。"臭"泛指气味。

《易经·系辞下》："二人同心，其利断金；同心之言，其臭如兰。"孔颖达疏："二人同齐其心，吐发言语，氤氲臭气，香馥如兰也。"这里的"臭"是指香气。

三国魏曹植《与杨德祖书》："人各有好，尚兰茝荪蕙之芳，众人所好，而海畔有逐臭之夫。"②海边常堆放鱼虾，腐烂后臭气冲天。这个"臭"自然是难闻的臭味。

9. 口与舌

"口"字甲骨文作"ᗒ"，象人张开的口的样子。《说文·口部》："口，人所以言食也。象形。"③古人认为，口的主要功能有两个方面，一是说话。《史记·李将军列传》："余睹李将军，悛悛如鄙人，"口不能道辞"。及死之日，天下知与不知，皆为尽哀。彼其忠实心诚信于士大夫也。"④"口不能道辞"，即口不善言谈。于是口可引申指所说的话，即"言语""言论"。《诗经·小雅·十月之交》："黾勉从事，不敢告劳。无罪无辜，谗口嚣嚣。"⑤"谗口"，即谗言，"嚣嚣"表示众多。《国语·周语下》："谚曰：众心成城，众口铄金。"⑥意思是众人心意相同可以像城墙一样坚固，不可撼动；众人言词一致，可以把金属熔化。

"口"的第二项功能是吃饭。《孟子·梁惠王上》："为肥甘不足于口与？轻暖不足于体与？抑为采色不足视于目与？声音不足听于耳与？便嬖不足使令于前与？"⑦"肥甘不足于口"即美味不够吃。于是古人把吃饭称为"糊口"。《庄子·人间世》："挫针治繲，足以餬（糊）口。"⑧"糊"指把粥薄薄地涂上一层，所以"糊口"指勉强有饭吃。既是吃饭，不同的人就有不同的爱好，所以"口"又可指"口味"，成语"众口难调"，字面意思是说众人的口味很难都适合，比喻做事情难让各种类型的人都满意。因为"口"是进食的器官，有饭吃就可存活，于是"口"又可代指人。《孟子·梁惠王上》："百亩之田，勿夺其时，数口之家可以无饥矣。"⑨"数口之家"即有数人的家庭。《左传·宣公二年》："华元曰：'去之，夫其口众我寡。'"⑩"口众"，即人多。今天说的"人口""户口"的"口"也是指"人"。由人及物，于是就有"瓶口""壶口""街口""道口""山口""河口""关口"等等。

人多了则为"众"，众多又叫"品"。"品"字的甲骨文形体作"ᕑᕑ""ᕑᕑᕑ"，由三个"口"构成。三表示多数，三个口表示众多。《说文·品部》："品，众庶也。从三口。"⑪又《叙上》："百工以乂，万品以察。"⑫"万品"，即各种各样的事物。《周礼·天官·膳人》："膳夫授祭品，尝食，王

---

① 《十三经注疏·毛诗正义》，中华书局 1980 年版，第 237 页。

② 唐·李善：《文选注》卷四十二，《景印文渊阁四库全书》，台北商务印书馆 1986 年版。

③ 汉·许慎：《说文解字》，中华书局 1963 年版，第 30 页。

④ 汉·司马迁：《史记》卷一百九，中华书局 1959 年版，第 2878 页。

⑤ 《十三经注疏·毛诗正义》，中华书局 1980 年版，第 447 页。

⑥ 徐元浩：《国语集解》，中华书局 2002 年版，第 112 页。

⑦ 宋·朱熹：《四书章句集注》，中华书局 1983 年版，第 210 页。

⑧ 《诸子集成·庄子集释》，中华书局 1954 年版，第 82 页。

⑨ 宋·朱熹：《四书章句集注》，中华书局 1983 年版，第 204 页。

⑩ 杨伯峻：《春秋左传注》，中华书局 1981 年版，第 654 页。

⑪ 汉·许慎：《说文解字》，中华书局 1963 年版，第 48 页。

⑫ 汉·许慎：《说文解字》，中华书局 1963 年版，第 314 页。

乃食。"郑玄注："礼，饮食必祭，示有先也。品者，每物皆尝之，道尊者也。"①意思是天子进食之前，要让人把各种食物都先尝一遍，以引导帝王进食。"品尝"即把各种食物都尝一遍。后来词义引申，"品尝"成为一个词，表示不仅要尝一下，还要进行分辨、玩味、评论。品尝的对象由食物、饮料扩展到人物、文章、书画作品等。如品茶、品茗、品味、品玩、品题等等。

"品"既指众多，引申可指"类别""等级"。如上品、中品、下品。古代做官也分为九等，称九品，一直沿用至封建社会结束。

"舌"字的甲骨文构形作""""，象舌头从口中伸出来的样子。《说文·舌部》："舌，在口所以言也，别味也。从千，从口，千亦声。"②古人认为，舌的作用一是辅助说话，一是分辨味道。所以用"口舌"表示说话、言语。《汉书·张良传》："吕泽强要曰：'为我画计。'良曰：'此难以口舌争也。'"③"难以口舌争"即不能用言语来争辩。

古人常用"三寸舌""三寸不烂之舌"表示能言善辩。《史记·留侯世家》：（张良曰）"今以三寸舌为帝者师，封万户，位列侯，此布衣之极，于良足矣。"④另据史书记载，战国时期魏国人张仪曾跟随鬼谷先生学习道术，学成后游说诸侯。一次陪楚相饮酒，楚相丢失了玉璧，下人推测张仪贫穷，又没什么好名声，所以一定是他偷的。于是就把张仪捆起来，用鞭子打得他皮开肉绽，但张仪还是不承认，只好把他放了。回到家，张仪的妻子说："你要是不读书游说，怎么能受到这样的侮辱呢？"张仪对妻子说："你看看我口中的舌头还在不在？"妻子笑着说："舌头倒还在。"张仪说："这就足够了。"后来张仪就是凭着他的"三寸不烂之舌"担任了秦惠王的相，游说诸侯，实行连横，成为战国时期有名的纵横家⑤。

10. 齿与牙

"齿"字甲骨文构形作""""，象口中门牙的形状；"牙"金文形体作""，象上下牙交错的形状。《说文·牙部》："牡齿也。象上下相错之形。"⑥段玉裁认为这里的"牡"是"壮"字之误。他解释说："壮，各本讹作牡。壮齿者，齿之大者也。统言之皆称齿，称牙。析言之则前当唇者称齿，后在辅车者称牙，牙较大于齿。"⑦根据古文字的构形，可以清楚地看出，齿的本义是门牙，牙的本义是今天所说的磨牙、嚼牙、大牙。

《左传》记载了一件事，晋献公再次向虞国借路讨伐虢国。虞国大夫宫之奇劝谏虞君说，虢国就像是虞国的外围，一旦虢国灭亡了，虞国必然会紧跟着灭亡。晋国的贪心是不能开启的，对强敌更不能疏忽大意。借给晋国一次路就已经过分了，难道还能借第二次吗？"谚所谓'辅车相依，唇亡齿寒者，其虞、虢之谓也。'"意思是说，俗话说的"牙床骨和面颊相互依存，嘴唇要是没有了，门牙必然寒冷"。大概说的就是虞国和虢国的关系吧。"⑧但虞国国君不听，

① 《十三经注疏·周礼注疏》，中华书局 1980 年版，第 660 页。
② 汉·许慎：《说文解字》，中华书局 1963 年版，第 49 页。
③ 汉·班固：《汉书》卷四十，《景印文渊阁四库全书》，台北商务印书馆 1986 年版。
④ 汉·司马迁：《史记》卷五十五，中华书局 1959 年版，第 2048 页。
⑤ 汉·司马迁：《史记》卷七十，中华书局 1959 年版。
⑥ 汉·许慎：《说文解字》，中华书局 1963 年版，第 45 页。
⑦ 清·段玉裁：《说文解字注》，中华书局 1981 年版，第 80 页。
⑧ 《十三经注疏·春秋左传正义》，中华书局 1980 年版，第 93 页。

还是让晋国从虞国经过去攻打虢国。结果晋国灭亡了虢国回来的路上，顺便也把虞国灭了。这就是有名的"唇亡齿寒"的故事。同嘴唇相倚靠的只能是我们今天所说的"门牙"。

《左传·哀公八年》："夫鲁，齐晋之唇。唇亡齿寒，君所知也。"①比喻鲁国就像嘴唇，而齐晋两国就像门牙。鲁、齐、晋三国相互依靠，相互依存。

齿在唇后，张口说笑一不小心就会露出来。古人居丧期间，要求笑不露齿，以示哀伤。女子在外，一般也要笑不露齿，以示有教养。

古人认为，人生齿、换牙（龀）均有固定的时间，"男八月生齿，八岁而龀；女七月生齿，七岁而龀。"②（《说文·齿部》）所以"齿"又用来表示年龄。

《左传·文公元年》："楚子将以商臣为太子，访诸令尹子上。子上曰：'君之齿未也，而又多爱，黜乃乱也。"杜预注："齿，年也。"③"子上"的意思是说，楚君还年轻，又有很多宠姬，一旦立了太子，再要罢黜，就容易生乱。

古人常用齿作为年龄的代称，论辈分、排长幼也用"齿"。

《尚书·周书》："（周公）降霍叔于庶人，三年不齿。"孔颖达疏："降黜霍叔于庶人，若今除名为民。三年之内不得与兄弟年齿相次。"④相次，就是论长幼次序。

古代汉民族在祭祀、饮宴等正式场合中，非常讲究尊卑长幼次序，讲究排座次。辈分高的，年长的要居上座。按照年龄排，叫"序齿"。

《礼记·中庸》："宗庙之礼，所以序昭穆也；序爵所以辨贵贱也；序事所以辨贤也；旅酬下为上，所以逮贱也；燕毛所以序齿也。"郑玄注："序犹次也……齿亦年也。"孔颖达疏："祭末燕时，以毛发为次序，是所以序年齿也。"⑤

《庄子·天地》认为："夫天地至神而有尊卑先后之序，而况人道乎？宗庙尚亲，朝廷尚尊，乡党尚齿，行事尚贤，大道之序也。""乡党尚齿"，即在乡亲朋友之间，要以年长为尊。

对于那些道德品质不好的人和事，古人常用"不齿"来形容。

宋王与之《周礼订义》卷十六："苟不修其行，则害于其身，祸于其家，乱人伦而伤圣治，王法所不容，人类所不齿，是之谓戮民也。"⑥"人类所不齿"即世间没有人同他排列在一起。今天称"不齿于人类"，意即同此。

11. 要

"要"的小篆形体作"𦥯""𦥮"。《说文·臼部》："要，身中也。象人要自臼（jū）之形。"⑦段玉裁解释说："上象人首，下象人足，中象人腰，而自臼持之。"⑧可见，"要"的本义就是人的腰部，"腰"是"要"的后起字。

《庄子·天运》："乌鹊孺，鱼傅沫，细要者化。"陆德明《释文》："细要者化，蜂之属也。司

---

① 《十三经注疏·春秋左传正义》，中华书局 1980 年版，第 462 页。
② 汉·许慎：《说文解字》，中华书局 1963 年版，第 44 页。
③ 《十三经注疏·春秋左传正义》，中华书局 1980 年版，第 135 页。
④ 《十三经注疏·尚书正义》，中华书局 1980 年版，第 115 页。
⑤ 《十三经注疏·礼记正义》，中华书局 1980 年版，第 401 页。
⑥ 宋·王与之《周礼订义》卷十六，文渊阁本《四库全书》，台北商务印书馆 1986 年版。
⑦ 汉·许慎：《说文解字》，中华书局 1963 年版，第 60 页。
⑧ 清·段玉裁：《说文解字注》，上海古籍出版社 1981 年版，第 105 页。

马云,取桑虫祝,使似己也。案即《诗》所谓'螟蛉有子,果蠃负之'是。"①所谓"细要者化",是说细腰蜂把异类化为自己的后代。

《战国策·楚策一》:"昔者先君灵王好小要,楚士约食。冯而能立,式而能起。食之可欲,忍而不入;死之可恶,就而不避。"②"小要"即"细腰",灵王喜欢细腰,所以楚国士人都节制饮食,以至于扶着东西(一说车前横木)才能站立起来。

"要"是"身中",先民认为,东、西、南、北、中,各个方位中,"中"的位置最重要。所以《荀子·大略》说:"欲近四旁,莫如中央,故王者必居天下之中,礼也。"③古代华夏民族建国于中原一带,认为处于天下之中,所以称"中国",把周边国家称四方;君王要处在"中央",皇后要住"中宫",主帅要在"中军"……处于"身"之中的"要"当然也是古人最看重的关键部位。于是"要"又有"重要"的意思,所以事物的关键点称"要害",位高权重的人称"要人",重要的事情称"要事""要务",主要的观点内容称"要点",重要的道路称"要道",核心因素称"要素"等等。

此外,"要"是关键部位,连接头和躯干的"领"也是关键部位,于是以"要"和"领"为语素构成了一个复合词"要领",表示要点和核心。

12. 北

"北"的甲骨文形体作"ᎩᎩ",象两个人背靠背的形状。所以,《说文·北部》解释说:"北,乖也。从二人相背。"④"乖"就是相离,相反,后写作"背"。即"北"是"背"的初文。

《战国策·齐策六》:"食人炊骨,士无反北之心,是孙膑、吴起之兵也。"⑤"反北之心"即背叛反水之心。

古代冷兵器作战,双方将士要面对面,一方战败向回逃跑时,就会背对对方,所以称战败逃跑为北。

《史记·鲁仲连邹阳列传》:"曹子为鲁将,三战三北,而亡地五百里。"⑥"三战三北"意思是:打了三次仗,败北逃跑了三次。

"北"的另外一个意义是人的背部。

13. 止

"止"的甲骨文形体作"Ꭹ""Ꭹ",象脚,是个象形字。上半部分是脚趾,下半部分是脚后跟。所以止的本义是脚,是足,后写作趾。

《汉书·五行志》:"举止高,心不固矣。"颜师古注:"止,足也。"⑦意思是走路时把脚抬得很高,反映出此人心浮气躁,不稳定。这句话还可证明,抬起来的只能是脚,不会是脚趾。

同一件事,《左传·桓公十三年》"止"字作"趾"。

---

① 《诸子集成·庄子集释》,中华书局 1954 年版,第 235 页。
② 《战国策》,上海古籍出版社 1985 年版,第 520 页。
③ 《诸子集成·荀子集解》,中华书局 1954 年版,第 321 页。
④ 汉·许慎:《说文解字》,中华书局 1963 年版,第 169 页。
⑤ 《战国策》卷三,上海古籍出版社 1985 年版,第 452 页。
⑥ 汉·司马迁:《史记》卷八十三,中华书局 1959 年版,第 2468 页。
⑦ 汉·班固:《汉书》卷二十七,《景印文渊阁四库全书》,台北商务印书馆 1986 年版。

"楚屈瑕伐罗，斗伯比送之。还，谓其御曰：'莫敖必败。举趾高，心不固矣。'"杜预注："趾，足也。"①无论作止，还是趾，它们的本义都是脚，是足。

楚大夫斗伯比的这句话后来凝固成了一条成语，叫做"趾高气扬"，形容人得意、傲慢的样子。

"止"的本义是足，汉字中用"止"作为表义构件的字往往都和"脚"有关系。

14．企

"企"字的甲骨文构形作""""，上半部分是"人"，下半部分是"止"。表示一个人踮起脚后跟来，向远处张望。《说文·人部》："企，举踵也。"②可见，"企"的本义是踮起脚后跟。

《汉书·萧望之列传》："天下之士延颈企踵，争愿自效，以辅高明。"③"延颈企踵"，即伸长了脖子，踮起脚后跟，形容殷切盼望。也作"引领企踵"。

梁萧统《大旦十二月》："分手未遥，翘心且积。引领企踵，朝夕不忘。"④

踮起脚后跟向远处张望，表示心有所属，所以企又表示仰慕、盼望。所以汉语中表示"希望"可以叫"企望"，表示盼望叫"企盼"，希望赶上叫"企及"，表示图谋（多用于贬义）叫"企图"。一说，企鹅也是因为它走路时昂首挺胸，一副眺望远方，有所期待的样子，才得名"企鹅"的。

15．正与乏

"正"字的甲骨文构形作""""，上部的"■"或"□"表示目的地，下面是一只脚，正向着目的地行进。《说文·正部》："正，是也。一以止。"⑤许慎所谓"是"引申为"正确"的意思，包括"中"（不偏）"直"（不斜）"平"（不高不低）等内容。

《尚书·周书》："无偏无党，王道荡荡；无党无偏，王道平平；无反无侧，王道正直。"孔安国传："所行无反道不正，则王道平直。"⑥

所以汉语中有中正、正直、公正等复合词。此外，还把准时叫"正点"，把合乎规范的叫"正规"，把符合客观规律叫"正常"，把人类社会发展的规律叫"正道"，把促进社会进步发展的力量叫"正能量"，把言行磊落、不存私心叫"正大光明"……把不正的改过来叫"纠正"。

"乏"的金文构形作""，把""字上边的部分改成了斜笔，表示不正之义。所以，"乏"的本义是不正，同正相反。

《左传·宣公十五年》："天反时为灾，地反物为妖，民反德为乱。乱则妖灾生。故文反正为乏。"意思是说，造字的时候，"乏"这个字表示的意义是同"正"字相反的。孔颖达疏："服虔云，言人反正者，皆乏绝之道也。人反德则妖灾生，妖灾生则国灭亡，是乏绝之道也。"⑦

---

① 《十三经注疏·春秋左传正义》，中华书局 1980 年版，第 54 页。
② 汉·许慎：《说文解字》，中华书局 1963 年版，第 161 页。
③ 汉·班固：《汉书·萧望之列传》卷四十八，《景印文渊阁四库全书》，台北商务印书馆 1986 年版。
④ 梁·萧统：《昭明太子集》卷三，《景印文渊阁四库全书》，台北商务印书馆 1986 年版。
⑤ 汉·许慎：《说文解字》，中华书局 1963 年版，第 39 页。
⑥ 《十三经注疏·尚书正义》，中华书局 1980 年版，第 78 页。
⑦ 《十三经注疏·春秋左传正义》，中华书局 1980 年版，第 186 页。

16. 友

"友"字甲骨文构形作"𣎳""𣎳",小篆作"𤔔",均象两只手并列。其实，"友"的上半部分"ナ"，甲骨文作"𠂇"，象左手的形状，即"左"字的初文；下半部分"又"字，甲骨文作"𦥑"，象右手的形状。今天看来，"𠂇"和"𦥑"好像都只有三个手指，对此，《说文·又部》解释说："又，手也。象形。三指者，手之列多，略不过三也。"①意思是说，五指并列，每个手指都画下来数量太多，用三个就可以代表了。其实，"𠂇"和"𦥑"描画的都是从侧面看，手略弯曲的形状。

关于"友"字意义，《说文·又部》认为："同志为友。从二又，相交友也。"②段玉裁解释说："二又，二人也。善兄弟曰友，亦取二人而如左右手也。"③可见，"友"的本义是相互协作，所以字形由一左一右或一上一下两个人的手构成，且方向一致。

《孟子·滕文公上》："乡田同井，出入相友，守望相助，疾病相扶持，则百姓亲睦。"赵岐注："同乡之田，共井之家，各相营劳也。出入相友，相友耦也。"④"相友耦"，即互相协作一起耕作。《周礼·天官·大宰》郑玄注："友谓同井相合耦锄作者。"⑤即相互合作一起耕耘的人。

互助协作即是友好，所以"友"又有友好、友善义。

《周礼·地官·师氏》："以三德教国子：一曰至德，以为道本；二曰敏德，以为行本；三曰孝德，以知逆恶。教三行：一曰孝行，以亲父母；二曰友行，以尊贤良；三曰顺行，以事师长。"⑥友行即友好、友善的行为。

相互友好、友善即为朋友。

《战国策·齐策》："于是乘其车，揭其剑，过其友曰：'孟尝君客我！'"⑦"过其友"，即拜访他的朋友。

古人如何交友呢？《论语·季氏》："孔子曰：'益者三友，损者三友。友直、友谅、友多闻，益矣；友便辟、友善柔、友便佞，损矣。'"⑧意思是说，有益的朋友有三种，有害的朋友也有三种。同正直的人交朋友，同诚实的人交朋友，同见闻广博的人交朋友，是有益的；同投机取巧不走正道的人交朋友，同当面一套背后一套的人交朋友，同巧言善辩阿谀奉承的人交朋友，是有害的。

《庄子·山木》："君子之交淡若水，小人之交甘若醴。君子淡以亲，小人甘以绝。"⑨君子以志同道合相交，不谋私利，所以平淡如水，亲近又永不断绝；小人以利益相合，所以甘如甜酒，但利益不可能长久，所以他们的交友随时都可能因为利益的变化而反目成仇。

---

① 汉·许慎：《说文解字》，中华书局 1963 年版，第 64 页。
② 汉·许慎：《说文解字》，中华书局 1963 年版，第 65 页。
③ 清·段玉裁：《说文解字注》，上海古籍出版社 1981 年版，第 116 页。
④ 《十三经注疏·孟子注疏》，中华书局 1980 年版，第 39 页。
⑤ 《十三经注疏·周礼注疏》，中华书局 1980 年版，第 10 页。
⑥ 《十三经注疏·周礼注疏》，中华书局 1980 年版，第 92 页。
⑦ 《战国策》卷十一，上海古籍出版社 1985 年版，第 396 页。
⑧ 宋·朱熹：《四书章句集注》，中华书局 1983 年版，第 171 页。
⑨ 《诸子集成·庄子集释》，中华书局 1954 年版，第 300 页。

历史上,管仲和鲍叔牙的交友被传为千古佳话。对此,管仲坦言:"吾始困时,尝与鲍叔贾,分财利多自与,鲍叔不以我为贪,知我贫也。吾尝为鲍叔谋事而更穷困,鲍叔不以我为愚,知时有利不利也。吾尝三仕三见逐于君,鲍叔不以我为不肖,知我不遭时也。吾尝三战三走,鲍叔不以我为怯,知我有老母也。公子纠败,召忽死之,吾幽囚受辱,鲍叔不以我为无耻,知我不羞小节而耻功名不显于天下也。生我者父母,知我者鲍子也。"①(《史记·管晏列传》)

古代"友"还有一个特指义,即"兄弟相互友爱"。

《诗经·小雅·六月》:"侯谁在矣?张仲孝友。"毛亨传:"善父母为孝,善兄弟为友。"②

现代汉语中,朋友已成了一个常用的复音词,但在上古汉语中,"朋"和"友"还是有区别的。《论语·学而》:"子曰:'学而时习之'不亦悦乎?有朋自远方来,不亦乐乎?"何晏注:"苞氏曰,同门曰朋也。"邢昺疏:"郑玄注《大司徒》云,同师曰朋,同志曰友。然则同门者,同在师门以受学者也……同志谓同其心意所趣向也。"③意思是说,相对而言,同一个老师教的学生之间可以称"朋",而心意相同,志趣相像的叫友。当然,这是朋与友相对而言,如果笼统地说,二者意思是相同的。

17. 受

"受"的甲骨文构形作"𝄞""𝄢",上部和下部分别象一只右手,中间部分一说是饮酒的杯,一说是盛物的盘。象一个人用手把杯或盘递到别一方手中。《说文·手部》:"受,相付也。"④"相付"表示两个意义,一个是给予,一个是接受。从递交的一方而言是给予,从承接的一方来看是接受。所以上古"受"既可表示给予、传授,也可表示接受、承受。

《诗经·大雅·文王有声》:"文王受命,有此武功。既伐于崇,作邑于丰。"⑤受命,即接受天命。

《史记·李将军列传》:"李将军广者,陇西成纪人也,其先曰李信,秦时为将,逐得燕太子丹者也……广家世世受射。"⑥"世世受射",即世代传授射箭的方法技艺。"受"表示传授。

后来,词义表达日求精密,才又为传授义造了一个新字"授"。

《礼记·孔子闲居》:"故君子远色以为民纪,故男女授受不亲。"郑玄注:"不亲者,不以手相与也。"授表示给予,受表示接受,一方给予,一方接受,即所谓"授受"。"授"与"受"表示的意义截然分明。

18. 寸

"寸"的小篆形体作"𝄞",象一只手,在手腕下方一点有一个指示性的短横,表示由此到

---

① 汉·司马迁:《史记》卷六十二,中华书局 1959 年版,第 2131~2132 页。
② 《十三经注疏·毛诗正义》,中华书局 1980 年版,第 157 页。
③ 《十三经注疏·论语注疏》,中华书局 1980 年版,第 1 页。
④ 汉·许慎:《说文解字》,中华书局 1963 年版,第 84 页。
⑤ 《十三经注疏·毛诗正义》,中华书局 1980 年版,第 258 页。
⑥ 汉·司马迁:《史记》卷一百九,中华书局 1959 年版,第 2867 页。

手腕的距离有一寸长。《说文·寸部》："寸，十分也。人手却一寸动脉谓之寸口。"①段玉裁解释说："度别于分，忖于寸。《禾部》曰：'十发为程，一程为分，十分为寸……却犹退也。距手十分动脉之处谓之寸口。"②古人认为，长十分为一寸，长度大约是从手腕往下一点儿的地方。中医诊脉，把这个位置叫寸口。

"寸"表示的长度很短，所以常用来形容短、小、少。土地少叫"寸土""寸地"；步子小叫寸步，成语有"寸步难行"；时间短叫"寸阴""寸隙"；武器短小叫寸铁，现代汉语还说"手无寸铁"；布帛少叫寸缕，赤身裸体叫"寸丝不挂"。从面积的角度看，一小块地方又叫方寸。

《后汉书·徐璆传》："昔苏武困于匈奴，不坠七尺之节。况此方寸印乎？"③"方寸印"，即小小的官印。

心脏个儿不大，所以可以叫"寸心"，长度与宽度都差不多，所以又叫"方寸"。《三国志·蜀书·诸葛亮传》记载了一个小故事："（诸葛）亮与徐庶并从，为曹公所追破，获庶母。庶辞先主而指其心曰：'本欲与将军共图王霸之业者，以此方寸之地也。今已失老母，方寸乱矣，无益于事，请从此别。'遂诣曹公。"④

曹操为了阻止徐庶投靠刘备，逮捕了徐庶的老母亲。徐庶得到消息后，向刘备请辞，声称自己"方寸乱矣"，想不出什么好主意了。在今天我们还用"乱了方寸"形容人心慌意乱，没有主意。

"寸"作为度量的基本单位，引申出抽象的"标准"意义，小篆中以"寸"为表义构件的字往往和法度有关。如"射""寻""導（导）""封""爵"等⑤。

19. 爭（争）

"爭（争）"字的甲骨文构形作""，上下各一只手，相互争夺中间的物体，所以，争（争）的本义就是争夺。段玉裁《说文解字注》："凡言争者，皆谓引之使归于己。"⑥即把不属于自己的东西拉过来归自己所有。

《战国策·燕策》记载了一则鹬蚌相争的故事。"苏代为燕谓惠王曰：'今者臣来过易水，蚌方出曝而鹬啄其肉，蚌合而拑其喙。鹬曰：'今日不雨，明日不雨，即有死蚌。'蚌亦谓鹬曰：'今日不出，明日不出，即有死鹬。'两者不肯相舍，渔者得而并禽之。"⑦（图9-4）后用以比喻二人相争，第三方得益的事情。

图9-4　鹬蚌相争

① 汉·许慎：《说文解字》，中华书局1963年版，第67页。

② 清·段玉裁：《说文解字注》，上海古籍出版社1981年版，第121页。

③ 南朝宋·范晔：《后汉书》卷七十八，中华书局1965年版，第1621页。

④ 晋·陈寿：《三国志·蜀书·诸葛亮传》，《景印文渊阁四库全书》，台北商务印书馆1986年版。

⑤ 王宁：《〈说文解字〉与汉字学》，河南人民出版社1994年版，第88～89页。

⑥ 清·段玉裁：《说文解字注》，上海古籍出版社1981年版，第160页。

⑦ 《战国策》卷三十，上海古籍出版社1985年版，第1115页。

20．心

“心”的甲骨文构形作“♡”，象心脏的样子。《说文・心部》：“人心，土藏，在身之中，象形。”①“心”的本义是心脏。

古人认为，心脏是思维的器官。《孟子・告子上》说：“心之官则思。”意思是，心这种器官是用来思考的。《荀子・解蔽》也说：“心者，形之君也而神明之主也。出令而无所受令。”杨倞注：“心出令以使百体，不为百体所使也。”意思是说，心发号施令以指使身体的各个器官而不被身体各器官所指使。所以，汉字中以“心”作为表义构件的字，多与心意、思想、感情有关。

如：“志”表示意念、心思、心情。古代有“六志”的说法。《左传・昭公二十五年》：“民有好恶、喜怒、哀乐，生于六气，是故审则宜类，以制六志。哀有哭泣，乐有歌舞，喜有施舍，怒有战斗；喜生于好，怒生于恶。是故审行信令，祸福赏罚，以制死生。”杜预注：“为礼以制好、恶、喜、怒、哀、乐六志，使不过节。”孔颖达疏：“此六志，《礼记》谓之六情。在己为情，情动为志，情志一也。所从言之异耳。”②可见，所谓“六志”即人们常有的六种基本感情，所以《礼记》又称之为六情。当然，“情”也从“心”。表示情感的如“爱、怜、恨、憎、悔、怒、恚、愤、悲、惨、悽、恻、忧、愁、惭、愧、惶、恐、惧、怕、惮、愉、恕、怀、想、念”等等，都与“心”有关。

古人还认为，心不仅负责思考、情感，而且还是“气”产生的器官。认为“气”是从心中产生的。如“气息”的“息”，甲骨文作“𦥑”，上半部分是表示鼻子的“自”，下半部分是心的象形字。《说文・心部》：“息，喘也，从心、自。”③段玉裁解释说：“《口部》曰，喘，疾息也。喘为息之疾者，析言之；此云息者，喘也，浑言之。人之气急曰喘，舒曰息。”“自者，鼻也。心气必从鼻出，故从心、自。”④所以长长地出气、叹气叫叹息，古书中常写作“太息”，即大声叹气。《楚辞・离骚》：“长太息以掩涕兮，哀民生之多艰。”

古人认为，一呼一吸叫一息。“息”表示完成了一呼一吸的动作，于是“息”字又有止息、停息的意思。《周易・乾》：“天行健，君子以自强不息。”⑤不息就是不停止。

从发展联系的观点看，一息的结束就是下一息的开始。所以“息”字还有生长、繁衍的意思。汉史游《急就篇》卷三：“六畜蕃息。”颜师古注：“蕃，滋也。息，生也。”⑥生，即生长。据《山海经・大荒北经》记载：“（上古之时）洪水滔天，鲧窃帝之息壤以堙洪水，不待帝命。帝令祝融杀鲧于羽郊。”郭璞注：“息壤者，言土自长息无限，故可以塞洪水也。《开筮》曰：‘滔滔洪水，无所止极。伯鲧乃以息石息壤以填洪水。’”⑦所谓息石、息壤，就是自己能够根据情况不断长大的石块和土壤。

由繁衍义引申，古代还把儿子称作“息”。《战国策・赵策》：“左师公曰：‘老臣贱息舒祺，

---

① 汉・许慎：《说文解字》，中华书局1963年版，第217页。
② 《十三经注疏・春秋左传正义》，中华书局1980年版，第406页。
③ 汉・许慎：《说文解字》，中华书局1963年版，第217页。
④ 清・段玉裁：《说文解字注》，上海古籍出版社1981年版，第502页。
⑤ 《十三经注疏・周易正义》，中华书局1980年版，第2页。
⑥ 汉・史游：《急就篇》，《景印文渊阁四库全书》，台北商务印书馆1986年版。
⑦ 《山海经》，《景印文渊阁四库全书》，台北商务印书馆1986年版。

最少,不肖,而臣衰,窃爱怜之。愿令补黑衣之数,以卫王宫。没死以闻。"鲍注:"息,其子。舒祺,名也。"① 三国时李密在给皇帝的奏章中说自己"既无伯叔,终鲜兄弟;门衰祚薄,晚有儿息"。(《晋书·李密传》)"晚有儿息"即他们家得子很迟。儿息,即子息、儿子。

父母生的儿子可以称"息",推而广之,存钱、贷款产生出来的利也可以叫息。《周礼·地官·泉府》:"凡民之贷者,与其有司辨而授之,以国服为之息。"所谓"以国服为之息"是说"以其于国服事之税为息也"。(郑玄注)即用他为国服劳役的所得作为利息。可见在先秦时期就已经有了借贷及利息的规定。直到今天,人们还把在银行存、贷款产生的本金以外的钱叫"利息",也可以说,利息是本金生出来的钱。

21. 歺(è)

"歺"的甲骨文构形作"",小篆作""。后来省写作"歹"。象剔去肉以后剩下的残骨。所以汉字中用"歺"作为表义构件的字大多与死亡、伤残、伤害有关。

如"死"的甲骨文形体作"",象一个人跪对着残骨表示哀悼的样子。

还有表示使人死亡的"殱",表示消灭、灭绝的"殄",表示陪葬或为公事死亡的"殉",表示危险、败坏的"殆",表示祸害别人或受害的"殃",表示受伤的"残"等等,都从歺得义。此外,殊、殁、殇、殂都表示死,构形也都从歺。

其中有一个"殇"字近些年很活跃,尤其在网络词语中,由"殇"作为构词语素组成的"×殇""××之殇"用得非常多。无论用什么软件搜索一下,会出来几百万条。可见,它的本义及其所寓含的文化信息确实值得说一说。

"殇"也从歺,本义指未成年而死。《说文·歺部》:"殇,不成人也。"② 古人二十岁举行冠礼,表示成年。据《仪礼·丧服》记载,不满八岁死去叫无服之殇,八岁至十一岁叫下殇,十二岁至十五岁叫中殇,十六岁至十九岁死去叫长殇。郑玄注:"殇者,男女未冠笄而死,可殇者。"③ 按照郑玄的说法,男子没有举行冠礼,女子没有举行笄礼,这些人还未成年就死了,确实令人伤心,所以叫做"殇"。于是,未成年而死的人就称作"殇子"。如,

《吕氏春秋·察今》:"譬之若良医,病万变,药亦万变。病变而药不变,向之寿民,今为殇子矣。"④

《论衡·变虚篇》:"尧舜宜获千岁,桀纣宜为殇子。"⑤

据《后汉书》记载,汉和帝次子刘隆登基时刚刚出生一百天,他只做了八个月的皇帝就得大病死了。所以谥号为"殇",史称汉殇帝。

由此本义出发,沿着"非正常死亡"的线索引申,战死的人也可以称作"殇"。为国家而战死的人就可以称作"国殇"了。屈原的《九歌》中有《国殇》一篇,歌颂的就是为国捐躯的将士。鲍照在《代出自蓟北门行》诗中称:"投躯报明主,身死为国殇。"李梦阳的《哭白沟文》中也有

① 《战国策》,上海古籍出版社1985年版,第770页。
② 汉·许慎:《说文解字》,中华书局1963年版,第85页。
③ 《十三经注疏·仪礼注疏》,中华书局1980年版,第167页。
④ 《诸子集成·吕氏春秋》,中华书局1954年版,第177页。
⑤ 《诸子集成·论衡》,中华书局1954年版,第43页。

"生为士雄，死为国殇"的句子，"国殇"指的都是为国捐躯的烈士。

儒家核心经典之一的《孝经》第一章中说："身体发肤，受之父母，不敢毁伤，孝之始也。"[①] 把爱护身体看作是"孝"的开始，而"孝"又是立身处世的根本。这表明中华传统文化非常重视个人的身体，这种文化理念也自然而然地渗透到汉字的造意和构形中，从而为我们分析汉字的形体和了解相关的传统文化提供了基础和可能。

---

① 《十三经注疏·孝经注疏》，中华书局1980年版，第7页。

第十章　德行修养篇

在中华传统文化中，"德"被认为是一种优秀的品质，一种高尚的情操，一种完美的修养，也是最根本的处世、治国之道。因而，德被作为衡量、评价个人品质好坏、国家政事优劣的首要标准。美好德行的培育修养，涉及生活的各个方面，贯穿于人的一生。同时，古人非常重视个人的修养，这种修养从人的言谈举止、形容风貌中表现出来，成为文明程度高低的最显著的标志。重视道德品行，强调个人修养，是中华文明的一项重要内容。汉字的构形中也保存了古人许多德行修养方面的信息。

1. 德(惪)

"德"的甲骨文构形作"𢘓"，中间部分是目，即眼睛；两边部分是"行"，象十字路口，即"行(háng)"，表示道路。也作"𢓡""𢔀"，"彳""亍"是"行"的省略。整个形体象用眼睛盯着道路。这个构形表示的意义可以和"道"结合起来分析，"道"字貉子卣作"𧗞"，在"行"中间有一个𩠐(首)，表示人所行走的路。"𢘓"(惪)也可以表示做人应该遵循的道路、规律。

什么是古人认为的"德"呢？《韩诗外传》卷五有一段专门论述：

"德也者，包天地之大，配日月之明，立乎四时之周，临乎阴阳之交。寒暑不能动也，四时不能化也。敛乎太阴而不湿，散乎太阳而不枯。鲜洁清明而备，严威毅疾而神，至精而妙乎天地之间者，德也。微圣人其孰能与于此矣！"①

可见，在古人眼里，德是寓含在天地间的至理大道，是大自然运行的规律，也是人类社会及为人处世的根本规律。所以汉语中常把"德"与"道"合在一起，称"道德"，把"德"和"行"合在一起称"德行"。

中华传统文化讲究天人合一，主张人应该学习、效法大自然，遵循客观规律。所以非常重视德，把德放在为学、做人、处世、治国的首位。

古代贵族子弟从小就要受到有关"德行"的教育。《周礼·地官·师氏》记载，掌管教育的师氏："以三德教国子：一曰至德，以为道本；二曰敏德，以为行本；三曰孝德，以知逆恶。教三行：一曰孝行，以亲父母；二曰友行，以尊贤良；三曰顺行，以事师长。"②这三德三行，正是汉民族传统文化中优秀品德的具体内容。

成年后，人仍要不断地在道德方面有所进取。《易经·乾》在阐释君子处世应该自强不息时说："君子进德修业。忠信，所以进德也；修辞立其诚，所以居业也。"孔颖达解释说："德

---

① 许维遹：《韩诗外传集释》，中华书局1980年版，第196页。
② 《十三经注疏·周礼注疏》，中华书局1980年版，第730页。

谓德行,业谓功业……欲进益道德,修营功业,故终日乾乾,匪懈也。""推忠于人,以信待物,人则亲而尊之,其德日进,是进德也。"①意思是说,君子培养自己的德行要靠"忠"和"信"来待人接物,这样人们就会亲近他,尊重他,他的德行就长进了。

学成以后走向社会,要从政。怎样从政呢,或者说从政的根本是什么呢?《论语·为政》中说:"为政以德,譬如北辰,居其所而众星共之。"邢昺解释说:"为政之善,莫若以德。德者,得也。物得以生谓之德,淳德不散,无为化清,则政善矣。""北辰常居其所而不移,故众星共尊之。以况人君为政以德,无为清静,亦众人共尊之也。"②意思是说,德是从政的根本。

《吕氏春秋·季夏纪·制乐》记载,宋景公时,荧惑处在心宿的位置,景公害怕了,召来会观星象的子韦,问他说:"荧惑在心,是什么征兆呢?"子韦回答说:"荧惑是上天对人间的惩罚,心宿的位置属于宋国的分野,祸当在君王身上。虽然这样,可以把它转移到宰相身上。"景公说:"宰相是参与治理国家的人,将灾祸移到他身上导致死亡,不吉祥。"子韦说:"可转移到百姓身上。"景公说:"百姓死了,寡人还当谁的君主? 宁愿自己独死。"子韦说:"可转移到年岁上。"景公说:"年岁不好,百姓就会饥荒,百姓遭受饥荒,必定要死亡,作人君的靠杀害他的百姓来保全自己,那么还有谁把我当作国君呢? 这是寡人的命本来已经到头了,您不用再说什么了。"子韦回头跑了几步,北面再拜说:"臣下祝贺君王,老天处在高处却能听到低处,君王有三句至德之言,三天必定会三次赏赐君王,今晚荧惑就会迁徙三舍(九十里),君王会延年二十一岁……"这天晚上,荧惑果然迁徙了三舍。③宋景公不肯把灾祸转移到宰相、百姓和年岁上面,而是自己承担,所以称他的话是"至德之言",上天也因此免除了他的灾难,并延长他的年寿。

用"德"来处理政事是儒家的一贯主张。在记录春秋时期周天子及各诸侯国政事的《春秋左氏传》中多有记载。例如:

虞国的大夫宫之奇曾力谏虞君:"鬼神非人实亲,惟德是依。""皇天无亲,惟德是辅。""非德,民不和,神不享矣。神所冯依,将在德矣。"意思是说,鬼神并不亲近某个特定的人,只是依据人的德行来决定是否保佑他。皇天对人没有亲疏之分,只帮助有美德的人。除了美德,百姓不和睦、神灵不享用他的祭品。神所依靠的只是美德。尽管当时信奉天命,但上天、神在决定人的命运时,依靠的却是人的德行。德行高尚,修养完美才能得到神的保佑。(《左传·僖公四年》)

郑国贤相子产劝执掌晋国大权的正卿子西要重德轻财,以安邦治国,说:"令名,德之舆也;德,国家之基也。有基无坏,无亦是务乎! 有德则乐,乐则能久。《诗》云:'乐只君子,邦家之基',有令德也夫!"意思是说,美好的名声,是载着美德的车子;美德,是国家的基础。有了坚固的基础国家就不会毁坏,难道不是应该致力于此吗? 有美德就快乐,快乐就能长久。《诗经》上说:"'快乐君子,是国家的基石',是他们有美德啊!"(《左传·襄公二十四年》)

尤其是在仁德与武力相对时,古人更重视"德"的作用。

楚国大夫屈完面对齐侯率领的强大的诸侯联军,不畏强暴,对齐侯说:"君若以德绥诸侯,谁敢不服? 君若以力,楚国方城以为城,汉水以为池,虽众,无所用之。"(《左传·僖公四

---

① 《十三经注疏·周易正义》,中华书局1980年版,第15页。
② 《十三经注疏·论语注疏》,中华书局1980年版,第2461页。
③ 《诸子集成·吕氏春秋》,中华书局1954年版,第61页。

年》)意思是说,如果您用美德来安抚诸侯,谁敢不服从呢?可是您要是使用武力的话,楚国就会把方城山作为城墙,把汉水作为护城河,虽然你们人数众多,也没有什么用处。从而迫使压境的诸侯军队同楚国签订了盟约。

《左传·僖公三十三年》还记载了一件事:晋国大夫臼季出使经过冀地,看见冀缺在田间锄草,他的妻子给他送饭。夫妻二人相敬如宾。于是臼季就同冀缺一起回到晋国都城,把这件事报告了晋文公,说:"敬,德之聚也。能敬必有德。德以治民,君请用之。臣闻之,出门如宾,承事如祭,仁之则也。"意思是,恭敬,是德行的集中体现。能恭敬就一定有美德。美德可以用来治理百姓,请君王任用他。臣下听说,出门遇见人如同遇上宾客,承担事情如同参加祭祀,这是仁爱的准则。"仁爱正是德行的核心内容之一。

至于"德"的具体内容,典籍中有"九德""六德""五德"等记载,因所指对象不同而有所差异。

"九德",《逸周书·常训解》记载,为政的"九德"是:"忠、信、敬、刚、柔、和、固、贞、顺。"

"六德",《周礼·地官·大司徒》记载,大司徒用"知(智)、仁、圣、义、忠、和"六德教育百姓。

"五德"具体又包括:"做人"之五德(五常之德),即"仁、义、礼、智、信"。

《诗经·秦风·小戎》:"言念君子,温其如玉。"郑玄笺:"念君子之性,温然如玉,玉有五德。"孔颖达疏引《礼记·聘义》:"君子比德于玉焉:温润而泽,仁也;缜密以栗,知也;廉而不刿,义也;垂之如坠,礼也;孚尹旁达,信也。""以仁、义、礼、智、信五者,人之常,故举五常之德言之耳。"①

"修身"之五德,即"温、良、恭、俭、让"。

《论语·学而》:"子禽问于子贡曰:'夫子至于是邦也,必闻其政。求之与?抑与之与?'子贡曰:'夫子温、良、恭、俭、让以得之。夫子之求之也,其诸异乎人之求之与!'"郑玄注:"言夫子行此五德而得之。"②

"为将"之五德,即"智、信、仁、勇、严"。

《孙子·计篇》:"将者,智、信、仁、勇、严也。"曹操注:"将宜五德备焉。"李筌注:"此五者,为将之德。"③

德在立身、处世、治国中占有非常重要的地位,所以在中华传统文化中,把好的言辞称为"德音"。

《诗经·小雅·鹿鸣》:"我有嘉宾,德音孔昭。"郑玄笺:"德音,先王道德之教也。孔,甚。昭,明也。"先王道德之教自然被认为是善言美言,所以称德音④。

《诗经·小雅·南山有台》:"乐只君子,德音不已。"郑玄笺:"已,止也。不止者,言长见称颂也。"⑤称颂的语言当然是美好的,所以称德音。

把好的政治称为"德政"。

---

① 《十三经注疏·毛诗正义》,中华书局 1980 年版,第 370 页。
② 《十三经注疏·论语注疏》,中华书局 1980 年版,第 2458 页。
③ 《诸子集成·孙子十家注》,中华书局 1954 年版,第 7 页。
④ 《十三经注疏·毛诗正义》,中华书局 1980 年版,第 406 页。
⑤ 《十三经注疏·毛诗正义》,中华书局 1980 年版,第 419 页。

《后汉书·桓帝纪》:"昔孝章帝愍前世禁徙,故建初之元,并蒙恩泽,流徙者使还故郡,没入者免为庶民。先皇德政,可不务乎?"文中所谓德政,是指让被流放的人回到家乡,免除入狱为奴的人的罪,使之成为庶民百姓。即对流放入狱的人施行恩德。

《后汉书·邓皇后纪》:"自太后临朝,水旱十载,四夷外侵,盗贼内起。每闻人饥,或达旦不寐,而躬自减彻,以救灾厄。故天下复平,岁还丰穰。元初五年,平望侯刘毅以太后多德政,欲令早有注纪,上书安帝。"[1]邓太后的德政是"每闻人饥,或达旦不寐,而躬自减彻,以救灾厄。"每次听到有人遭受饥荒,就彻夜不眠,亲自削减用度来救助灾难的人,也是勤政爱民的行为。

古人认为,执政、行政要与一个人的德行相匹配,即有多大的德行,就做多大的官,就管理多少政事。德行越高,官职越高,管理的政事就越多。德行最高的人,就做帝王、天子、君主。帝王、天子、君主在言谈中为了自谦,常常称自己为"寡人""不谷"。"寡人"就是"寡德之人",即"少德之人","德行还不够的人";"不谷",即"不德",因为民以食为天,谷之于民,其德大矣。"谷"便成了"德"的代名词。君王自称"不谷",也是表示自己德行还不足的意思。

2. 仁

"仁"的甲骨文形体作"ᛌ",金文作"ᚠ"。《说文·人部》:"仁,亲也。从人从二。忈(忈),古文仁从千心。ᚠ,古文仁或从尸。"徐铉认为:"仁者兼爱,故从二。"[2]按照许慎的理解,"仁"的本义是对人亲爱,这种行为或者说是道德规范是人所特有的,是人的本性,所以字形从"人"。

"仁"是中华传统文化中最重要的道德规范,其核心是爱人,是与人相亲相敬。其具体内容又是什么呢?《论语·阳货》中记载了一件事,一天,孔子的学生子张问孔子什么是"仁"?孔子说:"能行五者于天下,为仁矣。"意思是说,能在天下实行五种品德就可以说是做到"仁"了。子张问是哪五种,孔子说:"恭、宽、信、敏、惠。"并进一步解释说:"恭则不侮,宽则得众,信则人任焉,敏则有功,惠则足以使人。"[3]意思是说:对人恭敬就不会受到侮辱,对人宽厚就能获得众人拥护,为人诚信别人就会信任你,做事勤勉机敏就会取得成功,对人慈爱恩惠就足以让别人服从。为人处世,做到了恭敬、宽厚、诚信、勤敏、慈惠,就算是做到仁了。

古代又把具有仁德的人称为"仁"。

《孟子·尽心下》:"孟子曰:仁也者,人也;合而言之,道也。"[4]意思是说,实行仁的人,实际上是实行为人的道德规范,这是仁者为人处世的根本。也就是说,人如果不实行仁就不能处身立世;而"仁"这种道德如果没有人的话也不能推行。将"仁"与"人"合起来就是所谓的"人道"。所以孔子要求他的学生们要"泛爱众而亲仁"[5](《论语·学而》),即亲爱众人,接近有仁德的人。

① 南朝·宋·范晔:《后汉书》,《景印文渊阁四库全书》,台北商务印书馆1986年版。
② 汉·许慎:《说文解字》,中华书局1963年版,第161页。
③ 《十三经注疏·论语注疏》,中华书局1980年版,第2524页。
④ 《十三经注疏·孟子注疏》,中华书局1980年版,第2774页。
⑤ 《十三经注疏·论语注疏》,中华书局1980年版,第2458页。

甲骨文、金文中的仁字,均从人从二,金文中的"𡰥"(尸)是"亻"字的变形。其构形反映了上古时期人们对"仁"的认识。《说文》所列的"古文"(战国时期楚系文字)中,有一个"𢖩",构形上半部分是"千",下半部分是"心"。"千"是"人"的变形,实际上是从"人"从"心"。这个构形反映了人们什么样的认识呢? 孟子认为,"仁,人心也;义,人路也。"[1](《孟子·告子上》)意思是说,仁是产生于人的内心的一种道德观念,是每个人内心都有的、与生俱来的。所谓"人之初,性本善"。他举了一个小例子:"今人乍见孺子将入于井,皆有怵惕恻隐之心。非所以内交于孺子之父母也,非所以要誉于乡党朋友也,非恶其声而然也。"这种"恻隐之心",就是"仁"的开始[2]。(《孟子·公孙丑上》)每个人只要凭着自己的内心、自己的良心去做,就可实现仁。韩非也认为:"仁者,谓其中心欣然爱人也。其喜人之有福而恶人之有祸也。生心之所不能已也,非求其报也。"[3](《韩非子·解老》)也认为"仁"是人的内心自然产生的一种朴素的情感和道德理念。由此看来,"𢖩"的构形或许正是这种思想观念的反映。

因为"仁"是一种重要的美德,所以在传统文化中,把通过实行"仁"来治理国家、统一天下叫"仁政""王道",而把加重赋敛,发动战争,靠武力征伐来统一天下叫"暴政""霸道"。儒家主张实行"仁政""王道",反对"暴政""霸道"。《孟子·梁惠王上》记载,梁惠王问孟子怎样才能治理国家,进而统一天下。孟子告诉他:"不违农时,谷不可胜食也;数罟不入洿池,鱼鳖不可胜食也;斧斤以时入山林,材木不可胜用也。谷与鱼鳖不可胜食,材木不可胜用,是使民养生丧死无憾也。养生丧死无憾,王道之始也。""五亩之宅,树之以桑,五十者可以衣帛矣;鸡豚狗彘之畜,无失其时,七十者可以食肉矣;百亩之田,勿夺其时,数口之家可以无饥矣。谨庠序之教,申之以孝悌之义,颁白者不负戴于道路矣。七十者衣帛食肉,黎民不饥不寒,然而不王者,未之有也。"

显然,孟子主张发展生产,教化民众,修养文明,以此来提升国力,统一天下。这种崇尚和平,反对战争的理念一直沿续至今。

正因为"仁"是美德,所以中华传统文化中"仁君""仁公"成为有名望、有地位的人的尊称,"仁兄""仁弟"则用来尊称同辈友人,具有善心、热爱公益的人被称为"仁人君子",品德优秀、节操高尚的人被称为仁人志士。甚至由人及物,把麒麟称作"仁兽",把凤凰称作"仁鸟",把白乌鸦称作"仁鸟"等。

3. 義(义)

"義"的甲骨文构形作"𦫽",上半部分的"羊"象一只羊,下半部分的"𢦐"象"长柄、刃部带有锯齿形的斧钺"[4],作"我"表示自己是借字。

《说文·我部》:"義,己之威仪也。从我、羊。"段玉裁解释说:"古者威仪字作义。今仁义字用之。仪者,度也。今威仪字用之。谊者,人所宜也。今情谊字用之。郑司农注《周礼·

---

① 《十三经注疏·孟子注疏》,中华书局 1980 年版,第 2752 页。

② 《十三经注疏·孟子注疏》,中华书局 1980 年版,第 2691 页。

③ 《诸子集成·韩非子集解》,中华书局 1954 年版,第 96 页。

④ 董莲池:《〈说文解字〉考正》,作家出版社 2005 年版,第 502 页。

肆师》,'古者书儀但为義。今时所谓義为谊。'是谓義为古文威儀字。谊为古文仁義字。"

按照这种观点,"義"本是"儀"的初文,本义是威仪。仁义的"义"本字当为"谊",写成"義"是借字,或者说,"義"是"谊"的借字。那么,"義"为什么从"羊"呢?徐铉认为:"此与善同意,故从羊。"[1]段玉裁也认为:"从羊者,与善、美同意。"[2]古人认为,"羊在六畜中主给膳也"[3]。羊是美味,所以美、善都从羊。有羊可吃,生活就美满,日子就祥和,所以祥字也从羊。"義"字表示威仪,从羊的构形也同善、美一致。

此外,也有人认为"義"字是形声字,从羊、我声,本义就是公正,适宜。古人认为,羊不仅肉味鲜美,而且秉性公正。《墨子·明鬼下》记载了一件事:齐庄公时,王里国和中里徼二人打官司,打了三年,法官仍然断不了案。齐庄公认为,如果把他们都杀了,怕连累其中的无罪的人;如果把他们都放了,又怕惩罚不了有罪的人。于是就想了一个办法,让他们二人共享一只在齐国的神社里作祭品的羊盟誓。两人同意。法官读王里国的讼辞,读完了以后,羊没有反应;又读中里徼的讼辞,还没有读到一半,羊就跳起来用角抵中里徼,直到把他抵死在盟誓的地方。这场三年的官司就这样了断了[4]。

处事公正无私,合乎情理,自然就会有"威仪"。威仪是一个人品质修养的外在表现,古人非常重视。《诗经·鄘风·相鼠》中说:"相鼠有皮,人而无仪。人而无仪,不死何为?"郑玄笺:"仪,威仪也。视鼠有皮,虽处高显之处,偷食苟得,不知廉耻,亦与人无威仪者同。""人以有威仪为贵,今反无之,伤化败俗,不如其死,无所害也。"[5]

人如果没有威仪,就像老鼠那样偷食苟得,不知廉耻,伤风败俗,这样的人还不如去死。可见,古人对"威仪"看得多么重要。

在中华传统文化中,作为道德规范层面的"义"是什么呢?孟子说:"仁,人心也;义,人路也。"[6](《孟子·告子上》)所谓"人路",就是为人行事的方针、原则和规范,即实现"德"的道路。具体而言,"义"包括的内容很广泛,按照古人的解释,大致包括"合理适宜""公平公正""施人恩德""正直守节""知恩图报""以身殉国"等内容。

"合理适宜"可以称"义"。孔子曾称赞郑国的贤大夫子产的"君子之道"表现在四个方面,即:"其行己也恭,其事上也敬,其养民也惠,其使民也义。"(《论语·公冶长》)孔颖达认为:"义,宜也。"所谓"其使民也义",是指子产"役使下民皆于礼法得宜,不妨农也。"[7]即合礼合法,符合自然和社会规律,不妨碍农事。据《左传》记载,子产执政三年后,百姓用民谣称赞他:"我有子弟,子产诲之;我有田畴,子产殖之。子产而死,谁其嗣之?"[8]

"公平公正"可以称"义"。《管子·水地》:"唯无不流,至平而止,义也。"房玄龄注:"方圆邪曲,无所不流;平则止,不可增高,如此者,义也。"[9]意思是说,无论地形方圆斜曲,水没有偏

---

① 汉·许慎:《说文解字》,中华书局 1963 年版,第 267 页。

② 清·段玉裁:《说文解字注》,上海古籍出版社 1981 年版,第 632～633 页。

③ 汉·许慎:《说文解字》,中华书局 1963 年版,第 78 页。

④ 《诸子集成·墨子间诂》,中华书局 1954 年版,第 144～145 页。

⑤ 《十三经注疏·毛诗正义》,中华书局 1980 年版,第 319 页。

⑥ 《十三经注疏·孟子注疏》,中华书局 1980 年版,第 2752 页。

⑦ 《十三经注疏·论语注疏》,中华书局 1980 年版,第 2474 页。

⑧ 《十三经注疏·春秋左传正义》,中华书局 1980 年版,第 2014 页。

⑨ 《诸子集成·管子校正》,中华书局 1954 年版,第 236 页。

私,都能流到;不管地形高低深浅,水都是流平就停止,不会再增加。水的这种"公""平"的品格,就是"义"。所以汉语中常把正与义合在一起称"正义",称"公平正义"。遇到不公之事而引起的愤怒称"义愤",为公平正义而进行的战争称"义战",为正义而战的军队称"义师""义旅""义兵"……今天还把见到符合公平正义的事情勇于去做称"见义勇为"。

"扶危济困,施人恩德"可以称"义"。所谓"扶危济困,施人恩德",即"有力者疾以助人,有财者勉以分人,有道者劝以教人"①(《墨子·尚贤》)。

《战国策·齐策四》中记载了一件"买义"的故事。齐国相国孟尝君有一个门客叫冯谖,一次孟尝君找会算账的人到他的封地薛邑去收债。平时看起来既没有什么爱好、也没有什么才能的冯谖却要求前去,临走时问孟尝君,收了债以后买什么回来。孟尝君说,你看着买一些我家里缺少的东西就行了。冯谖来到薛地后,假称是孟尝君的命令,把债都赐给欠债的百姓,不仅一分钱没收,而且还当着百姓的面把借据全都烧了。百姓感动得欢呼万岁。于是冯谖又日夜兼程返回京城向孟尝君交差。孟尝君奇怪他回来得这么快,说:"债都收完了吗?回来得为什么这么快呢?"冯谖说:"收完了。"孟尝君又问:"买了什么回来了?"冯谖说:"您告诉我说,看着买一些我家中缺少的东西,下臣私下里考虑,您的宫中堆满了珍宝,狗马填满了外厩,美人住满了房间,您家里所缺少的,只有义了。所以就用收的钱给您买了义了。"孟尝君不明白,说:"怎么买义?"冯谖说:"如今您有一块小小的薛地,不爱护那里的百姓,反而像商人一样地从他们身上取利,臣下私下假称您的命令,把债都赐给百姓了,债券也烧了,百姓都喊您万岁,就这样给您买了义了。"孟尝君不高兴,说:"行了,你别说了。"可见,冯谖给孟尝君买的"义"其实就是对百姓的恩德,冯谖明白,要想得到百姓的拥护,就要关爱百姓,施百姓以恩德,这就是为官处世之"义"。

一年以后,齐宣王去世,齐湣王继位,不再用孟尝君了。孟尝君只好回封地薛邑。他没想到,离薛地还有百里远的时候,百姓们就扶老携幼,在路旁迎接他了。孟尝君对冯谖说:"先生为我买的义,我今天终于看到了。"②

所以,在传统文化中,急人之难,扶危济困而不收取费用的行为称为"义举"。救灾的粮仓称"义仓""义廪",免费的学校称"义学""义塾",旅途中免费的客舍称"义舍",免费的饮料称"义浆"……今天为公益而不计报酬的行为仍称"义",如"义卖""义诊""义演""义工"等等,与传统文化一脉相承。

正直守节也可以称义。相传汉桓帝时,有一个人叫荀巨伯,从远方来探视生病的朋友。正好赶上胡兵攻城。朋友对巨伯说:"我今天死定了,您赶快离开逃生去吧。"巨伯说:"我大老远来看您,您却叫我走,这种败坏道义来求生的事,难道是我荀巨伯能做的吗?"胡兵到来后,对巨伯说:"大军到,全城没有一个人了,你是什么人,竟敢独自留在这里?"巨伯说:"朋友有病,不忍心丢下,宁愿用我自身换朋友的命。"胡兵互相说:"我们这些无义之人,今天进入了有义之国。"于是就班师而还,全城因此得以保全了③。(《世说新语·德行》)故事虽有些夸张,但对朋友不离不弃,甚至舍身相救的行为也是义的表现。

中华传统文化中还把"感恩""知恩图报"的行为称为"义"。《史记·淮阴侯列传》记载,

① 《诸子集成·墨子间诂》,中华书局1954年版,第42页。
② 汉·刘向:《战国策》,上海古籍出版社1985年版,第395~401页。
③ 余嘉锡:《世说新语笺疏》,中华书局1983年版,第11页。

谋士蒯通劝韩信谋反，韩信说："汉王遇我甚厚，载我以其车，衣我以其衣，食我以其食。吾闻之，乘人之车者载人之患，衣人之衣者怀人之忧，食人之食者死人之事。吾岂可以乡利倍义乎？"①韩信的意思是，汉王刘邦对我有恩，我应该做知恩图报的义事，而不能做背叛谋反的不义之事。所以，汉语中把忘记了别人对自己的好处，做出对不起别人的事叫做"忘恩负义"。其实，"忘恩"就是"负义"。

人报恩的行为叫"义"，动物报恩也叫"义"。晋干宝《搜神记》记载：三国时，吴人李信纯家养一爱犬，名叫黑龙。有一天李信纯在城外饮酒大醉，回家途中倒卧在草丛中。正好遇上太守郑瑕焚烧野草打猎，黑龙见火烧过来，就用口拽信纯的衣服，信纯仍然不醒。附近三五十步的地方有一条小溪，黑龙就飞奔过去用水湿身，再跑回来把水洒在信纯身上。黑龙往返运水，以至于累死在信纯身旁。不久信纯酒醒，见爱犬黑龙已死，全身皮毛湿透，很惊讶。当看到周围大火烧过的痕迹，才恍然大悟，失声恸哭。太守听说了这件事，非常感动怜悯，说："犬之报恩，甚于人。"随即命令用棺椁衣衾埋葬黑龙，墓高十余丈，命名义犬塚②。古书还有许多"义鸟""义兽"的记载。

此外，为正义、为国家而献身也称为"义"。"国有患，君死社稷谓之义"。（《礼记·礼运》）"死社稷"，即为社稷而死。为正义的事业而献身，今天仍然称之为"就义"。

4. 禮(礼)

"禮"的甲骨文构形作"𧱣"，楷化后作"豊"。对于𧱣的构形，王国维认为，"象二玉在器之形"③。把玉放在器皿（豆）中进行祭祀。《说文·示部》："禮，履也，所以事神致福也。从示，从豊，豊亦声。"④段玉裁解释说："禮有五经，莫重于祭，故禮字从示。豊者，行禮之器。"⑤

𧱣的构形表明，古代祭祀天地、敬神祈福要用"玉"。《周礼·春官·大宗伯》记载："以玉作六器，以礼天地四方。"郑玄注："礼，谓始告神时荐于神坐。"即向神灵祭告时把𧱣放到神的灵位前。因为祭祀的神灵不同，作为祭品的玉又有所不同："以苍璧礼天，以黄琮礼地。"苍璧、黄琮是宝玉的名称，礼天，礼地，即祭祀天、地。礼天时，要"以青圭礼东方，以赤璋礼南方，以白琥礼西方，以玄璜礼北方"。这是因为玉的颜色、形状要同祭祀的时间及神灵的特点相符合。郑玄认为，"礼天以冬至，谓天皇大帝在北极者也；礼地以夏至，谓神在昆仑者也。礼东方以立春，谓苍精之帝，而太昊、句芒食焉；礼南方以立夏，谓赤精之帝，而炎帝、祝融食焉；礼西方以立秋，谓白精之帝，而少昊、蓐收食焉；礼北方以立冬，谓黑精之帝，而颛顼、玄冥食焉。""礼神者，必象其类：璧圜，象天；琮八方，象地；圭锐，象春物初生；半圭曰璋，象夏物半死；琥猛象秋严；半璧曰璜，象冬闭藏，地上无物，唯天半见。"⑥

当然，《周礼》所记载的这种严格繁复的程序和规范，并非是原始社会时期的情况，反映

---

① 汉·司马迁：《史记》卷九十二，中华书局 1959 年版，第 2624 页。
② 《诸子集成补编十·搜神记》，四川人民出版社 1997 年版，第 708 页。
③ 王国维：《观堂集林》(上)，河北教育出版社 2001 年版，第 177 页。
④ 汉·许慎：《说文解字》，中华书局 1963 年版，第 7 页。
⑤ 清·段玉裁：《说文解字注》，上海古籍出版社 1981 年版，第 2 页。
⑥ 《十三经注疏·周礼注疏》，中华书局 1980 年版，第 761～762 页。

的是周秦时期祭祀文化的特色。但同时也表明，祭祀神灵自古就是一件至关重要的大事，而随着社会的发展，逐渐形成了一套完整严密的规则和范式。其实这也正是文化发展的表现。

从词义演变的角度看，由祭神引申到人事，"礼"又成为中国古代社会的行为准则和道德规范及仪式的总称。

《左传》是中国第一部叙事详尽的编年体史书，记载了中国奴隶制社会末期周王朝和各诸侯国之间的政治、经济、军事、文化、外交大事及重要的自然现象，是中国社会生活最早的完整系统的记录。在这部经典著作中，"礼"被视为"王之大经""国之干也""人之干也""身之干也"，是"死生存亡之体"。一次，晋国大夫赵简子向郑国的子太叔请教相见时的揖让之礼。子太叔说："这些都是仪，不是礼。"简子说："请问什么是礼呢？"子太叔回答说："夫礼，天之经也，地之义也，民之行也。天地之经，而民实则之。"即礼是天、地、人行为的准则。人效法天地运行的规律，制定出自己行身处世的规则。具体而言，"为君臣上下，以则地义；为夫妇外内，以经二物；为父子、兄弟、姑姊、甥舅、婚媾、姻亚，以象天明"。即效法天地高下运行的规律，制定君臣、夫妇、父子、兄弟等人事间的关系准则；"为政事、庸力、行务，以从四时；为刑罚威狱，使民畏忌，以类其震曜杀戮；为温慈惠和，以效天之生殖长育"。即顺应四季变化，制定国家政事、功绩的规则；仿效雷霆震曜，设立刑罚牢狱，以使百姓畏忌；效法天地生育万物，制定慈善恩惠的规则。这些效法、顺应天地自然而制定的规则就是礼，遵循这些规则，就是符合礼的规范。"所以说，"礼，上下之纪、天地之经纬也，民之所以生也"[1]。（《左传·昭公二十五年》）即礼是上下的纲纪，是天地的经纬，是百姓生存行为所遵循的依据。

如果问，《左传》中使用频率最高的一组抽象名词是什么？"礼"毫无疑问当是其中一个。据初步统计，"礼"字在经、传文中出现了五百余次。

从道德规范的角度分析可以发现，《左传》中的"礼"，核心内容包括三个方面：

一是"敬天"，即尊重顺应大自然。这是人同大自然交际的"礼"。顺应大自然的规律，就是礼，违背了大自然运行的规律，就是非礼。

《左传·桓公四年》："四年，春，正月，公狩于郎。书时，礼也。"意思是说，桓公四年春天，周历正月，鲁桓公在郎狩猎。《春秋》经上记载这件事，是因为符合农闲时狩猎习武的礼制。

《左传·襄公十三年》："冬，城防。书事，时也。于是将早城，臧武仲请俟毕农事，礼也。"意思是说，冬季，鲁国在防地筑城。《春秋》记载这件事，是由于它合于时令。当时本想早点儿动工，臧武仲请求等农活完了再动工，这是合乎礼的。

古人讲究"三时务农，一时讲武"，春、夏、秋三季是农忙时节，应该全力去务农，冬天是农闲的时候，再去筑城和习武。这样做符合自然规律，因此被认为"合礼"。从而记载下来，垂范后人。

反之，不遵循自然规律，就被认为是不合礼，非礼，也要记录下来，以警示后人。

《左传·文公六年》："闰月不告朔，非礼也。闰以正时，时以作事，事以厚生，生民之道于是乎在矣。不告闰朔，弃时政也，何以为民？"意思是说，国君闰月不举行告朔的仪式，不合乎礼。为什么呢？左丘明认为，用闰月补正四季，按照四季变化来安排农事，用农业生产来使百姓富足，使百姓生存的道理就在其中了。不举行报告闰朔的仪式，是丢弃了施政的时令，

---

[1] 《十三经注疏·春秋左传正义》，中华书局 1980 年版，第 2108 页。

还用什么来治理百姓呢？

二是"尊尊"，核心是服从君王，并引申为维护上尊下卑的等级秩序。这是上下级关系的"礼"。

《左传·庄公三十一年》："夏六月，齐侯来献戎捷，非礼也。凡诸侯有四夷之功，则献于王，王以警于夷。中国则否，诸侯不相遗俘。"

意思是说，齐侯前来鲁国奉献他们俘获的戎人战俘，这是不合乎礼的。为什么呢？凡是诸侯讨伐四方夷狄时若有所俘获，就要奉献给周天子，以便周天子用来警告四方夷狄，使他们畏惧。中原诸侯之间就不这样做了。诸侯国之间不互相赠送战俘。显然，这是维护天子的尊严和地位，齐侯没有注意到这一点，所以说他是"非礼"。

《左传·庄公十八年》："十八年春，虢公、晋侯朝王。王飨醴，命之宥。皆赐玉五珏，马三匹。非礼也。王命诸侯，名位不同，礼亦异数，不以礼假人。"意思是说，虢公、晋侯去朝觐周天子。周天子用醴酒招待他们，又命令加上币、帛来助欢。每人都赏赐玉五双，马三匹。这是违反礼的。为什么呢？天子策命诸侯时，诸侯的名号地位不同，礼仪也不能一样。虢公是公爵、晋侯是侯爵，等级不同，礼仪不能相同。即使是周天子，也要遵守等级秩序，不能随意用礼。

《左传·成公二年》："郤夏曰：'射其御者，君子也。'公曰：'谓之君子而射之，非礼也。'"齐侯战败被追赶，却不射追赶自己的敌方将领，原因就是对方是"君子"，而射君子不符合礼。

三是"亲亲"，核心是孝父母敬兄长，泛指友爱尊敬他人。这是与人交往的"礼"。

据《左传·昭公二十六年》记载，齐景公向晏婴问有关以礼治国的事，晏婴回答说："礼可以治国很久了，与天地共生共存。君王命正，臣子恭敬；父亲慈爱，儿子孝顺；兄长友爱，弟弟恭敬；丈夫和蔼，妻子温柔；婆婆慈爱，媳妇顺从，这就是礼。"

当然，作为君王应该爱护百姓，应该廉洁勤俭，人和人之间应该讲究诚信等，都是礼的要求。

于是，在《左传·昭公七年》的记载中，上至天子、国君，下至庶民百姓，无一不受礼的约束；无论是朝聘、祭祀、征伐、会盟这些政治大事，还是婚丧嫁娶、人际交往这些日常琐事，无一不要遵礼而行；从国家的内政、外交到某一具体事件无一不是有礼则成，无礼则败：鲁国孟僖子临死时还不忘嘱咐其大夫，"礼，人之干也。无礼，无以立"。并让他的两个儿子拜孔子为师，"而学礼焉，以定其位。""礼"作为一种社会道德和行为的规范，其作用在《左传》记叙的事件中被扩展到了极至。

古人认为："礼以行义，信以守礼。"（《左传·僖公二十八年》）那么，什么是"信"呢？

5. 信

"信"的金文构形作"[金文字形]""[金文字形]"等，对于其构形的认识，学术界尚不一致。一说左半部分是"人"或"身"，表示声符，右半部分是"口"或"言"[1]。小篆作"[小篆字形]"。《说文·言部》："信，诚也。从人从言，会意。"[2]按照许慎的观点，"信"是从人从言的会意字，本义是（言语）真实，即

---

① 董莲池：《〈说文解字〉考正》，作家出版社 2005 年版，第 90 页。
② 汉·许慎：《说文解字》，中华书局 1963 年版，第 52 页。

诚信。

"信"字从人从言的构形,反映了周秦时期诚信文化的特点:讲真话是诚实的最基本的表现。孔子说:"言而无信,不知其可也。"(《论语·为政》)意思是说,人说了话如果不算数,不知道他怎么能在社会中生存下去。反过来说,因为说真话,别人才相信你,久而久之,才会受到人们的信任,才能在社会上立足。孔子认为:"口惠而实不至,怨灾及其身。"郑玄解释说:"善言而无信,人所恶也。"①(《礼记·表记》)意思是说,只是口头上说得好听,行动上不落实,是人们所厌恶的,这样就会为自己招来灾祸。可见诚信文化是中华传统文化中重要的组成部分,从执政到日常生活,涉及每一个人,历来受到人们的重视。

《论语·颜渊》中,孔子的弟子子贡问孔子怎样治理政事。孔子说:"足食,足兵,民信之矣。"即要有充足的粮食,充足的军备,要让百姓信任政府。子贡说:"必不得已而去,于斯三者何先?"意思是,在不得已的情况下,这三条当中去掉哪一条呢?孔子说:"去兵。"子贡又问,"必不得已而去,于斯二者何先?"意思是,实在不得已,在剩下的两条中再去一条,去哪一条呢?孔子说:"去食。"因为"自古皆有死,民无信不立"②。意思是说,自古以来人都会死,如果失去了百姓的信任,国家就无法存在了。显然,孔子是说得到百姓的信任是国家存在的基础,是治理政事的首要任务。

治国如此,与人交往也要重承诺。古人认为,做出的承诺,就要遵守。《史记·季布栾布列传》记载,季布讲信义,重然诺,所以"楚人谚曰'得黄金百斤,不如得季布一诺'"。即季布一句承诺比黄金百斤还要值钱。所以话一经说出,就不能收回。汉语中有"一言既出,驷马难追"的成语,古人驾车,一辆车用四匹马,意思是说,说出去的话,就是用四匹马驾的车也追不回来。一方面是要讲信用,重然诺,一方面也告诫世人说话许愿要慎重,否则就要付出代价,甚至是生命。

《左传·宣公二年》记载了一件事:晋灵公不行君道,正卿赵盾多次极力劝谏,引起了晋灵公的忧虑,于是灵公就派武士鉏麑去杀死赵盾。鉏麑凌晨来到赵盾家中,看到赵盾寝室的门已经开了,赵盾已穿好朝服准备上朝,因为时间还太早,正穿着朝服坐着打盹。鉏麑看到赵盾这样敬业,悄悄退出来,感叹说:"不忘恭敬,民之主也。贼民之主,不忠;弃君之命,不信。有一于此,不如死也。"③意思是说,"不忘记恭敬,是百姓的主人。杀害百姓的主人,不忠;背弃国君的命令,不信。这两样中有了一样,还不如死。"于是就撞在槐树上死了。为了守信,鉏麑牺牲了自己的生命。

在古代汉语中,诚实的人被称为"信士"。《后汉书·范式传》记载,范式与张劭友好,二人一起告别太学回归乡里,分手时范式对张劭说:"二年后将拜访令尊。"于是两人约好日期就分手了。两年后到了他们约定的日期时,张劭把这件事报告给母亲,请求设宴准备接待范式。母亲说,已分手两年时间没有联系了,何况是在千里之外说定的,为什么你那么深信他呢?张劭说:"范式是信士,必定不会违约。"于是母亲为他们准备酒席,到了约定的日子,范式准时来到了张劭家中拜访。

此外,由于诚信文化的影响,汉语中诚实守约、如期而至的事物往往被加上"信"字。如

① 《十三经注疏·礼记正义》,中华书局 1980 年版,第 1644 页。
② 《十三经注疏·论语注疏》,中华书局 1980 年版,第 2530 页。
③ 《十三经注疏·春秋左传正义》,中华书局 1980 年版,第 1867 页。

大雁是候鸟，往来准时，被称为"信禽"；燕子春来秋往被称为"信鸟"，鸥随潮水往来，也称"信鸟"；定期定向而来的季候风称"信风"；随季节而涨退的河水称"信水"等等，不一而足。

《论语》等先秦典籍中，孔子多次谈及诚信的内容及其上至治国、下至修身的重要性，《左传》中记述了许多诚信在社会生活中具体表现的典型事例。可以说，早在春秋时期，诚信文化已经成为中华传统文化的一个重要组成部分而渗透到社会生活的各个方面。

6. 忠

"忠"金文作"❖"，上部分的"❖"即"中"字，下部分即"心"字。小篆作"❖"。《说文·心部》："忠，敬也。从心，中声。"①段玉裁解释说："尽心曰忠。"②如此，"忠"的本义就是尽心尽力地做事。

古人把"忠"作为德行修养的重要内容，在古人看来，忠的表现主要有如下几个方面：

其一，敬业尽职叫"忠"。古人认为，"内尽其心谓之忠，不欺于物谓之信"③。即尽心竭力地做好自己的工作，尽到自己的职分就是忠。《左传·庄公十年》记载：鲁庄公十年，齐军进攻鲁国。庄公将要迎战，曹刿拜见庄公。问庄公依靠什么来打这一仗。庄公说，衣服、食物不敢独占，总是拿来分给别人；祭神的牺牲玉帛不敢虚报，总是诚实守信。曹刿认为，这些还远远不够。庄公又说，那些大大小小的诉讼案件，虽不能一一明察，但总是诚心实意地去处理。曹刿说："忠之属也，可以一战，战则请从。"曹刿认为，庄公认真地处理百姓的诉讼案件，是敬业尽职的表现，属于"忠"的范围，凭这些可以得到百姓的拥护，因此可以靠它来作战④。

孔子的弟子曾参非常注重自身修养，他说："吾日三省吾身：为人谋而不忠乎？与朋友交而不信乎？传不习乎？"⑤（《论语·学而》）"三省吾身"即从三个方面来反省自己，其中，"为人谋而不忠乎？"意思是替他人谋划设想没有尽心尽力吗？为人谋其实也是在社会上做事，做事尽心尽力才是忠。古人认为，"食人之禄，忠人之事"，"人臣食人之禄，则当忠人之事"，今天还说"受人之托，终人之事"，与曾子主张的"为人谋"应该尽"忠"的文化传统是一脉相承的。

其二，正直无私叫"忠"。《玉篇·心部》："忠，直也。""直"是正直，正直就不能有私心，所以正直无私也是忠的表现。

《左传·襄公五年》记载：鲁国大夫季文子死后入敛时，"无衣帛之妾，无食粟之马，无藏金玉，无重器备。君子是以知季文子之忠于公室也"⑥。

《国语·鲁语上》记载得详细一些："季文子相宣、成，无衣帛之妾，无食粟之马。仲孙它谏曰：'子为鲁上卿，相二君矣。妾不衣帛，马不食粟，人其以子为爱，且不华国乎！'文子曰：'吾亦愿之。然吾观国人，其父兄之食粗而衣恶者犹多矣，吾是以不敢。人之父兄食粗衣恶，

---

① 汉·许慎：《说文解字》，中华书局1963年版，第217页。

② 清·段玉裁：《说文解字注》，上海古籍出版社1981年版，第502页。

③ 宋·胡瑗：《周易口义》卷一，《景印文渊阁四库全书》，台北商务印书馆1986年版。

④ 《十三经注疏·春秋左传正义》，中华书局1980年版，第1767页。

⑤ 《十三经注疏·论语注疏》，中华书局1980年版，第2457页。

⑥ 《十三经注疏·春秋左传正义》，中华书局1980年版，第1937页。

而我美妾与马，无乃非相人者乎？且吾闻以德荣为国华，不闻以妾与马。'"①所以时人感慨说："相三君矣而无私积，可不谓忠乎？"②

其三，保国为民叫"忠"。

《左传·襄公十四年》记载："楚子囊还自伐吴，卒。将死，遗言谓子庚：'必城郢！'君子谓子囊忠。……将死不忘卫社稷，可不谓忠乎？忠，民之望也。"③

其四，事君无贰叫忠。古代社会中，君王是国家的代表，爱国与忠君往往连在一起。所以做臣下的专心事奉国君也是忠的一个重要内容，具体又有差别：

"有大忠者，有次忠者，有下忠者……以道覆君而化之，是谓大忠也；以德调君而辅之，是谓次忠也；以谏非君而怨之，是谓下忠也……若周公之于成王，可谓大忠也；管仲之于桓公，可谓次忠也；子胥之于夫差，可谓下忠也。"④（《韩诗外传》卷四）

古人认为，忠君不等于唯命是听，有时逆命利君也叫忠。

《说苑·正谏》记载："楚庄王立为君，三年不听朝。乃令于国，曰：'寡人恶为人臣而遽谏其君者，今寡人有国家，立社稷，有谏则死，无赦！'苏从曰：'处君之高爵，食君之厚禄，爱其死而不谏其君，则非忠臣也。'"于是就冒死进谏，使楚庄王认识到自己的错误，并任命苏从为相⑤。

7. 慈

"慈"字的小篆构形作"𢡯"，上部分是"兹"，下部分是"心"。《说文·心部》："慈，爱也。从心，兹声。"⑥其实，"兹"表示滋生繁衍，一代一代繁衍的意思；加"心"字，表示慈爱，属于人的情感。所以《毛诗正义·大雅·皇矣》孔疏："上爱下曰慈。"⑦《管子·形势》中说："慈者，父母之高行也。"⑧可见，"慈"指的是父母对子女的爱。由于父母对子女的爱是深沉广博而无私的，所以"慈"又指深爱、笃爱。

《左传·庄公二十七年》："夫礼、乐、慈、爱，战所畜也。夫民，让事乐和，爱亲哀丧，而后可用。"孔颖达疏："慈谓爱之深也，爱亲谓慈也。"

"慈"本指父母对子女的爱，但相对而言，母亲往往比父亲更和蔼，更细心，更注重在衣食住等日常生活中对子女关爱，所以，在传统文化中，"慈"更多地用来指母亲，母亲常被称为慈母，家慈，父亲则往往被称为严父，家严。

爱幼，确实是中华民族的光荣传统。而且这种文化传统深深地根植于每一个龙的传人的血脉中。所以，孟郊那首脍炙人口的《游子吟》才能历千年而不衰："慈母手中线，游子身上衣。临行密密缝，意恐迟迟归。"把母亲对孩子的爱描写得形象、细致、深刻而传神。这首最能代表慈母情感的诗歌，在香港 1992 年"最受欢迎的唐诗评选"中名列榜首，是有道理的。

---

① 徐元浩：《国语集解》，中华书局 2002 年版，第 173 页。
② 《十三经注疏·春秋左传正义》，中华书局 1980 年版，第 1937 页。
③ 《十三经注疏·春秋左传正义》，中华书局 1980 年版，第 1959 页。
④ 许维遹：《韩诗外传集释》，中华书局 1980 年版，第 130～131 页。
⑤ 赵善诒：《说苑疏证》，华东师范大学出版社 1985 年版，第 241 页。
⑥ 汉·许慎：《说文解字》，中华书局 1963 年版，第 218 页。
⑦ 《十三经注疏·毛诗正义》，中华书局 1980 年版，第 252 页。
⑧ 《诸子集成·管子校证》，中华书局 1954 年版，第 323 页。

8. 孝

爱幼叫"慈",敬老叫"孝"。"孝"字金文作""，上部分是"老"，象老人头发长长的，身体弯曲；下部分是"子"，象小孩，合在一起象小孩搀扶着老人走路。许慎解释说："善事父母者。"①《尔雅·释训》也说："善父母为孝。"②当然，从"孝"字的构形上，看不出"老"就一定是父母，所以有人说，"孝"的本义是敬老，是尊重老人，不限于父母。

儒家思想的核心是"仁"，但《论语·学而》中说："孝弟也者，其为仁之本与？"③意思是说，孝悌是"仁"的根本。在中华民族数千年的发展史中，"孝"一直是被推崇的最核心的道德理念。传统儒学经典《孝经》里记载了孔子同其弟子曾参的一段对话。

"子曰：'先王有至德要道以顺天下，民用和睦，上下无怨。汝知之乎？'曾子避席曰：'参不敏，何足以知之？'子曰：'夫孝，德之本也。教之所由生也。复坐，吾语汝。'"④

孔子的意思是说，孝是治理天下、教化万民的至德要道。是道德的基础，教化的根本。所以有"百善孝为先""父慈子孝"的说法。从孝敬父母开始，把这种敬爱之心推广到君臣关系上，就是忠；扩展到兄弟关系上，就是兄友、弟恭；用在夫妻关系上，就是和；用在朋友关系上，就是义。推广到所有人的身上，就可以实现"仁"。所以孟子说："老吾老以及人之老，幼吾幼以及人之幼，天下可运于掌。"⑤（《孟子·梁惠王上》）曾子进一步说："夫孝，置之而塞乎天地，溥之而横乎四海，施诸后世而无朝夕。推而放诸东海而准，推而放诸西海而准，推而放诸南海而准，推而放诸北海而准。"⑥（《礼记·祭义》）在曾子看来，孝是充塞天地，施之四海，流于万世而不变的最高的道德标准。

那么，作为子女，怎样才算做到了孝呢？即"孝"的内容有哪些呢？

曾子认为："身也者，父母之遗体也。行父母之遗体，敢不敬乎？居处不庄，非孝也；事君不忠，非孝也；莅官不敬，非孝也；朋友不信，非孝也；战陈无勇，非孝也。五者不遂，灾及于亲，敢不敬乎？""父母既没，慎行其身，不遗父母恶名。"⑦（《礼记·祭义》）换句话说，孝就要居处庄，事君忠，莅官敬，朋友信，战阵勇。就要时时慎行其身，不因为自己的言行给父母带来恶名。

《礼记·曲礼》则规定的更加具体：

"凡为人子之礼，冬温而夏清，昏定而晨省。"即冬天要让父母穿的、住的暖和；夏天要让父母凉爽清净。早晨起床要先探视父母（因为不同室居住），晚上睡觉前要看父母是否睡好。

"出必告，反必面。所游必有常，所习必有业。"外出时，一定报告父母；回来后一定当面向父母报平安，以免父母挂念。生活交游要有规律，做事情要长远牢靠，不能三天打鱼两天晒网，以让父母放心。

---

① 汉·许慎：《说文解字》，中华书局 1963 年版，第 173 页。
② 清·郝懿行：《尔雅义疏》，上海古籍出版社 1983 年版，第 583 页。
③ 《十三经注疏·论语注疏》，中华书局 1980 年版，第 1 页。
④ 《十三经注疏·孝经注疏》，中华书局 1980 年版，第 2545 页。
⑤ 《十三经注疏·孟子注疏》，中华书局 1980 年版，第 6 页。
⑥ 《十三经注疏·礼记正义》，中华书局 1980 年版，第 1598 页。
⑦ 《十三经注疏·礼记正义》，中华书局 1980 年版，第 1598 页。

"居不主奥，坐不中席，行不中道，立不中门。"与父母同住一间房，不能住在西南角，同一桌坐不能坐中间，行走时要走两边，不能走中道，站立时不能站在中门。

"食飨不为概，祭祀不为尸。"招待客人不能限量，祭祀时不能做尸主。

"听于无声，视于无形。"要善于观察父母的脸色，处处符合父母心愿。

此外，平时还要"不登高，不临深"（不做危险事情），"不苟訾，不苟笑"（不随意乱说乱笑），"不许友以死"（父母在，不能以命许人），"不有私财"。衣着服饰也有讲究："冠衣不纯素"（以免象有丧事的样子）等等①。

古人认为，对父母尽孝要趁父母健在时。曾子说："往而不可还者，亲也；至而不可加者，年也。是故孝子欲养而亲不待也，木欲直而时不待也。是故椎牛而祭墓，不如鸡豚逮亲存也。"意思是说，父母故去就再也回不来了，如果不注意这一点，就会造成想尽孝时父母却不在的遗憾。所以父母死后用一头牛到墓地上祭奠，还不如父母健在时用一只鸡、豚来尽孝的好。他还以自身情况为例说："故吾尝仕齐为吏，禄不过钟釜，尚犹欣欣而喜者，非以为多也，乐其逮亲也；既没之后，吾尝南游于楚，得尊官焉，堂高九仞，榱题三围，转毂百乘，犹北乡而泣涕者，非为贱也，悲不逮吾亲也。故家贫亲老，不择官而仕。"（《韩诗外传》卷七）"孝欲养而亲不待"，确实是许多人的终生遗憾，所以尽孝要趁父母健在时。

"慈"和"孝"的构形所寓含的敬老爱幼的文化理念，确实是中华民族的传统美德。今天看来，古人慈孝的一些形式可不必计较，但这种美德仍然值得好好继承发扬。

9. 弟(悌)

古人经常"孝悌"连用，什么是悌呢？

"悌"先秦作"弟"，没有"忄"旁。"孝悌"写成孝弟。《说文·心部》说："悌，善兄弟也。"即对兄长友善的意思，并说"经典通用'弟'"②。那什么是"弟"呢？

"弟"，《说文·韦部》说："韦束之次弟也。"③就是用牛皮条捆东西，一道挨着一道，有次序。

"弟"字甲骨文作"𢦏"，商承祚认为："'弟'实际上是梯子的梯的初文，'丨'象木橛，用绳子缠绕上，可以登着它向上爬，所以引申为次第的第字。"④

从"弟"的构形上考察，"韦束之次弟"与"以绳绕木为梯"的说法都可以说得通。后指依顺向前，不相违背，把它用在兄弟关系上，就指对兄长要服从、友善，就是孝悌的悌。

所以"弟"是源字，"悌"是后来造的孳乳字。"弟"的构形表明，商周时期已经有了明确而严格的等级观念，并且弟弟要服从兄长。

《论语·学而》："子曰：'弟子入则孝，出则悌。'"邢昺疏："男子后生为弟。言为人弟与子者，入事父兄，则当孝与弟也；出事公卿，则当忠与顺也。弟，顺也。"⑤

《孟子·尽心下》："孟子曰：'君子居是国也，其君用之，则安富尊荣；其子弟从之，则孝、

---

① 《十三经注疏·礼记正义》，中华书局 1980 年版，第 5 页。

② 汉·许慎：《说文解字》，中华书局 1963 年版，第 270 页。

③ 汉·许慎：《说文解字》，中华书局 1963 年版，第 270 页。

④ 商承祚：《说文中之古文考》，上海古籍出版社 1983 年版，第 55～56 页。

⑤ 《十三经注疏·论语注疏》，中华书局 1980 年版，第 2 页。

悌、忠、信。不素餐兮,孰大于是?"①

文献中"孝""弟"常合在一起说。如"孝弟之义""孝弟之道",指的是儒家所主张的伦理道德。

10. 聖(圣)

"聖"的甲骨文构形作"""",由""(耳)和""(口)两部分构成,表示口中说出,耳中听到,听力好。《说文·耳部》:"通也。从耳,呈声。"②段玉裁解释说:"聖从耳者,谓其耳顺。《风俗通》曰:'聖者,声也。言闻声知情。'"③据此,"聖"的本义是"通",对世间事理无所不通,"耳"是人获得信息的重要器官,闻声而知情,所以"聖"字从"耳"。

《左传·文公十八年》:"齐、聖、广、渊、明、允、笃、诚,天下之民谓之'八恺'。"孔颖达疏:"聖者,通也。博达众务,庶事尽通也。"④"庶事尽通"即各种事物都通晓明白。于是,人们就把这种"无所不通"之人称为"聖人"。《孔子家语》记载,一次,鲁哀公问孔子,什么叫"聖人",孔子回答说:"所谓聖者,德合于天地,变通无方,穷万事之终始,协庶品之自然,敷其大道而遂成情性,明并日月,化行若神,下民不知其德,睹者不识其邻,此谓聖人也。"⑤意思是说,所谓聖人,德与天地相合,处世随机变化。通万事终始,和众品自然,施行大道使万物实现其本性。光明如同日月,变化象神灵。百姓往往理解不了他,见他的人难以用言语概括他,这样的人就叫聖人。显然,聖人德合天地,智通神灵,泽成万物,但常人却又往往感觉不到他。这一点上似乎也可以说是"大象无形,大音希声,大德若质,聖人无名"。

以这样的标准衡量,能称得上"聖"的人就太少了。儒学典籍中多称尧、舜、禹、汤、周文王、周武王、周公、孔子为聖人,民间称孔子为"孔聖人",孟子为"亚聖",关羽称"武聖人"和"关聖人"。

由于"聖"可以和天地合德,与日月同光,具有至高无上的意思,所以"聖"又成为历代帝王的尊称。如帝王称"聖上",帝王的命令称"聖旨",皇帝的母亲称"聖母",皇帝言行常被称"聖明"等等。

此外,"聖"还可以指在某方面造诣精深的人。如汉代许慎称"字聖",晋代王羲之称"书聖",唐代的吴道子称"画聖",杜甫称"诗聖",汉代名医张仲景称"医聖"。品德高尚的女子称"聖女""聖姑",得道的高僧称"聖僧",当然还有传说中武艺高强的"齐天大聖"等等。

---

① 《十三经注疏·孟子注疏》,中华书局 1980 年版,第 105 页。
② 汉·许慎:《说文解字》,中华书局 1963 年版,第 250 页。
③ 清·段玉裁:《说文解字注》,上海古籍出版社 1981 年版,第 592 页。
④ 《十三经注疏·春秋左传正义》,中华书局 1980 年版,第 1862 页。
⑤ 《诸子集成补编·孔子家语》,四川人民出版社 1997 年版,第 177 页。

第十一章　祭祀福祉篇

祭祀是向祖宗、向上天神灵上供行礼,寻求保佑,以求福避灾。人类的祖先、各自的祖宗先人、著名的部落首领或是在治理政事、战胜自然灾害的斗争中建立了大的功勋及所有造福于百姓的人就自然成了祭祀的神灵。此外,由于古代科学技术不发达,许多自然现象得不到科学解释,人们心存疑虑,往往希望能从上天那里得到解释和安慰,于是,天地山川,日月星辰,甚至动植物都成为祭祀的对象。人们在做出决定、采取行动及遇到疑问时都要向先祖,向神灵求助,这样,祭祀就成了人们生活中经常进行的一种礼仪活动。《左传》记载,"国之大事,在祀与戎"①。意思是说,国家最大的事情有两件,一是祭祀,一是战争。可见祭祀上至天子诸侯,下至平民百姓,都非常重视,于是,祭祀文化也就成了中华传统文化的一个重要组成部分。《礼记·祭法》记载了先民祭祀的原则和对象:"夫圣王之制祭祀也,法施于民则祀之,以死勤事则祀之,以劳定国则祀之,能御大灾则祀之,能捍大患则祀之。是故厉山氏之有天下也,其子曰农,能殖百谷;夏之衰也,周弃继之,故祀以为稷。共工氏之霸九州岛也,其子曰后土,能平九州,故祀以为社。帝喾能序星辰以著众,尧能赏均刑法以义终,舜勤众事而野死,鲧障鸿水而殛死,禹能修鲧之功,黄帝正名百物以明民共财,颛顼能修之,契为司徒而民成,冥勤其官而水死,汤以宽治民而除其虐,文王以文治,武王以武功去民之灾,此皆有功烈于民者也。及夫日月星辰,民所瞻仰也;山林川谷丘陵,民所取财用也。非此族也,不在祀典。""法施于民""以死勤事""以劳定国""能御大灾""能捍大患"五条是祭祀的原则,符合这些原则的如"稷神"神农、周弃、"社神"后土和著名的部落首领、帝王如帝喾、尧、颛顼、契、冥、商汤、周文王、周武王,以及受百姓瞻仰的日月星辰,供百姓财用的山林川谷丘陵,这些都是古代祭祀的对象。

汉字构形中保存了大量有关祭祀祖先神灵,祈求福祉方面的文化信息。

1. 示

"示"字小篆形体作"示","《说文·示部》解释说:"天垂象,见吉凶,所以示人也。从二(上),三垂,日月星也。"②根据许慎的解释,"示"字上半部分的"二"是上,上就是天;下半部分三笔表示日、月、星。这种构形表示上天通过日、月、星运行构成的图像的变化,透露出是吉还是凶的信息,并用这种方法来警示世人。这是许慎根据小篆的构形所作的解释,许慎是东汉人,所以这些解释反映了秦汉时人们的思想观念。从中可以看出三点:

第一,天与人是相通的;

第二,天主宰着人世间的一切事物,时时刻刻都关注着人间;

---

① 《十三经注疏·春秋左传正义》,中华书局1980年版,第209页。

② 汉·许慎:《说文解字》,中华书局1963年版,第7页。

第三,天通过日月星辰、风云雨电等自然现象向人们传递旨意和信息。

于是,人类世界里便处处都有神灵,人的一举一动都在天神的监视之下,人间的吉凶祸福都由上天掌握着。实际上,它反映了秦汉时人们畏天敬神,向天神乞求吉凶指示的文化特色。

甲骨文中的"示"字作"""",这个构形象什么?学界说法不一。但一般认为,这个符号是"神主"的形象,作用类似于今天的灵牌,是人制造的神的化身,或是神的附着物。

这个神主有什么作用呢?古人认为,人死了,灵魂不灭,但灵魂又是看不到、摸不着的,于是就设一个神主,摆一个灵牌,让先人的灵魂和神有一个附着物。对着这个神主、牌位,就像对着神灵,对着故去的亲人一样。逢年过节,可以把酒肉祭品摆在神主的前面,就像摆在神灵和故去的亲人面前,让他们享用,寄托后人的希望和思念。直到今天,父母故去后,子女亲人把他们的遗像仍挂在墙上或是逢年过节时摆出来祭奠,都是这种文化风俗的遗留。有了这个神主,有了这幅遗像,祭祀就让人觉得很真实、有着落。

当然,古人祭祀"示"——神主,主要是求得祖先、神灵的保佑和庇护。所以汉字中从"示"的字往往都与祭祀有关。

2. 祭与祀

"祭"字的甲骨文构形作"""",象一只手拿着一块肉,表示备好礼物举行祭礼。"祀"的甲骨文构形作""""。《说文·示部》:"祭,祭祀也,从示,以手持肉。""祀,祭无已也。"[1]段玉裁解释说:"统言则祭祀不别也。"[2]

祭祀的神灵因时代不同、等级不同而各异。据《礼记·曲礼下》记载,殷代"天子祭天地,祭四方,祭山川,祭五祀""诸侯方祀,祭山川,祭五祀""大夫祭五祀""士祭其先"。据郑玄注释,所谓"祭四方",就是在四郊祭礼五官之神:在东郊祭祀句芒,在南郊祭祀祝融、后土,在西郊祭祀蓐收,在北郊祭祀玄冥。所谓"方祀",就是各自祭其所处方位之神。祭山川,即祭祀山神、河神。所谓"五祀",即祭祀"户、灶、中溜、门、行"。周代祭祀,则天子立七祀,诸侯立五祀,大夫立三祀,士立二祀[3]。至于五祀的具体内容,又有多种说法。

祭祀活动一年四季都有,名称各不相同。

《礼记·王制》:"天子诸侯宗庙之祭:春曰礿,夏曰禘,秋曰尝,冬曰烝。"郑玄注:"此盖夏殷之祭名。周则改之:春曰祠,夏曰礿。"[4]

祭祀目的不同,名称也不一样,如求福叫祈,叫祷,叫礼;求子叫禖;除灾叫禳,叫祓;谢神叫祠,除丧服叫禫……诸神合祭叫祫,军中祭祀叫祃,特殊事件临时祭祀叫禷……

祭祀名称不同,内容、仪式、规格、样式等自然各不相同。总之,祭祀种类繁多,仪式复杂多样,不胜枚举。这种现象足以证明祭祀在古代社会生活中的重要,当然也表明了祭祀文化的兴盛。

① 汉·许慎:《说文解字》,中华书局1963年版,第8页。
② 清·段玉裁:《说文解字注》,上海古籍出版社1981年版,第2页。
③ 《十三经注疏·礼记正义》,中华书局1980年版,第40页。
④ 《十三经注疏·礼记正义》,中华书局1980年版,第107页。

"祭"字的甲骨文构形表明,古代祭祀要用肉。因为肉是美食,古人吃肉不容易。《孟子·梁惠王上》记载:"鸡豚狗彘之畜,勿失其时,七十者可以食肉矣。"[①]意思是说,饲养鸡猪狗这一类家畜,不要耽误了它们繁殖的季节,七十岁的人就可以吃上肉了。七十岁才可以吃肉,还得在不影响家畜正常繁殖生长的前提下,确实不容易。

据说古代曾有规定:"鱼不长尺不得取,彘不期年不得食。"[②](《淮南子·主术训》),所以直到现代,农民自己养猪,一般只有过年时才杀猪吃肉,平时是不能杀的,也是这种风俗的遗留。人要把最好的食物拿出来给神灵、给祖先享用,以示虔诚,所以祭祀要用肉。

肉的品种很多,作为祭品,最早多用"牛"来充当。

《说文·牛部》:"牲,牛完全。"[③]段玉裁解释说:"引申为凡畜之称。《周礼·庖人》注:"始养之曰畜,将用之曰牲。"[④]据此,祭祀用的全牛叫"牲",所以"牲"字从牛,后来扩展到羊和猪。也有人说,因为在充当祭品的家畜中,牛的个头最大,所以牛可以单独称"牲","牲"字从牛。

纯色的、整体的"牲"叫"牺",合称"牺牲"。"牺牲"本是用来祭祀天地、宗庙的祭品。既然成为祭品,就要献出身体和生命,所以"牺牲"后来引申指为公众、为正义而献身。

祭祀的等级种类不同,祭品也不一样。牛、羊、猪俱全叫三牲,是最大、最丰盛的祭品。祭祀也有用牛、羊、猪的头的,叫牲头。

当然,中国土地辽阔,各地民风不同,祭祀是都要搞的,也有用其他动物的,上古有五牲、六牲的说法。甚至有用鱼、马、鸟、玉等作为祭品的。

《左传·昭公十一年》:"五牲不相为用,况用诸侯乎?"杜预注:"五牲,牛、羊、豕、犬、鸡。"[⑤]

《周礼·地官·牧人》:"牧人掌牧六牲而阜蕃其物,以共祭祀之牲牷。"郑玄注:"六牲谓牛、马、羊、豕、犬、鸡。'"[⑥](牛、马、羊、豕、犬、鸡,始养之曰畜,将用之曰牲。所以后人称"牲畜""畜牲"。)

《周礼·天官·小宰》郑玄注:"郑司农云:'大祭祀,大宰赞玉币,司徒奉牛牲,宗伯视涤濯,莅玉鬯,省牲镬,奉玉齍,司马羞鱼牲,奉马牲。'"[⑦]

鱼牲、马牲即用鱼、马做祭品。甚至相传还有用人作祭品的。

据《吕氏春秋·顺民》记载:汤灭了夏朝,建商朝后,天下大旱,五年没有收成。于是商汤来到桑林中,剪光头发,用木夹夹上自己的十指,用身体作为牺牲来祭天祈祷,向上帝求雨。说:"我一个人有罪,不要牵连到万民,即使万民有罪,罪也在我一个人身上。不要因为我一人的罪过,伤害百姓万民的性命。"说完,随着老百姓的欢呼声,倾盆大雨从天而降。[⑧]

这个传说,从一个侧面反映了用人作祭品来祭祀的现象。所以在文献中常有把抓到的敌人、战俘作为祭品的记载。

---

① 《十三经注疏·孟子注疏》,中华书局 1980 年版,第 2 页。
② 《诸子集成·淮南子》,中华书局 1954 年版,第 147 页。
③ 汉·许慎:《说文解字》,中华书局 1963 年版,第 29 页。
④ 清·段玉裁:《说文解字注》,上海古籍出版社 1981 年版,第 50 页。
⑤ 《十三经注疏·春秋左传正义》,中华书局 1980 年版,第 358 页。
⑥ 《十三经注疏·周礼注疏》,中华书局 1980 年版,第 85 页。
⑦ 《十三经注疏·周礼注疏》,中华书局 1980 年版,第 15 页。
⑧ 《诸子集成·吕氏春秋》,中华书局 1954 年版,第 147 页。

3. 祝

"祝"的甲骨文构形作"⻊""⻊",象一个人跪着、面对"T"神主,张着嘴在说话。所以《说文》解释说是"祭主赞词者"[①],即祭祀时主持祭礼的人,也就是俗称的"男巫"。《诗经·小雅·楚茨》:"祝祭于祊,祀事孔明。"郑玄笺:"孝子不知神之所在,故使祝博求之平生门内之旁,待宾客之处。"孔颖达疏:"祝则博求先祖之神,祭于门内之祊。"[②]

据《周礼·春官》记载,按照职位功能的不同,"祝"有多种,祝之官长叫"大祝",还有"小祝""丧祝""甸祝""诅祝"等等,[③]分别负责不同的祭祀仪式。后来庙里主管香火的人,叫庙祝,盖源于此。

男巫叫"祝",巫向神求福的这种行为也叫"祝"。《仪礼·少牢馈食礼》:"祝祝曰:'孝孙某,敢用柔毛刚鬣嘉荐普淖,用荐岁事于皇祖伯某,以某妃配某氏。尚飨。"[④]

从这个意义上再引申,今天的"祝福",准确含义是向神求福,祝福你,就是为你向神灵求福;"祝寿",就是替对方向神灵祈求长寿。

4. 巫与觋(xí)

《说文·巫部》:"巫,祝也。女能事无形,以舞降神者也。象人两袖舞形。古者巫咸初作巫。"[⑤]按照许慎的解释,"巫"是女人,是通过"跳舞"来"降神",达到与神灵沟通交流的目的的女人。

《国语·楚语下》:"古者民神不杂,民之精爽不携贰者,而又能齐肃衷正,其知能上下比义,其圣能光远宣朗,其明能光照之,其聪能听彻之,如是,则明神降之。在男曰觋,在女曰巫。"韦昭注:"巫、觋,见鬼者。《周礼》男亦曰巫。"[⑥]

据此,巫、觋是能够让"明神降之"的人。相对而言,女巫叫"巫",男巫叫"觋"。"觋"从巫从见,所以是能够使神鬼出现的人。

"巫"的甲骨文形体作"⊞""⊞"。学界一般认为,这个构形象两块玉交错,是巫祭祀祈祷时的用具。《说文·玉部》说:"灵巫以玉事神。"[⑦]可见,上古时期,巫是拿着"玉"来向神灵祈祷的。因为古人认为"玉"是灵物,是可以通神的,后代还有所谓"通灵宝玉"的说法。既然拿着玉祭祀神灵,所以造字时就用两块交错的玉构形来表示从事这种职业的人——巫,反映了先秦两汉时期巫在祭祀、祈祷时的行为特色。"巫"的甲骨文构形也为我们提供了上古时期以玉礼神的文化信息。

巫觋能够与鬼神沟通。《左传·僖公十年》记载:夏天,晋侯改葬了太子申生。秋天,晋大夫狐突到曲沃新城去,正好遇上了太子申生的灵魂。申生告诉狐突,七天以后,在新城西

---

① 汉·许慎:《说文解字》,中华书局 1963 年版,第 8 页。
② 《十三经注疏·毛诗正义》,中华书局 1980 年版,第 200 页。
③ 《十三经注疏·周礼注疏》,中华书局 1980 年版,第 117 页。
④ 《十三经注疏·仪礼注疏》,中华书局 1980 年版,第 257 页。
⑤ 汉·许慎:《说文解字》,中华书局 1963 年版,第 100 页。
⑥ 徐元浩:《国语集解·楚语下》,中华书局 2002 年版,第 512 页。
⑦ 汉·许慎:《说文解字》,中华书局 1963 年版,第 13 页。

边，我将附身于巫者出现。"狐突答应了他，于是申生便不见了。狐突如期前往，果然有一名巫告诉他说："天帝允许我惩罚罪人了，他（晋侯）将在韩地受到惩罚。"①

《左传·成公十年》记载：五月，晋景公梦见一个恶鬼，披散的头发拖到地上，捶胸跳脚地说："你杀了我的子孙，不讲道义。我已经请示了上帝，要为他们报仇！"说完就捣毁了大门和寝门走了进来。景公害怕了，躲到内室。恶鬼又把内室的门捣毁了。景公吓醒了，派人召请桑田巫。桑田巫说的同景公梦中所经历的完全一样。景公问："怎么办？"桑田巫说："恐怕吃不上新麦了。"景公病重了，向秦国求医。秦桓公派医缓来为景公诊病。医缓还没到来时，景公梦见疾病变成了两个小孩子，商量着说："他是个良医，怕他伤害到我们，到哪里躲避他呢？"其中一个说："我们躲在胸腹横隔的上面，心尖脂肪的下面，看他能把我们怎么样？"医缓到了以后，说："病已经不能治了，它在胸腹横隔的上面，心尖脂肪的下面，不能用灸熏烤，扎针又达不到，药力也达不到，不能治了。"景公说："真是良医。"赐给他丰厚的礼物送他回国。

六月初六，晋景公想吃新麦子，于是就让掌管田地的官员进献新麦，厨师做熟后端上来。景公派人把桑田巫叫来，把做熟的新麦给她看，意思是说，你不是说我吃不到新麦了吗？然后杀了她。景公将要吃新麦时，突然觉得肚胀，走到厕所，陷在粪坑里去世了。新麦到了嘴边，还是没有吃上，应了桑田巫的预言②。

巫觋的出现，反映了上古时期人们渴望与神灵沟通，预知并掌握自己命运的愿望。

5. 卜与占

"卜"的甲骨文构形作"Ⴅ""Ⴕ"。《说文·卜部》："卜，灼剥龟也。象灸龟之形。"③段玉裁解释说："灼，灸也。""剥，裂也。灼剥者，谓灸而裂之。""直者，象龟；横者，象楚焞（tūn）之灼龟。"④"楚焞"是一种灼烤龟甲的工具。所谓卜，就是用楚焞这种带火的工具来灼烤龟甲，使龟甲剥裂开，出现纵横不规则的细缝。这些细缝叫"兆"，卜师就根据这些"兆"对占卜的问题进行预测。

"占"字的甲骨文构形作"Ⴜ""Ⴖ"，是在卜的下面加了一个"口"字。《说文·卜部》："占，视兆问也。"⑤即看着龟甲灼烤后出现的裂纹（兆）来询问。所以汉语中"占"与"卜"经常连用，称"占卜"，后逐渐形成了一个词。

殷商时代占卜现象非常普遍，婚姻生育、春种秋收、行旅战争、天气风雨等等，凡有关吉凶祸福之事，事无巨细，均需占卜，都要"卜以决疑"。

《诗经·卫风·氓》："尔卜尔筮，体无咎言。"毛传："龟曰卜，蓍曰筮。体，兆卦之体。"卜是通过灼烤龟甲来预测，筮是用排列蓍草来预测。体是卜、筮时龟甲或蓍草显示的兆象，用以判断吉凶。咎言，即凶言。本诗在占卜婚事，诗中说"体无咎言"，即兆象没有不好的表示，所以才"以尔车来，以我贿迁"⑥，即派你的车来，把我的嫁妆拉过去——成婚。

① 《十三经注疏·春秋左传正义》，中华书局 1980 年版，第 99～100 页。
② 《十三经注疏·春秋左传正义》，中华书局 1980 年版，第 204 页。
③ 汉·许慎：《说文解字》，中华书局 1963 年版，第 69 页。
④ 清·段玉裁：《说文解字注》，上海古籍出版社 1981 年版，第 127 页。
⑤ 汉·许慎：《说文解字》，中华书局 1963 年版，第 70 页。
⑥ 《十三经注疏·毛诗正义》，中华书局 1980 年版，第 56 页。

《周礼·筮(蓍)人》："凡国之大事,先筮(蓍)而后卜。"郑玄注:"当用卜者,先筮之,即事渐者……故于筮凶,则止不卜。"①占卜国家的大事,一般应该先蓍后卜。而且如果蓍的结果是"凶",就不再卜了。但春秋时期,这条规定并未严格遵守。

《左传·僖公四年》:"初,晋献公欲以骊姬为夫人,卜之,不吉;筮之,吉。公曰:'从筮。'卜人曰:'筮短龟长,不如从长。'"②孔颖达疏:"《曲礼》云,卜筮不相袭。郑玄云,卜不吉,则又筮;筮不吉,则又卜。是渎龟筮也。"晋献公想让骊姬做夫人,卜,不吉利,但他不想从;于是又用筮,筮的结果是吉利,符合他的心意,所以他想听从筮的结果。但根据习惯,一般卜筮用一种即可,不能反复使用,否则是亵渎神灵。如果两个都用,结果不一样的时候,要服从卜的结果。所以卜人劝他听从龟甲占卜的结果。

殷商时期,占卜是一种专门的职业。从事占卜的人统称卜人。《周礼·春官·卜人》:"大(tài 太)卜,下大夫二人;卜师,上士四人;卜人,中士八人,下士十有六人。"郑玄注:"大(tài 太)卜,卜筮官之长。"③据此,掌管占卜的最高级别的官是太卜,下边还有卜师、卜人等。

称呼卜师,师的名字一般是放在卜辞的后面,如春秋时期,晋国有卜偃,秦国有卜徒父,鲁国有卜楚丘,梁国有卜招父。他们的后代,往往以卜为氏。

占卜后,根据兆下的断语,往往都刻在龟甲或兽骨上,就是今天我们所见到的甲骨文。

卜师根据"兆"象——龟甲或蓍草显示的形状来判断吉凶,所以汉语中又有"预兆""征兆"等词语。

6. 祖

"祖"字的甲骨文作"且""且",王筠说:"钟鼎文凡'祖'字皆作'且'。""且"的构形,学界说法不一,一般认为是男性生殖器的形状,反映了原始社会时期生殖器崇拜的现象。也有人认为"且"是"祖"的初文,《说文·示部》解释说:"祖,始庙也。"始庙,就是祖庙,是家族创始人的庙,国家开国国君的庙,也就是祖先的庙。

《周礼·冬官·匠人》:"左祖右社,面朝后市。"郑玄注:"王宫所居也。祖,宗庙。王宫当中经之涂也。"王宫左边是祖庙,右边是祭祀土地的社庙。

其实,当初"且"或许也是一种神主,是祖先的神主,后来才加"示"作"祖",祖庙可能是"祖"的引申义。所以,汉语词语中本族的创始人称"鼻祖""始祖",把开创某种事业的人称"开山始祖","祖师"。祖上开创的事业也可以称"祖"。

《左传·昭公十五年》记载了一件事:晋国大夫籍谈做副使出使周朝,参加周穆后的葬礼。葬礼结束后,周景王问:诸侯都进献宝物来安抚王室,晋国独独没有,这是为什么呢? 籍谈回答说,其他国家立国时都受到过周王朝的赏赐,所以也有礼器进献给周天子;而晋国却从来没有受到过周天子的赏赐,所以也就没有宝物进献。周景王指出,从晋国的始祖起,晋国就一直受到周王朝的赏赐。再说,你的高祖开始掌管晋国的典籍,所以称为籍氏。你是司典的后代,怎么能忘记了这些呢?"籍谈回答不上来。宾客出去后,周天子说:"籍父其无后

---

① 《十三经注疏·周礼注疏》,中华书局 1980 年版,第 167 页。
② 《十三经注疏·春秋左传正义》,中华书局 1980 年版,第 91 页。
③ 《十三经注疏·周礼注疏》,中华书局 1980 年版,第 117 页。

乎！数典而忘其祖。"①意思是说，籍氏的后代恐怕不能享受禄位了吧！数说前代典故却忘了他的祖宗曾做的事情。于是，"数典忘祖"就成了"忘本"的典型说法。

7. 宗

"宗"的甲骨文构形作"⊓""⊓"，是在屋子里安放了一个神主，即祖先的牌位。所以"宗"的本义是祭祀祖先的地方，即"祖庙"，后来也称做"宗庙"。从这个意义上说，"宗"和"祖"是相同的。所以，后代常称"列祖列宗"，"祖宗"逐渐凝固成为一个复音词。

同一祖先的人为"宗"，所以称"宗族"；祖先的嫡长子为"宗子"，简称"宗"。所以古人称"祖迁于上，宗易于下，尊祖故敬宗，敬宗所以尊祖祢也"②（礼记·丧服小记）。

对于一个国家来说，一般是建立国家者称为祖，其后治理国家者称为宗。所以汉高帝庙号是"高祖"，汉文帝的庙号是"太宗"。李渊称唐太祖，李世民称唐太宗；赵匡胤称宋太祖，赵光义称宋太宗。

8. 申（神）

"申"是"神"的初文，甲骨文作"⅊""⅄"，金文作"⅊"。《说文·示部》："神，天神，引出万物者也。"徐错认为是"天降气以感万物"③，所以说是引出万物者也。

"⅊"的构形，实际上是闪电的形状。甲骨文中，"神""申""电"构形相同。古人不能理解雷电现象，认为是天神的作用。所以把神当作造化万物的主宰。

"申"是闪电，伴随着闪电的还有雷声，古人对"雷"是怎样构形的呢？

在甲骨文中，"雷"字作"⅋""⅋"，在闪电⅊中间加上两个圆圈或是两个"田"形符号表示雷声。雷声传到耳朵里，往往是一阵一阵的，是滚动的，所以用圆圈和代表可以滚动的"田"形符号来表示。

关于雷神，有各种不同的记载，《山海经·海内东经》里说："雷泽中有雷神，龙身而人头，鼓其腹。"④即"雷神"身象龙，头象人，鼓动它的肚子就会发出轰隆隆的雷声。显然，这是受了人的影响，把雷"人化"了。

《楚辞·远游》："路曼曼其悠远兮，徐弭节而高厉。左雨师使径待兮，右雷公以为卫。"雷是雷公，与雨师相伴而行，所以雷雨总是连在一块说，后来，老百姓把只说不做叫"干打雷不下雨"，被认为是不正常、不应该的事情。

《洪范五行传》里说雷能够"兴利除害"，把雷当成了主持正义的君王的化身。今天民间还说，做了坏事要遭天打五雷轰。尽管雷的形象说法不一，但把闪电、雷当作"神"来敬畏是一致的。

---

① 《十三经注疏·春秋左传正义》，中华书局 1980 年版，第 376 页。
② 《十三经注疏·周礼注疏》，中华书局 1980 年版，第 267 页。
③ 汉·许慎：《说文解字》，中华书局 1963 年版，第 8 页。
④ 《山海经》，《景印文渊阁四库全书》，台北商务印书馆 1986 年版。

9. 社

看历史剧,常听到一个词,叫"江山社稷";听京戏,佘老太君叙述杨家将几代人为国家奋战疆场时说:"哪一仗不为社稷? 哪一仗不为黎民?""社稷"指的是国家。国家为什么叫"社稷"呢?"社"和"稷"的构形又传达出什么样的古代文化信息呢?

"社"字甲骨文作" 🜂 ",象土堆起来的形状。《说文》解释说"社,地主也。《春秋传》曰:'共工之子句龙为社神。《周礼》二十五家为社,各树其土所宜之木。"①

"地主"即土地神。原始社会时期,人们的衣食住行时刻离不开土地,土地承载万物。哺育万物,对生活在中原地区、很早就以农业为生的汉族人来说,恩德实在是太大了。所以,汉族人很早就有崇拜土地的习惯。所以祭祀土地,是人们自然产生的欲望和要求。

土地如此辽阔,祭祀哪里呢? 于是就用土封一个坛来祭祀,这个坛就是社。据《通典·社稷》记载:"天子之社则以五色土,各依方色为坛,广五丈。诸侯则但用当方之色为坛,皆立树以表其处,又别为主以象其神。大夫以下但各以地所宜之木而立之。"②

什么时候开始立社的呢? 最早受祭祀的人又是谁呢?

《左传·昭公二十九年》:"共工氏有子曰句龙,为后土……后土为社。"所以《说文》说"共工之子句龙为社神"。相传共工氏统治九州的时候,他的儿子句龙为后土,能平定九州,对人类有大功,于是就用句龙来配土地神,在社上祭祀,称"社神"。

历史上关于"共工"的说法有很多,其中一说是:"共工"是治水的官名,上古时期曾经发过很多次洪水,对人类危害极大,禹和他的父亲鲧都是负责治水的"共工",禹治好了水患,人们过上了安定的日子。禹死后,他的儿子启做了夏朝的君王,称"后"。为了纪念禹,把他尊为土地神,立社来纪念他。按照这种说法,最早立社的是夏朝,社里最早受祭祀的人是禹。

周代的社有多种,不同的等级可以建立不同的社。天子为群姓诸侯立的社叫大社,为自己立的社叫王社;诸侯为百姓立的社叫国社,为自己立的社叫侯社;大夫以下成群立社,叫置社。

《说文》引《周礼》称:"二十五家为社,各树其土所宜之木。"意思是,二十五家就可以立一个"社",用最适合他们那个地方生长的树做成神主,树立在土坛上。《论语》记载了一件事:"哀公问社于宰我。宰我对曰:'夏后氏以松,殷人以柏,周人以栗。曰,使民战栗。"③意谓宰我告诉鲁哀公说,社的神主,夏朝用松树做,殷人用柏树,周人用栗树,原因是使民战栗。"使民战栗"之说虽然有些牵强附会,但夏、商、周三代的百姓各用不同的树做神主,是符合"各树其土所宜之木"的为社原则的。

总之,"社"是土地神,是古代祭祀最多的神灵之一。一直到近、现代,几乎村村都有祭祀土地神的土地庙。

① 汉·许慎:《说文解字》,中华书局 1963 年版,第 9 页。
② 唐·杜佑:《通典》卷四十五,《景印文渊阁四库全书》,台北商务印书馆 1986 年版。
③ 《十三经注疏·论语注疏》,中华书局 1980 年版,第 12 页。

10. 稷

"稷"的甲骨文作"𮂠",右部分是禾,左部分是一个人张着口跪在地上。合起来表示人向禾穀祭拜祈祷。"稷"又叫粟,北方俗称谷子,去掉皮后叫"小米"。《说文·禾部》说稷为"五谷之长"[①]。五谷是粮食的总称,在物质资料不充裕的原始社会,有了粮食就有了生存的根本,没有饭吃,就得饿肚子,就不能生存。所以古人云"谷之于民,其德大矣",意思是说粮食对于百姓来说,恩德太大了。至今人们还说"民以食为天"。谷是粮食的代表,以致于"谷"都成了"德"的代名词。如君王自谦时常称自己为"不穀",其实就是"不德"的委婉说法。

稷是五谷之长,所以管理农事的官也叫稷。《礼记·祭法》:"厉山氏之有天下也,其子曰农,能殖百谷。夏之衰也,周弃继之,故祀以为稷。"[②]《孟子·滕文公上》:"后稷教民稼穑,树艺五谷。五谷熟而民人育。"赵岐注:"弃为后稷也。"[③]厉(一作烈)山氏之子即神农,是最早的稷。夏代以后,弃又为稷。所以最早的五谷之神是烈山氏之子神农氏;夏代以后祭祀的五谷之神是弃,因为他是周朝的始祖,称后稷。

社是土地神,稷是五谷神,土地和粮食是立国的根本,所以无论是部落还是国家,都要建立社庙和祭祀稷的场所。于是"社"和"稷"成为一个国家不可或缺的重要的祭祀场所,久而久之,"社稷"就成了国家的代名词,一直沿用至今。

11. 福

"福"的甲骨文形体作"𥚃",象两只手捧着一个"畐"在"示"前祈祷。还可以省略两只手,写成"福",最初则作"畐""畐""畐"(fú)。《说文》:"畐,满也。"有人说,"象长颈鼓腹圆底之器","充盈其中,因以象征丰满"。(朱芳圃《殷周文字释丛》)这种观点有道理。盛满了什么呢?王宁先生认为,"畐""畐""畐"其实是"画一个丰满的粮仓"[④]。按照王先生的观点,"畐"是粮仓,后来加上"示"成为"福",似乎可以理解为向神祈祷仓廪丰满。可见,甲骨文时代的"福"的主要内容当是"五谷丰登","五谷丰登"是最大的福,正好反映了当时农业经济的社会现状,或者说是农耕文化的反映。

由此引申,与"祸"相对的事情都可以叫"福",以至于人生在世有"五福"之说。《尚书·洪范》:"五福,一曰寿,二曰富,三曰康宁,四曰攸好德,五曰考终命。孔颖达疏:"五福者,谓人蒙福祐,有五事也:一曰寿年得长也;二曰富家丰财货也;三曰康宁无疾病也;四曰攸好德性,所好者美德也;五曰考终命成,终长短之命,不横夭也。"[⑤]据此,古人所说的五福即长寿、多财、健康、美德、善终。

---

① 汉·许慎:《说文解字》,中华书局 1963 年版,第 144 页。
② 《十三经注疏·礼记正义》,中华书局 1980 年版,第 1590 页。
③ 《十三经注疏·孟子注疏》,中华书局 1980 年版,第 41 页。
④ 王宁:《汉字构形学讲座》,上海教育出版社 2002 年版,第 23 页。
⑤ 《十三经注疏·尚书正义》,中华书局 1980 年版,第 81 页。

12. 禄

"禄"的甲骨文构形作"⚹""⚹",象用辘轳汲水的形状,表示汲水灌溉,以保丰收,所以用来表示福泽。后来加上"示"成为"禄",本义仍然是"福"。所以《说文·示部》注释说:"禄,福也。"[1]

用"汲水灌溉,保证丰收"来表示"有福",反映的也是农耕时代的文化特色。后代皇帝赐给大臣财物,或是按月给的"工资",当然是皇帝的恩泽,所以也称"禄",就是"俸禄"。

《周礼·天官·太宰》:"以八则治都鄙:一曰祭祀,以驭其神;二曰法则,以驭其官;三曰废置,以驭其吏;四曰禄位,以驭其士;五曰赋贡,以驭其用;六曰礼俗,以驭其民;七曰刑赏,以驭其威;八曰田役,以驭其众。"郑玄注:"禄,若今月奉也,位,爵次也。"[2]

13. 禧

《说文·示部》:"禧,礼吉也。"[3]段注:"行礼获吉也。"[4]即通过实行"礼"来获得吉祥,获得福禄叫做"禧"。所以《尔雅·释诂》称:"禄、祉、履、戬、祓、禧、禠、祜,福也。"今天"恭贺新禧",即祝贺新的吉祥幸福。

值得注意的是,上面所举的"祭、祖、神、社、福、禄"等字,它们的初文都不加"示"字,今天见到的却都有"示"字。这表明,这些文字在造字之初不用"示"字标识,就能表明其祭祀福禄的意思,所以不加。后来,表示祭祀、福祉的内容往往都要加上"示"字,反映了文字类化的情况。也就是说,当确定了用"示"字作为祭祀类文字的表意符号以后,才在这些字上加上一个"示"字,以表示是祭祀类的意义。

从文化发展的角度看,这种后起字加上表意符号"示"的现象,正是文字使用过程中,汉字繁化的体现。

中华民族的祭祀文化源远流长,丰富多彩,这种文化信息在汉字的构形中往往有所反映,因此,分析汉字的构形,可以为我们提供探求上古汉字的发展和祭祀文化的途径。

---

① 汉·许慎:《说文解字》,中华书局 1963 年版,第 7 页。
② 《十三经注疏·周礼注疏》,中华书局 1980 年版,第 8 页。
③ 汉·许慎:《说文解字》,中华书局 1963 年版,第 7 页。
④ 清·段玉裁:《说文解字注》,上海古籍出版社 1981 年版,第 2 页。

第十二章　邦国政事篇

国家是人类社会发展到一定阶段的产物,作为维护统治阶级利益的工具,国家同时具有管理社会的职能。从人类文明发展的角度看,国家的产生是人类文明史上具有里程碑意义的大事,国家对社会的管理也是社会文化生活中最重要的内容之一。因此,在汉字中也保存了许多古代社会邦国政事方面的文化信息。

1. 國(国)

"國"(国)字的甲骨文构形作"□",左下部的"□"楷书作"囗",读"wéi",象四周圈起来的一块地,是"围"字的初文;右上部分的"戈"是"戈",古代兵器;合起来表示拿着兵器守卫土地的意思。"□"字后作"或",《说文·戈部》:"或,邦也。从囗,从戈以守一。一,地也。"①"或"字也是"域"的初文。段玉裁解释说:"《邑部》曰,邦者,國也。盖或、國在周时为古今字,古文只有或字,既乃复制國字。以凡人各有所守,皆得谓之或……而封建日广,以为凡人所守之或字未足尽之,乃又加囗而为國。""既有國字,则國训邦,而或但训有。"②意思是说,后起字"國"产生后,"或"就只作为无定代词,表示"有的"的意思了。而"持戈守卫土地",正是□字所记录的原始文化信息,即国家的要素一是要有土地,二是要靠军队守卫。

在中华文明史上,国家是随着封建制的产生而出现的。所以"以戈守土"的□字的本义并不是后来意义上的国家,而是城邑、都城。《左传·隐公元年》:"先王之制,大都不过三国之一,中五之一,小九之一。"③意思是说,大的城邑的城墙不能超过国都的三分之一,中等城邑不能超过五分之一,小的城邑不能超过九分之一。句中的"三国之一"的"国"指的是国都。《孟子·万章下》:"在国曰市井之臣,在野曰草莽之臣。"赵岐注:"在国谓都邑也。"④句中"国"与"野"相对而言,指的是都邑。

分封诸侯以后,"国"又指诸侯的封地。《周礼·天官·大宰》:"大宰之职,掌建邦之六典,以佐王治邦国。"郑玄注:"大曰邦,小曰国。"贾公彦疏:"邦国皆谓诸侯之国。"⑤上古帝王通过分封诸侯的办法来治理天下,每个诸侯都分给一块土地,由诸侯管理,这块封地就叫国;诸侯又把他管理的土地再拿出一部分来分给大夫管理,大夫得到的这块土地就是家。即所谓:"天子建国,诸侯立家。"(《左传·桓公二年》)最大的行政区域是天下,其次是国,再次是家。所以古人常把家与国并列起来说。如:《论语·季氏》:"丘也闻有国有家者,不患寡而患

---

① 汉·许慎:《说文解字》,中华书局 1963 年版,第 266 页。
② 清·段玉裁:《说文解字注》,上海古籍出版社 1981 年版,第 631 页。
③ 《十三经注疏·春秋左传正义》,中华书局 1980 年版,第 1712 页。
④ 《十三经注疏·孟子注疏》,中华书局 1980 年版,第 2745 页。
⑤ 《十三经注疏·周礼注疏》,中华书局 1980 年版,第 645 页。

不均，不患贫而患不安。"①有国有家者指诸侯、大夫。《韩诗外传》："夫《易》有一道焉，大足以治天下，中足以安家国，近足以守其身者，其惟谦德乎!"②"家国"即"家"和"国"。由于"国"与"家"常连用，且分封制废除后，作为大夫封地的"家"已不复存在，"国家"便逐渐成为一个复音词。

2．邦

"邦"字的甲骨文构形作"𤯓"，古文作"𤯓"，下半部分是田，上半部分象树，表示在田地上栽树作为疆界。金文作"𨛜"，左边是树，右边是邑，表示人们的居所，有树为界。"邦"字的小篆作"𨛜"，由金文形体演变而成。《说文·邑部》："邦，国也。从邑，丰声。"③古代国也叫"邦"。国与邦的区别，一是大小不同，郑玄说："大曰邦，小曰国。"二是，"邦"指四境之内，即边境之内可都叫邦，包括其中的城市与土地；"国"有时指城郭之内，即国都。如果国泛指国家，与邦就没有区别了。如《诗经·大雅·文王》："周虽旧邦，其命惟新。"④"旧邦"，即旧国。所以在汉语中，国与国的正式交往称为"邦交"。《周礼·秋官·大行人》："凡诸侯之邦交，岁相问也。"⑤友好的国家叫"友邦"，相邻的国家叫"邻邦"。

此外，"邦"字的甲骨文构形还向人们透露出一点文化信息：古代的国界、疆界曾经以树木为标志。

3．邑

"邑"的甲骨文构形作"𨙨"，上部分是"囗"（wéi），表示四周圈起来的一块土地，下部分是一个跽着的人，合起来表示有人居住的城。

《说文·邑部》："邑，国也。"段玉裁解释说："《左传》凡称人曰大国，凡称己曰敝邑，古国、邑通称。"⑥意思是说，古代国可以称邑，邑也可以称国。《左传·桓公十一年》："郧人军其郊，必不诫，且曰虞四邑之至也。"杜预注："虞，度也。四邑，随、绞、州、蓼也。邑亦国也。"⑦随、绞、州、蓼是当时楚国附近的四个小国。

同"国"字一样，"邑"也常用来指国都。《诗经·商颂·殷武》："商邑翼翼，四方之极。"毛传："商邑，京师也。"⑧"京师"即首都，都城。

邑可泛指城镇，一般大的叫都，小的叫邑。《左传·昭公五年》："司宫射之，中目而死。竖牛取东鄙三十邑以与南遗。"⑨"三十邑"即三十座小城。

由于"邑"是人聚居的地方，所以又成为古代的行政区划的名称，但人数多少，典籍记载

① 《十三经注疏·论语注疏》，中华书局 1980 年版，第 2520 页。
② 许维通：《韩诗外传集释》，中华书局 1980 年版，第 302～303 页。
③ 汉·许慎：《说文解字》，中华书局 1963 年版，第 131 页。
④ 《十三经注疏·毛诗正义》，中华书局 1980 年版，第 503 页。
⑤ 《十三经注疏·周礼注疏》，中华书局 1980 年版，第 893 页。
⑥ 清·段玉裁：《说文解字注》，上海古籍出版社 1981 年版，第 283 页。
⑦ 《十三经注疏·春秋左传正义》，中华书局 1980 年版，第 1755 页。
⑧ 《十三经注疏·毛诗正义》，中华书局 1980 年版，第 628 页。
⑨ 《十三经注疏·春秋左传正义》，中华书局 1980 年版，第 2040 页。

并不一致。《国语·齐语》："三十家为邑，邑有司。"[①]《尚书大传》卷三："古之处师，八家而为邻，三邻而为朋，三朋而为里，五里而为邑，十邑而为都，十都而为师，州十有二师焉。"郑玄认为："州凡四十三万二千家，盖虞夏之数也。"[②]春秋时期，大约三十家为一邑，更早的虞夏时期，一邑大约三百六十家。

由于"邑"字表示人聚居之地，所以汉字中，凡以"邑"（简化作"阝"）作为表意构件的，大都与城镇或地名有关。如：

"都"，有先君宗庙的城邑，《左传·庄公二十八年》："凡邑，有宗庙先君之主曰都，无曰邑。"[③]有先君宗庙的地方一般也是国君所在之地，所以又称"首都"。泛指，则大城市也可以叫"都"。"邕"则是四方被水环绕的城邑。

古国名，如郑、邢、邾、郕、邳、邰、邾、郯、鄂、邹、邻等。

古城名、地名，如赵国的都城"邯郸"、楚国的都城"郢"、别都"鄢"、周武王的都城"鄗"、孔子乡邑"郰"、孟子的乡邑邹及郓、郓、郭、郊、邵、郎等。

此外，表示古代的行政区划单位的字也往往从"邑"（阝）。

如"郡"，《说文·邑部》："郡，周制，天子地方千里，分为百县，县有四郡……至秦初，置三十六郡以监其县。"[④]按照周制，县大郡小，一县有四郡；秦制则郡大县小；汉朝设州，郡隶属于州；隋废郡存州，而隋炀帝又改州为郡。唐又废郡置州。所以历史上，往往州郡合称。

"鄙"是小城，边邑。《左传·隐公元年》："大叔命西鄙、北鄙贰于己。"杜预注："鄙，郑边邑。贰，两属。"[⑤]意思是说，郑国的大叔段命令西边和北边边境上的两个城邑除了属于庄公之外，也属于自己。

地处偏远则朴质，所以"鄙"有原始质朴的意思。《庄子·胠箧》："焚符破玺，而民朴鄙。"[⑥]"朴鄙"即纯真质朴。

另一方面，地处偏远往往见少识浅，所以"鄙"又有庸俗浅陋的意思。《左传·庄公十年》："肉食者鄙，未能远谋。"[⑦]

"浅陋"则往往让人看不起，于是"鄙"又指轻视、鄙薄。《左传·昭公十六年》："我皆有礼，夫犹鄙我。"[⑧]鄙我即看不起我，轻视我。

正因为"鄙"可以表示见识浅陋，所以与人交谈中往往被用作自谦之词，称自己为"鄙人"，《韩诗外传》卷三："翟黄逡巡再拜曰：'鄙人固陋，失对于夫子。'"[⑨]称自己的话为"鄙言"。《后汉书·马援传》："援谓黄门郎梁松、窦固曰：'凡人为贵，当使可贱。如卿等欲不可复贱，居高坚自持，勉思鄙言。'松后果以贵满致灾。"[⑩]老人还可称自己为鄙老、鄙耇。

比"鄙"更小的行政区划单位还有"鄽""里""邻"等，大约等于今天所谓的基层行政区划

① 徐元浩：《国语集解》，中华书局 2002 年版，第 228 页。
② 《尚书大传》卷三，《景印文渊阁四库全书》，台北商务印书馆 1986 年版。
③ 《十三经注疏·春秋左传正义》，中华书局 1980 年版，第 1782 页。
④ 汉·许慎：《说文解字》，中华书局 1963 年版，第 266 页。
⑤ 《十三经注疏·春秋左传正义》，中华书局 1980 年版，第 1716 页。
⑥ 《诸子集成·庄子集释》，中华书局 1954 年版，第 160 页。
⑦ 《十三经注疏·春秋左传正义》，中华书局 1980 年版，第 1767 页。
⑧ 《十三经注疏·春秋左传正义》，中华书局 1980 年版，第 2079 页。
⑨ 许维遹《韩诗外传集释》，中华书局 1980 年版，第 88 页。
⑩ 南朝·宋范晔：《后汉书》，《景印文渊阁四库全书》，台北商务印书馆 1986 年版。

单位。《周礼·地官·遂人》:"遂人掌邦之野,以土地之图经田野,造县鄙。形体之法:五家为邻,五邻为里,四里为酂,五酂为鄙,五鄙为县,五县为遂,皆有地域沟树之,使各掌其政令刑禁,以岁时稽其人民而授之田野,简其兵器,教之稼穑。"①"五家为邻"是周制,中国古代不同时期还有"八家为邻",甚至"四家为邻"的制度。

因为"邻""里"都是基层区划单位,居住于此的家庭相互距离最近,于是便产生了"和睦邻里"一词,反映了古代人们追求和平宁静生活的美好愿望。

4. 政

"政"的甲骨文形体作"𓏤",由"𓏤"(正)和"𓏤"(攴 pū)两部分构成。《说文·攴部》:"政,正也,从攴从正,正亦声。""𓏤"象一只手拿着棍子敲击的样子,所以"政"的本义是匡正,使……正。《论语·为政》:"子曰:'为政以德,譬如北辰,居其所而众星共之。'"朱熹注:"政之为言正也,所以正人之不正也。"②依朱熹的观点,从政就是要"正人之不正",即把别人的不正纠正过来,使其达到正。这种看似朴素的说法,确实有道理。作为维护政权统治工具的"政",从本质上讲就是要把不符合本阶级、本集团利益的行为纠正过来,使它符合本阶级的利益和要求。"𓏤"字从"𓏤"(攴)从"𓏤"(正)的构形,就寓含这种文化信息。另一方面,"𓏤"字从"𓏤"(攴)从"𓏤"(正)的构形还表明,政之所以叫"政",其本质上还是"正",即来源于"正"。从这个角度讲,"政"字的构形还寓含着"当政者本身首先要'正'"的文化信息。从传统文化的意义上说,这一条更为重要。

一次鲁国最有实权的大夫季康子问孔子怎样执政,孔子说:"政者,正也。子帅以正,孰敢不正?"(《论语·颜渊》)孔子告诉季康子,执政者自身首先要"正",自己带头正了,谁还敢不正呢? 怎样做就算是"帅以正",就算达到了孔子的要求了呢? 著名史学家司马迁认为汉将军李广的行为就做到了这一点,他评价李广说:"传曰'其身正,不令而行;其身不正,虽令不从。'其李将军之谓也! 余睹李将军,悛悛如鄙人,口不能道辞。及死之日,天下知与不知,皆为尽哀。彼其忠实心诚信于士大夫也。谚曰'桃李不言,下自成蹊',此言虽小,可以谕大也。"(《史记·李将军列传》)"传曰"后,司马迁所引用的这一段话,意思是执政者自身行为端正了,不发布命令,百姓也会向正的方面去做的;自身行为不端正,即使三令五申,百姓也不会听从。为什么忠义朴质、不善言辞的李广自杀时能够让天下人为之尽哀呢? 就是因为他做到了"正",他的行为取信于士大夫,感动了天下人:他终生报国戍边,"结发与匈奴七十余战";他武艺高强,骁勇善战,人称"李广才气,天下无双",被匈奴称为"汉之飞将军";他以身作则,身先士卒,爱护士兵,"乏绝之处,见水,士卒不尽饮,广不近水;士卒不尽食,广不尝食"。他廉洁自奉,不谋私利。"得赏赐辄分其麾下""为二千石四十余年,家无余财,终不言家产事。"在司马迁看来,李广的这些行为就是做到了"正",起到了"桃李不言,下自成蹊"的表率作用③。

---

① 《十三经注疏·周礼注疏》,中华书局 1980 年版,第 740 页。
② 宋·朱熹:《四书章句集注·论语集注》,中华书局 1983 年版,第 53 页。
③ 汉·司马迁:《史记》卷一百九,中华书局 1959 年版,第 2867～2878 页。

"政"还可以表示"政事"。《论语·学而》:"子禽问于子贡曰:'夫子至于是邦也,必闻其政。求之与?抑与之与?'"邢疏:"孔子所至之邦,必与闻其国之政事。"由此推而广之,管理国家的权力机关叫政权,办公的地方叫政府,治理国家的方针策略叫政策,发布的命令叫政令,治理国家的成绩叫政绩……

5. 王

上古时期,"王"是最高统治者。甲骨文中"王"字作"𤣥""𤣥""𤣥"。学界对这些构形含义的分析尚不一致,但多数学者认为,这些构形像斧头的形状。斧是上古劳作的重要工具,也是作战的重要武器。尤其是大斧,体大量重,故可作为力量和权力的象征。王掌握着至高无上的权力,所以用斧头来表示。据《尚书·牧誓》记载:周武王讨伐商纣王,在牧野誓师时,"王左杖黄钺,右秉白旄以麾"。钺是大斧,黄钺是用黄金装饰的大斧(图 12-1)。旄是牛尾。武王左手持黄钺,右手拿白牛尾来指挥。可见,钺是兵器的代表,象征着权威,所以中国古代帝王每次出行的仪仗中,斧钺都必不可少。或许这也可以从侧面证明为什么为"王"这个词造字时选择斧头的形状。

图 12-1　仪仗中的黄钺　(见《名物大典》)

"𤣥"象斧钺,是甲骨文的构形。"王"字的小篆形体作"王"。《说文·王部》"王,天下所归往也。董仲舒曰:'古之造文者,三画而连其中,谓之王。三者,天、地、人也,而参通之者,王也。'孔子曰:'一贯三为王。'"[1]许慎的意思是说,王所以叫王,是因为天下人归往的意思,即天下人都归向他,归顺他,服从他,那么,这个人就叫"王",其命名来源于"归往"的"往"。至于"王"字的构形,许慎的解释是采用了西汉大儒董仲舒的观点:三个"一"(横)代表着天、地、人,中间的"丨"(竖)将三个"一"(横)即天、地、人贯通起来,表示能贯通天、地、人的人就是"王"。此外,对于与"王"字构形相关的"三"字,许慎也并没有把它解释成简单的数字,而是称其为"天、地、人之道也"。当然,这"道"说起来很复杂,暂且不论,从形式上看,上下两"一"代表着天和地,中间的"一"代表着人。这种观点与其对"王"字构形的解释是一致的,或者说是对"王"字解释的基础。可以说,许慎的解释代表了周秦时代人们对"王"的理解,引用

---

① 汉·许慎:《说文解字》,中华书局 1963 年版,第 9 页。

孔子的话也可以证明。

从文化的角度分析,两种说法均有参考价值,没有必要非此即彼。甲骨文中将"王"字的构形设计成斧钺的形象,反映的是殷商时代人们对王所具有的权威的直观、表层的认识和对王的敬畏心理;许慎对小篆"王"字的分析解释则表达了人们对王更深层次的、理性的思考与认识。它从当时人们认为的世间最基本、最重要的因素——天、地、人的角度来确定王的位置,诠释王的地位和作用。显然,甲骨文构形的设计是具象的、直观的、朴素的,而许慎对小篆字形的分析则是抽象的、理性的,并同儒家的思想理念紧密结合在一起。如果我们客观地分析这两种解释的话,我们就会很欣喜地看到传统文化的发展和进步。

6. 皇

"皇"的金文构形作"皇",下部分"王"是"王",上部分"凿"象王冠。《说文解字注·王部》:"大也。从自、王,自,始也。始王者,三皇大君也。""三皇"是谁,说法不一,一说"遂人为遂皇,伏羲为羲皇,神农为农皇",即遂人氏、伏羲氏和神农氏;一说伏羲、神农、女娲为三皇。"始王天下,是大君也。故号之曰皇。"①

古人认为,上天主宰一切,所以天神自然可以称"皇"。《楚辞·九歌·东皇太一》:"吉日兮辰良,穆将愉兮上皇。"王逸注:"上皇,谓东皇太一也。言已将修祭祀,必择吉良之日,斋戒恭敬以宴乐天神也。"天神即东皇太一,即上皇。

秦王嬴政统一中国后,令大臣议帝号,后采用丞相等人的建议,号曰皇帝,并追尊庄襄王为太上皇。自此,历代封建帝王均可称皇帝。与皇帝相关的事物也加皇字修饰,如皇帝的正妻称皇后,妃子称皇妃,儿子称皇子、皇太子,家族称皇室;住的地方称皇宫,乘的车称皇舆……

图 12-2 秦始皇帝

依许慎的解释,"皇"的本义是大。《诗经·大雅·皇矣》:"皇矣上帝,临下有赫。监观四

---

① 清·段玉裁:《说文解字注》,上海古籍出版社 1981 年版,第 9 页。

方,求民之莫。"毛传:"皇,大。"①"皇矣上帝"即"伟大的上帝"。即古人认为,事物大则美好,故皇又有"美好"意。《诗经·大雅·文王》:"思皇多士,生此王国。"朱熹《集传》:"皇,美……美哉此众多之贤士,而生于此文王之国也。"②

由于"皇"字具有美好意,所以古人常用以表示赞美和尊敬。《左传·僖公十六年》:"君履后土而戴皇天,皇天后土,实闻君之言。"皇天,即对上天的美称。此外,古人还常用来敬称自己亡故的先人和丈夫。如称亡父曰"皇考",亡祖父为"皇祖"。《礼记·曲礼下》:"祭王父曰皇祖考,王母曰皇祖妣,父曰皇考,母曰皇妣,夫曰皇辟。"孔颖达疏:"王父,祖父也;皇,君也,考,成也,此言祖有君德已成之也。""王母,祖母也;妣,媲也,言得媲匹於祖也。父曰皇考、母曰皇妣者,义如上祖父母也。""辟,法也,夫是妻所取法,如君,故言君法也。"③

当然,这种称呼多用于祭祀,称:"孝孙某、孝子某、荐嘉礼于皇祖某甫、皇考某子。'"④(《仪礼·聘礼》)也可用于其他场合,如屈原在介绍自己的身世时,就称:"帝高阳之苗裔兮,朕皇考曰伯庸。"⑤(《楚辞·离骚》)意思是,我是高阳帝的嫡系子孙,我的父亲叫伯庸。

7. 帝

"帝"的甲骨文构形作"𣍝""𣏁""𣏂",学界多认为象花萼,是"蒂"字初文。认为:"蒂为花之主,故引申而为人之主。"⑥《说文·上部》:"谛也,王天下之号也。"⑦据此,"帝"的本义为"花之主",引申指古代的君主、皇帝。《尚书·舜典》:"二十有八载,帝乃殂落。百姓如丧考妣。"孔传:"殂落,死也。尧年十六即位,七十载求禅,试舜三载,自正月上日至崩,二十八载,尧死,寿一百一十七岁。"意思是说,舜继位28年后,尧去世了。尧16岁即位为帝王,70年后开始将帝位禅让给舜,考查了3年,正式禅位。舜继位28年,帝尧去世,享年117岁。原文中"帝乃殂落"之"帝",指的是尧(图12-3)。

图12-3 帝尧

① 《十三经注疏·毛诗正义》,中华书局1980年版,第519页。
② 宋·朱熹:《诗集传》,《景印文渊阁四库全书》,台北商务印书馆1986年版。
③ 《十三经注疏·礼记正义》,中华书局1980年版,第1269页。
④ 《十三经注疏·仪礼注疏》,中华书局1980年版,第1074页。
⑤ 汉·王逸:《楚辞章句》,《景印文渊阁四库全书》,台北商务印书馆1986年版。
⑥ 商承祚:《〈说文〉中之古文考》,上海古籍出版社1983年版,第4页。
⑦ 汉·许慎:《说文解字》,中华书局1963年版,第7页。

人君可以称"帝"，作为宇宙万物的缔造者的"天神"自然也可以称"帝"，即所谓天帝、上帝。《诗经·大雅·生民》："履帝武敏歆，攸介攸止。"郑玄笺："帝，上帝也。敏，拇也。""祀郊禖之时，时则有大神之迹，姜嫄履之，足不能满，履其拇指之处，心体歆歆然。"后稷母亲姜嫄，春分这天到郊外祭祀郊禖求子，踩了上帝的大脚拇趾的印迹，觉得心有感觉，然后怀孕生了后稷。其中的"帝"，指的是上帝，天神。

后稷是周朝的始祖，周人作诗歌颂其祖先乃天帝之后，君临天下是受命于天，自然可以理解。同时，这种记载其实正是母系氏族社会生子知母不知父的婚姻生育文化现象的反映。

8. 后

"后"的甲骨文构形作"㞣"，左上部分"�"是"女"，右下部分"㞂"是倒着的"子"，合在一起象是妇女产子，即"毓"字。后来简化作"后"。

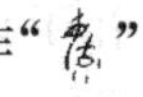

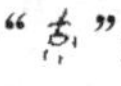

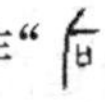

《说文·后部》："后，继体君也。象人之形，施令以告四方。"[1]段玉裁认为，所谓"继体君"是相对于开创之君而言。开创之君在先，继位之君在后。如果不做细分，君主、君王就是后。

《楚辞·离骚》："昔三后之纯粹兮，固众芳之所在。"王逸注："后，君也，谓禹、汤、文王也。"[2]显然，禹、汤、文王是天子，是帝，是君主。

值得注意的是，先秦时期，"后"一般指帝王，即使称"王后"，也往往是指帝王。《诗经·大雅·文王有声》："王后烝哉！"毛传："后，君也。"[3]此外，古代"前后"的"后"作"後"，与"帝后"的"后"是两个独立的字，汉字简化，"後"才简化作"后"。

9. 相

"相"的甲骨文构形作"㞃""㞄"，由"木"（树）和"目"（眼睛）两部分构成，表示用眼睛盯着树木。《说文·目部》："相，省视也，从目，从木。《易》曰：'地可观者，莫可观于木。'《诗》曰：'相鼠有皮。'"[4]段玉裁解释说："省视，谓察视也"。"察视"，就是仔细看。看要用眼睛，所以从"目"；但可以看的事物很多，先人造字时为什么要从"木"（树）呢？段玉裁认为，这是因为"地上可观者，莫如木也。"即地面上最明显又随处可见的东西就数树木了。

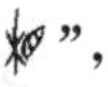

既然眼睛看树木叫"相"，引而申之，"故凡彼此交接皆曰相，其交接而扶助者，则为相瞽之相。"[5]彼此交接就是相互、互相，而一方扶助另一方也叫"相"。

瞽是盲人，相瞽就是扶着盲人走路。《周礼·春官·眡瞭》："眡瞭……凡乐事相瞽。"即眡瞭的职责是举行礼乐仪式时负责扶着瞽（盲人）。为什么扶着盲人走路还要专门设一类人呢？据《国语·周语》记载："天子听政，使公卿至于列士献诗，瞽献曲，史献书。"注："无目曰瞽。瞽，乐师；曲，乐曲也。"[6]原来古代的乐官多由瞽（盲人）担当。《周礼·春官·瞽蒙》注：

---

① 汉·许慎：《说文解字》，中华书局 1963 年版，第 186 页。
② 汉·王逸：《楚辞章句》，《景印文渊阁四库全书》，台北商务印书馆 1986 年版。
③ 《十三经注疏·毛诗正义》，中华书局 1980 年版，第 526 页。
④ 汉·许慎：《说文解字》，中华书局 1963 年版，第 72 页。
⑤ 清·段玉裁：《说文解字注》，上海古籍出版社 1981 年版，第 133 页。
⑥ 徐元浩：《国语集解》，中华书局 2002 年版，第 11 页。

"先王作乐,必用瞽者,以其听之审,因其材而任焉,虽疾不废也。"原因是盲人往往听力好,辨音准确,甚至能感觉到常人听不到的声音,所以无论是乐官还是乐队,多由盲人充当。盲人走路不方便,所以举行大的礼乐仪式时,都有专门的人负责扶着这些盲人音乐人员。因此,人们称扶着盲人走路的人为"相"。

扶助盲人称"相",扶助君王的大臣也可以称"相",以至于发展为君王之下的最高的行政长官。《吕氏春秋·举难》:"相也者,百官之长也。"百官之长,故又称"宰相",因为辅助君王,管理国家,所以又叫"国相""相国"。中国历史上,贤相层出不穷,如商汤的伊尹,周文王、周武王的姜尚,周成王的周公旦,齐国的管仲、晏婴,郑国的子产,蜀汉的孔明,唐太宗的魏徵等等,他们辅助君王治理国家的事迹,构成了中华文化史的重要内容。时至今日,我们还把君主立宪制国家中的最高行政长官叫作"首相"。

古代把相国叫"宰相",那么什么是"宰"呢?

10. 宰

"宰"的甲骨文构形作"![字形]""![字形]",由"∩"与"![字形]"两部分构成。对于其构形及意义的分析,学界尚不一致。一般认为,"∩"表示房屋,"![字形]"是对罪犯用刑的刀具。《说文·宀部》:"宰,罪人在屋下执事者。从宀从辛,辛,罪也。"[①]即充当家奴的罪人称为"宰"。其特点是在室内做工,为主人服务。在室内做工,需要有手艺,有技术。其主要工作一是做厨工,二是从事各种手工业。《左传·宣公四年》中记载了一个小故事:

"楚人献鼋于郑灵公,公子宋与子家将见,子公之食指动,以示子家。曰:'他日我如此,必尝异味。'及入,宰夫将解鼋。相视而笑。公问之,子家以告。及食大夫鼋,召子公而弗与也。子公怒,染指于鼎,尝之而出。"[②](图12-4)

郑灵公为了不让子公的预感实现,故意让他来却不给他尝鼋。子公非常生气,为了表示

图 12-4 染指图

---

① 汉·许慎:《说文解字》,中华书局 1963 年版,第 151 页。

② 《十三经注疏·春秋左传正义》,中华书局 1980 年版,第 1869 页。

自己尝到了美味，就用手指在煮鼋的鼎里蘸了一下，尝了一下手指上沾的汤汁，生气地走了。汉语中的"染指"一词就来源于此。当然，郑灵公的行为为自己埋下了被弑的祸根。文中的"宰夫"就是做厨工的奴隶。

"宰夫"直接为国君服务，一旦做不好，就性命难保。《左传·宣公二年》记载，晋灵公不行君道，"宰夫胹熊蹯不熟，杀之，寘诸畚，使妇人载以过朝"[①]。因为没有把熊掌炖熟，这位宰夫就丢了性命。

另一方面，饭做好了，也能改变命运。据典籍记载，商汤的相伊尹就是他的宰夫。《韩非子·说难》："伊尹为宰，百里奚为虏，皆所以干其上也。"[②]即伊尹通过做宰夫，百里奚通过为奴仆来结交他的主上。后来伊尹、百里奚都受重用做了相。

"宰"由为主人服务这一特点而引申为辅助君王和大夫的官职的名称。

《左传·隐公元年》："秋七月，天王使宰咺来归惠公、仲子之赗。"杜预注："宰，官；咺，名也。"宰咺是周平王（天子）的大夫，"宰"是其官职名。

《左传·襄公十年》："王叔与伯舆讼焉。王叔之宰与伯舆之大夫瑕禽坐狱于王庭，士匄听之。"杜预注："宰，家臣。"[③]本来是王叔与伯舆打官司，但二人作为周王卿士，均不出面，而是让他们的家臣作"代理人"。"王叔之宰"即王叔的家臣。

王臣和家臣泛指专职某一事务的官员。如掌管膳食的官叫"膳宰"，守卫王宫的官叫"宫宰"，管理宫内妇人之事的叫"内宰"，掌管祭祀的官叫"宰祝"，管理乡里的"里宰"等等。其中最大的官、管理百官的官叫冢宰、太宰。《周礼·天官·冢宰》郑注："宰者，调和膳羞之名。""此冢宰，亦能调和众官，故号大(tài)宰之官。""太宰"即大宰，一般是最高的行政长官。《左传·定公四年》："武王之母弟八人，周公为太宰，康叔为司寇，聃季为司空。"[④]

"宰"可以是君主之下的最高行政长官，"相"也如此，所以"宰"和"相"并列成复音词"宰相"。由于"宰"是官员名称，所以主管一事之人或对某事有绝对权力的人就可以叫"主宰"，全权处理某事，也可以叫主宰某事。

上引《周礼》说"宰"是"调和膳羞之名"，即厨师，厨师的任务之一就是宰割牲畜用以烹调，所以，杀牲割肉也可以称为"宰"。《史记·陈丞相世家》："平既娶张氏女，赍用益饶，游道日广。里中社，平为宰，分肉食甚均。父老曰：'善！陈孺子之为宰。'平曰：'嗟乎！使平得宰天下，亦如是肉矣。'"乡里举行社祭活动，让陈平负责杀牲分肉，分得很均匀。乡亲父老称赞他杀牲割肉称职，陈平却感慨人们不理解自己的志向和才能，如果能让自己"宰（管理）天下"，也能像"宰肉"这样做得很好。所以司马贞《索隐》说："陈平由此社宰，遂相高祖也。"[⑤]陈平最终做了汉高祖刘邦的相。

11. 臣

"臣"的甲骨文构形作""""，象一只竖立的眼睛。《说文·臣部》："臣，牵也，事君也，

---

① 《十三经注疏·春秋左传正义》，中华书局1980年版，第1867页。

② 《诸子集成·韩非子集解》，中华书局1954年版，第64页。

③ 《十三经注疏·春秋左传正义》，中华书局1980年版，第1949页。

④ 《十三经注疏·春秋左传正义》，中华书局1980年版，第2135页。

⑤ 汉·司马迁：《史记》卷五十六，中华书局1959年版，第2052页。

象屈服之形。"①许慎以"牵"释"臣",是想说明"臣"得名的由来。对此,陆宗达先生认为,"牵为牲畜之称","凡捆系牵引的人和牲都叫臣","牲和臣都是用作劳动工具,故异名而同实。"②杨树达《臣牵解》认为:"臣之所以受义于牵者,盖臣本俘虏之称……囚俘人数不一,引之者必以绳索牵之,名其事则曰牵,名其所牵之人则曰臣矣。""臣"的本义是战俘。上古战事频繁,战俘既包括对方的士兵,也包括对方的百姓,这些人大都被战胜者当作奴隶。《礼记·少仪》在介绍打仗凯旋后进献战利品时说"牛则执纼,马则执靮,皆右之。臣则左之。"郑玄注:"异于众物,臣谓囚俘。"③即进献俘获的牛马时,都在右边牵着;进献囚俘时,都牵在左边。因为人与物有分别。臣就是战俘。

这些战俘主要用来作奴仆。男的称臣,女的称妾。《尚书·费誓》孔疏:"役人贱者,男曰臣,女曰妾。"④

奴隶对主人称"臣",是下对上;官吏对君王称"臣",也是下对上,甚至还都有某种依附关系。从这一特点引而申之,官吏对君王也便称"臣"了。于是"臣"就成了百官对君王的自称。春秋战国时期,不仅对本国国君称臣,对其他诸侯国国君也称臣。《左传·成公三年》:"王送知罃,曰:'子其怨我乎?'对曰:'……臣实不才,又谁敢怨?'"⑤这是楚王与被俘的晋国将领知罃的一段对话,知罃对楚王仍以臣自称。这种现象表明,春秋时期名义上仍是周王朝、周天子的天下,无论诸侯国势力有多大,天子、诸侯、大夫的等级秩序表面上还是普遍遵守的。

臣作为下对上的通称,进而虚化成对自己的谦称。《史记·高祖本纪》:"高祖竟酒后,吕公曰:'臣少好相人,相人多矣,无如季相。愿季自爱,臣有息女,愿为季箕帚妾。'"裴骃《集解》:"张晏曰:'古人相与语,多自称臣。自卑下之道,若今人相与语,皆自称仆。'"⑥当时刘邦还没有称帝,吕公就自称臣,可见只是一种谦称。

12. 史、吏、事

"史、吏、事"的甲骨文构形均作"🖋""🖋",对其构形的分析辨识,学界尚不一致。其含义多数人认为是史官⑦。《礼记·玉藻》,天子"卒食,玄端而居"。郑玄注:"天子服玄端,燕居也。动则左史书之,言则右史书之。"所谓"左史记事,右史记言"。左史、右史均为史官。后又泛指古代帝王身边的文职官员,史官之长称太史。太史是最重要的官职之一。《周礼·春官·太史》:"太史掌建邦之六典,以逆邦国之治,掌法以逆官府之治,掌则以逆都鄙之治。"⑧

《说文·史部》:"史,记事者也。从又,持中。中,正也。"⑨徐锴《系传》:"记事当主于中正也。"对于这种形体分析,段玉裁补充说:"君举必书,良史书法不隐。"⑩显然,许慎"从又持中"

---

① 汉·许慎:《说文解字》,中华书局 1963 年版,第 66 页。
② 陆宗达:《说文解字通论》,北京出版社 1981 年版,第 210 页。
③ 《十三经注疏·礼记正义》,中华书局 1980 年版,第 1514 页。
④ 《十三经注疏·尚书正义》,中华书局 1980 年版,第 255 页。
⑤ 《十三经注疏·春秋左传正义》,中华书局 1980 年版,第 1900 页。
⑥ 汉·司马迁:《史记》卷八,中华书局 1959 年版,第 344 页。
⑦ 王国维:《观堂集林·释史》,河北教育出版社 2001 年版,第 159~166 页。
⑧ 《十三经注疏·周礼注疏》,中华书局 1980 年版,第 817 页。
⑨ 汉·许慎:《说文解字》,中华书局 1963 年版,第 65 页。
⑩ 清·段玉裁:《说文解字注》,上海古籍出版社 1981 年版,第 133 页。

的形体的分析并不符合甲骨文字的形体结构。

《说文·一部》:"吏,治人者也。"[①]古代官员统称为吏。《周礼·春官·宰夫》:"宰夫之职,掌治朝之法,以正王及三公、六卿、大夫、群吏之位,掌其禁令。"[②]

《说文·史部》:"事,职也。"[③]"事"的本义是官职、职事。《礼记·曲礼上》:"大夫七十而致事。"郑玄注:"致其所掌之事于君而告老。"孔颖达疏:"致事,致职于君也。"即把职务还给国君,辞职,退休。

史、吏、事三字初文本是一字,均作"史",后来由于意义有别,逐渐分化成三个字,小篆形体已有明显区别。对此,王国维认为:"史之本义为持书之人,引申而为大官及庶官之称,又引申而为职事之称。其后三者各需专字,于是史、吏、事三字于小篆中截然有别。持书者谓之史,治人者谓之吏,职事谓之事。"并申明"此盖出于秦汉之际"。

13. 𥁞(盟)

"盟"的甲骨文构形作"𥁞""𥁞",由"囧"(囧)和"皿"(皿)两部分构成。"囧"(囧)是窗棂,意思是明亮,在此代表神明;"皿"(皿)是盟誓时所用的器皿,小篆作"𥂝""𥂝"。由"囧"(囧)或"𥄀"(明)和"血"(血)两部分构成,上部分仍代表神明,下部分表示盛血的器皿。《说文·囧部》:"𥂝,《周礼》曰'国有疑则盟。诸侯再相与会,十二岁一盟,北面诏天之司慎、司命。𥂝,杀牲歃血,朱盘,玉敦,以立牛耳。从囧,从血。𥂝,篆文从朙。"[④]"盟"是古代诸侯在神明前誓约、盟誓。盟誓是上古治国与外交等社会活动的文化形式。

为什么要盟誓呢?"国有疑则盟"。即诸侯国之间为了相互信任,共同做某事而订立盟约,以互相约束。订立盟约要面对神明,由神来作见证。《释名·释言语》:"盟,明也,告其事于神明也。"[⑤]如果违背了誓言,则"明神殛之"。即神来诛杀他。负责誓的神主要是"司慎""司命",还可以是名山、大川、群神、先王、先祖等。盟誓可以是双方,也可以多方。以诸侯国之间最常见,但也见于天子与诸侯、大夫与大夫、大夫与诸侯等(庶人间也可以立盟)。召集盟会的一方称盟主。举行仪式前,先设立神的牌位,开始盟誓时,先用玉祭祀神明,然后掘地为坎,在坎旁杀牲(牛),割下牲(牛)的左耳,竖立在朱盘中,把牲血盛在玉敦中。然后用毛笔蘸着牲血写上誓词,称盟书或载书。参与盟誓的各方口含牲血或将牲血抹在唇上(称"歃血")读誓词,读完誓词后,把牲放入坎中,上面放上盟书掩埋。盟书要抄成付本,参与盟会的各方带回国,放入盟府保存。盟誓时所用的"牲",天子诸侯用牛、豕,大夫用犬,庶人用鸡。(见《礼记·曲礼》孔颖达疏)

《左传·僖公二十八年》记载了一次盟会:晋国在城濮战胜楚国后,晋文公把楚军战俘献给周天子。周卿士王子虎在王庭主持诸侯订立盟约,"要(约)言曰:'皆奖王室,无相害也!

---

① 汉·许慎:《说文解字》,中华书局 1963 年版,第 7 页。
② 《十三经注疏·周礼注疏》,中华书局 1980 年版,第 655 页。
③ 汉·许慎:《说文解字》,中华书局 1963 年版,第 65 页。
④ 汉·许慎:《说文解字》,中华书局 1963 年版,第 142 页。
⑤ 清·王先谦:《释名疏证补》,上海古籍出版社 1984 年版,第 199 页。

有渝此盟,明神殛之。俾队其师,无克祚国。及而玄孙,无有老幼。'"①意思是说,要共同辅助王室,不要互相伤害!有违背此盟者,神灵惩罚他。覆灭他的军队,不让他再享有国家。直到你们的玄孙,不分老幼,一律如此。

国与国之间正式的盟誓要严格按照礼仪程序进行,私人间也经常盟誓,形式当然就简单多了。《左传·庄公三十二年》记载了鲁庄公的一次私下盟誓:"初,公筑台,临党氏,见孟任,从之。闳,而以夫人言许之。割臂盟公,生子般焉。"②意思是说,当初,鲁庄公对着党氏家修建了一座高台,看到党氏的女儿孟任漂亮,于是就追求她。孟任关上家门拒绝庄公,但庄公许愿,如果嫁给他就让孟任做夫人。孟任于是割破胳膊与庄公盟誓,然后就嫁给了庄公并生了公子般。

订立盟约是上古社会政治生活中的常见现象,春秋二百四十余年间,见于《左传》正式记载的诸侯间的重大盟誓就有近二百次之多。参与"盟誓",叫"会盟""拜盟";订立了"盟书",就结成了"同盟",叫"结盟""联盟";同盟之间称"盟国""盟邦""盟友";同盟的领袖称"盟主"。盟誓要对神来发,庄重而神圣,所以叫"神圣同盟",还用"海誓山盟"来形容永不背叛。"盟"在古代社会生活中占有重要地位,"盟"字的古文字构形寓含着丰富盟誓文化的信息。

14. 狱

"狱"字篆书构形作"{狱}",两边是"犬",中间是"言",合起来象两犬对着叫。《说文·狀部》:"狱,确也。从狀从言,二犬,所以守也。"③段玉裁解释说:"确,坚刚相持之意。""狱字从狀者,取相争之意。"④两只犬对着叫,而且坚刚相持,互不相让,互不示弱。显然构形是一个会意,会意诉讼,诉讼的双方——原告与被告互相争辩,据理力争,各不相让,非常形象。为什么用犬来构形呢?首先生活中犬是最常见的动物之一,马、牛、羊、豕(猪)、犬、鸡合称"六畜",是古人养的最多的家畜;其次,犬与犬相见,喜欢面对面狂吠。先民造字,近取诸身,远取诸物,"{狱}"抓住犬的特点来会意,寓含着古人的聪明才智,同时也反映出犬在上古时期就已经成为了人们生活的伙伴。

"狱"的本义是诉讼,争辩,打官司。《诗经》:"谁谓女无家?何以速我狱?"郑玄笺:"强暴之男召我而狱,似有室家之道于我也。"⑤"速我狱"即召我来争讼,来打官司。

由争讼引申指诉讼案件。《左传·庄公十年》:"大小之狱,虽不能察,必以情。"⑥意思是说大大小小的诉讼案件,虽不能一一明察,但总是诚心实意地去处理。《论语·颜渊》:"片言可以折狱者,其由也与?"⑦折狱,即审判案件。

案件审判后,有罪的一方往往要拘禁起来,于是拘禁的地方也称为狱,即后代所谓监狱、牢狱。《释名·释宫室》:"狱……又谓之牢,言所在坚牢也;又谓之圜土,言筑土表墙,其形圜

---

① 《十三经注疏·春秋左传正义》,中华书局 1980 年版,第 1826 页。
② 《十三经注疏·春秋左传正义》,中华书局 1980 年版,第 1783 页。
③ 汉·许慎:《说文解字》,中华书局 1963 年版,第 142 页。
④ 清·段玉裁:《说文解字注》,上海古籍出版社 1981 年版,第 478 页。
⑤ 《十三经注疏·毛诗正义》,中华书局 1980 年版,第 288 页。
⑥ 《十三经注疏·春秋左传正义》,中华书局 1980 年版,第 1767 页。
⑦ 《十三经注疏·论语注疏》,中华书局 1980 年版,第 2504 页。

也;又谓之囹圄:囹,领也;圄,御也。领录囚徒禁御之也。"①

15. 灋（法）

"灋"是"法"的古文，小篆构形作"灋"。由"水""廌""去"三部分构成。《说文·廌部》："灋，刑也。平之如水，从水；廌，所以触不直者去之。从去。今文作法。"②廌又叫獬廌、獬豸，即独角羊，传说为独角神兽，能分辨是非曲直，"见人斗则触不直，闻人论则咋不正"，在法庭上能"触不直者而去之"，相传舜的法官皋陶（gāo yáo）曾利用獬豸来帮助判案，以保证决讼公平③。

按照许慎的分析，"灋"的本义是刑法，由此引申，指一切法律法规，行为准则，再引申指大自然的规律，按照规律去做事就是方法……

"灋"字构形从水，反映了人们希望判决案件要公平，因为"平"是水的特性之一；从"廌"这种独角羊，反映了人们希望判案要公，要客观，合在一起则是公平，可谓抓住了"法"的要害。相传楚文王因此而制了一种帽子，叫獬豸冠（图12-5），秦灭楚后，赐给御史等执法大臣，称御史冠，也叫法冠。《左传·成公九年》："晋侯观于军府，见钟仪，问之曰：'南冠而絷者，谁也？'"孔颖达疏："应劭《汉官仪》云，法冠一曰柱后冠，《左传》南冠而絷则楚冠也。秦灭楚，以其冠赐近臣，御史服之，即今獬豸冠也。"④据《后汉书》《通典》等记载，獬豸冠的特殊之处不仅是其上有像獬豸似的"角"，而且它还"以铁为卷柱，取其直而不挠也"。

古文"灋"字的构形，蕴涵了当时司法中的一种文化现象，更反映了人们对公平执法的美好渴望。

图12-5　獬豸、獬豸冠

16. 執（执）

"執"的甲骨文构形作"執"，由"𡊮"和"𠬞"两部分构成，"𡊮"是一种铐手的刑具，类似于今天的手铐，"𠬞"是双手向前伸的人的形象，整个构形象是用铐手的刑具把人的手铐上。

---

①　清·王先谦：《释名疏证补》，上海古籍出版社1984年版，第269页。
②　汉·许慎：《说文解字》，中华书局1963年版，第202页。
③　清·段玉裁：《说文解字注》，上海古籍出版社1981年版，第469页。
④　《十三经注疏·春秋左传正义》，中华书局1980年版，第1905页。

《说文·卒部》：“執，捕罪人也。”①逮捕罪人先用手铐把罪犯的手铐上，防其反抗，这一点上古即如此，一直沿用至今。“執”字构形非常形象地反映了这种现象。

由拘捕罪人引申为用手握着，持着。《诗经·卫风·伯兮》“伯也执殳，为王前驱。”《左传》：“擐甲执兵，固即死也。”执殳，执兵，都是手持武器。

紧紧握着，不放松，又可引申为固守己见，即今天所谓“固执”。

17. 圉

“圉”字的构形作“”，象“口”中有一个戴着手铐的罪人“執”。后来简化作“圉”，由刑具“🔒”代替了戴着“🔒”的人。《说文·卒部》：“圉，囹圉，所以拘罪人。”②即看管罪人的地方，牢狱。《资治通鉴·中宗孝宣皇帝中》：“昔周公躬吐捉之劳，故有圉空之隆。师古曰：一饭三吐食，一沐三捉发，以宾贤士。故能成太平之化，而刑措不用，故囹圉空虚也。”③“圉空”即囹圉空虚，牢狱中没有人，说明没有犯罪之人，不用刑罚，是太平盛世。由此可见，尽管有各种刑罚囹圉，但古人追求的是“圉空之隆”，是没有犯罪的太平世界。

“圉”字四面合围，故可引申指养马之处，再引申指养马之人。《左传·僖公二十八年》：“不有居者，谁守社稷？不有行者，谁扞牧圉？”陆德明《音义》：“养牛曰牧，养马曰圉。”④《周礼·夏官·圉人》：“圉人掌养马刍牧之事，以役圉师。”⑤“役圉师”，即听命于圉师。

古人希望国家四境如四面高墙，牢固不可破，故用“圉”来表示边境。《左传·隐公十一年》：“寡人之使吾子处此，不唯许国之为，亦聊以固吾圉也。”杜预注：“圉，边垂也。”⑥“固吾圉”即巩固我国的边境。

18. 囚

“囚”的甲骨文构形作“”，象一个人关在密闭的房子中。《说文·口部》：“囚，系也。从人在口中。”⑦所以“囚”字的本义是拘系、监禁。《左传·桓公十三年》：“莫敖缢于荒谷，群帅囚于冶父，以听刑。楚子曰：‘孤之罪也。’皆免之。”⑧楚国军战败，主帅莫敖自缢，其他将领被拘禁在冶父，听候刑罚处置。楚武王后悔自己没有听从大臣的劝谏，所以说是“我的罪过”，赦免了将领们。

拘禁叫囚，引申为被拘禁的人也叫囚。《左传·成公九年》：“晋侯观于军府，见钟仪，问之曰：‘南冠而絷者，谁也？’有司对曰：‘郑人所献楚囚也。’”⑨楚囚，即楚国的囚犯。

被判处死刑的囚犯叫死囚，拘禁囚犯的场所叫囚牢。囚犯要么是罪人，要么是俘虏，听

① 汉·许慎：《说文解字》，中华书局1963年版，第214页。
② 汉·许慎：《说文解字》，中华书局1963年版，第214页。
③ 宋·司马光：《资治通鉴》卷二十六，中华书局1956年版，第840~841页。
④ 《十三经注疏·春秋左传正义》，中华书局1980年版，第1826页。
⑤ 《十三经注疏·周礼注疏》，中华书局1980年版，第861页。
⑥ 《十三经注疏·春秋左传正义》，中华书局1980年版，第1736页。
⑦ 汉·许慎：《说文解字》，中华书局1963年版，第129页。
⑧ 《十三经注疏·春秋左传正义》，中华书局1980年版，第1756页。
⑨ 《十三经注疏·春秋左传正义》，中华书局1980年版，第1905页。

候处置时要跪在大堂的台阶下，故汉语中又有"阶下囚"的说法。《三国演义》十九回："（吕）布告玄德曰：'公为坐上客，布为阶下囚，何为发一言以相宽乎？'"

19．刖

"刖"的甲骨文构形作" "，右上部分是人，左下部分是刀，用刀砍下人的脚，会意上古的一种酷刑。

《说文·刀部》："刖，绝也。"①"绝"是割断的意思。古人治罪，有"五刑"之说。据《周礼》记载："司刑掌五刑之法，以丽万民之罪。"周代"五刑"包括：墨、劓、宫、刖、杀。夏代五刑有大辟、膑、宫、劓、墨，大辟即杀，膑刑周代改为"刖"刑。刖是砍断受刑者的脚，什么样的人才判刖（膑）刑呢？《周礼》郑注："决关梁，踰城郭而略盗者，其刑膑。"即对那些破关逾城、飞檐走壁进行抢劫偷盗的人，就割除他的膝盖骨（膑）或砍断他的脚。当然，具体情况又各自不同，《周礼》称有"刖罪五百"②。（《周礼·秋官·司刑》）

相传著名的"和氏璧"还和刖刑有些关联。"楚人和氏得玉璞楚山中，奉而献之厉王。厉王使玉人相之，玉人曰：'石也。'王以和为诳而刖其左足。及厉王薨，武王即位，和又奉其璞而献之武王。武王使玉人相之，又曰：'石也。'王又以和为诳而刖其右足。武王薨，文王即位。和乃抱其璞而哭于楚山之下，三日三夜，泪尽而继之以血。王闻之，使人问其故。曰：'天下之刖者多矣，子奚哭之悲也？'和曰：'吾非悲刖也，悲夫宝玉而题之以石，贞士而名之以诳，此吾所以悲也。'王乃使玉人理其璞而得宝焉，遂命曰：'和氏之璧'。"③（《韩非子·和氏》）除了和氏刖足献宝的故事以外，还可以发现，"天下之刖者多矣"。说明当时被砍脚的人还不少。

图 12-6　卞和献宝

《晏子春秋》记载，晏子做了相国后，齐景公想更换晏子的住宅，让他住得更宽敞、干爽、清静些。晏子不换，说他现在的住处虽然低、潮、不通风，但除了是祖上留下来的以外，还有一个好处，就是离市场近，方便。景公开玩笑说，离市场近，那你知道什么贵什么贱吗？晏子

①　汉·许慎：《说文解字》，中华书局 1963 年版，第 92 页。
②　《十三经注疏·周礼注疏》，中华书局 1980 年版，第 880 页。
③　《诸子集成·韩非子集解》，中华书局 1954 年版，第 66 页。

说,假脚贵,鞋贱。因为当时齐国也实行刖刑。景公听后,下令减轻刑罚①。这个故事也从一个方面证明春秋战国时期,刖刑确实是常用的一种酷刑。

20．劓

"劓"的甲骨文构形作"鼻刀",篆书形体作"劓",都是由左边的鼻和右边的刀构成,表示用刀把鼻子割下来。劓刑也属于古代"五刑"之一。《周礼·秋官·司刑》:"司刑掌五刑之法,以丽万民之罪。墨罪五百,劓罪五百,宫罪五百,刖罪五百,杀罪五百。"郑玄注:"墨,黥也。先刻其面以墨窒之。劓,截其鼻也……宫者,丈夫则割其势,女子闭于宫中,若今宦男女也。刖,断足也,周改膑作刖。杀,死刑也。《书》传曰:'决关梁,踰城郭而略盗者,其刑膑;男女不以义交者,其刑宫;触易君命,革舆服制度,奸宄盗攘伤人者,其刑劓;非事而事之,出入不以道义而诵不详之辞者,其刑墨;降畔寇贼,劫略夺攘矫虔者,其刑死。此二千五百罪之目略也。"②

《战国策·楚策四》记载:魏王送给楚怀王一位美女,楚王非常喜欢她。夫人郑袖知道楚王喜爱新人,于是衣服玩好、宫室卧具,都挑新人喜欢的给她送过去,对新人的喜欢程度甚至超过了怀王。后来,郑袖知道楚王认为自己不妒忌新人了,就对新人说:"大王喜爱你漂亮,但不喜欢你的鼻子。你见到大王,一定要注意捂住你的鼻子。"新人见到楚王,于是就用手挡住鼻子。楚王对郑袖说:"新人见到寡人就捂鼻子,为什么呢?"郑袖说:"妾知道原因。"楚王说:"即使话不好听,也一定说出来。"郑袖说:"她好像是厌恶君王的气味。"楚王说:"悍哉!令劓之,无使逆命。"于是,手下的人就把新人鼻子"劓"了③。

21．刵

"刵"的篆书构形作"刵",左边是耳朵,右边是刀,即用刀把耳朵割下来。这也是上古时期的一种刑罚。《尚书·周书·康诰》:"劓刵人,无或劓刵人。"孔传:"劓,截鼻;刵,截耳。刑之轻者。"④《新唐书·列女传》记载了一件事:楚王灵龟死后,其妃上官想以身殉葬,没有成功,"泣曰:'丈夫以义,妇人以节。我未能殉沟壑,尚可御妆泽祭他昨乎?将自劓刵。'众遂不敢强。"⑤"自劓刵",即自己把鼻子和耳朵割下来以明志。

刖、劓、刵的构形,真实而形象地蕴涵了上古时期相关刑罚的信息。

① 《诸子集成·晏子春秋校注》,中华书局1954年版,第169页。
② 《十三经注疏·周礼注疏》,中华书局1980年版,第880页。
③ 汉·刘向:《战国策》,上海古籍出版社1985年版,第553~554页。
④ 《十三经注疏·尚书正义》,中华书局1980年版,第204页。
⑤ 宋·宋祁:《新唐书》卷二百五,《景印文渊阁四库全书》,台北商务印书馆1986年版。

第十三章　征伐武备篇

在人类社会的发展史中，战争无疑是人类自相残杀的恶魔，但又是客观存在的。夏、商时期，各部落间就经常发生战争；周王朝建立后，各诸侯国及诸侯国与四夷之间仍战乱不断。仅春秋时期的二百四五十年间，大大小小的有史书记载的战争就达483次①。而这个时期也正是汉字产生和应用的初始时期，于是，有关战争文化的信息也自然而然地蕴含在了汉字构形之中。

1. 征

"征"的甲骨文构形作"[illegible]"，左边是表示人行走的"彳"，右边是"正"。小篆作"𨑓"，左边是"辵"，表示行走；右边是正。《说文·辵部》："𨑓，正行也，从辵，正声。征，𨑓或作征。"②

"征"的本义是远行。《诗经·召南·小星》："肃肃宵征，夙夜在公，寔命不同。"毛传："征，行。"③引申指武力征伐。《孟子·尽心下》："国君好仁，天下无敌焉。南面而征，北狄怨；东面而征，西夷怨。""征之为言正也，各欲正己也。"④意思是说，"征"是"正"的意思，这些人各自希望纠正自己的国家。《诗经·秦风·无衣》毛传认为"天下有道，则礼乐征伐自天子出"。即礼乐的制定，征伐的发起，都是天子的行为。所以三王之世，"征"多表示天子对诸侯、上对下、正义对非正义的战争。《孟子·梁惠王下》："《书》曰'汤一征，自葛始，天下信之。东面而征，西夷怨；南面而征，北狄怨。曰：'奚为后我？'民望之，若大旱之望云霓也。"⑤商汤是帝王，率军进攻四夷，所以叫征。

"征"字从"彳""从正"，段玉裁认为是"形声兼会意"，是有道理的。但是，随着周天子地位的衰落，征的词义特色也有所变化。"孟子曰：'春秋无义战，彼善于此则有之矣。征者，上伐下也，敌国不相征也。"赵岐注："上伐下谓之征，诸侯敌国不相征。五霸之世，诸侯相征，于三王之法皆不得其正者也。"春秋五霸时期，诸侯国之间也可以相征了。"征"这个词也不再是天子的专利了。《战国策·燕策一》："且今时赵之于秦，犹郡县也，不敢妄兴师以征伐。"⑥

2. 伐

"伐"的甲骨文构形作"[illegible]""[illegible]"，由"人"和"戈"两部分构成，象用戈砍人的头。"戈"是古

---

① 沈玉成、刘宁：《春秋左传学史稿》，中华书局1992年版，第93页。
② 清·段玉裁：《说文解字注》，上海古籍出版社1981年版，第39页。
③ 《十三经注疏·毛诗正义》，中华书局1980年版，第291页。
④ 《十三经注疏·孟子注疏》，中华书局1980年版，第2773页。
⑤ 《十三经注疏·孟子注疏》，中华书局1980年版，第2680、2681页。
⑥ 汉·刘向：《战国策》，上海古籍出版社1985年版，第1052页。

代常用的兵器,长柄横刃,盛行于殷周。《说文·人部》:"伐,击也。从人持戈。一曰败也。"①

"伐"的本义是用兵器击杀。引申指进攻,讨伐。《战国策·秦策一》:"昔者神农伐补遂,黄帝伐涿鹿而禽蚩尤,尧伐驩兜,舜伐三苗,禹伐共工,汤伐有夏,文王伐崇,武王伐纣,齐桓任战而伯天下。由此观之,恶有不战者乎?"②春秋时期,进攻打仗形式不同,名称也不一样。《左传·庄公二十九年》:"凡师,有钟鼓曰伐,无曰侵,轻曰袭。"孔颖达疏:"侵、伐、袭者,师旅讨罪之名也。鸣钟鼓以声其过曰伐,寝钟鼓以入其境曰侵,掩其不备曰袭。此所以别兴师用兵之状也。"③可见,所谓"有钟鼓"的伐是指敲鼓鸣钟公开指责被攻者的罪行,然后进攻。"侵"则是不击钟鼓而进攻,但也是公开宣战。"袭"则是趁对方不备而悄悄进攻,所谓偷袭。如果是天子率师进攻,则多称"征""讨",而不用"袭",因为天子的行为是正义的,因而是公开的,不用偷袭。

由击杀人引申为砍伐。用的最多的是砍伐树木。《诗经·小雅·伐木》:"伐木丁丁,鸟鸣嘤嘤。"④

"伐"本义指进攻,但形式却是敲鼓鸣钟大肆宣扬,由此引申出一个今天不常用的意义——自我夸耀。《左传·襄公十三年》:"及其乱也,君子称其功以加小人,小人伐其技以冯君子。"杜预注:"自称其能为伐。"⑤

3. 戰(战)

"戰"的金文构形作"戰",小篆作"戰",左边是單,右边是"戈"(兵器)。"單"甲骨文作"単",象狩猎用的工具。罗振玉《增订殷墟书契考释》认为:"卜辞中兽(嘼)字从此。兽即狩之本字,征戰之戰从單,与兽同意。"古人常借狩猎来演习战阵,狩猎用的工具很多都是作战用的武器,所以常把打仗和狩猎相提并论,甚至用打猎来代指打仗。据典籍记载,汉建安十三年,曹操率大军顺江东下,派人给孙权送战书说:"近者奉辞伐罪,旌麾南指,刘琮束手。今治水军八十万众,方与将军会猎于吴。"⑥(《资治通鉴》卷六十五)带着八十万大军来打猎?显然曹操是来决战的,文中的"会猎"即会战。

可见,"战"的本义就是战斗,打仗。其从單从戈的构形,反映出古代作战与狩猎间的密切关系。

4. 武

"武"的甲骨文构形作"武",上半部分是"戈",兵器;下半部分是"止",脚印。合在一起会意有人扛着兵器经过,本义当是武力征伐。《战国策·秦策一》:"于是乃废文任武,厚养死士,缀甲厉兵,效胜于战场。"⑦又泛指各种与文相对的武力行为。《韩非子·五蠹》:"儒以文

---

① 汉·许慎:《说文解字》,中华书局1963年版,第167页。
② 汉·刘向:《战国策》,上海古籍出版社1985年版,第81页。
③ 《十三经注疏·春秋左传正义》,中华书局1980年版,第1782页。
④ 《十三经注疏·毛诗正义》,中华书局1980年版,第410页。
⑤ 《十三经注疏·春秋左传正义》,中华书局1980年版,第1954页。
⑥ 宋·司马光:《资治通鉴》,中华书局1956年版,第2089页。
⑦ 汉·刘向:《战国策》,上海古籍出版社1985年版,第81页。

乱法,侠以武犯禁,而人主兼礼之,此所以乱也。"

《说文·戈部》:"武,楚庄王曰:'夫武,定功戢兵。'故止戈为武。"[1]许慎的解释来源于楚庄王。据《左传》记载,鲁宣公十二年,楚军在邲战胜了晋军,楚大夫潘党建议把晋军尸体收集掩埋起来在上面修建一座大的台观来显示武功。楚庄王不同意,他说:"夫文,止戈为武。""夫武,禁暴、戢兵、保大、定功、安民、和众、丰财者也。今我使二国暴骨,暴矣;观兵以威诸侯,兵不戢矣;暴而不戢,安能保大? 犹有晋在,焉得定功? 所违民欲犹多,民何安焉? 无德而强争诸侯,何以和众? 利人之几,而安人之乱,以为己荣,何以丰财? 武有七德,我无一焉,何以示子孙? 其为先君宫,告成事而已,武非吾功也。"楚庄王的意思是说,"从文字的构形来看,止字和戈字组合成武字"。"武的意思,就是要禁止暴力,消除战争,保有天下,巩固功绩,安定百姓,和谐诸侯,增加财富,所以使子孙后代不要忘记先人的功绩。我们此行使晋楚两国将士的尸骨暴露在荒野,是典型的暴力;炫耀武力来威胁诸侯,战争不能消除;实行暴力又不能消除战争,怎么能够保有天下? 强大的晋国还在,怎能巩固功绩? 违背百姓意愿的地方还很多,百姓怎能安定? 没有德行却强行争霸诸侯,靠什么来使各国和谐? 利用他人的危机,安于他人的动乱,以此作为自己的荣耀,靠什么来增加财富? 真正的武有七项美德,我没有一种,用什么来展示给子孙? 还是在这里建一座先君庙,报告我们这次取得了胜利就行了,至于武,并不是我的功绩。"于是,"祀于河,作先君宫,告成事而还"[2]。于是"止戈为武"就成了制止战争、化干戈为玉帛的成语。

显然,许慎的解释不符合"𢧢"构形所表示的本义,他把表示脚印的"止"理解成了"禁止"的意思,是不正确的。他所持的"止戈为武"的说法是楚庄王的理念,其实也是春秋战国时期人们反对战争,希望制止武力征伐的思想观念。从文化的角度看,"武力征伐"到"止戈为武",反映了文化理念的发展变化。从中可以看到先秦时期人们对战争武力的认识。

5. 軍(军)

"軍"的小篆构形作"軍",外面是"勹"(包),里面是车。《说文·车部》:"军,圜围也。四千人为军,从车从包省。车,兵车也。"古人作战或打猎驻扎时,营地常常用兵车围起来,形成一个封闭的环形,以防野兽或敌人袭击。"軍"从"勹"从"車"的构形,就是这种战争文化特点的反映。所以"军"的本义是包围。《左传·桓公十三年》:"遂无次,且不设备。及罗,罗与卢戎两军之。"[3]"两军之",即从两面包围了楚军,夹击楚军。

用军车围成圆圈叫"军",目的是宿营,所以军队驻扎也叫军。《史记·项羽本纪》:"项梁渡淮,黥布、蒲将军亦以兵属焉,凡六七万人,军下邳。""当是时,秦嘉已立景驹为楚王,军彭城东。"[4]"军下邳",即驻扎在下邳;"军彭城东"即驻扎在彭城东。

古代以"军"为军队最大的编制单位。《周礼·夏官·司马》:"凡制军,万有二千五百人

---

① 汉·许慎:《说文解字》,中华书局 1963 年版,第 266 页。
② 《十三经注疏·春秋左传正义》,中华书局 1980 年版,第 1883 页。
③ 《十三经注疏·春秋左传正义》,中华书局 1980 年版,第 1757 页。
④ 汉·司马迁:《史记》卷七,中华书局 1959 年版,第 296、297 页。

为军。王六军,大国三军,次国二军,小国一军,军将皆命卿。二千有五百人为师,师帅皆中大夫;五百人为旅,旅帅皆下大夫;百人为卒,卒长皆上士;二十五人为两,两司马皆中士;五人为伍,伍皆有长。"①概言之,天子与诸侯国拥有不同的军队,即天子有六军,诸侯国大国三军、中国二军、小国一军。军队建制有军、师、旅、卒、两、伍六级;各级别人数固定,伍是最小的建制,共 5 人;五伍为一两,25 人;四两为一卒,100 人;五卒为一旅,500 人;五旅为一师,2 500 人;五师为一军,12 500 人。军的统帅由卿担任,师的统帅由中大夫担任,旅帅由下大夫担任,卒帅称长,上士担任,两帅称司马,中士担任;伍帅称长。军队建制的健全,反映出上古时期战争文化的进步。当然,这只是《周礼》的规定,具体执行中并不完全一致。

古代军队驻扎,入口处往往用战车作军门,其形式是将兵车竖起来,露出高高的车辕,古人称之为"辕门"。

6. 旅

"旅"的甲骨文构形作"🏳",卜象一面旗帜,楷书作"㫃",卜下是两个人列队前行。《说文·㫃部》:"旅,军之五百人为旅,从㫃,从从。从,俱也。"②五百人为旅是一般情况,也有特例。《国语·齐语》:"管子于是制国:五家为轨,轨为之长;十轨为里,里有司;四里为连,连为之长;十连为乡,乡有良人焉。以为军令:五家为轨,故五人为伍,轨长帅之;十轨为里,故五十人为小戎里,有司帅之;四里为连,故二百人为卒,连长帅之;十连为乡,故二千人为旅,乡良人帅之;五乡一帅,故万人为一军,五乡之帅帅之。"显然,管仲是把行政管理与军事建制统一起来了,即所谓"作内政而寄军令焉。"平时只是行政单位,战时则是军事组织,这是一种寓军于政,藏兵于民的策略。为的是不引起其他诸侯国的警惕,以达到"欲速得志于天下诸侯",即称霸诸侯的目的。事实证明,管仲的这一策略成功了,齐桓公不久即成为春秋时期第一位诸侯霸主③。

"旅"是军队编制的名称,故可以泛指军队、军事。《论语·先进》"千乘之国,摄乎大国之间,加之以师旅,因之以饥馑,由也为之,比及三年,可使有勇,且知方也。"④师旅即军队,此处又代指战争。又《宪问》:"子言卫灵公之无道也。康子曰:'夫如是,奚而不丧?'孔子曰:'仲叔圉治宾客,祝鮀治宗庙,王孙贾治军旅,夫如是,奚其丧?'""治军旅",即管理军事。

7. 役

"役"的甲骨文构形作"🪖",左边是人,右边象一只手拿着木棍敲击前面的人。据此,"役"的本义是役使。由役使引申指受役使的人,即役卒,也引申指役使的事情,即劳役,兵役。兵役则是征战、戍守。

"役"的篆书形体作"𧗕",左边是彳,右边是殳。《说文·殳部》:"役,戍边也,从殳,从彳。伇,古文役,从人。""《礼》殳以积竹,八觚,长丈二尺,建于兵车,车旅贲以先驱。"⑤《说文解字

①　《十三经注疏·周礼注疏》,中华书局 1980 年版,第 830 页。
②　汉·许慎:《说文解字》,中华书局 1963 年版,第 141 页。
③　徐元浩:《国语集解》,中华书局 2002 年版,第 224 页。
④　《十三经注疏·论语注疏》,中华书局 1980 年版,第 2500 页。
⑤　汉·许慎:《说文解字》,中华书局 1963 年版,第 66 页。

注》："役，戍也。"段玉裁解释说："殳所以守也，故其字从殳。""《司马法》曰：'弓矢围，殳矛守，戈戟助。凡五兵，长以卫短，短以救长。'""彳，取巡行之意……引申之义，凡事劳皆曰役。"①由此看来，篆书"役"字"从彳从殳"，"彳"表示巡行，殳是一种竹制、无刃的长兵器，主要用来击打对方。《诗经·卫风·伯兮》："伯也执殳，为王前驱。"毛传："殳长丈二而无刃。"②"执殳巡行"，意即守卫。引申指劳役、服役的人、事。

《诗经·王风·君子于役》："君子于役，不知其期，曷至哉？"郑玄笺："君子于往行役，我不知其反期，何时当来至哉？"③"行役"即服兵役，戍守边疆。是"役"的本义。

战事也称役，《左传·隐公五年》："郑人以王师会之，伐宋，入其郛，以报东门之役。"④"东门之役"指隐公四年，宋、陈、蔡、卫四国进攻郑国，包围郑国东门五日的事。又称兵役。《后汉书·五行志二》："是时羌叛，大为寇害，发天下兵以攻御之，积十余年未已，天下厌苦兵役。"⑤所以今天仍称战役、兵役，用的是"役"的引申义。

8. 戍

"戍"的甲骨文构形作"𢦏""𢦏"，左下部分是人，右上部分是戈。《说文·戈部》："戍，守边也。从人持戈。"⑥"戍"的本义是防守边疆。《史记·陈涉世家》："二世元年七月，发闾左适戍渔阳，九百人屯大泽乡。"司马贞《索隐》："戍者，屯兵而守也。"⑦"屯兵而守"，就是驻扎在边疆守卫。陆游《十一月四日风雨大作》："僵卧孤村不自哀，尚思为国戍轮台。""轮台"，本汉代西域乌孙国地名，代指边疆。

由于"戍"是屯兵而守，故"戍守"逐渐成为一个合成词。"戍"是守卫，故今称守城部队为卫戍部队，有卫戍区，卫戍司令部。

9. 戒

"戒"的甲骨文构形作"𢦙"，双手持戈的样子，会意警戒，戒备。《说文·廾部》："戒，警也。从廾持戈，以戒不虞。"⑧"戒"的本义是警戒，双手持戈，非常形象。《诗经·小雅·采薇》："岂不日戒，玁狁孔棘。"郑玄笺："戒，警敕军事也。"⑨

引申之，警醒或使人警醒都叫戒。《诗经·序》："上以风化下，下以风刺上，主文而谲谏，言之者无罪，闻之者足以戒。"⑩闻之者足以戒，即听到的人足以警醒戒备起来。后来，凝固成成语"言者无罪，闻者足戒"。

戒备就要有所约束，不能为所欲为。所以"戒"又有"约束"义。《论语·季氏》："孔子曰：

---

① 清·段玉裁：《说文解字注》，上海古籍出版社 1981 年版，第 120 页。
② 《十三经注疏·毛诗正义》，中华书局 1980 年版，第 327 页。
③ 《十三经注疏·毛诗正义》，中华书局 1980 年版，第 331 页。
④ 《十三经注疏·春秋左传正义》，中华书局 1980 年版，第 1728 页。
⑤ 南朝·宋范晔：《后汉书》，《景印文渊阁四库全书》，台北商务印书馆 1986 年版。
⑥ 汉·许慎：《说文解字》，中华书局 1963 年版，第 266 页。
⑦ 汉·司马迁：《史记》卷四十八，中华书局 1959 年版，第 1950 页。
⑧ 汉·许慎：《说文解字》，中华书局 1963 年版，第 59 页。
⑨ 《十三经注疏·毛诗正义》，中华书局 1980 年版，第 414 页。
⑩ 《十三经注疏·毛诗正义》，中华书局 1980 年版，第 271 页。

'君子有三戒：少之时，血气未定，戒之在色；及其壮也，血气方刚，戒之在斗；及其老也，血气既衰，戒之在得。"①意思是说，君子一生在三个方面要警戒约束自己：年轻时，由于血气未定，要警戒约束自己不要迷恋女色；壮年时，血气正旺，要警戒约束自己不要争强好胜；年老时，血气已衰，要警戒约束自己不要贪得无厌。

今天人们手上戴的"戒指"，其得名也是因为戴在手指上有约束的意思。

时时刻刻警醒自己，约束自己，也是古代君子自身修养的一项重要内容。

10. 衞（卫）

"衞"字甲骨文作 ，中间是表示城墙的"囗"（wéi），四边各有一只脚印。这五个符号组成的形体，表明有人围着城墙在走，会意守卫、护卫的意思。 的构形蕴涵的正是古代守城的情景。

《左传》中记载了一件事：楚国的囊瓦（子常）当了令尹，在郢筑城墙。沈尹戌说："子常必定使郢灭亡。如果不能守卫，修建城墙也没有益处。古时候，天子的守卫在四夷。天子地位降低后，守卫在诸侯。诸侯的守卫在四邻。诸侯地位降低，守卫在四境。戒备四境，结交四邻，百姓在自己的土地上安居乐业，春、夏、秋三季务农成功。百姓没有内忧，又没有外患，哪里用得着在国都修筑城墙？如今害怕吴国而在郢都筑城墙，守卫的地方已经很小了。连四境都守不住，能不灭亡吗？"②

怎样守土卫国，沈尹戌的话当然有一定道理，故事反映的楚令尹子常在郢都筑城守卫的事情，也为"衞"字的构形提供了事实依据。

由卫城引申为一般的守卫。《礼记·战于郎》记载，鲁国少年汪踦与邻居一起同入侵的齐国军队作战，汪踦死在战场上，鲁国人尊重汪踦为国献身的精神，不想按照少年的礼仪——殇来安葬他，但又拿不定主意。于是来请教孔子，孔子认为："能执干戈以衞社稷，虽欲勿殇也，不亦可乎？"③意思是，能够手执武器来守护国家，已经做到了成年人所做的事情，即使不想用未成年人的礼仪安葬，不也是可以的吗？

11. 兵与甲

"兵"的甲骨文构形作" "，上半部分是" "（斤），横刃斧；下半部分是两只手（廾），用双手拿着斧子。《说文·廾部》："兵，械也。从廾持斤，并力之貌。"④段玉裁解释说："械者，器之总名。"意思是说，兵是武器、兵器的总名。据《孟子》记载：一次，梁惠王问孟子，他自己治国也算是尽到心了，可为什么梁国的百姓不见增多而邻国的百姓也不见减少呢？孟子回答说："王好战，请以战喻。填然鼓之，兵刃既接，弃甲曳兵而走。或百步而后止，或五十步而后止。以五十步笑百步，则何如？"梁惠王说，不可以，那个人仅仅不是跑了一百步罢了，他也是在逃跑啊。孟子说，大王如果明白这个道理，就不要希望您的百姓多于邻国了。意思是说，您和

---

① 《十三经注疏·论语注疏》，中华书局 1980 年版，第 2522 页。
② 《十三经注疏·春秋左传正义》，中华书局 1980 年版，第 400、401 页。
③ 《十三经注疏·礼记正义》，中华书局 1980 年版，第 83 页。
④ 汉·许慎：《说文解字》，中华书局 1963 年版，第 59 页。

邻国的国君都喜欢武力征战，在治国这一点上，就像是五十步和百步的关系，没有质的不同①。这就是汉语成语"五十步笑百步"的来源，其中"兵刃既接"，"弃甲曳兵"两处"兵"字，都是"兵器"的意思。成语中"秣马厉兵""短兵相接""兵不血刃""斩木为兵"等中的"兵"字，都是用的本义——兵器。

由兵器引申指使用武器的人——士兵、军队。《战国策·赵策四》："赵氏求救于齐，齐曰：'必以长安君为质，兵乃出。'"②"兵乃出"即才出兵，才派军队援助赵国。汉语中还有一个"草木皆兵"的成语。东晋时，前秦苻坚率大军攻晋，东晋将领谢石等在淝水大破秦军的故事。"谢石等以既败梁成，水陆继进。坚与苻融登城而望王师，见部阵齐整，将士精锐。又北望八公山上，草木皆类人形。顾谓融曰：'此亦劲敌也。'"八公山上的草和树被苻坚误认为是晋朝的士兵，反映出他大败后内心的极度惊恐③。（《晋书·载记·苻坚下》）"草木皆兵"的意思就是把草和树木都当成了士兵，形容极度恐惧，惊慌失措。

由兵器引申指军事。《史记·廉颇蔺相如列传》记载，战国时赵国名将赵奢的儿子赵括熟读兵法，谈论时头头是道，连赵奢都难不倒他。但赵奢还是认为他不行。说："兵，死地也，而括易言之。使赵不将括即已，若必将之，破赵军者，必括也。"赵奢死后，赵王想让赵括代替老将廉颇。蔺相如认为赵括只会照搬兵法，不会随机应变，上书谏止说："王以名使括，若胶柱而鼓瑟耳。括徒能读其父书传，不知合变也。"赵王不听，仍让赵括代替廉颇领兵抗秦。结果在长平之战中他只知道死守兵法，不会随机应变，所率四十余万人全军覆没，自己也被秦军射死。后人称赵括只会"纸上谈兵"④。其中"兵"即军事的意思。

"甲"的甲骨文构形作"十""回""卧"，如果说"兵"是进攻的武器，那么，"甲"则是防身的服装。（参见第四章）从作战攻守的角度看，二者相辅相成，所以经典中常常兵甲连用，表示武器或战争。《论语·季氏》："今夫颛臾，固而近于费。"何晏注："马曰，固谓城郭完坚，兵甲利也。"⑤"兵甲"则代指武器。《周礼·夏官·司马》："若有兵甲之事，则授之车甲，合其卒伍，置其有司，以军法治之。"⑥"兵甲之事"即战争一类的事情。

"兵甲"也可以称甲兵。《战国策·齐策五》："故明君之攻战也，甲兵不出于军而敌国胜。"⑦

12. 干与戈

"干"字的甲骨文构形作"¥""¥"，象前分杈的木棒，古人用来打猎的工具或作战的武器。《说文·干部》："干，犯也。"⑧但在古书中，"干"字最常见的意义是盾牌。《诗经·大雅·公刘》："弓矢斯张，干戈戚扬，爰方启行。"郑玄笺："干，盾也。"⑨《方言》："干，自关而东或谓之

① 《十三经注疏·孟子注疏》，中华书局 1980 年版，第 2666 页。
② 汉·刘向：《战国策》，上海古籍出版社 1985 年版，第 768 页。
③ 唐·房乔等：《晋书》卷一百十四，《景印文渊阁四库全书》，台北商务印书馆 1986 年版。
④ 汉·司马迁：《史记》卷八十一，中华书局 1959 年版，第 2446～2448 页。
⑤ 《十三经注疏·论语注疏》，中华书局 1980 年版，第 2520 页。
⑥ 《十三经注疏·周礼注疏》，中华书局 1980 年版，第 850 页。
⑦ 汉·刘向：《战国策》，上海古籍出版社 1985 年版，第 440 页。
⑧ 汉·许慎：《说文解字》，中华书局 1963 年版，第 50 页。
⑨ 《十三经注疏·毛诗正义》，中华书局 1980 年版，第 541 页。

殴,或谓之干,关西谓之盾。"①盾是用来挡刀箭以护身的兵器。

如前所述,戈的甲骨文构形作"十""十",是古代常用的进攻用的兵器,长柄横刃,盛行于殷周。"干"则是防守用的武器,于是"干戈"合在一起代指所有兵器,就如同"兵甲"一样。《论语·季氏》:"邦分崩离析而不能守也,而谋动干戈于邦内。"②干戈指兵器,动干戈即发动战争,此指出兵讨伐颛臾。

又代指战争。《汉书·主父偃传》:"高帝悔之,乃使刘敬往结和亲,然后天下亡干戈之事。"③"亡干戈之事"即没有战争一类的事情。

13. 弓与矢

"弓"的甲骨文构形作"弓""弓",象弓形。《说文·弓部》:"弓,以近穷远,象形。古者挥作弓。《周礼》六弓,王弓、弧弓以射甲革甚质;夹弓、庾弓以射干侯鸟兽;唐弓、大弓以授学射者。"④相传是黄帝的大臣"挥"创造了弓,但后人研究,弓最早应出现在旧石器时代,是先民最早使用的武器之一。早期的弓以独根竹、木为体,以皮筋或绳索为弦。商周后出现以多种材料复合为体的复体弓,以增强其力度。周代根据弓的制式和用途不同,分为王弓、弧弓、夹弓、庾弓、唐弓、大弓六类,称"六弓"。据《周礼·夏官·司弓矢》郑注记载,王弓、弧弓最强,射得最远,夹弓、庾弓射得最近,唐弓、大弓力度中等。弓的长短分为三等,上等六尺六寸,中等六尺三寸,下等六尺⑤。

"矢"的甲骨文构形作"矢""矢",象箭的形状,上面是箭头,称"镞",中间是箭杆,下面是附有羽毛的箭括。《方言》卷九:"箭,自关而东谓之矢……关西曰箭。""矢"就是箭,又称"镝"。《说文·矢部》:"矢,弓弩矢也。从人,象镝、栝、羽之形。古者夷牟初作矢。"⑥"夷牟"一作牟夷,相传为黄帝的臣子。《周易·系辞下》:(黄帝时)"弦木为弧,剡木为矢。弧矢之利,以威天下。"⑦据出土文物研究,箭起源实际更早。最初的箭是尖锐锋利的竹木,可以投掷,类似于后代的投镖。新石器时代即出现了以石、骨、蚌做成的原始箭镞。商周及战国时代,铜镞盛行。西汉中期后,箭镞始用铁制。箭一般用弓、弩发射。上古时期,弓(弩)箭是狩猎和杀敌的利器,使用很广,种类也较多。《周礼·夏官·司弓矢》:"凡矢,枉矢、絜矢利火射,用诸守城、车战;杀矢、鍭矢用诸近射田猎;矰矢、茀矢用诸弋射;恒矢、痹矢用诸散射。"郑玄注:"此八矢者,弓、弩各有四焉。枉矢、杀矢、矰矢、恒矢,弓所用也;絜矢、鍭矢、茀矢、痹矢,弩所用也。"⑧

弓矢是由近及远的武器,可以杀伤远处的鸟兽和敌人,在上古时期是狩猎和作战的利器,应用范围很广。《诗经·大雅·抑》:"修尔车马,弓矢戎兵,用戒戎作,用逷蛮方。"郑玄

① 汉·扬雄:《方言》卷九,《景印文渊阁四库全书》,台北商务印书馆 1986 年版。
② 《十三经注疏·论语注疏》,中华书局 1980 年版,第 2520 页。
③ 汉·班固:《汉书》卷六十四上,《景印文渊阁四库全书》,台北商务印书馆 1986 年版。
④ 汉·许慎:《说文解字》,中华书局 1963 年版,第 269 页。
⑤ 《十三经注疏·周礼注疏》,中华书局 1980 年版,第 855 页。
⑥ 汉·许慎:《说文解字》,中华书局 1963 年版,第 110 页。
⑦ 《十三经注疏·周易正义》,中华书局 1980 年版,第 87 页。
⑧ 《十三经注疏·周礼注疏》,中华书局 1980 年版,第 856 页。

笺:"遏当作剔,剔,治也。蛮方,蛮畿之外也。此时中国微弱,故复戒将帅之臣以治军实。女当用此备兵事之起,用此治九州之外不服者。"①这是增强军备,以备外敌入侵。

《左传·僖公二十八年》记载,城濮之战,晋国得胜后向周天子献捷,周天子赐给重耳"大辂之服、戎辂之服,彤弓一,彤矢百;玈弓矢千"。杜预注:"彤,赤弓;玈,黑弓。弓一矢百,则矢千弓十矣。诸侯赐弓矢,然后专征伐。"②可见,弓矢已成为兵器的代表,周天子赐给重耳弓矢,意味着他可以用天子赐的武器去征伐其他诸侯国。

14. 射

"射"的甲骨文构形作"𰀀",象搭箭开弓要发射的样子。金文作"𰀀",象以手开弓射箭的样子。篆文作"𰀀""𰀀"。《说文·矢部》:"𰀀,弓弩发于身而中于远也,从矢从身。𰀀,篆文射从寸,寸,法度也,亦手也。"③《说文系传》:"𰀀者,身平体正然后能中也。"许慎根据篆书的形体,认为从矢从身,是从身体这里发出而射中远方的目标。徐锴进一步解释说,射箭要身平体正才能射得准,反映了古人对"𰀀"字造意的理解。至于从寸之"射",许慎认为是射箭要符合法度,也是秦汉时期与射有关的文化现象的反映。

"射"是古代狩猎作战的重要技术,远古时期就受到重视。《淮南子·本经训》记载:相传尧的时候,天上十颗太阳一齐出来,晒焦了庄稼和草木,百姓没有吃的。同时各种猛兽也危害百姓。于是尧派羿射下了九颗太阳,射杀了害人的猛兽,万民得以安居④。《左传·襄公四年》杜预注:"羿善射。"孔颖达疏:"贾逵云:'羿之先祖世为先王射官,故帝喾赐羿弓矢,使司射。'"⑤可见,早在远古帝喾时期,已有主管射箭的射官(一说羿为帝尧的射官)。

周代,"射"在社会生活中的地位越来越重要。《礼记》记载,"男子设弧于门左,女子设帨于门右",弧就是弓,生男孩当天要在门左边挂一张弓,准备好六支箭,出生三天后,由人背着他并代他向天地四方射箭,表示有四方之志。然后才能食用五谷⑥。长到八岁入小学,"礼、乐、射、御、书、数"成为必修的"六艺"。《周礼·地官·保氏》:"保氏掌谏王恶,而养国子以道,乃教之六艺:一曰五礼,二曰六乐,三曰五射,四曰五驭,五曰六书,六曰九数。"什么是"五射"呢?"郑司农云:'五射,白、矢、参、连、剡。'郑玄注:"云白矢者,矢在侯而贯侯过,见其镞白;云参连者,前放一矢后三矢连续而去;云剡注者,谓羽头高镞低而去剡剡然。"⑦"侯"是靶子,"五射"是箭的五种射法,也是考核的标准。

长大成人后,"射"又成为选拔官员的标准之一。《礼记·射义》:"古者天子之制,诸侯岁献贡士于天子,天子试之于射宫。""古者天子以射选诸侯、卿、大夫、士。"根据射来选拔官员,为什么呢?因为"射者,男子之事也,因而饰之以礼乐也。故事之尽礼乐而可数为以立德行者,莫若射。故圣王务焉。"意思是说,射是男子之事,因而要用礼乐来修饰、对待它。能够用

① 《十三经注疏·毛诗正义》,中华书局1980年版,第555页。
② 《十三经注疏·春秋左传正义》,中华书局1980年版,第1825页。
③ 汉·许慎:《说文解字》,中华书局1963年版,第110页。
④ 《诸子集成·淮南子》,中华书局1954年版,第117～118页。
⑤ 《十三经注疏·春秋左传正义》,中华书局1980年版,第1933页。
⑥ 《十三经注疏·礼记正义》,中华书局1980年版,第1469页,第1687页。
⑦ 《十三经注疏·周礼注疏》,中华书局1980年版,第731页。

礼乐来修饰要求、并且能够用数量来计算以显示其德行的事情,没有什么比得上射箭了,所以圣王才这样做。

为什么射箭能有这种特点呢？古人认为:"射者进退周还必中礼,内志正,外体直,然后持弓矢审固。持弓矢审固,然后可以言中,此可以观德行矣。""射者,仁之道也。射求正诸己,己正而后发。发而不中,则不怨胜己者,反求诸己而已矣。"显然,古人是把身体的平正同人品的端正联系在一起看待了,认为只有"内志正"才能"外体直",才能射中靶心。而且射本身就包含着"仁"的道理。

周代自天子至于士都有射礼。据《礼记·射义》记载:"天子将祭,必先习射于泽。""古者诸侯之射也,必先行燕礼;卿大夫士之射也,必先行乡饮酒之礼。故燕礼者,所以明君臣之义也;乡饮酒之礼者,所以明长幼之序也。"①

由此看来,周秦时期射箭很讲究礼仪法度,而产生于此时的小篆构形中,从"寸"之字往往与法度有关,小篆"射"字从身从寸的构形,正蕴涵着周秦时期射礼文化的信息。

15. 张与弛

"张"的篆书构形作"弜",左边是"弓",右边是"长",是个形声字。《说文·弓部》:"张,施弓弦也。从弓,长声。"即把弦绷在弓上。"弛"的小篆构形作"弜",左边是"弓",右边是"也"。《说文·弓部》:"弛,弓解也。"②即把弦从弓上解开,放下来。古代用弓时,首先把弦敷上;平时不用时,要把弦解下来。因为弦和弓总绷着,都容易"疲劳"而减弱张力,影响弓的质量和使用寿命。

《礼记·杂记下》中记载了一件事,一次,子贡观看年终的蜡祭,百姓们都饮酒狂欢。孔子问他,"你高兴吗？"子贡回答说:"全国百姓都乐得发狂,赐(子贡名)却不明白为什么这么乐。"孔子说:"百日之蜡(腊),一日之泽,非尔所知也。"意思是说,百姓辛苦劳作一年,蜡祭这天让他们饮酒作乐,这里面有君王的恩泽,不是你所能理解的。"张而不弛,文武弗能也;弛而不张,文武弗为也。一张一弛,文武之道也。"③显然,孔子是以弓的张弛比喻治国。弓久张而不弛之则绝其力,民久劳而不息也损其力,所以周文王、周武王的治国之道不能这样做;反之,弓久弛而不张就失去了弓的作用,民久息而不劳,就会贪图安逸享乐,失去劳作的本性,文武之道也不会这样做。弓张弛相间才长久,使民劳逸结合才安宁,这是周文王、周武王的治国之道。

治国如此,其他事情也一样,所以在"文武之道,一张一弛""张弛有度"中寓含着古人的聪明智慧。

16. 礮、砲

"炮"作为现代战争的重要兵器,二战期间曾被称为"战争之神"。中国古代也有这种兵器,写作"礮""砲"。"礮"字构形由石、马、交三部分构成。《玉篇·石部》:"礮,礮石也。"《文

① 《十三经注疏·礼记正义》,中华书局 1980 年版,第 1689、1686 页。
② 汉·许慎:《说文解字》,中华书局 1963 年版,第 269、270 页。
③ 《十三经注疏·礼记正义》,中华书局 1980 年版,第 1567 页。

选·潘岳〈闲居赋〉》："礮石雷骇，激矢蝱飞。以先启行，耀我皇威。"李善注："礮石，今之抛石也……《范蠡兵法》：'飞石重二十斤，为机发，行三百步。'"①"砲"字由石和包两部分构成。宋戴侗《六书故》卷五："砲，支教切，桀石以投也。今军中以桔槔反石以击谓之砲。别作礮。"②"桀石"即揭石，举石。"礮"是"砲"的异体字。

"砲"的构形好理解，包是声符。"礮"字从"石"，也是以石块为"炮弹"，从"馬"，是因为上古时期大型战役多车战，用马驾车，马与车为一体，在马车上架上木架，用绳索把石块抛到敌方的城中或阵地上以砸击敌人，类似于后代的抛石机。所谓"礮石雷骇"，是说抛出去的石块飞行和落地时发出惊雷般的响声，形容威力巨大。

据《后汉书·袁绍传》记载，官渡之战中，曹军坚壁死守，袁绍的部队在曹营外架起土楼，向曹营射箭，曹军将士只好蒙盾而行。"操乃发石车击绍楼，皆破。军中呼曰：'霹雳车'。"所谓"霹雳车"即砲车。唐李贤注释说："以其发石声震烈，呼为霹雳，即今之抛车也。"③《新唐书·李密传》记载，密"命护军将军田茂广造云旝三百，具以机发石，为攻城械，号将军礮，进逼东都"④。由此看来，秦汉以来，这种"抛石"的砲已多用于战场。

17. 聝（馘）(guó)

"聝""馘"的小篆构形分别作"𦕍""𣫷"。《说文·耳部》："聝，军战断耳也。《春秋传》曰：'以为俘聝。'从耳，或声。馘，聝或从首。"⑤"聝"的本义是军战断耳，所以从耳。"馘"从首，是"聝"的异体字。古代打仗，战胜者要割取战死的敌人的左耳做为报功的凭据。《左传》记载，鲁僖公二十二年，楚人为了帮助郑国进攻宋国，在泓地打败宋国军队后，班师回国途中，经过郑国，"郑文夫人芈氏、姜氏劳楚子于柯泽。楚子使师缙示之俘馘"。杜预注："师缙，楚乐师也。俘，所得囚；馘，所截耳。"孔颖达疏引《毛诗》郑笺："馘，所格者左耳也。然则俘者，生执囚之；馘者，杀其人，截取其左耳，欲以计功也。"⑥截耳，即在战场上割下的战死的宋国军士的耳朵。

截取左耳以计功，与上古时期的狩猎习俗有关。《周礼·地官·司徒》："若大田猎，则莱山田之野，及弊田，植虞旗于中，致禽而珥焉。"郑玄注："莱，除其草莱也。弊田，田者止也。植犹树也，田止树旗，令获者皆致其禽而校其耳，以知获数也……郑司农云：'珥者，取禽左耳以效功也。'《大司马职》曰：'获者取左耳。'""大田猎"，即天子亲自参加的狩猎活动。"致禽而珥"即上缴猎获的野兽，并割下野兽的左耳作为计功的凭据，即数野兽耳朵来计数记功。为什么要割下左耳呢？孔颖达疏："取左耳者，以其听乡（向）任左，故皆取左耳也。"⑦（参第八章"取"）

由上古时期的"狩猎、军战断耳报功"，发展到"斩首"——取战死者的头作为报功的证据，所以汉字构形中又有从"首"的"馘"字。战国时期，军战中往往出现斩首的记载。《战国

---

① 唐·李善：《文选注》，《景印文渊阁四库全书》，台北商务印书馆 1986 年版。
② 宋·戴侗：《六书故》，《景印文渊阁四库全书》，台北商务印书馆 1986 年版。
③ 南朝宋·范烨：《后汉书》卷一百四，《景印文渊阁四库全书》，台北商务印书馆 1986 年版。
④ 宋·宋祁：《新唐书》卷八十四，《景印文渊阁四库全书》，台北商务印书馆 1986 年版。
⑤ 汉·许慎：《说文解字》，中华书局 1963 年版，第 250 页。
⑥ 《十三经注疏·春秋左传正义》，中华书局 1980 年版，第 1814 页。
⑦ 《十三经注疏·周礼注疏》，中华书局 1980 年版，第 109 页。

策·赵三》："彼秦者,弃礼义而上首功之国也。"鲍彪注："秦制,爵二十等。战获首级者,计功受爵,时所尊上也。"①《汉书·樊哙传》记载,樊哙"却敌斩首十五级,赐爵国大夫……攻城先登斩首二十三级,赐爵列大夫。"②

"凭左耳、首级报功"中国古代战争使用了多年,"聝"和"馘"字的构形,记录了这种战争文化的信息。而构形从"从耳"(聝)到"从首"(馘)的变化,也反映了由春秋到战国及秦汉以后的打仗报功特点的变化。

————————

① 汉·刘向:《战国策》,上海古籍出版社 1985 年版,第 705 页。

② 汉·班固:《汉书》,中华书局《景印文渊阁四库全书》,台北商务印书馆 1986 年版。

第十四章　农牧渔猎篇

　　"(劳动)是整个人类生活的第一个基本条件"①,农牧渔猎是上古时期先民维持生命和繁育的主要手段,是其所从事的最基本的劳动,也是日常生活中最主要的内容。先民在从事农牧渔猎劳作的过程中,也创造了辉煌灿烂的古代文化。与此同时,先民在为汉字构形时,也自觉或不自觉地把当时有关农、牧、渔、猎的文化信息融入到了汉字的形体中,从而为后人探索研究上古文化提供了重要的途径和线索。

1. 農（农）

　　"農"（农）的甲骨文构形作"🈓",上半部分"🈓"是"林",下半部分"🈓"是"辰"。"辰"象蛤形,即"蜃"字初文,据郭沫若《甲骨文字研究》考证,上古时期用大蛤的壳作为耕作的工具,所以農、辱（耨）、蓐字均从辰。《淮南子·氾论训》记载:"古者剡耜而耕,摩蜃而耨。"高诱注:"蜃,大蛤。摩令利,用之耨。耨,除苗秽也。"②"🈓"从"🈓"（林）,又表明早期农田的开垦与林地有关。"农"字的金文形体作"🈓",在甲骨文"🈓"的基础上加上一个表意构件"田",进一步表明"農"的本义是耕田,耕种。《左传·襄公九年》:"其庶人力于农穑。"杜预注:"种曰农,收曰穑。"孔颖达疏:"农是力田之名。"③

　　由"耕种"引申泛指农事活动、农业。《孟子·梁惠王上》:"不违农时,谷不可胜食也。"赵岐注:"使民得三时务农,不违夺其要时,则五谷饶穰,不可胜食也。"④农时,即农业生产的季节,具体而言即春种、夏长、秋收。自从畜牧业经济发展到农业经济后,"以农为本"就成了中国社会几千年最基本的经济策略。《诗经·小雅·楚茨》:"楚楚者茨,言抽其棘。自昔何为?我艺黍稷。"郑玄《笺》:"古者先王之政,以农为本。"⑤汉代贾谊曾劝谏汉文帝:"今驱民而归之农,皆著于本。"晁错也上书说:"民贫则奸邪生,贫生于不足,不足生于不农,不农则不地著,不地著则离乡轻家,民如鸟兽。虽有高城深池,严法重刑,犹不能禁也。"⑥(《汉书·食货志》)汉文帝认为:"农,天下之本,务莫大焉。"⑦(《史记·孝文本纪》)意思是,农业是天下国家的根本,没有任何事务能比农业更重要的。

　　由耕种还可以引申指耕种的人——农夫、农民。《诗经·小雅·甫田》"倬彼甫田,岁取

---

① 《马克思恩格斯选集·自然辩证法》,人民出版社1972年版,第508页。
② 《诸子集成·淮南子》,中华书局1954年版,第211页。
③ 《十三经注疏·春秋左传正义》,中华书局1980年版,第1942页。
④ 《十三经注疏·孟子注疏》,中华书局1980年版,第2666页。
⑤ 《十三经注疏·毛诗正义》,中华书局1980年版,第467页。
⑥ 汉·班固:《汉书》卷二十四上,《景印文渊阁四库全书》,台北商务印书馆1986年版。
⑦ 汉·司马迁:《史记》卷十,中华书局1959年版,第428页。

十千。我取其陈,食我农人。"毛传:"尊者食新,农夫食陈。"①《孟子》:"尧以不得舜为己忧,舜以不得禹、皋陶为己忧。夫以百亩之不易为己忧者,农夫也。""不易"即"不治","百亩之不易"即种不好属于自己的一百亩地。

2.耒与耜(枱)

"耒""耜"的甲骨文构形作"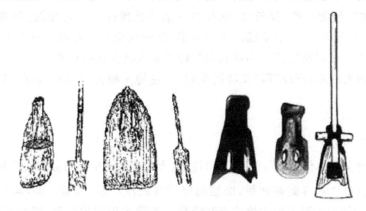",象木制弯柄的翻土农具。又作" ",上加了手形,象手持耒耜在劳作,又作" ",象两手持耒耜劳作(图14-1)。《说文解字注·耒部》:"耒,耕曲木也。""古者垂作耒枱,以振民也。"②"振民",即济民。《说文·木部》:"枱,耒端也。鉫,枱或从金。"③段玉裁注:"枱,今经典之耜。"④《周易·系辞下》:"包牺氏没,神农氏作。斫木为耜,揉木为耒,耒耨之利,以教天下。"陆德明引京房注:"耜,耒下耓也;耒,耜上鉤木。"⑤意思是说,"耒耜"合起来是一件农具,上部弯曲的木柄部分叫耒,下面用来翻土的部分叫耜。"耜"初为木制,后改为金属制作。《周礼·考工记·匠人》:"车人为耒。庛长尺有一寸,中直者三尺有三寸,上句者二尺有二寸。"⑥"庛"即耒下端连接耜的横木。《国语·周语中》:"民无悬耜,野无奥草。不夺民时,不蔑民功。"韦昭注:"入土曰耜,耜柄曰耒,皆垦辟也。"⑦"垦辟"即翻土耕田。是谁创制了耒耜呢?古籍记载不一致。一说是黄帝之臣工垂,一说是神农氏。周代由"车人"负责制造。但无论是谁,都表明在夏商之前的远古时期,先民已经进入了使用农具进行生产的阶段。"耒""耜"的构形就记载了这种文化现象。

图14-1　耒耜　(见《汉语大字典》《名物大典》)

3.耕

"耕"的小篆构形作"耕",左边是"耒",右边是"井"。《说文·耒部》:"耕,犁也。从耒,井

---

① 《十三经注疏·毛诗正义》,中华书局1980年版,第473页。
② 清·段玉裁:《说文解字注》,上海古籍出版社1981年版,第183~184页。
③ 汉·许慎:《说文解字》,中华书局1963年版,第122页。
④ 清·段玉裁:《说文解字注》,上海古籍出版社1981年版,第259页。
⑤ 《十三经注疏·周易正义》,中华书局1980年版,第86页。
⑥ 《十三经注疏·周礼注疏》,中华书局1980年版,第933页。
⑦ 徐元浩:《国语集解》,中华书局2002年版,第66页。

声。一曰古者井田。”[①]“耕”字当从耒，从井，井亦声。耒耜是用来耕地的农具，“井”则表示所耕之田。上古实行井田制，成年男子耕田百亩，方九百亩为一里，分为九区，每区一百亩。外围八区为私田，由八名男子分别耕种，收成归个人；中间百亩为公田，由八名男子负责耕种，收成归公[②]。这样一里之地分为九区，恰似“井”字。所以叫井田。《孟子·梁惠王上》：“百亩之田，勿夺其时，数口之家可以无饥矣。”赵岐注：“一夫一妇耕耨百亩。百亩之田，不可以徭役夺其时功，则家给人足。”[③]

“耕”的本义是“犁田”“耕地”。引申则泛指农业劳动。《管子·地数》：“农有常业，女有常事。一农不耕，民有为之饥者；一女不织，民有为之寒者。”[④]

春秋时期，井田制开始衰落。“耕”字从耒从井的构形，反映了上古社会耕作制度的情况。

4. 耦

“耦”的篆文构形作“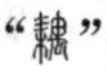”《说文·耒部》：“耦，耒广五寸为伐，二伐为耦。从耒，禺声。”[⑤]“耦”是一种两只头的耒耜。《周礼·考工记·匠人》：“耜广五寸，二耜为耦。”[⑥]

由两头的耒耜引申指两人并排而耕的方法。《论语·微子》：“长沮、桀溺耦而耕。孔子过之，使子路问津焉。”[⑦]“耦而耕”即两人各执一耜，并排耕地。

后泛指两两一组的人或事物。《左传·襄公二十九年》记载：晋国的范献子来鲁国朝见，拜谢在杞筑城的事。鲁襄公设享礼招待他。“射者三耦……家臣展瑕、展王父为一耦；公臣公巫召伯、仲颜庄叔为一耦；鄫鼓父、党叔为一耦。”杜预注：“二人为耦。”[⑧]即两人为一组。《左传·襄公二十五年》：“今宁子视君不如弈棋，其何以免乎？弈者举棋不定，不胜其耦；而况置君而弗定乎？必不免矣。”[⑨]“不胜其耦”，即不能战胜弈棋的对手。

夫妻总是两两成双，所以“耦”又特指配偶。《左传·桓公二年》：“嘉耦曰妃，怨耦曰仇，古之命也。”[⑩]

5. 辱与耨(nòu)

“辱”的甲骨文形体作“”，象手（）持辰（大蛤壳）在田间劳作。后加耒旁作“耨”。《淮南子·氾论训》：“古者剡耜而耕，摩蜃而耨。”高诱注：“蜃，大蛤。摩（磨）令利，用之耨。耨，除苗秽也。”[⑪]最初的蜃是把大蛤的壳磨锋利了来除去田间的杂草，即所谓“苗秽”。后发展成为一种带柄的农具，样子像短柄的锄。《吕氏春秋·任地》：“耨柄尺，此其度也。其耨六

① 汉·许慎：《说文解字》，中华书局1963年版，第93页。
② 参见《十三经注疏·周礼注疏·考工记》，中华书局1980年版
③ 《十三经注疏·孟子注疏》，中华书局1980年版，第2666页。
④ 《诸子集成·管子校正》，中华书局1954年版，第388页。
⑤ 汉·许慎：《说文解字》，中华书局1963年版，第93页。
⑥ 《十三经注疏·周礼注疏·考工记》，中华书局1980年版，第931页。
⑦ 《十三经注疏·论语注疏》，中华书局1980年版，第2529页。
⑧ 《十三经注疏·春秋左传正义》，中华书局1980年版，第2005页。
⑨ 《十三经注疏·春秋左传正义》，中华书局1980年版，第1986页。
⑩ 《十三经注疏·春秋左传正义》，中华书局1980年版，第1743页。
⑪ 《诸子集成·淮南子》，中华书局1954年版，第211页。

寸,所以间稼也。"高诱注:"耨,所以耘苗也,刃广六寸,所以入苗间也。"耨柄长一尺,头部用来锄草的刃宽六寸。"入苗间",是说耨可以进入庄稼苗与苗之间,把其间的杂草除掉。此外,耨还有一种作用,即松土。"人耨必以旱,使地肥而土缓"。"土缓"即土松,耨地使其表面有一层松土,可以抗旱。大雨过后,用耨松土,可防止土地板结。至今农民仍说"锄下有水又有火",正是这个意思。"五耕五耨,必审以尽。其深殖之度,阴土必得。大草不生,又无螟蜮。今兹美禾,来兹美麦。"[1]意思是说,农田每年要细心地耕五遍,耨五遍,使上面的熟土达到一定的深度,阴冷板结的土也变得松软适宜。大的杂草长不起来,又没有虫害。今年秋冬的禾苗长得壮,明年小麦大丰收。《国语·齐语》:"及耕,深耕而疾耰之,以待时雨。时雨既至,挟其枪、刈、耨、镈,以旦暮从事于田野。"[2]记述的正是先民农田劳作的情景。

图14-2　耨　(见《汉语大字典》)

6. 蓺(埶)

"蓺"的甲骨文构形作"𦮔""𦮔",象人手持禾苗栽种的样子。《说文·丮部》:"埶,种也。从坴,丮,持亟种之。徐锴曰:'坴,土也。今俗作藝。'""丮,持也,象手有所丮据也。"[3]丮(jǐ)的甲骨文形体作"𠃨",象人伸出两手有所握持的样子。所以,"埶"的本义是种植。段玉裁解释说:"唐人树埶字作蓺,六埶字作藝,然蓺、藝字皆不见于《说文》,周时六藝字盖亦作埶。儒者之于礼乐射御书数,犹农者之树埶也。"[4]意思是说,先秦时表示种植、表示技艺都用"埶"字,因为在儒学看来,礼、乐、射、御、书、数所谓的六艺,都是士人应该掌握的最基本的知识技能,如同种植对于农人一样,所以"埶"字引申表示技艺,即技艺是"埶"的引申义。从构形上看,"蓺""藝"都是后起字,"艺"是简化字。

① 《诸子集成·吕氏春秋》,中华书局1954年版,第334页。
② 徐元浩:《国语集解》,中华书局2002年版,第221页。
③ 汉·许慎:《说文解字》,中华书局1963年版,第63页。
④ 清·段玉裁:《说文解字注》,上海古籍出版社1981年版,第113页。

《孟子·滕文公上》："后稷教民稼穑,树艺五谷。五谷熟而民人育。"赵岐注:"弃为后稷也。树,种;艺,植也。五谷,谓稻、黍、稷、麦、菽也。"弃是周朝的始祖,据典籍记载,弃的母亲姜嫄是上古传说中有邰氏的女儿,高辛氏(帝喾)的元妃。姜嫄春分时到郊外祭神求子,踩了上帝的大脚趾印,怀孕生了一个儿子,生下来后就将他扔在野外,所以起名叫"弃"。弃长大后会种庄稼,作了尧的农官,于是教给百姓种庄稼。(参《诗经·大雅·生民》)据今人研究,姜嫄姓姜,嫄是她的谥号,也作"原",表示本原、最初的意思。很可能是原始时代一个氏族部落的女酋长。周王朝曾为她立庙。弃因为教百姓种庄稼,死后被作为五谷神(稷)祭祀。"稷"字的构形保存了上古由畜牧业经济向农耕经济转变时期农业栽培方面的文化信息。

7. 苗

"苗"的小篆文构形作"茁",下面象农田,上面象田里长出的幼苗。《说文·艸部》:"苗,艸(cǎo)生于田者,从艸,从田。"[1]段玉裁解释说:"苗本禾未秀之名,因以为凡艸木初生之名。"[2]草本植物开花叫"秀"。"苗"的本义是庄稼没开花之前的茎叶、植株。《诗经·王风·黍黎》:"彼黍离离,彼稷之苗。"孔颖达疏:"苗谓禾未秀。"[3]

《孟子·公孙丑上》记载了一则小故事:有个宋国人,怜悯他的庄稼苗长得慢。一天,他到田里把每棵苗都向上拔了一截。累得昏昏沉沉地回到家里,对家人说:"今天可把我累坏了,我帮助苗向上长了。"他的儿子急忙跑到田里一看,苗都已经枯萎了。"[4]于是汉语中就有了一个成语——"揠(yà)苗助长",用来比喻那些做事情违反客观规律,急于求成,最终得不偿失的事。这件事本身也说明了先秦时期农耕已是中原地区百姓主要的生产活动。

8. 稷、黍、菽、麦(麦)、稻、麻

上古农作物有"五谷"之说,但具体指哪"五谷"? 古文献的记载并不一致。《周礼·天官·冢宰》:"以五味、五谷、五药养其病。"郑玄注:"养犹治也……五谷,麻、黍、稷、麦、豆也。"[5]《孟子·滕文公上》:"后稷教民稼穑,树艺五谷。五谷熟而民人育。"赵岐注:"五谷谓稻、黍、稷、麦、菽也。五谷所以养人也,故言民人育也。"[6]菽即豆,五谷一说有麻无稻,一说有稻无麻。

"稷"的甲骨文作"𥞚",右边是禾。《说文·禾部》:"禾,嘉谷也。二月始生,八月而熟,得时之中,故谓之禾。"左部分是一个人张着口跪在地上。合起来会意人向禾谷祭拜祈祷。为什么向"禾"祭拜呢? 古人认为"禾稷是五谷之长"[7]。(《说文·禾部》)所以以"禾"代表五谷。"稷"是谷物,具体而言,一说是粟,即谷子,去皮后为小米。一说指高粱。

稷为五谷之长,古代主管农事的官员于是也就称为"稷"。《左传·昭公二十九年》:"稷,

---

① 汉·许慎:《说文解字》,中华书局 1963 年版,第 23 页。
② 清·段玉裁:《说文解字注》,上海古籍出版社 1981 年版,第 40 页。
③ 《十三经注疏·毛诗正义》,中华书局 1980 年版,第 330 页。
④ 《十三经注疏·孟子注疏》,中华书局 1980 年版,第 2686 页。
⑤ 《十三经注疏·周礼注疏》,中华书局 1980 年版,第 667 页。
⑥ 《十三经注疏·孟子注疏》,中华书局 1980 年版,第 2705 页。
⑦ 汉·许慎:《说文解字》,中华书局 1963 年版,第 144 页。

田正也。"孔颖达疏："《周语》云……'民之大事在农。'是故稷为大官，然则百谷稷为其长，遂以稷名为农官之长。正，长也，稷是田官之长。'"①

稷教给百姓种庄稼，去世以后，便成为五谷之神，享受祭祀。《左传·昭公二十九年》："有烈山氏之子曰柱，为稷。自夏以上祀之。周弃亦为稷，自商以来祀之。"杜预注："弃，周之始祖，能播百谷。汤既胜夏，废柱而以弃代之。"②《礼记·祭法》："厉山氏之有天下也，其子曰农，能殖百谷。夏之衰也，周弃继之，故祀以为稷。"③"烈山氏"即厉山氏，其子即神农，是最早受到祭祀的五谷之神，一直到夏代。夏代以后，弃又作为五谷之神，一直沿续至今。这样，中国历史上的五谷之神有两位，一位是神农氏，一位是周的始祖弃，都曾经担任农官——稷，所以都叫稷。

"黍"的甲骨文构形作"禾"，象散穗的禾。又作"禾"，在散穗的禾下面加了一个水字。《说文·禾部》："禾属而黏者也。以大暑而种，故谓之黍。从禾，雨省声。孔子曰：'黍可为酒'，禾入水也。"④黍作为谷物，生长时的形状为散穗；成熟后的籽叫黍子，去壳后北方叫黄米，蒸煮后很粘，可用来做黏糕或酿酒。黍的生长期比谷子短，谷子一般在春天种，黍常在夏天大暑节气种，所以叫黍。《诗经·王风·黍离》："彼黍离离，彼稷之苗。"孔颖达疏："离离亦谓秀而垂也。黍言离离，稷言苗，则是黍秀稷未秀。"⑤所谓"离离"，正是黍穗散垂的样子。甲骨文"禾""禾"的构形，形象地反映了这种农作物的特点。

"菽"的小篆构形作"尗"。《说文·尗部》："尗，豆也，象尗豆生之形也。"⑥尗是豆的总名，先秦叫尗，汉代叫豆；初文作"尗"，后起字作"菽"。《战国策·韩策一》："韩地险恶山居，五谷所生，非麦而豆。民之所食，大抵豆饭、藿羹。"宋姚宏续注："古语只称菽，汉以后方呼豆。"⑦菽、豆只是古今名称不同，其实都是豆。豆对土地的要求不高，所以山地、贫瘠之地均可种豆。

"麥（麦）"的甲骨文构形作"麦""麦"，上部分是小麦茎叶的形状，下部分是麦根的形状。《说文·麦部》："麦，芒谷，秋种厚薶，故谓之麦。"⑧按照许慎的说法，之所以叫麦，是因为中原地区都是中秋时节种麦，此时多雾霾天气，所以叫麦。小麦是中原地区最重要的粮食作物之一，种植面积很广，种类也很多，以秋种夏熟的冬小麦为主，还有春种夏熟的大麦，以及燕麦、黑麦、莜麦等等。

"稻"的甲骨文构形作"稻""稻"，从米从舀，象米在器中之形⑨。金文作"稻"，左边是"禾"，右上部分是"爪（手）"，右下部分是"臼"，表示手拿稻谷放进臼中。《说文·禾部》："稻，

① 《十三经注疏·春秋左传正义》，中华书局 1980 年版，第 2124 页。
② 《十三经注疏·春秋左传正义》，中华书局 1980 年版，第 2124 页。
③ 《十三经注疏·礼记正义》，中华书局 1980 年版，第 1590 页。
④ 汉·许慎：《说文解字》，中华书局 1963 年版，第 146 页。
⑤ 《十三经注疏·毛诗正义》，中华书局 1980 年版，第 330 页。
⑥ 汉·许慎：《说文解字》，中华书局 1963 年版，第 149 页。
⑦ 汉·刘向：《战国策》，上海古籍出版社 1985 年版，第 934～935 页。
⑧ 汉·许慎：《说文解字》，中华书局 1963 年版，第 112 页。
⑨ 徐中舒：《甲骨文字典》，四川辞书出版社 1998 年版，第 780 页。

稌也。"①段玉裁解释说:"今俗概谓黏者、不黏者未去糠曰稻。"稻自古及今都是重要的粮食作物,按品质则有糯稻、籼稻、粳稻之分;按种植时间则有早稻、晚稻之别,稻是总称。稻的籽称稻谷,去皮壳后称大米,是人们最主要的口粮,也可用来酿酒。《诗经·豳风·七月》:"八月剥枣,十月获稻。为此春酒,以介眉寿。"②上古时期,稻就是汉民族最主要的农作物。《周礼·地官》有专门掌管种稻的"稻人","稻人掌稼下地"。郑玄注"以水泽之地种谷也"。③"种谷"即种稻谷。

"麻"的金文形体作"麻",小篆形体作"麻",外面的部分"厂"(hǎn)"广"(yǎn),表示屋宇,里面是"林"(pài)。《说文·麻部》:"麻,与林同,人所治,在屋下。从广,从林。""林,萉之总名也。"徐锴《系传》:"萉,即麻也。""林"由二"朮"(pìn)构成。《说文·朮部》:"朮,分枲茎皮也。"④"枲"即麻,"分枲茎皮"即剥麻秆的皮。"麻"的古文字构形记录的是古人治麻的场景——在屋宇下面剥麻秆的皮。剥下来的皮也称麻,麻的纤维长且坚韧,是最早的纺织原材料。据出土文物考证,麻的种植与使用可以上溯至新石器时代,距今至少已有近万年的历史。《礼记·礼运》:"昔者先王……未有麻丝,衣其羽皮;后圣有作……治其麻丝,以为布帛。"⑤

古代文献中有许多关于先民种麻、沤麻、绩麻的记载。《诗经·齐风·南山》:"艺麻如之何? 衡从其亩。""艺麻"即种麻。《诗经·陈风·东门之池》:"东门之池,可以沤麻。"郑玄笺:"于池中柔麻,使可缉绩作衣服。"即麻长成后,割下来泡到池塘中沤一段时间来"脱胶",以使其柔软,便于剥皮、纺织。《诗经·陈风·东门之枌》:"不绩其麻,市也婆娑。"郑玄笺:"绩麻者,妇人之事也。"⑥"绩麻"就是纺麻。《礼记·内则》:"女子十年不出……执麻枲,治丝茧,织纴组紃,学女事,以共衣服。"⑦"执麻枲"就是学习纺麻织布。周代还设置了专门管理麻织事务的官员——典枲(典即主持)。"麻"字"在屋宇下剥麻秆皮"的构形,形象地记载了上古治麻的信息。

上古麻织品叫布,丝织品叫帛。帛要比麻织的布精细得多,麻布虽粗疏,但容易获取,所以麻布就成为普通人所穿用的布料。《韩诗外传》记载了这样一个故事"晏子之妻布衣纻表",即穿着粗麻布做的衣服。田无宇讥讽说:"从您内室出来的那个人是做什么的?"晏子说:"是臣下的内人。"田无宇说:"您位为中卿(最高行政长官),封地七十万,为什么还用这样的人作妻子呢?"晏子说:"弃老取少叫做瞀,贵而忘贱叫做乱,见色而悦叫做逆。我怎么能采用逆乱瞀之道呢!"⑧

由于普通人经常穿布衣,慢慢地"布衣"就成了不为官的普通百姓的代称。于是普通百姓、平民间的交往便称为"布衣之交"。《史记·廉颇蔺相如列传》:"臣以为布衣之交尚不相

---

① 汉·许慎:《说文解字》,中华书局 1963 年版,第 144 页。
② 《十三经注疏·毛诗正义》,中华书局 1980 年版,第 391 页。
③ 《十三经注疏·周礼注疏》,中华书局 1980 年版,第 746 页。
④ 汉·许慎:《说文解字》,中华书局 1963 年版,第 149 页。
⑤ 《十三经注疏·礼记正义》,中华书局 1980 年版,第 1416 页。
⑥ 《十三经注疏·毛诗正义》,中华书局 1980 年版,第 376 页。
⑦ 《十三经注疏·礼记正义》,中华书局 1980 年版,第 1471 页。
⑧ 许维遹:《韩诗外传集释》,中华书局 1980 年版,第 330~331 页。

欺,况大国乎!"[1]

需要说明的是,作为"五谷"食用的"麻"特指麻的籽,古代叫苴(jū)。《诗经·豳风·七月》:"八月断壶,九月叔苴。采荼薪樗,食我农夫。"毛传:"叔,拾也;苴,麻子也。"孔颖达疏:"叔苴谓拾取麻实以供食也。九月初熟,拾取以供羹菜。"[2]有籽的雌麻叫"苴麻",又叫"荸麻""子麻""麻母";无籽的雄麻称枲。枲也可泛指麻类。《礼记·月令》:"孟秋之月……天子居总章左个,乘戎路,驾白骆,载白旗,衣白衣,服白玉,食麻与犬。"郑玄注:"麻实有文理,属金。"[3]按照五行排列,秋天属金,食物与气候相配,麻亦属金,所以秋天食用麻。

一说五谷之麻即芝麻,中国有四棱六棱者,汉代张骞从西域带来八棱黑麻种,所以又叫胡麻。因主要用以榨油,所以又叫油麻[4]。

古人认为"五谷者,万民之命,国之重宝。"[5]旧石器时代末期中国进入原始农业社会后,五谷就逐渐成为最重要的农作物。先民在种植管理过程中积累了丰富的经验,创造了相应的农耕文化,这种文化信息自然也蕴含在了相关汉字的构形和使用中。

9. 利

"利"的甲骨文构形作"𥝢""𥝢",左边部分是"禾",右半部分是"刀",会意用刀收割禾类农作物。《说文·刀部》:"利,铦也。从刀,和,然后利,从和省。易曰:'利者,义之和也。'"[6]"铦"即锋利,用刀割禾谷,自然显得锋利。甲骨文中"𥝢"从禾从刀的构形反映出上古时期用刀收割禾谷已经非常普遍。《荀子·劝学》:"木受绳则直,金就砺则利。"[7]"砺"是磨刀石,金属在石上磨就锋利。中国古代有"二人同心,其利断金"的说法,意思是说,二人同心协力,就可以截断金属。古代缺少工具,金属被认为是最难截断之物,但只要心行一致,金属都可以截断,说明加强团结的重要性。

同心,团结就是"和",所以许慎认为"和,然后利"。中国古代哲学认为,要把事情做好,要成功,首先要"和",人与人要和,人与自然也要和,要符合事物的客观规律,这样才能成功。从这个意义上讲,"利"又有"适宜"的意思。

《左传·成公二年》:"先王疆理天下,物土之宜,而布其利。"[8]意思是说,先王考察天下土地,根据土地适合种什么的具体情况,就在其上种植适宜的农作物。

做事情措施得当,方法适宜,就会顺利。所以汉语中"顺利"常在一起合着说。顺利就是吉,就是善,就是美,就会有收益。于是"利"又可指吉、善、美、利益等。时至今日,人们祝福时还常说祝"大吉大利"。反过来,不顺又叫"不利"。

---

① 汉·司马迁:《史记》卷六,中华书局 1959 年版,第 2440 页。
② 《十三经注疏·毛诗正义》,中华书局 1980 年版,第 391 页。
③ 《十三经注疏·礼记正义》,中华书局 1980 年版,第 1372 页。
④ 参见明·何楷:《诗经世本古义》,《景印文渊阁四库全书》,台北商务印书馆 1986 年版。
⑤ 明·陈耀文:《天中记》卷四十五,《景印文渊阁四库全书》,台北商务印书馆 1986 年版。
⑥ 汉·许慎:《说文解字》,中华书局 1963 年版,第 91 页。
⑦ 《诸子集成·荀子集解》,中华书局 1954 年版,第 211 页。
⑧ 《十三经注疏·春秋左传正义》,中华书局 1980 年版,第 1895 页。

10. 秉

"秉"的甲骨文构形作""，象手持一把禾苗。《说文·又部》："秉，禾束也，从又持禾。"[1]"又"是手。《诗经·小雅·大田》："彼有遗秉，此有滞穗。伊寡妇之利。"毛传："秉，把也。""把"即一束禾。郑玄解释说："成王之时，百谷既多，种同齐熟，收刈促遽，力皆不足，而有不获不敛遗秉滞穗，故听矜寡取之以为利。""遗秉""滞穗"是收割时遗留的禾把和禾穗，听任鳏寡孤独者拾取。《诗经·魏风·伐檀》："不稼不穑，胡取禾三百亿兮？"郑玄笺："十万曰亿。三百亿，禾秉之数。"

"秉"是手握着的一束禾，所以引申义指握持，掌握。《诗经·郑风·溱洧》："士与女，方秉蕳兮。"毛传："蕳，兰也。""秉蕳"即手持兰花。《诗经·小雅·节南山》："秉国之均，四方是维。"均即平，公平。郑玄笺："持国政之平，维制四方。"[2]后世常称"秉公执法"，"秉公"即主持公正的意思。

11. 倉(仓)

"倉(仓)"的甲骨文构形作""，象尖顶的粮仓形，中间有门，以便粮食进出。《说文·仓部》："仓，谷藏也。仓黄取而藏之，故谓之仓。"[3]"谷藏"即储藏谷物的地方，"仓黄取而藏之"，是说收获谷物时，为了免遭自然灾害，减少损失，往往要抓紧时间，正所谓"刈获贵速也"[4]。《国语·越语下》："因时之所宜而定之，同男女之功，除民之害，以避天殃。田野开辟，府仓实，民众殷。"韦昭注："功，农稼丝枲之功也。货财曰府，米粟曰仓。"[5]即贮存财货的叫府，贮存粮食的叫仓。

12. 廩(㐭)

"廩"的甲骨文构形作""""，陈梦家认为："象露天的谷堆之形。今天的北方农人在麦场上作一圆形的低土台，上堆麦秆麦壳，顶上作一亭盖形，涂以泥土，谓之'花篮子'与此相似。㐭是积谷所在之处，即后世仓廩之廩。"(《殷墟卜辞综述》)小篆作""。《说文·㐭部》："㐭，谷所振入，宗庙粢盛，仓黄㐭而取之，故谓之㐭。从入，回象屋形，中有户牖。廩，㐭或从广，从禾。"[6]"振"即收，"振入"即收藏。《说苑·说丛》："夫水出于山而入于海，稼生于田而藏于廩。"[7]这种设立在麦场、谷场上的简易粮仓至今仍在使用。只是为了通风防潮，下面往往用木、石架空，然后再铺底堆积小麦和谷物。中间部分往往用席子围成圆柱体，上面再用秸秆或茅草搭一个尖顶，涂上泥以防雨渗漏。

仓、廩的甲骨文形体记录了上古仓廩的形状，保留了上古谷物收获贮存的信息。先民

---

① 汉·许慎：《说文解字》，中华书局 1963 年版，第 64 页。
② 《十三经注疏·毛诗正义》，中华书局 1980 年版，第 440 页。
③ 汉·许慎：《说文解字》，中华书局 1963 年版，第 109 页。
④ 清·段玉裁：《说文解字注》，上海古籍出版社 1981 年版，第 223 页。
⑤ 徐元浩：《国语集解》，中华书局 2002 年版，第 578 页。
⑥ 汉·许慎：《说文解字》，中华书局 1963 年版，第 111 页。
⑦ 赵善诒：《说苑疏证》，华东师范大学出版社 1985 年版，第 427 页。

创造的仓廪储粮方式一直应用至今，历经数千年而不衰，充分展示了先民的聪明才智。同时也表明，在殷商时期已经有了专门用于储存粮食的处所和设施，农业已比较发达了。

13. 嗇（穑）

与"亩"相关的还有一个"嗇"（sè）字。"嗇"的甲骨文构形作"^来""^来"，上半部分"^来"是"來"，《说文·来部》："來，周所受瑞麦。"即小麦。下半部分"^亩"是亩，表示把來（小麦）收藏到亩中。《说文·嗇部》："嗇，爱澀（sè）也。从来，从亩。来者，亩而藏之，故田夫谓之嗇夫。^来，古文嗇从田。"①"来"是小麦，所谓"亩而藏之"，即把小麦等谷物收割后堆积到廪里保存起来。所以"嗇"的本义是收获。甲骨文中"嗇"又作"^来"，从來，从田。商承祚认为："卜辞从田，与许书嗇之古文合。""穑字《礼记》皆作嗇，此穑、嗇一字之明证矣。"（《殷墟文字类编》）即"嗇"的本义是收获庄稼，是"穑"的初文。《诗经·魏风·伐檀》："不稼不穑，胡取禾三百廛兮？"毛亨《传》："种之曰稼，敛之曰穑。"②"敛"即收割，收获。

把辛苦劳作一年所收获的庄稼装进粮仓保存起来，本身就有"爱惜"的意思，许慎称为"爱澀"，当是"嗇"的引申义。过分爱惜就是吝嗇。《说文·水部》："澀，不滑也。"③"不滑"二字非常形象地说明了只想进（收入）不想出（支出），支出时很不情愿的吝嗇状态。《史记·货殖列传》："其赢得过当，愈于纤嗇，家致富数千金。"张守节《正义》："嗇，吝也。"④"嗇"与"吝"同义，成为一个合成词"吝嗇"。

14. 桑

"桑"的甲骨文构形作"^桑""^桑"，是典型的桑树的形状，"^桑"字中间的"^屮"代表桑叶。桑是古代重要的农作物，据出土文物考证，早在新石器时代汉民族的先民就开始植桑养蚕，距今至少已有五千年的历史。相传第一个种桑养蚕的人是黄帝的妻子"嫘祖"。先秦文献中，有关植桑采桑养蚕的记载非常多。产生于周朝的我国的第一部诗歌总集《诗经》对采桑有过较为详细的描述："春日载阳，有鸣仓庚。女执懿筐，遵彼微行，爰求柔桑。"明媚的春光里，伴随着黄莺欢快的叫声，女孩拿着深竹筐，沿着那条小路，去采柔嫩的桑叶。怎么采呢？"蚕月条桑，取彼斧斨，以伐远扬，猗彼女桑。"（《豳风·七月》）意思是说，三月采桑叶时，长枝条上的桑叶，先用斧斨把桑枝砍断，然后再采；短枝条上的桑叶，用手拽过来采就行了。采下来的桑叶用来养蚕，三月正是采桑养蚕的好时节，所以百姓把三月叫做"蚕月"，可见当时采桑养蚕活动在人们日常生活中所占的重要地位。为了满足养蚕织帛的需要，先民还大量种植桑树。除了在野外种，在自家院子里也种。《孟子·梁惠王上》："五亩之宅，树之以桑，七十者可以衣帛矣。"桑树种在宅院里，所以又称故乡为"桑井"。

桑树与先民的生活非常密切，种桑的土地称桑土、桑田，由于桑树种得多而广，故桑田又泛指田地。葛洪《神仙传·王远》："麻姑自说，'接待以来，已见东海三为桑田，向到蓬莱，水

---

① 汉·许慎：《说文解字》，中华书局1963年版，第111、231页。
② 《十三经注疏·毛诗正义》，中华书局1980年版，第358页。
③ 汉·许慎：《说文解字》，中华书局1963年版，第231页。
④ 汉·司马迁：《史记》卷一百二十九，中华书局1959年版，第3278～3279页。

又浅于往者会时略半也,岂将复还为陵陆乎?'"①"东海三为桑田"意思是说,东海三次干涸,变成田地。于是,"沧海桑田"便成为时代变换的代名词,后又简化为"沧桑",比喻时光流转,世事变幻。

桑和麻均与古人穿衣有关,所以常合称"桑麻"。种植桑麻是古代农事活动的重要内容,于是文献中又常用"桑麻"代指农事。如孟浩然《过故人庄》:"开筵面场圃,把酒话桑麻。"陆游《茅舍》:"出有儿孙持几杖,归从邻曲话桑麻。""话桑麻"即谈论农事。

桑树和榆树都是古代农舍常见的树木,合称"桑榆"。在农舍里人们往往看到太阳落山时,余辉留在高高的桑榆树梢上,所以又用"桑榆"代指日落之处。如《后汉书·冯异传》:"始虽垂翅回溪,终能奋翼黾池。可谓失之东隅,收之桑榆。"②"失之东隅,收之桑榆",意思是说,在日出的地方失去它,在日落的地方得到它。比喻在此时此地受到损失,却在彼时彼地有所收获。日落即是天晚,故桑榆又代指时光已晚、晚年。刘禹锡《酬乐天咏老见示》:"莫道桑榆晚,为霞尚满天。"意思是不要以为日薄西山,时光已晚,但霞光还能洒满天际。即所谓烈士暮年,壮心不已。

"桑"和"梓"都是古代住宅内外常栽的树木,常合称"桑梓",用来代指故乡。《诗经·小雅·小弁》:"维桑与梓,必恭敬止。"毛传:"父之所树已,尚不敢不恭敬。"③意思是桑树与梓树是父亲所种,对之必须恭敬。一说桑树用来养蚕制衣以供养父母,梓树用来做棺椁以安葬父母,所以古人敬重桑梓,用"桑梓"来代称故乡。《晋书·范汪传》:"人各有桑梓,俗自有南北。"《晋书·徐广传》:"因辞衰老,乞归桑梓。"④意思是因衰老而辞官,请求回归故乡。

此外,用桑树枝条编的门,叫桑户;用桑木做的鞋,叫桑屐……

桑林之中还是上古男女青年相爱之地。《诗经·鄘风·桑中》:"云谁之思?美孟姜矣。期我乎桑中,要我乎上宫,送我乎淇之上矣。"⑤姚际桓《诗经通论》:"桑中,即桑之中,古卫地多桑,故云然。""期我乎桑中",即(美丽的姑娘孟姜)邀我在桑中见面合欢。一说"桑中"是地名,其实,即使是地名,也当与桑树有关。由于男女经常相邀在"桑中"见面,"桑中之喜"就成了男女私自欢爱的代名词。《左传·成公二年》记载了一件事,楚大夫巫臣与夏姬私通,一次,巫臣在出使齐国的路上遇上了申叔跪,申叔跪说:"奇怪呀!那位先生既有身负三军之命的警觉,又有桑中约会的喜悦,大概是个带着妻室出逃的人吧。"巫臣出使齐国回来时走到郑国,派副使回楚国复命,自己就带着夏姬私奔了⑥。

由于桑林常常是男女相会合欢的地方,桑也自然成为隐喻情爱的对象。《诗经·卫风·氓》中女子叙述自己不幸的婚姻时,用"桑之未落,其叶沃若"比喻婚前双方爱情浓烈;用"桑之落矣,其黄而陨"比喻婚后男子变心导致爱情枯萎;用"于嗟鸠兮,无食桑葚"来比喻"于嗟女兮,无与士耽"⑦。古人认为,鸠食桑葚多了就会被麻醉昏迷,女子沉溺于男子的爱情中往往会不能解脱。既是对自己恋爱婚姻的悔恨,也是对青年姐妹们的警醒。

---

① 晋·葛洪:《神仙传》卷三,《景印文渊阁四库全书》,台北商务印书馆1986年版。
② 南朝·宋·范晔:《后汉书》,《景印文渊阁四库全书》,台北商务印书馆1986年版。
③ 《十三经注疏·毛诗正义》,中华书局1980年版,第452页。
④ 唐·房乔:《晋书》,《景印文渊阁四库全书》,台北商务印书馆1986年版。
⑤ 《十三经注疏·毛诗正义》,中华书局1980年版,第314页。
⑥ 《十三经注疏·春秋左传正义》,中华书局1980年版,第1896页。
⑦ 《十三经注疏·毛诗正义》,中华书局1980年版,第324～325页。

桑已经深入到先民生活的各个方面,在先民生活中占有重要地位,所以古人崇拜桑树,以为桑树可以通天,往往在桑林中立社祭祀,或以桑为神社,在桑林求雨。《左传·襄公十年》:"宋公享晋侯于楚丘,请以《桑林》。"杜预注:"《桑林》,殷天子之乐名。"孔颖达疏:"《书传》言,汤伐桀之后,大旱七年。史卜曰:'当以人为祷。'汤乃剪发断爪,自以为牲,而祷于桑林之社。而雨大至,方数千里。或曰,祷桑林以得雨,遂以桑林名其乐也。"①商汤因为在桑林求雨而得雨,于是将乐曲名定为"桑林"。

经典文献中记载了很多以桑为核心的文化现象,反映了桑在中国古代社会生活中的重要地位。

15. 采

"采"的甲骨文构形作"",上半部分""是一只手,下半部分""象树上结了果实,即"果"字,合在一起象采摘果实。又写作"""",下半部分""是""之省,象一棵树,合在一起表示采摘。从"采"字的构形上分析,采摘的对象首先是树上结的果实。这正反映了上古先民穴居野处,采摘野果及花叶以裹腹的生活景况。由采摘树上的果实引申泛指一般采摘。《诗经》中采桑、采葛、采蘩、采蘋、采苓、采唐、采苢、采薇、采苤苢、采卷耳等等,或用于充饥,或用于纺织,或用于祭祀。

采集之物主要用于衣食祭祀及日用,于是周代赐给卿大夫以供其生活日用的土地城邑也叫"采"(读 cài)。《礼记·礼运》:"天子有田以处其子孙,诸侯有国以处其子孙,大夫有采以处其子孙,是谓制度。"孔颖达疏:"天子之田方千里……子孙若有功德者,封为诸侯;无功德直食邑于畿内也……诸侯子孙封为卿大夫,若其有大功德,其子孙亦有采地……大夫位卑,不合割其采地以处子孙,但大夫以采地之禄养其子孙。"②"采地之禄"即采地的物产税赋,用采地的物产税赋作为衣食日用的来源,所以采地又叫"食邑"。《左传·僖公十五年》:"十月,晋阴饴甥会秦伯,盟于王城。"杜预注:"阴饴甥即吕甥也。食采于阴,故曰阴饴甥。"③"食采于阴"即阴是吕甥采地,食邑。

采摘要有所选择,所以选择之物也可以称"采"。汉族传统婚姻礼俗中有"纳采"一礼。周代以来,婚姻讲究父母之命,媒妁之言。一对男女从提亲到完婚要经过纳采、问名、纳吉、纳征、请期、亲迎六道程序,即"六礼",其中第一道程序是"纳采"。《仪礼·士昏礼》:"下达,纳采,用雁。"④"下达",即男方先请媒人向女方表达求婚之意;"纳采",即女方同意男方的求婚后,派人接受男方赠送的礼物;"用雁",指男方用作礼物的是一只大雁。为什么要用雁作为礼物呢? 主要原因一是因为大雁是候鸟,在中原地区看来,大雁春来秋往,顺从自然气候,符合阴阳变化。男为阳,女为阴,用雁暗喻男女结合,阴阳和谐。二是因为大雁是"挚鸟",即春来秋往,非常守时,从不失期。送雁表示诚信、忠贞,不会二三其德。"纳采"的风俗在民间一直延续到现代,只是所送的礼物不一定是"雁"了。

---

① 《十三经注疏·春秋左传正义》,中华书局 1980 年版,第 1947 页。
② 《十三经注疏·礼记正义》,中华书局 1980 年版,第 1418 页。
③ 《十三经注疏·春秋左传正义》,中华书局 1980 年版,第 1808 页。
④ 《十三经注疏·仪礼注疏》,中华书局 1980 年版,第 961 页。

古人忌讳说"病",往往用"采薪之忧"作为代名词。"采薪"即砍柴,不能上山砍柴了,说明身体不适。《孟子·公孙丑下》:"昔者有王命,有采薪之忧,不能造朝。"[①]意思是说,尽管有国君的命令,但由于身体不适,不能上朝。也叫"负薪之忧"。《礼记·曲礼下》:"君使士射,不能,则辞以疾。言曰:'某有负薪之忧。'"[②]

16. 爲(为)

"爲(为)"的甲骨文构形作"𦥑""𦥑",上面象一只手,下面象一头大象,合在一起象一只手牵着一头大象在劳作。所以"爲(为)"的本义是劳作、作。《论语·先进》:"鲁人为长府。闵子骞曰:'仍旧贯,如之何? 何必改作?'"邢昺疏:"为,作也。言鲁人新改作之也……子骞见鲁人劳民改作长府而为此辞。"[③]"长府"是鲁国存货财的仓库,"为长府"即改建长府。"为"作为动词,涵盖的意义非常广泛。古人常把"为"与"作"连起来使用。《史记·太史公自序》:"《诗》三百篇,大抵圣贤发愤之所为作也。"[④]"所为作",即所为,所作。后表示动作行为的结果称"作为"。

其实,"爲"字甲骨文构形的文化意义在于,它表明在上古时期,汉族人民居住的中原地区曾有大象存在,并且被驯化而作为人们劳动的助手。罗振玉《增订殷墟书契考释》认为:"意古者役象以助劳,其事或尚在服牛乘马之前。"

17. 牵(牽)

"牵"的篆书形体作"牽"。《说文·牛部》:"牵,引前也。从牛,象引牛之縻也,玄声。"[⑤]"縻"是牛的缰绳,"引牛之縻",即牵着牛的缰绳。"引前"即牵引着牛向前走,进行农业耕作。所以牵的本义是挽、拉。古代可以牵挽、可以拉的动物有多种,但"牵"字用以手挽牛缰绳的形体来表示牵挽的意义,反映出"牛"是农耕时期最重要牲畜的文化信息。时至今日,在某些地处偏僻且相对落后的农村,牛仍然是农民最重要的资产和帮助耕作最主要的"劳动力"。所以《说文·牛部》称牛是"大牲也"。即个子最大,力气最大,在农事活动中用处最大,处的地位最重要。所以汉字构形中,表示所有牲畜雌雄性别的"牝"和"牡"都从牛。从另一个角度看,牛在古人心目中已经成了家畜的代表。

牛力气大,但也固执,所以汉语中性格倔强常喻称"牛"。《北史·邢昕传》:"昕好忤物,人谓之牛。"[⑥]"好忤物",即喜欢和别人意见相反又固执己见。现代汉语中,还把在某方面做的特别优异的人称为"牛"。

18. 牧

"牧"的甲骨文构形作"𤘬""𤘬",上半部分象一头牛,下半部分象一只手拿着一根棍,合

---

① 《十三经注疏·孟子注疏》,中华书局 1980 年版,第 2694 页。
② 《十三经注疏·礼记正义》,中华书局 1980 年版,第 1257 页。
③ 《十三经注疏·论语注疏》,中华书局 1980 年版,第 2499 页。
④ 汉·司马迁:《史记》一百三十卷,中华书局 1959 年版,第 3300 页。
⑤ 汉·许慎:《说文解字》,中华书局 1963 年版,第 29 页。
⑥ 唐·李延寿:《北史》卷四十三,《景印文渊阁四库全书》,台北商务印书馆 1986 年版。

在一起会意放牧。也作"𤘥"，上半部分换成了一只羊，仍然是放牧的意思。小篆从牛作

"牧"，许慎解释说："牧，养牛人也。从攴，从牛。"[1]"牧"的本义是放牧，放养牲畜，引申指放牧畜养牲畜的人。

"牧"的甲骨文构形或从牛，或从羊，说明殷商时期，牛羊均是牲畜的代表。小篆构形则定为从牛，再次表明周秦时期，牛作为"大牲"，作为人类农业生产的最重要的助手，已经成为牲畜的代表，且已为社会认同。"牧"字从甲骨文到小篆的形体上的变化正寓含着畜牧业发展变化的文化信息。

放牧饲养牲畜是畜牧业经济社会中最主要的经济生活内容，《诗经·小雅·无羊》中形象生动地描写了当时放牧牛羊的情景："谁谓尔无羊？三百维群；谁谓尔无牛？九十其犉"，"三百维群，九十其犉"，极言牛羊之多。"或降于阿，或饮于池，或寝或讹"，写牛羊归来时的情景：有的正从山坡上下来，有的到湖泊中饮水，有的静卧，有的蹦跳。"尔牧来思，以薪以蒸，以雌以雄"，写牧人放牧归来时，用树枝驱赶牛羊的景象。"尔羊来思，矜矜兢兢，不骞不崩"，则是羊群跟着头羊，顺序归来。"麾之以肱，毕来既升"[2]，写牧人手臂一挥，牛羊全部顺利入圈。诗中这种原汁原味、生动形象的描绘，正是当时畜牧生活的真实写照，也是"牧"字构形的生活基础。

"牧"由牧养牲畜又引申指治民，统治。《史记·秦始皇本纪》："是以牧民之道，务在安之而已。"[3]

19. 牢

"牢"的甲骨文构形作"𤘈""𤘖"，外面的"冂"像牲口圈的围栏或墙，里面或是牛，或是羊。小篆则作"牢"，里面是牛。《说文·牛部》："牢，闲，养牛马圈也。"[4]"牢"的本义是养牲畜的栏、圈，甲骨文中或从牛，或从羊。周秦以牛为牲畜的代表，故小篆"牢"字从牛。《战国策·楚策四》："臣闻鄙语曰：'见兔而顾犬，未为晚也；亡羊而补牢，未为迟也。'"[5]意思是说，看到野兔了，再回头招呼猎犬，还不算晚；丢了羊再修补羊圈，还不算迟。于是汉语中有"亡羊补牢"的成语，比喻有了过失及时改正弥补，可以避免犯更大的错误。陆游《秋兴》："惩羹吹齑岂非？亡羊补牢理所宜。白头始访金丹术，莫笑龟堂见事迟。"

牢里圈养的是牛羊等牲畜，古代常用牲畜作为祭品，所以祭祀享宴时用的牲畜也叫牢。其中，牛、羊、猪俱全称太牢，只有羊和猪称少牢。《周礼·天官·小宰》："凡朝觐、会同宾客，以牢礼之法。"郑玄注："三牲牛、羊、豕具为一牢。"[6]《吕氏春秋·仲春季》："是月也，玄鸟至。至之日，以太牢祀于高禖。天子亲往，后妃率九嫔御。"高诱注："三牲具曰太牢。"[7]意思是说，

① 汉·许慎：《说文解字》，中华书局1963年版，第69页。
② 《十三经注疏·毛诗正义》，中华书局1980年版，第438页。
③ 汉·司马迁：《史记》卷六，中华书局1959年版，第284页。
④ 汉·许慎：《说文解字》，中华书局1963年版，第29页。
⑤ 汉·刘向：《战国策》，上海古籍出版社1985年版，第556页。
⑥ 《十三经注疏·周礼注疏》，中华书局1980年版，第656页。
⑦ 《诸子集成·吕氏春秋》，中华书局1954年版，第12页。

二月里,燕子来到。燕子来到的时候,用太牢在郊外祭祀以求子,天子亲自前往,后妃率领九嫔陪伴。后来又称牛为太牢,羊为少牢。

"牢"本是牲口圈,后引申指监管犯人的地方。如今天的监牢,牢狱等。

20．焚与田(畋)

"焚"字甲骨文作"𤓇""𤒅",上半部分是"林",下半部分是"火",会意放火焚烧树林。《说文解字注·火部》载《说文》:"焚,烧田也。从火、林。"①古代放火烧树林的目的有以下两个。

一是火猎,即驱逐、捕获禽兽。据《孟子·滕文公上》记载:"当尧之时,天下犹未平,洪水横流,泛滥于天下。草木畅茂,禽兽繁殖,五谷不登,禽兽偪人。兽蹄鸟迹之道,交于中国。尧独忧之,举舜而敷治焉。舜使益掌火,益烈山泽而焚之,禽兽逃匿。"掌火即主管火,益是舜时主管火的官员。赵岐注:"益视山泽草木炽盛者而焚之,故禽兽逃匿而奔走远窜也。"可见最初的"焚"是远古时期人少而野兽多,人为了避免伤害而驱逐野兽所采取的一种措施。由此发展成一种狩猎的方法,即围猎。《诗经·郑风·大叔于田》记载了春秋时期的一次围猎活动:"叔在薮,火烈具举。襢裼暴虎,献于公所。"②意思是,大叔在林地打猎,众人一齐放火焚烧。大叔赤膊空拳同虎搏斗,捕获老虎献于公府。《春秋·桓公七年》:"七年春,二月己亥,焚咸丘。"杜预注:"焚,火田也。咸丘,鲁地。"孔颖达疏:"以火焚地,明为田猎,故知焚是火田也。""《礼记·王制》云,'昆虫未蛰,不以火田。'"③火田即放火焚烧野草树林来打猎,方法一般是三面放火,在下风的一面张网等待禽兽落网。周时规定,昆虫没有冬蛰时,不准用这种方法打猎,因为这种方法往往容易将焚烧区域内的所有禽兽全都杀死。

二是火耕,即先焚烧树木野草、驱赶猛兽,然后在荒地上用尖头木棒挖穴点种,所谓刀耕火种。《盐铁论·通有》所谓:"伐木而树谷,燔莱而播粟。火耕而水耨,地广而饶材。"④记述的正是上古刀耕火种现象的遗迹。

"田"的甲骨文构形作"田""䜌""畕",象分割成方块的土地。上古焚烧树木杂草进行围猎,要将焚烧的林地分割小块包围,才方便作业,"田""䜌""畕"正象其形,所以"田"的本义是打猎。《诗经·郑风·叔于田》:"叔于田,巷无居人。岂无居人?不如叔也。洵美且仁。"毛传:"叔,大叔段也。田,取禽也。"⑤《说苑·权谋》:"焚林而田,得兽虽多,而明年无复也;干泽而渔,得鱼虽多,而明年无复也。"⑥表示打猎的"田"字后为了区别改作"畋"。

火猎后的土地可以用来开荒耕种,所以"田"又引申出指用于耕种的土地。《说文·田部》:"田,陈也。树谷曰田。"⑦"树谷曰田"即种植谷物的土地叫田。

"焚"与"田"的构形记录了打猎与耕种的原始文化信息。

---

① 清·段玉裁:《说文解字注》,上海古籍出版社1981年版,第484页。
② 《十三经注疏·毛诗正义》,中华书局1980年版,第337页。
③ 《十三经注疏·礼记·王制》,中华书局1980年版,第1333页。
④ 《诸子集成·盐铁论》,中华书局1954年版,第4页。
⑤ 《十三经注疏·毛诗正义》,中华书局1980年版,第337页。
⑥ 赵善诒:《说苑疏证》,华东师范大学出版社1985年版,第368页。
⑦ 汉·许慎:《说文解字》,中华书局1963年版,第290页。

21. 獲(获)与穫

"獲"的甲骨文构形作"🐦",上半部分"🐦"是一只鸟,下半部分"✋"是一只手,会意猎获禽兽。《诗经·秦风·驷驖》:"奉时辰牡,辰牡孔硕。公曰左之,舍拔则获。"郑玄注:"左之者,从禽之左射之也;拔,括也。舍拔则获,言公善射。"①"括"是箭尾衔弦的地方,"舍拔则获"即箭一离弦就射中了禽兽。所以郑玄说是"言公善射"。《周礼·夏官·大司马》:"大兽公之,小禽私之。获者取左耳。"捕获了大的禽兽,就上缴公府;猎得小的禽兽就归自己。郑玄注:"获,得也。得禽兽者取左耳,当以计功。"②上缴公府的野兽要割下它的左耳来作为计数报功的凭据。

由猎获野兽引申指战场上擒获敌人。《左传·僖公二十二年》:"今之勍者,皆吾敌也。虽及胡耇,获则取之,何有于二毛?"③意思是说:"如今这些强者,都是我们的敌人。即使遇到的是老年人,俘获了就要把他们押回来,还管他什么头发白不白?

古代往往把擒获的俘虏作为奴隶,所以奴隶也被贱称为"获"。《汉书·司马迁传》:"且夫臧获婢妾犹能引决,况若仆之不得已乎?"颜师古注:"应劭曰:'扬雄《方言》云,海岱之间骂奴曰臧,骂婢曰获。'……晋灼曰:'臧获,败敌所被虏获为奴婢者。'"④

"穫"的小篆构形作"穫"。《说文·禾部》:"穫,刈谷也。从禾,蒦声。"⑤《墨子·非攻中》:"春则废民耕稼树艺,秋则废民穫敛。"⑥"穫敛"即收获庄稼,收藏粮食。

"獲"指捕获禽兽与战俘,进而引申指获得。"穫"指收割庄稼,其构形形象地记录了这些文化信息。汉字简化后,"獲"与"穫"均简化作"获",这是阅读古书时应该注意的。

22. 禽

"禽"的甲骨文构形作"禽""禽",上半部分象网,下半部分象竿,是一种捕获禽兽的工具。所以"禽"的本义是捕获,后写作"擒"。《荀子·议兵》:"不杀老弱,不猎禾稼,服者不禽,格者不舍,奔命者不获。"杨倞注:"服,谓不战而退者,不追禽之。"⑦"服者不禽"意思是对那些不战而退的敌人,就不再追赶擒获他们了。《史记》中记载了一段韩信同刘邦论带兵的对话:"上问曰:'如我能将几何?'信曰:'陛下不过能将十万。'上曰:'于君何如?'曰:'臣多多而益善耳。'上笑曰:'多多益善,何为为我禽?'信曰:'陛下不能将兵,而善将将,此乃信之所以为陛下禽也。且陛下所谓天授,非人力也。'"⑧"何为为我禽",即为什么被我擒获了呢?对话中"多多而益善"凝固为成语"多多益善",意即越多越好。

捕获叫禽,引申之,捕获的猎物也可以叫禽。于是"禽"又成了鸟兽鱼鳖的总称。《后汉

① 《十三经注疏·毛诗正义》,中华书局1980年版,第369页。
② 《十三经注疏·周礼注疏》,中华书局1980年版,第839页。
③ 《十三经注疏·春秋左传正义》,中华书局1980年版,第1814页。
④ 汉·班固:《汉书》卷六十二,《景印文渊阁四库全书》,台北商务印书馆1986年版。
⑤ 汉·许慎:《说文解字》,中华书局1963年版,第145页。
⑥ 《诸子集成·墨子间诂》,中华书局1954年版,第82页。
⑦ 《诸子集成·荀子集解》,中华书局1954年版,第184页。
⑧ 汉·司马迁:《史记》卷九十二,中华书局1959年版,第2628页。

书·华佗传》：“吾有一术，名五禽之戏：一曰虎，二曰鹿，三曰熊，四曰猨，五曰鸟。”①五禽既有兽又有鸟。俞樾《群经评议·周易》：“古者羽毛鳞介通名为禽。”

相对而言，“禽”又可专指鸟类。《尔雅·释鸟》：“二足而羽谓之禽，四足而毛谓之兽。”郝懿行疏：“《尔雅》虽别，经典多通。故《曲礼》云，语有通别，别而言之，羽则曰禽，毛则曰兽。通而为说，鸟不可曰兽，兽亦可曰禽。”②

由于古代“禽”与“兽”的界限不很分明，所以在古典文献中，往往禽兽连用，以至于“禽兽”逐渐凝固成一个双音词。《孟子·梁惠王上》：“君子之于禽兽也，见其生，不忍见其死；闻其声，不忍食其肉。是以君子远庖厨也。”③

23. 獸与狩

“獸（兽）”的甲骨文构形作“ ”“ ”，左半边“ ”“ ”（單、干）是打猎的工具，右半边“ ”是“犬”，合在一起会意打猎。“狩”字后出，小篆作“ ”，《说文·犬部》：“狩，犬田也。从犬，守声。”④“犬田”即用犬来帮助打猎。朱芳圃《殷周文字释丛》：“獸即狩之初文，从單从犬，会意。”《诗经·小雅·车攻》：“建旐设旄，搏兽于敖。”郑玄笺：“兽，田猎搏兽也。”⑤《文选·东京赋》引作：“薄狩于敖。”李善注：“谓周王狩也……《诗》曰：‘建旐设旄，薄兽于敖。’”⑥可见“搏兽”通“薄兽”，又作“薄狩”，“搏”通“薄”，意为“迫近”“前往”。整句诗的意思是：树立旗帜插上旄旌，前往敖地去打猎。

“兽”的本义是打猎，于是把获得的猎物也称兽，“兽”于是成了野兽的总名。《尚书·益稷》：“夔曰：‘于！予击石拊石，百兽率舞。’”孔安国传：“乐感百兽，使相率而舞。”⑦“百兽”即各种野兽。

“兽”兼表动（打猎）与名（野兽）两义，后又造“狩”字来记录其动词意义——打猎，“狩”是“兽”的孳乳字、分化字。《尔雅·释天》：“宵田为獠，火田为狩。”郭璞注：“放火烧草，猎亦为狩。”⑧“火田”，放火围猎，所以“狩猎”常连用，久而久之成为一个复音词。

春秋时期，“狩”还用作天子冬天围猎的专称。《说苑·修文》：“春秋曰：‘正月，公狩于郎。’传曰：‘春曰苗，秋曰搜，冬曰狩。’苗者，毛也，取之不围泽，不掩群，取禽不麛卵，不杀孕重者；秋搜者，不杀小麛及孕重者；冬狩皆取之。百姓皆出，不失其驰，不抵禽，不诡遇，逐不出防。此苗、搜、狩之义也。”⑨春天和秋天打猎，都要有所选择，不捕获幼小的野兽；冬天围猎，因为兽大多已长成，可以皆取之。

上古打猎与习武常结合在一起，借狩猎以练兵。《左传·隐公五年》：“故春搜、夏苗、秋

① 南朝宋·范晔：《后汉书》，《景印文渊阁四库全书》，台北商务印书馆1986年版。
② 清·郝懿行：《尔雅义疏》，上海古籍出版社1983年版，第1265页。
③ 《十三经注疏·孟子注疏》，中华书局1980年版，第2670页。
④ 汉·许慎：《说文解字》，中华书局1963年版，第205页。
⑤ 《十三经注疏·毛诗正义》，中华书局1980年版，第428页。
⑥ 唐·李善：《文选注》，《景印文渊阁四库全书》，台北商务印书馆1986年版。
⑦ 《十三经注疏·尚书正义》，中华书局1980年版，第144页。
⑧ 清·郝懿行：《尔雅义疏》，上海古籍出版社1983年版，第793页。
⑨ 赵善诒：《说苑疏证》，华东师范大学出版社1985年版，第570页。

狝、冬狩，皆于农隙以讲事也。三年而治兵，人而振旅。"杜预注："搜，索，择取不孕者；苗，为苗除害也；狝，杀也，以杀为名，顺秋气也；狩，围守也，冬物毕成，获则取之，无所择也。""虽四时讲武，犹复三年而大习。"孔颖达疏："虽每年常四时讲武，犹复三年而一大习也。"①

"獸"与"狩"的构形记录了上古时期有关狩猎的文化信息：一是在殷商时期，犬已经成为人类打猎的主要助手；二是用犬帮助打猎的特点往往是在野兽出没的路边埋伏守候。"狩"字不仅从"守"得音，也从中得"义"。

24. 渔

"渔"的甲骨文构形作"𤌯"，左半部分是"鱼"，右半部分是"水"；又作"𤌯"，左下部分是鱼，右上部分是一只手拿着渔竿在钓鱼；又作"𤌯"，左上部分是鱼，下半部分是一只手，右上部分是网。这些构形形象地记录了上古时期先民"在水中捕鱼""钓鱼""张网捕鱼"的特点。《周易·系辞下》："古者包牺氏之王天下也，仰则观象于天，俯则观法于地，观鸟兽之文与地之宜，近取诸身，远取诸物，于是始作八卦，以通神明之德，以类万物之情。作结绳而为罔罟，以佃以渔。"②据此，先民从远古的伏羲时代就开始织网捕鱼了。

"渔"字《说文·𩵋部》作"𤋳"："捕鱼也，从𩵋，从水。渔，篆文从鱼。"③段玉裁解释说："必从𩵋者，捕鱼则非一鱼也。"④𩵋的意思是二鱼，从𩵋，表示捕鱼数量多。桂馥《说文解字义证》："《文子》'尧使水处者渔。'《尸子》'燧人之世，天下多水，故教人以渔。'《初学记》'渔之为事也，有钓、网、罟、筌、罭、罶、翼、罩、涔、罾、筍……之类，各以用之，得鱼一也。'"⑤

"渔"字甲骨文构形的多样化反映了远古时期捕鱼活动的繁多和技术的成熟，同时也说明在"传说中的洪水时期，人们住在山顶和树巅上，鱼成为人类的主要食品"⑥。而且鱼味鲜美，营养丰富，所以《孟子·告子》说："鱼我所欲也，熊掌亦我所欲也。"在中国最早的诗歌总集《诗经》中，涉及"鱼"的诗有20余首，诗句30余句，涉及鱼的种类有鲤、鲂、鳣、鲔、鲦、鳏、鳟、鲿、鲨、鳢、鰋、鲦等10余种，充分说明鱼及捕鱼已经成为先民日常生活的重要内容，深入到生活的诸多方面。由于对鱼太熟悉了，加上鱼肉鲜美，所以《诗经》中"鱼"往往成为男女情感的取喻对象。

《陈风·衡门》："岂其食鱼，必河之鲂？岂其取妻，必齐之姜？""岂其食鱼，必河之鲤？岂其取妻，必宋之子？"以美味的鲂与鲤比喻漂亮的齐姜、宋子。

《卫风·竹竿》："籊籊竹竿，以钓于淇。岂不尔思？远莫致之。"毛亨《传》："钓以得鱼，如妇人待礼以成为室家。"

《齐风·敝笱》："敝笱在梁，其鱼鲂鳏。齐子归止，其从如云。敝笱在梁，其鱼鲂鱮。齐

① 《十三经注疏·春秋左传正义》，中华书局1980年版，第1726页。
② 《十三经注疏·周易正义》，中华书局1980年版，第86页。
③ 汉·许慎：《说文解字》，中华书局1963年版，第245页。
④ 清·段玉裁：《说文解字注》，上海古籍出版社1981年版，第582页。
⑤ 清·桂馥《说文解字义证》，上海古籍出版社，1987年版，第1019页。
⑥ 王宁：《〈说文解字〉与汉字学》，河南人民出版社1994年版，第85页。

子归止,其从如雨。敝笱在梁,其鱼唯唯,齐子归止,其从如水。"①以敝笱(捕鱼工具)不能挡住鱼为喻,讽刺鲁庄公不能制止其母文姜回齐国与齐襄公私自相会。

"渔"本指捕鱼,鱼是美味,人所喜爱;美色为男人所喜爱,于是古人把贪得无厌地猎取美女叫"渔色"。《礼记·坊记》:"诸侯不下渔色,故君子远色以为民纪。"郑玄注:"谓不内取于国中也。内取国中为下渔色。"孔颖达疏:"渔色,谓渔人取鱼,中网者皆取之,譬如取美色,中意者皆取之,若渔人求鱼,故云渔色。"②意思是说,诸侯不能下娶本国卿、大夫、士之女,如果娶的话,就如同打鱼的人在自己的网中取鱼一样,所以国君应该娶他国女子,作为民众则以不娶同族为纲纪。

上古捕鱼,有固定的要求,不允许滥捕滥捞。《诗经·小雅·鱼丽》:"鱼丽于罶,鲿鲨。"毛传:"取之有时,用之有道,则物莫不多矣。古者不风不暴,不行火;草木不折,不芟,斧斤不入山林;豺祭兽,然后杀;獭祭鱼,然后渔;鹰隼击,然后罻罗设。是以天子不合围,诸侯不掩群,大夫不麛不卵,士不隐塞,庶人不数罟。罟必四寸,然后入泽梁。故山不童,泽不竭,鸟兽鱼鳖皆得其所然。"③就捕鱼而言,"罟"即"网",网眼要四寸见方才能下泽捕捞,以保证小的鱼虾得以正常生长。即《孟子·梁惠王上》所谓"数罟不入洿池"之义。

---

① 《十三经注疏·毛诗正义》,中华书局 1980 年版,第 377、325 、353 页。
② 《十三经注疏·礼记正义》,中华书局 1980 年版,第 1622 页。
③ 《十三经注疏·毛诗正义》,中华书局 1980 年版,第 417 页。

第十五章　财宝商贾篇

　　经济是民生的根本,国家的根基。古人认为"凡有地牧民者,务在四时,守在仓廪。国多财,则远者来;地辟举,则民留处。仓廪实则知礼节,衣食足则知荣辱"。(《管子·牧民》)"四时"即四季,四季生成万物,仓廪储存货财,而"食者,人之天也"[1]。所以自从私有财产产生以来,无论对于国家还是个人,财富珍宝都是其极力追逐的对象。物资交流、商品流通更是人们日常生活的重要内容。所以先民造字时,也自然而然地把这些方面的文化信息融进汉字的构形之中。

1. 贝

　　"贝"的甲骨文构形作"𦥑""𦥑"。《说文·贝部》:"贝,海介虫也,居陆名猋,在水名蜬,象形。古者货贝而宝龟,周而有泉,到秦废贝行钱。"[2]"贝"本是海中的一种有壳的软体生物,上古曾用它的壳作为货币。究其原因,大约一是因为贝的壳比较漂亮,可作为装饰品,有一定的使用价值;二是其坚固耐用,不易损坏;三是轻便,易于携带,又便于计数。后又有用银、铜、石、骨等做成的贝状的货币,也称贝。

　　到周代在贝使用的同时,又开始用金属铸币,名"布""泉"。《周礼·天官·外府》:"外府掌邦布之入出,以共百物而待邦之用。"郑玄注:"布,泉也。'布'读为宣布之布。其藏曰泉,其行曰布。取名于水泉,其流行无不徧。""泉始盖一品,周景王铸大泉而有二品,后数变易,不复识本制。"[3]"布"意为敷、散,"泉"意为水,均取其流通遍布之义。到秦时,才废止贝币,专用泉币,称钱。《盐铁论·错币》:"教与俗改,弊与世易。夏后以玄贝,周人以紫石,后世或金钱刀布,物极而衰,终始之运也。"[4]

　　由于"贝"最早用作货币,所以在汉字构形中以"贝"作为表意构件的字多与财物有关。如表示资财的资、财、货、贿、赂,与经营有关的贸、赊、贷、购,表示赏赐救济的赠、赏、赐、赈、赍,赞助的"赞"、输赢的"赢"、花费的"费"等均从"贝",也因为它们的意义均与钱币有关。

2. 朋

　　"朋"的甲骨文构形作"𦥑""𦥑",象穿起来的两串玉或贝。王国维认为:"殷时,玉与贝皆货币也……其用为货币及服御者,皆小玉、小贝,而有物焉以系之。所系之贝玉,于玉则谓

---

① 《诸子集成·管子校正》,中华书局 1954 年版,第 1 页。

② 汉·许慎:《说文解字》,中华书局 1963 年版,第 129 页。

③ 《十三经注疏·周礼注疏》,中华书局 1980 年版,第 41 页。

④ 《诸子集成·盐铁论》,中华书局 1954 年版,第 5 页。

之珏,于贝则谓之朋。"①《诗经·小雅·菁菁者莪》:"菁菁者莪,在彼中陵。既见君子,锡我百朋。"郑玄笺:"古者货贝,五贝为朋。"上古以"贝"为货币,"朋"的本义是货币单位,即郑玄所谓"五贝为朋"。一般认为,五贝为一朋。但王国维认为:"五贝不能分为二系,盖缘古者五贝一系,二系一朋。后失其传,遂误谓五贝一朋耳。"②即十贝穿成两串,五贝一串,两串共十贝为一朋。"朋"的甲骨文构形"䪞""䪞"再次证明,殷商时期,"贝"已经成为人们经济交易中的"等价交换物",且具备了专门的货币单位。这些文化信息的记载,对于人们探索上古时期的经济社会情况具有重要意义。正如王国维所言:"古文字之学,足以考证古制度者如此。"③

构成"朋"的贝属于同类物体,所以同类的物体也可以称朋。《诗经·豳风·七月》:"朋酒斯飨,曰杀羔羊。"毛传:"两樽曰朋。"④"朋酒"即两樽酒。

由此引申,同一老师教的学生,即同门、同学可以叫朋。《论语·学而》:"有朋自远方来,不亦乐乎?"包咸注:"同门曰朋。"⑤

五贝或十贝为一朋,"朋"有繁多义,所以引申指有某种共同利益的人结成的集团——朋党。《易·坤》:"西南得朋,东北丧朋。"孔颖达疏:"凡言朋者,非唯人为其党,性行相同亦为其党。"

3. 毌(贯)

"毌"的甲骨文构形作"中",《说文·毌部》:"毌,穿物持之也。从一横贯,(囗)象宝货之形。"⑥段玉裁解释说:"囗者,宝货之形","一者,所以穿而持之也。"⑦"宝货"即贝、玉类的钱币,按照《说文》和段注的意思,"毌"象把宝货(囗)穿起来的样子,是个象形字,表示贯穿。《墨子·备城门》:"疏束树木,令足以为柴搏,毌前面树。"⑧"毌"即表示贯穿。

"贯"小篆作"貫",是在"毌"字下面加一个表示钱币的"贝"字。《说文·毌部》解释说:"贯,钱贝之贯,从毌、贝。"⑨可见"贯"的本义是穿钱贝的绳子——钱贯。《汉书·食货志》有"(京师之钱累百巨万,)贯朽而不可校"的记载⑩,意思是说穿钱的绳子腐朽了,钱也没法数了。

从本义"穿钱的绳子"引申,把钱币一个一个地穿到绳子上,穿满了就成为一贯钱,于是"贯"又表示钱累积到一个固定单位的量词。宋戴侗《六书故·动物四》:"贯,穿钱贝也。今以千钱为一贯。"⑪

"钱"穿满了叫"满贯",做恶达到了极限也用"满贯"来比喻。《韩非子·说林下》记载了一则小故事:"有与悍者邻,欲卖宅而避之。人曰:'是其贯将满矣,子姑待之。'答曰:'吾恐其

① 王国维:《观堂集林·说珏朋》,河北教育出版社 2001 年版,第 95 页。
② 王国维:《观堂集林·说珏朋》,河北教育出版社 2001 年版,第 96 页。
③ 王国维:《观堂集林·说珏朋》,河北教育出版社 2001 年版,第 96 页。
④ 《十三经注疏·毛诗正义》,中华书局 1980 年版,第 124 页。
⑤ 《十三经注疏·论语注疏》,中华书局 1980 年版,第 1 页。
⑥ 汉·许慎:《说文解字》,中华书局 1963 年版,第 142 页。
⑦ 清·段玉裁:《说文解字注》,上海古籍出版社 1981 年版,第 316 页。
⑧ 《诸子集成·墨子间诂》,中华书局 1954 年版,第 302 页。
⑨ 许慎:《说文解字》,中华书局 1963 年版,第 142 页。
⑩ 汉·班固:《汉书》卷二十四上,《景印文渊阁四库全书》,台北商务印书馆 1986 年版。
⑪ 宋·戴侗:《六书故》卷二十,《景印文渊阁四库全书》,台北商务印书馆 1986 年版。

以我满贯也。'遂去之。""以我满贯"意思是说把我害了让他的罪恶"满贯"。

"满"与"盈"义近，所以"满贯"又叫"盈贯"。《左传·宣公六年》："使疾其民，以盈其贯。"[1]"盈贯"即"满贯"。所以汉语中"恶贯满盈"的成语就是表示其罪恶累累。

把钱贝一个一个地穿到绳子上，就会不断地重复相同的动作，重复这个动作当然要用手，于是就有了专门表示这个动作的"掼"字。

《说文·手部》："掼，习也。从手，贯声。《春秋传》曰：'掼渎鬼神。'"[2]

重复多了，久而久之，就形成了一种不自觉、下意识的行为——"习贯"，《仪礼·学礼》："孔子曰：'少成若天性，习贯如自然。'"[3]显然，不自觉、下意识的行为与"心意"有关，于是这个意思后来就写作"惯"。"习贯"也就写成了"习惯"。《孔子家语·七十二弟子解》："孔子曰：'然，少成则若性也，习惯若自然也。'"[4]

"惯"既可指习惯，那么，纵容别人养成不好的习惯也就可以叫"惯"。今天所谓"惯着他"的"惯"就是这个意思。

可见表示"贯穿"，"毌"是初文，"贯"是后起字；表示"习惯"之"惯"又是"贯"的后起字。显然，"毌""贯""惯"是一组同源字，"毌"是源字，"贯""惯"是孳乳字。

4. 货与幣（币）

"货"的小篆构形作"𧵂"，《说文·贝部》："货，财也。从贝，化声。"[5]段玉裁解释说："《广韵》引蔡氏《化清经》曰：'货者，化也，变化反易之物，故字从化。'"认为结构类型是"形声包会意"。"货"的本义是"财"，是贝、玉、金钱的总称。《老子》第三章："不贵难得之货，使民不为盗。"河上公注："言人君不御好珍宝，黄金弃于山，珠玉捐于渊。上化清净，下无贪人。""难得之货"即金玉珠宝之类。

贝、玉曾经是最早的交易媒介物，所以"货"又指交易用的"货币"。元马端临《文献通考·钱币考》："自太昊以来则有钱矣，太昊氏、高阳氏谓之金；有熊氏、高辛氏谓之货；陶唐氏谓之泉，商人、齐人谓之布，齐人、莒人谓之刀。"[6]《周礼·秋官·职金》："职金……掌受士之金罚、货罚，入于司兵。"郑玄注："货，泉贝也。"贾公彦疏："既言金罚，又曰货罚者，出罚之家，时或无金，即出货以当金直，故两言之。"[7]"金"与"货"都是今天所说的"钱款"。

"贝"是最早的交易媒介物，所以"货"的构形从"贝"，钱财不断积累消费，多少变化，是"变化反易之物"；从交易的角度看，更是不断"反易变化"，所以又从"化"。可见，"货"的构形形象地记录了上古时代"货贝而宝龟"的特点和钱财不断变化的特性。

"幣（币）"字小篆作"𢂴"，简化作"币"。《说文·巾部》："幣，帛也。从巾，敝声。""币"本义是缯帛，所以从巾，作为相对宝贵的丝织品，帛在古代常用作祭品、礼物、贡品，所以凡是用

---

① 《十三经注疏·春秋左传正义》，中华书局 1980 年版，第 170 页。

② 汉·许慎：《说文解字》，中华书局 1963 年版，第 252 页。

③ 宋·朱子：《仪礼经传通解》卷十八，《景印文渊阁四库全书》，台北商务印书馆 1986 年版。

④ 《孔子家语》卷九，《景印文渊阁四库全书》，台北商务印书馆 1986 年版。

⑤ 汉·许慎：《说文解字》，中华书局 1963 年版，第 130 页。

⑥ 元·马端临：《文献通考》卷八，《景印文渊阁四库全书》，台北商务印书馆 1986 年版。

⑦ 《十三经注疏·周礼注疏》，中华书局 1980 年版，第 244 页。

来祭祀、朝聘的车、马、金、玉等都可以称为"币",于是币便成为了财物的泛称。《左传·桓公六年》:"公问名于申繻,对曰:'……不以器币。'"杜预注:"币,玉帛。"孔颖达疏:"《周礼·小行人》'合六币,圭以马,璋以皮,璧以帛,琮以锦,琥以绣,璜以黼。然则币玉帛者,谓此圭璋璧琮帛锦绣黼之属。"所谓"合六币",是说六种礼器"圭、璋、璧、琮、琥、璜"要分别与"马、皮、帛、锦、绣、黼"两两相配,这样的话,币就成了圭璋璧琮帛锦绣黼之类物品的泛称。

金、玉常用作交换媒介,所以"币"也就成了钱财的名称。《管子·轻重》:"先王度用于其重,因以珠玉为上币,黄金为中币,刀布为下币。故先王善高下中币制下上之用,而天下足矣。"①《汉书·食货志下》:"古者天降灾戾,于是乎量资币、权轻重以救民。"颜师古注:"凡言币者,皆所以通货物、易有无也,故金之与钱皆名为币也。"

既然"货"与"币"都表示财物,都可表示交易媒介——钱,于是"货币"便逐渐成为一个合成词,沿用至今。

5. 贫

"贫"的篆文形体作"貧",上半部分是分,下半部分是贝。《说文·贝部》:"贫,财分少也。从贝,从分,分亦声。"②"贝"代表财物,财物越分越少,所以"贫"的本义是财少。《战国策·齐策四》:"齐人有冯谖者,贫乏不能自存,使人属孟尝君,愿寄食门下。"③"贫乏不能自存",即穷得连自己都不能养活。《论语·季氏》:"丘也闻有国有家者,不患寡而患不均,不患贫而患不安。盖均无贫,和无寡,安无倾。"④"不患寡而患不均",即不担心财少贫困,就担心分配不均。

6. 贱

"贱"的篆书形体作"賤",《说文·贝部》:"贱,贾少也。从贝,戋声。""贾"后作"價",简化为"价",价少即便宜,不值钱。"戋"字本身有"小"义,《易·贲》:"贲于丘园,束帛戋戋。"宋苏轼注:"戋戋,小也。"⑤所以"贱"字是形声兼会意字。价低钱小自然是不值钱,自然就是贱了。《左传·昭公三年》:"国之诸市,屦贱踊贵。"杜预注:"踊,刖足者屦,言刖多。"⑥意思是说,国都中的市场上,鞋子便宜而给刖者穿的踊贵,暗示受刖刑的人多。

由价格低引申为地位低下。《论语·里仁》:"子曰:富与贵,是人之所欲也,不以其道得之,不处也;贫与贱,是人之所恶也,不以其道得之,不去也。"邢昺疏:"乏财曰贫,无位曰贱。"⑦缺少钱财叫贫,没有地位叫贱。二者往往相关连,所以经常连用。《孟子·滕文公下》:"富贵不能淫,贫贱不能移,威武不能屈,此之谓大丈夫。"⑧"富"指财多,"贫"即钱少;"贵"本指价格高,引申指地位高,"贱"本指价格低,引申指地位低,富贵与贫贱两两相对,相得益彰。

---

① 《诸子集成·管子校正》,中华书局1954年版,第404页。
② 汉·许慎:《说文解字》,中华书局1963年版,第131页。
③ 汉·刘向:《战国策》,上海古籍出版社1985年版,第395页。
④ 《十三经注疏·论语注疏》,中华书局1980年版,第64页。
⑤ 宋·苏轼:《东坡易传》,《景印文渊阁四库全书》,台北商务印书馆1986年版。
⑥ 《十三经注疏·春秋左传正义》,中华书局1980年版,第329页。
⑦ 《十三经注疏·论语注疏》,中华书局1980年版,第15页。
⑧ 《十三经注疏·孟子注疏》,中华书局1980年版,第46页。

贫贱是人生最不得志、最艰难的时期,贫贱时期相交的朋友是最可贵的,称为"贫贱之交"。《后汉书·宋弘传》记载,汉光武帝的姐姐湖阳公主新寡,光武帝与她一起谈论大臣的优劣,暗地里观察她的心意。湖阳公主说:宋弘容貌威严德行高尚,群臣中属第一。光武帝说,正要考虑他呢。后来宋弘被诏见,光武帝让湖阳公主事先坐在屏风后面。对宋弘说:"谚言,'贵易交,富易妻'。人情乎?"宋弘回答说:"臣闻贫贱之交不可忘,糟糠之妻不下堂。"光武帝回头对湖阳公主说:"事不谐矣。""贫贱之交不可忘"反映了古人交友的一种价值取向。

7. 買(买)

"買"的甲骨文构形作"""",上半部分""""是"网",下半部分""是"贝",合在一起象用网捕贝之形。《说文·贝部》:"買,市也,从网、贝。《孟子》曰:'登垄断而网市利。'"[1]上古买卖都称"市","買"是以钱购物。所谓"登垄断而网市利",是许慎引用《孟子》的话解释"買"字为什么从网、从贝。《孟子·公孙丑下》:"古之为市也,以其所有易其所无者,有司者治之耳。有贱丈夫焉,必求龙断而登之,以左右望而罔市利。人皆以为贱,故从而征之。征商自此贱丈夫始矣。"赵岐注:"古者市置有司,但治其争讼,不征税也。贱丈夫贪人可贱者也,入市则求龙断而登之,龙断谓堁断而高者也,左右占视,望见市中有利,罔罗而取之。人皆贱其贪者也,故就征取其利。后世缘此遂征商人……古者谓周公以前,《周礼》有关市之征也。"[2]孟子这段话说明,上古市场交易,开始时并不征税,有司只是管理争讼官司而已。有个别商人总是登上市场中的高地,左顾右盼,恨不得把所有买卖的利益都一网打尽。人们都觉得这个贪婪的人卑鄙,于是就征他的税,向商人征税就是从这种人开始的。从汉语词汇史的角度看,今天仍然活跃的"垄断"一词也源于此。

"買"字从网从贝的构形,再现了当初商人中的"贱丈夫"恨不得把买卖中的财利一网打尽的情景,非常形象。

8. 贩

"贩"的小篆形体作""。《说文·贝部》:"贩,买贱卖贵者,从贝,反声。"[3]段玉裁注释说:"形声包会意。""反"的本义是"覆",贱买回来再贵卖出去,反反覆覆间赚取利润,正是小贩的经商特色。从贝从反,买贱卖贵,形象地说明了小贩的经营原则和特征。《周礼·地官·司市》:"大市日昃而市,百族为主;朝市朝时而市,商贾为主;夕市夕时而市,贩夫贩妇为主。"郑玄注:"贩夫贩妇,朝资夕卖。"[4]"朝资夕卖",即早晨买了,傍晚夜市再卖出去。周时已是一日三市,说明市场交易繁忙,商业兴旺。同时表明,贩是小贩,即做小本生意的商人。

9. 败

"败"的甲骨文构形作"""",象手拿棍棒敲击贝壳之形。《说文·支部》:"败,毁

---

① 汉·许慎:《说文解字》,中华书局 1963 年版,第 131 页。
② 《十三经注疏·孟子注疏》,中华书局 1980 年版,第 34 页。
③ 汉·许慎:《说文解字》,中华书局 1963 年版,第 131 页。
④ 《十三经注疏·周礼注疏》,中华书局 1980 年版,第 96 页。

也。从攴、贝。败、贼皆从贝，会意。"①"败"的本义是毁坏。《诗经·小雅·绵蛮》："教之诲之，命彼后车，谓之载之。"毛传："事未至则豫教之，临事则诲之，车败则命后车载之。"②"车败"，即车毁坏了。

由"毁坏"引申指"腐烂变质"。《论语·乡党》："鱼馁而肉败，不食。"何晏注："鱼败曰馁。"

由"毁坏"引申指"失败""不成功"。《战国策·秦策二》："楚王不听，遂举兵伐秦。秦与齐合，韩氏从之。楚兵大败于杜陵。"③

《淮南子·道应训》："缪公不说，召伯乐而问之曰：'败矣！子之所使求马者。毛物牝牡弗能知，又何马之能知？'"④"败矣！子之所使求马者"，意思是说，你所推荐的寻找千里马的人失败了啊！

"败"表示毁坏，不成功，甲骨文中却选择了"从攴击贝"的构形，也证明了"贝"在殷商社会生活中的重要地位。

10. 贬

"贬"的小篆构形作"貶"，《说文·贝部》："贬，损也。从贝，从乏。"⑤"损"即减少。"乏"的常用义为缺少。《战国策·齐策四》："孟尝君使人给其食用，无使乏。"⑥从贝从乏，其造义是缺少钱财，用来表示"减少、减损"。《左传·僖公二十一年》记载：这年夏天，鲁国发生了大旱。僖公想烧死负责祈祷求雨的女巫巫尪。臧文仲认为这不是抗旱的办法。当务之急一是要修城郭，防备外敌趁机入侵；同时要"贬食省用，务穑劝分"。劝谏说："巫尪何为？天欲杀之，则如勿生。若能为旱，焚之滋甚。"⑦僖公采纳了他的建议。结果这一年虽有饥荒，但没有对百姓造成伤害。"贬食省用"即减少粮食耗费，节省财物用度。

11. 金

"金"字的西周金文构形作"金"，右上部分的"𠆢"大概表示覆盖，右下部分是土，表示金属矿物产生之处，左半部分的两点表示矿物⑧。《说文·金部》："金，五色金也。黄为之长，久薶不生衣，百炼不轻，从革不违，西方之行，生于土，从土，左右注象金在土中形，今声。""金，古文金。"⑨"金"是金属的统称，后人称"金子"为"黄金"，称银为"白金"，称铅为"青金"，称铜为"赤金"，称铁为"黑金"，合称"五色金"。用作钱财货币的主要是黄金、白金（银）和赤金（铜）。

据文献记载，夏朝起，金就作为货币使用了。《史记·平准书》："太史公曰，农工商交易之路通，而龟贝金钱刀布之币兴焉。所从来久远，自高辛氏之前尚矣，靡得而记云。……虞夏之币，金为三品，或黄，或白，或赤。或钱，或布，或刀，或龟贝。及至秦中，一国之币为二

① 汉·许慎：《说文解字》，中华书局1963年版，第68页。
② 《十三经注疏·毛诗正义》，中华书局1980年版，第230页。
③ 汉·刘向：《战国策》，上海古籍出版社1985年版，第138页。
④ 《诸子集成·淮南子》，中华书局1954年版，第198页。
⑤ 汉·许慎：《说文解字》，中华书局1963年版，第131页。
⑥ 汉·刘向：《战国策》，上海古籍出版社1985年版，第396页。
⑦ 《十三经注疏·春秋左传正义》，中华书局1980年版，第109页。
⑧ 参董莲池：《说文解字考正》，作家出版社2004年版，第551页。
⑨ 汉·许慎：《说文解字》，中华书局1963年版，第293页。

等,黄金以镒名,为上币;铜钱识曰半两,重如其文,为下币。而珠玉龟贝银锡之属为器饰宝藏,不为币。"[1]

春秋战国时期,金作为货币和财富的代表使用频繁。《左传·文公九年》:"九年春,王正月……毛伯卫来求金,非礼也。"杜预注:"天子不私求财,故曰非礼。"[2]"金"即财。

汉刘向《战国策·燕策一》记载了一个千金买马的故事:"臣闻古之君人,有以千金求千里马者,三年不能得。涓人言于君曰:'请求之。'君遣之。三月得千里马,马已死,买其骨五百金。反以报君。君大怒,曰:'所求者生马,安事死马而捐五百金?'涓人对曰:'死马且买之五百金,况生马乎?天下必以王为能市马,马今至矣。'于是不期年,千里马至者三。"[3]

"金"在生活中的地位重要,因此成为普通人追逐的对象。《列子·说符》:"昔齐人有欲金者,清旦,衣冠而之市,适鬻金者之所,因攫其金而去。吏捕得之,问曰:'人皆在焉,子攫人之金何?'对曰:'取金之时,不见人,徒见金。'"[4]光天化日之下,当着人的面就抢人家的金钱,"不见人,徒(只)见金",金的引诱已经让人到了疯狂的地步,真可谓利令智昏。

相传汉武帝还有一个"金屋藏娇"的故事。"汉武帝年幼为太子时,长公主想把女儿阿娇嫁给他。故意问他:"阿娇好否?"武帝说:"好,若得阿娇作妇,当作金屋贮之。"长公主大悦,遂成婚姻[5]。(旧题汉·班固《汉武故事》)阿娇就是后来的陈皇后。其实,"金屋"并非用金子建的房屋,而是极言房屋华丽宝贵。

由于"金"的宝贵和人们对金的崇拜,古人常在贵重、华美的事物前加上一个"金"字进行修饰。如比喻言词重要称"金口""金言",至死不渝的诺言称"金诺",富贵之家称"金穴",华丽的庭堂称"金堂",神仙的住所称"金宫""金庭",君王之位称"金枢"等等。时至今日,汉语中这种修辞方式仍然在使用。如"金曲""金领""金嗓子""金手指""金饭碗""金点子"等等,正是这种文化特色的传承。

12. 玉

"玉"字的甲骨文构形作"𤣩""𤣩""王",象用绳串起来的玉片。《说文·王部》:"玉,石之美,有五德:润泽以温,仁之方也;鰓(sāi)理自外可以知中,义之方也;其声舒扬,専(fū)以远闻,智之方也;不桡而折,勇之方也;锐廉而不技,絜之方也。象三玉之连,丨,其贯也。"[6]"石之美",即美好的石头,这是玉的本义。但由于先民非常喜爱玉,以至于把理想中人所具备的最美好的品质——仁、义、智、勇、洁都赋予了玉,所谓玉有"五德"。即玉润泽温和,象"仁";纹理从外面就可以看到里面(表里如一),象义;敲击它,声音舒缓、悠扬、纯正,并能传到远方,象智;宁折不屈,象勇;有棱角但不会造成伤害,象洁。

许慎说解中所附加的这些文化信息,并非是其个人见解,而是集中了先秦时期人们特别是儒家对玉的理解和认识。《礼记·聘义》记载:"子贡问于孔子曰:'敢问君子贵玉而贱珉者

① 汉·司马迁:《史记》卷三十,中华书局 1959 年版,第 1442 页。
② 《十三经注疏·春秋左传正义》,中华书局 1980 年版,第 145 页。
③ 汉·刘向:《战国策》,上海古籍出版社 1985 年版,第 1065 页。
④ 《诸子集成·列子注》,中华书局 1954 年版,第 101 页。
⑤ 旧题汉·班固:《汉武故事》,《景印文渊阁四库全书》,台北商务印书馆 1986 年版。
⑥ 汉·许慎:《说文解字》,中华书局 1963 年版,第 10 页。

何也？为玉之寡而珉之多与？'孔子曰：'非为珉之多故贱之也，玉之寡故贵之也。夫昔者，君子比德于玉焉：温润而泽，仁也；缜密以栗，知也；廉而不刿，义也；垂之如坠，礼也；叩之其声清越以长，其终诎然，乐也；瑕不掩瑜，瑜不掩瑕，忠也；孚尹旁达，信也；气如白虹，天也；精神见于山川，地也。圭璋特达，德也；天下莫不贵者，道也；《诗》云：言念君子，温其如玉。故君子贵之也。'"①

孔子认为，玉具备"仁、智、义、礼、乐、忠、信、天、地、德"之美，所以"君子贵之"。比许慎说的更全面。类似评论还散见于先秦其他经典文献中，这些观点，构成了中华民族几千年来玉文化的理论基础。

上古时期玉的用途非常广泛。从被称为"国之大事"的祭祀，到天子诸侯的盟会；从国家政事到百姓日常生活，玉无处不在。

天子祭祀要用玉。《周礼·春官·大宗伯》记载："以玉作六器，以礼天地四方。"因为祭祀的神灵不同，作为祭品的玉又有所不同："以苍璧礼天，以黄琮礼地。以青圭礼东方，以赤璋礼南方，以白琥礼西方，以玄璜礼北方。"②苍璧、黄琮、青圭、赤璋、白琥、玄璜都是玉器。

天子诸侯朝见相会要用玉。《周礼·春官·典瑞》："典瑞掌玉瑞玉器之藏，辨其名物与其用事，设其服饰。"所谓玉瑞，是君臣相见时所执的作为符信、信物的玉器。朝见时，"王晋大圭，执镇圭；公执桓圭，侯执信圭，伯执躬圭，子执谷璧，男执蒲璧。诸侯相见亦如之。"天子与诸侯相见，天子要腰插大圭，手执镇圭；五等诸侯因爵位不同而分别执桓圭、信圭、躬圭、谷璧、蒲璧。诸侯相见也是一样。诸侯相见时所执的这五种圭和璧又合称五玉。《尚书·舜典》："修五礼、五玉、三帛……"孔颖达疏："此云五玉，即上文五瑞，故知五等诸侯执其玉也。"③

治国理政，大事都要用玉。"珍圭以征守，以恤凶荒；牙璋以起军旅，以治兵守；璧羡以起度；谷圭以和难，以聘女；琬圭以治德，以结好；琰圭以易行，以除慝……"④珍圭、牙璋、璧羡、谷圭、琬圭、琰圭均为日常行政所用的玉器。《左传·哀公十四年》："司马请瑞焉，以命其徒攻桓氏。"杜预注："瑞，符节，以发兵。"孔颖达疏："天子之法，诸侯于其封内亦自以瑞发兵。"

印玺是行政的重要信物，上古多用金玉为材料，秦时起，玺为帝王专用，只用玉制做，所以称玉玺。宋高承《事物纪原》卷三记载，"后汉《祭祀志》曰：'三王雕文，诈伪渐兴，始有玺符以检奸萌。'是印玺之起，肇于三代也。应劭曰：'玺。信也。古者尊卑共之。'……卫宏曰：'秦已前，民亦以金玉为印，龙虎钮。秦始天子称玺，又以玉，群臣莫敢用也。'"⑤夏商周三代时即有印玺，从天子至百姓都可以用作信物，并且常用玉制作。

秦代开始，天子之印专称玺，专用玉制。相传秦始皇有玉制的六玺及传国玺，作为国家的印信。《晋书·舆服志》："六玺，秦制也，曰皇帝行玺、皇帝之玺、皇帝信玺、天子行玺、天子之玺、天子信玺。又有秦始皇蓝田玉玺，螭兽钮，在六玺之外，文曰：受天之命，皇帝寿昌。汉

---

① 《十三经注疏·礼记正义》，中华书局 1980 年版，第 466 页。

② 《十三经注疏·周礼注疏》，中华书局 1980 年版，第 761、762 页。

③ 《十三经注疏·尚书正义》，中华书局 1980 年版，第 16 页。

④ 《十三经注疏·周礼注疏》，中华书局 1980 年版，第 139、140 页。

⑤ 宋·高承：《事物纪原》卷三，《景印文渊阁四库全书》，台北商务印书馆 1986 年版。

高祖佩之，后世名曰'传国玺'。"①

古人日常生活也喜欢用玉。玉可以制成多种饰品，广泛用于人们的日常生活中。以佩饰为例，首饰有"珈"，耳饰有"珥""瑱""璲"，冠饰有"璪""瑧""璗""珰"，衣带饰有"珩""璜""琚"，还有用于刀饰的"珌""琫"，用于马饰的"瓖"等等。其实，"佩"字原作"珮"，本身就表示佩玉。据《礼记·玉藻》记载："古之君子必佩玉。右徵角，左宫羽；趋以《采齐》，行以《肆夏》；周还中规，折还中矩；进则揖之，退则扬之；然后玉锵鸣也。"②大意是说，君子一定得佩玉，而且要佩多片。行动时，右边的佩玉相撞要发出"徵"和"角"的声音，左边的发出"宫"和"羽"的声响；快步走时要符合《采齐》的韵律，一般行走时符合《肆夏》的韵律。从而使人的行为举止中规中矩。因为"玉有五德"，所以佩玉主要是为了警醒自己，约束规范自己的举止言行，以时刻符合仁义礼智信等道德规范的要求。

玉之所以如此受宠爱，除了其自身的美好润泽外，还在于古人认为，玉可以与神灵相通。上古与神灵交际的是"巫"，巫的甲骨文形体作"╫""╪"，象两玉交错，是巫祭祀祈祷时的用具。《说文·玉部》说："灵巫以玉事神。"③即巫是拿着"玉"来向神灵祈祷的。"玉"是可以通神的灵物，于是在喜爱之外又加了一层崇拜的色彩，美玉自然就成了无价之宝，成了上至王侯下至百姓梦寐以求的对象。一块宝玉可以价值连城。《尹文子·大道上》记载："魏田父有耕于野者，得宝玉径尺，弗知其玉也，以告邻人。邻人阴欲图之，谓之曰：'怪石也。畜之弗利其家，弗如复之。'田父虽疑，犹录以归，置于庑下。其夜玉明，光照一室，田父称家大怖，复以告邻人。曰：'此怪之征。遄弃，殃可销。'于是遽而弃于远野。邻人无何盗之以献魏王。魏王召玉工相之，玉工望之，再拜而立：'敢贺王得此天下之宝，臣未尝见。'王问价，玉工曰：'此玉无价以当之，五城之都，仅可一观。'魏王立赐献玉者千金，长食上大夫禄。"④五座城的价值仅可以看一眼，尽管未免有些夸张，但宝玉的价值确实不菲。

君王如此，百姓对玉更是梦寐以求。晋干宝《搜神记》卷十一记载了一件"种玉"的传说："杨公伯雍，雒阳县人也。本以侩卖为业，性笃孝，父母亡，葬无终山，遂家焉。山高八十里，上无水。公汲水，作义浆于坂头，行者皆饮之。三年，有一人就饮，以一斗石子与之，使至高平好地有石处种之，云：'玉当生其中。'杨公未娶，又语云：'汝后当得好妇。'语毕不见。乃种其石，数岁，时时往视，见玉子生石上，人莫知也。有徐氏者，右北平著姓，女甚有行，时人求，多不许。公乃试求徐氏。徐氏笑以为狂，因戏云：'得白璧一双来，当听为婚。'公至所种玉田中，得白璧五双以聘。徐氏大惊，遂以女妻公。天子闻而异之，拜为大夫。乃于种玉处四角作大石柱各一丈，中央一顷地，名曰玉田。"

伯雍"孝""义"双全，可称得上是道德楷模，所以老天以玉来奖励他，使他娶美妻，升官，满足了一个普通百姓的最大心愿。

当然，历史上也有不为美玉而动心的。《左传·襄公十五年》："宋人或得玉，献诸子罕，子罕弗受。献玉者曰：'以示玉人，玉人以为宝也。故敢献之。'子罕曰：'我以不贪为宝，尔以玉为宝，若以与我，皆丧宝也。不若人有其宝。'稽首而告曰：'小人怀璧，不可以越乡。纳此

———————————————

① 《晋书》卷二十五，《景印文渊阁四库全书》，台北商务印书馆 1986 年版。
② 《十三经注疏·礼记正义》，中华书局 1980 年版，第 254 页。
③ 汉·许慎：《说文解字》，中华书局 1963 年版，第 13 页。
④ 《诸子集成·尹文子》，中华书局 1954 年版，第 6 页。

以请死也。'子罕置诸其里，使玉人为之攻之，富而后使复其所。"①显然，在主政宋国的子罕看来，玉固然是美好的珍宝，但比玉更美好的珍宝是"为官不贪"的品德。

伯雍因美德而得美玉，子罕为坚守美德而舍弃美玉，从两个不同的方面反映了"以玉比德"的传统玉文化观念。可见，在中华传统文化中，"玉"不仅"人格化""君子化"了，而且已经升华到"道德楷模"的高度，所以汉语中几乎一切美好的事物都喜欢用玉来修饰。如：美人称"玉人"，美女称"玉女"，美心称"玉心"，美手称"玉手""玉纤"，美指称"玉指""玉尖""玉芽""玉葱"，美脚称"玉趾"，美容称"玉容""玉面""玉貌""玉颜""玉色"，美肌称"玉肌"；美姿称"玉姿"，优雅的站姿称"玉立"，潇洒的风度称"玉度"，从容的步履称"玉步"，美好的言词称"玉言""玉音""玉文"；美食称"玉食"，美酒称"玉酒""玉液""玉浆"，仙人住所称"玉室""玉虚"，壮丽的宫殿称"玉堂"，漂亮的门称"玉门""玉户"，亮丽的窗称"玉窗"；清露称"玉露"，雪花称"玉絮""玉尘"，白霜称"玉霜"；贵人的身体称"玉体"，贵族的后代称"玉叶"，成全美事叫"玉成"，为正义献身称"玉碎"，品质高洁称"玉洁冰清"，美好姻缘称"金玉良缘"……

古往今来，凡是用"玘、玖、玟、珏、玢、玫、瑰、珂、珉、珅、玲、珍、珀、珠、珣、珮、珩、珺、理、珵、珞、琬、瑢、琛、琰、斌、琪、琳、琨……"等玉的别名或与玉有关的字作为自己的名或字的，都寄寓着使自己像玉一样美好的期望。

玉文化在中华传统文化中占有非常重要的地位，古人对"玉"字的注释和在汉语中用"玉"构成的词语都记录并传承着这些古代文化的信息。

13. 圭

"圭"字的篆文构形作"圭"，上下均是"土"字。《说文·土部》："圭，瑞玉也，上圜下方。公执桓圭，九寸；侯执信圭，伯执躬圭，皆七寸；子执谷璧，男执蒲璧，皆五寸；以封诸侯。从重土。楚爵有执圭。珪，古文圭从玉。"②"圭"是古代玉制的礼器，天子除了自己使用外，还用来分封诸侯，所以从重土。段玉裁解释说："圭之制，上不正圜，以对下方言之……上圜下方，法天地也。"③古人认为天圆地方，而圭的形状上尖下方，正象天地之形，所以用来作为天子赐给诸侯封地建国的信物，在祭祀、朝聘、丧葬等重大事件时使用，具体名称、大小、形制又因爵位不同而各异。

因为是天子所赐，所以又称"命圭"。《周礼·考工记·玉人》："玉人之事，镇圭尺有二寸，天子守之；命圭九寸，谓之桓圭，公守之；命圭七寸，谓之信圭，侯守之；命圭七寸，谓之躬圭，伯守之。"郑玄注："命圭者，王所命之圭也，朝觐执焉，居则守之。"④因为是诸侯受封时所赐，所以又叫"封圭"。《谷梁传·定公八年》："宝玉者，封圭也。"范宁注："始封之圭。"⑤

天子自己朝聘时所执的圭叫"镇圭"（因为用玉制作，所以"镇"字又作"瑱"），长一尺二寸，宽三寸，厚半寸，四角刻有山形图案。之所以称镇圭，郑玄认为："镇，安也，所以安四方。镇圭者，盖以四镇之山为瑑饰。"首先，"镇"是安的意思，天子所执，要镇安天下。其次，圭的四边各有一座山形图案，古代称九州岛，每州都有一座大山作为其州之镇，镇圭四边各刻有

---

① 《十三经注疏·春秋左传正义》，中华书局 1980 年版，第 258 页。

② 汉·许慎：《说文解字》，中华书局 1963 年版，第 289 页。

③ 清·段玉裁：《说文解字注》，上海古籍出版社 1981 年版，第 693 页。

④ 《十三经注疏·周礼注疏》，中华书局 1980 年版，第 284 页。

⑤ 《十三经注疏·春秋谷梁传注疏》，中华书局 1980 年版，第 81 页。

一山,也取镇安四方的意思。镇圭又叫介圭、珍圭。《诗经·大雅·崧高》:"王遣申伯,路车

图 15-1 镇圭 (见《周礼文物大全图》《名物大典》)

乘马。我图尔居,莫如南土。锡尔介圭,以作尔宝。"毛传:"宝,瑞也。"笺云:"圭长尺二寸谓之介,非诸侯之圭,故以为宝。"意思是周宣王赐给其舅父申伯大圭,让他收藏,作为镇国之宝。大圭只有天子能执,不是诸侯的命圭。

天子朝聘时还插在衣带间一块玉器,长三尺,形制最大,所以称"大圭",又因为其挺然无所屈,所以称"珽"或"玉珽",也叫"玉笏"。(参《周礼·春官·典瑞》和《考工记·玉人》注疏)

14. 璧与瑗、玦、环

作为玉制礼器,"圭"多用于天子、王侯;"璧"则既用于王侯,也可用于卿大夫,甚至民间也有使用。璧为圆形玉器,形状扁平,中间有孔,叫"好";从孔至边的部分叫"肉",好(孔)的直径约为肉(边)宽的二分之一,即《尔雅》所谓"肉倍好谓之璧"。"璧"也是重要的礼器,在朝聘、祭祀、盟誓等重要场合都要使用。因使用者的身份等级和使用场合不同,璧的名称和规格形制也不一样,有谷璧、蒲璧、白璧、苍璧、拱璧等等。如朝聘时,子爵诸侯执谷璧,男爵诸侯执蒲璧。祭祀时用苍璧祭天。古人盟誓时,往往要用璧表示诚信。

《左传·僖公二十四年》记载:鲁僖公二十四年春天,秦穆公派军队护送在外流亡了十九年的晋公子重耳回国主政,走到黄河边,重耳的舅父子犯担心重耳回国后就自己在出游过程中违背重耳意志的事情加罪于自己,于是就"以璧授公子,曰:"臣负羁绁从君巡于天下,臣之罪甚多矣。臣犹知之,而况君乎?请由此亡。"子犯的意思是说,"下臣陪从您走遍了天下,一路上我犯的罪过太多了。连我自己都清楚,何况是您呢?请允许下臣从此走开吧。""公子曰:'所不与舅氏同心者,有如白水!投其璧于河。'"[①]重耳的意思是,"我如果不同舅舅同心,有河神明鉴!"于是就把璧玉投到河中。投璧于河,意思是用璧作为信物,请黄河水神作证。

古人平时生活交往中,也往往用璧作为礼物。《史记·项羽本纪》:"张良入谢,曰:'沛公

---

① 《十三经注疏·春秋左传正义》,中华书局 1980 年版,第 114 页。

不胜杯杓,不能辞,谨使臣良奉白璧一双,再拜献大王足下……项王则受璧,置之坐上。"①

春秋战国时期,最有名的璧当属"和氏璧"。《韩非子·和氏》记载:"楚人和氏得玉璞楚山中,奉而献之厉王。厉王使玉人相之。玉人曰:'石也。'王以和为诳而刖其左足。及厉王薨,武王即位,和又奉其璞而献之武王。武王使玉人相之,又曰:'石也。'王又以和为诳而刖其右足。武王薨,文王即位,和乃抱其璞而哭于楚山之下,三日三夜,泪尽而继之以血。王闻之,使人问其故。曰:'天下之刖者多矣,子奚哭之悲也?'和曰:'吾非悲刖也,悲夫宝玉而题之以石,贞士而名之以诳,此吾所以悲也。'王乃使玉人理其璞而得宝焉,遂命曰:'和氏之璧'"②卞和失去了双脚,经历了三代君王才成就了这块美玉。

战国时期,"和氏璧"传到了赵惠文王手上,赵王把它视作赵国的国宝。秦昭王听说后,派人给赵王送信,声称愿用十五城交换和氏璧。赵王不愿意,并且知道秦国只是为了得到这块举世闻名的宝玉,用十五座城交换只不过是个幌子。但秦强赵弱,又不敢得罪秦国,于是派蔺相如持璧前往秦国。蔺相如凭着自己的机智勇敢,在秦庭上同强大的秦王周旋,并以"臣头今与璧俱碎于柱"相威胁,才保住了和氏璧,最终使这块价值连城的宝玉完完整整地回到了赵国。于是"完璧归赵"就成了名传千古的美谈,也成了汉语中表示把某种东西完好无缺地归还原主的成语。

《吕氏春秋·观表》:"郈成子为鲁聘于晋,过卫,右宰谷臣止而觞之。陈乐而不乐,酒酣而送之以璧……郈成子曰:'夫止而觞我,与我欢也;陈乐而不乐,告我忧也;酒酣而送我以璧,寄之我也。若由是观之,卫其有乱乎!'倍卫三十里,闻宁喜之难作,右宰谷臣死之。还车而临,三举而归,至,使人迎其妻子,隔宅而异之,分禄而食之。其子长而反其璧。"③郈成子是鲁国大夫,谷臣是卫国大夫,送璧、返璧发生在大夫及其儿子之间,表明璧的使用、收藏范围已经扩大了。

与璧相似的玉器还有瑗、玦、环。《说文·王部》:"瑗,大孔璧,人君上除陛以相引,从玉,爰声。《尔雅》曰:好倍肉谓之瑗,肉倍好谓之璧。""玦,玉佩也,从玉,夬声。""环,璧也。肉好若一谓之环。"④

"瑗"是孔大边小的璧,称"瑗"是取"援引"的意思;"玦"是有缺口的佩玉,称"玦"取"决

图 15-2 璧、环、玦 (见《周礼文物大全图》《文物大典》)

① 汉·司马迁:《史记》卷三十,中华书局 1959 年版,第 314 页。
② 《诸子集成·韩非子集解》,中华书局 1954 年版,第 66 页。
③ 《诸子集成·吕氏春秋》,中华书局 1954 年版,第 273 页。
④ 汉·许慎:《说文解字》,中华书局 1963 年版,第 11 页。

绝"的意思；"环"是孔边相等的璧，称"环"是取"回还"的意思。《荀子·大略》称："聘人以珪，问士以璧，召人以瑗，绝人以玦，反绝以环。"杨倞注："天子以珍圭召诸侯，诸侯召臣以瑗玦，玦如环而缺，肉好若一谓之环。古者臣有罪，待放于境，三年不敢去，与之环则还，与之玦则绝。皆所以见意也。反绝谓反其将绝者。此明诸侯以玉接人臣之礼也。"[①]

15. 珏

"珏"也作"玨"，甲骨文构形作"珏""钲""玨"，象串起来的两串玉或贝，所以珏与朋在甲骨文中实为一字。《说文·玨部》："珏，二玉相合为一珏。"[②]珏是作为货币的玉的计量单位。圭、璧、璋、玦、环等都是大玉，多用作祭器、礼器，不作货币。"圭璧之属以为瑞信，皆不为货币。其用为货币及服御者，皆小玉、小贝，而有物焉以系之。所系之贝玉，于玉则谓之珏，于贝则谓之朋。"[③]

16. 珠与玑

"珠"字的小篆形体作"珠"，《说文·玉部》："珠，蚌之阴精，从玉，朱声。《春秋国语》曰：'珠以御火灾是也。'""珠"即珍珠，是蚌一类的软体动物壳内因病变或混入沙粒而产生的一种白色（或乳白色）圆形颗粒，古人认为"珠"是集蚌的精华所成。因为蚌类生活在水中，所以认为它可以抵御火灾。由于珍珠形体圆润，色泽晶莹，且不易见到，所以被认为是珍宝，其构形也便从"王（玉）"。

传说中最著名的珍珠是"随侯珠"，也叫灵蛇珠、夜明珠或明月之珠。据《搜神记》《水经注》《说苑》等记载：春秋时期，随侯在野外见到一条受伤的大蛇，命令医生施救，大蛇痊愈后，衔回一颗大珍珠作为回报。"珠径盈寸，纯白而夜光，可以烛堂。"遂成为与"和氏璧"齐名的稀世之宝。

《墨子·耕柱》："和氏之璧、夜光之珠、三棘六异，此诸侯所谓良宝也。"[④]

《史记·李斯列传》："今陛下致昆山之玉，有随和之宝，垂明月之珠，服太阿之剑，乘纤离之马，建翠凤之旗，树灵鼍之鼓。此数宝者，秦不生一焉。"[⑤]"和氏之璧、夜光之珠"即"随和之宝"。

随侯珠、和氏璧是珍宝的代称，合称"随和"，引申之，"随和"又成为才华的代称。《汉书·司马迁传》："若仆大质已亏缺矣，虽材怀随和，行若由夷，终不可以为荣，适足以见笑而自点耳。"[⑥]

《韩非子·外储说左上》记载了一个买椟还珠的故事："楚人有卖其珠于郑者，为木兰之柜，熏桂椒之椟，缀以珠玉，饰以玫瑰，辑以羽翠。郑人买其椟而还其珠。此可谓善卖椟矣，未可谓善鬻珠也。"

① 《诸子集成·荀子集解》，中华书局 1954 年版，第 322 页。
② 汉·许慎：《说文解字》，中华书局 1963 年版，第 14 页。
③ 王国维：《观堂集林·说珏朋》，河北教育出版社 2001 年版，第 95 页。
④ 《诸子集成·墨子间诂》，中华书局 1954 年版，第 259 页。
⑤ 汉·司马迁：《史记》卷八十七，中华书局 1959 年版，第 2543 页。
⑥ 汉·班固：《汉书》卷六十二，《景印文渊阁四库全书》，台北商务印书馆 1986 年版。

17. 寶(宝)

"寶"(宝)字的甲骨文构形作"",由"∩"(房屋)"◊"(贝)和"亚"(玉)构成,象把"贝"和"玉"藏在房屋里。《说文·宀部》:"宝,珍也。从宀,从王,从贝,缶声。"[1]

"宝"的本义当泛指珍宝。《左传·僖公二年》:"晋荀息请以屈产之乘与垂棘之璧,假道于虞以伐虢。公曰:'是吾宝也。'"杜预注:"屈地生良马,垂棘出美玉。"[2]晋侯所谓"宝",一是良马,一是美玉。宋司马光《资治通鉴·晋纪三》:"周浚先入皓宫,浑又先登皓舟,臣之入观,皆在其后,皓宫之中,乃无席可坐。若有遗宝,则浚与浑先得之矣。"[3]"遗宝"即遗留下来的珍宝。

帝后的玺印也称"宝"。秦始皇把皇帝的印专称为玺,唐代武则天讨厌"玺"字的读音与"死"相近,于是改称为"宝"。唐中宗即位又改回来称"玺",唐玄宗开元六年又改称"宝"。后历代沿袭,文献中"玺""宝"并用。如天子之玺又称"天子之宝",皇后之玺又称"皇后金宝""皇后玉宝","受命玺"又称"受命宝"等。(见《新唐书·车服志》《明会要·舆服志》《清史稿·舆服志三》)

另一方面,"贝"与"玉"是最早的交易媒介物,"宝"自然也用来表示交易用的"钱",如许慎所言"古者货贝而宝龟,周而有泉,到秦废贝行钱。"[4]周景王时甚至直接名钱曰"宝"。《汉书·食货志》:"周景王时,患钱轻……卒铸大钱,文曰宝货。""秦并天下,币为二等,黄金以溢为名,上币;铜钱质如周钱,文曰半两,重如其文,而珠玉龟贝银锡之属为器饰宝藏,不为币。"[5]汉武帝元狩五年,罢半两钱,行五铢钱。其后虽多有变化,但都是以钱币重量命名。唐高祖武德四年废五铢钱,铸"开元通宝",开元即"开新币之始",通宝即"通行宝货"。自此货币名称多不再以重量为名,改称"宝",如"乾元重宝""建中通宝""开平通宝""宋元通宝"等。由于钱币是圆形的,"开元通宝"四字的顺序是自上而下,从右向左排列。于是后代又出了许多以"元宝"为名的钱币。如"顺天元宝""淳化元宝""景德元宝""淳熙元宝"等。从唐代"开元通宝"一直到清末"光绪重宝""宣统通宝",历代主要货币往往都以"宝"为名。

元代出现了一种金银币,直接称"元宝",其得名,一说是承袭了唐"开通元宝"的称呼,一说是取意"元代之宝"。至今民间仍有"元宝""金元宝""银元宝"的实物与称呼。

"宝"字的甲骨文构形""告诉我们,早在殷商时期,先民就开始把贝和玉作为珍宝了,所以汉语中合称"宝贝""宝玉"。珍珠也是有名的宝物,所以称"珠宝"。引而申之,凡是人们心爱的物品都可以冠以"宝"字。如"宝剑""宝刀""宝马""宝扇""宝带""宝书""宝章"……祖宗流传下来的宝物则称为"传家宝",宝物的价值往往不能用金钱衡量,所以又有"无价之宝"的说法。

---

① 汉·许慎:《说文解字》,中华书局 1963 年版,第 151 页。
② 《十三经注疏·春秋左传正义》,中华书局 1980 年版,第 89 页。
③ 宋·司马光:《资治通鉴》卷八十一,中华书局 1956 年版,第 2571 页。
④ 汉·许慎:《说文解字》,中华书局 1963 年版,第 129 页。
⑤ 汉·班固:《汉书》卷二十四,《景印文渊阁四库全书》,台北商务印书馆 1986 年版。

第十六章　文教技艺篇

　　教育是人类传授知识技能的主要手段,从人类产生的时候起,老一辈人就肩负并实践着对后代进行教育的责任和义务。教育本身就是人类文化活动的一项重要内容。劳动技能和艺术是人类在实践中获取的智慧的结晶,并伴随着劳动产生、发展、提高。中华民族有着悠久的教育传统,据文献记载,早在原始氏族社会时期,燧人氏就曾教民捕鱼,伏羲氏曾教民打猎,并创造"八卦",用来记录、展示大自然运行变化的规律;其后神农氏又教百姓种庄稼;黄帝被尊为中华民族的人文初祖,其史官仓颉整理规范汉字;尧的父亲帝喾教育百姓取财节用、迎日推测、敬事鬼神;处于原始氏族社会后期的帝尧,开始设立百官,从不同方面对人民进行引导教育,如任命羲氏和和氏观测日月星辰,制定历法,教育人民按时令种植;稍后的虞舜进一步明确了百官的职责,任命契专门掌管对百姓进行伦理教育;任命弃负责农业,教百姓种植五谷;任命皋陶掌管刑法,警戒百姓;任命垂掌管百工,教民技能;任命益掌管山泽,伯夷掌管祭祀;任命夔担任乐官,用音乐教化百姓……①周秦时期,古人总结教育的重要性,明确提出:"玉不琢,不成器;人不学,不知道。是故古之王者,建国君民,教学为先。"②同时,先民还在舞蹈、音乐、绘画、体育等方面创造了辉煌灿烂的古代艺术。这一时期也正是汉字大量产生和走向成熟的时期,这些远古文化的信息,也便潜移默化地寓含在汉字的构形之中了。

1. 敎(教)

　　"敎"(教)字甲骨文构形作"𣥵""𣥵",对于这个构形,尤其是其中的"爻"字,学界说法不一。一说"爻象两个五(×)字重叠,代表学习内容,并有仿效意义,攴是以手持杖,是个会意兼形声字(爻兼表声),表示以手持杖,令幼儿仿效成人,学习计数等生活知识。"③《说文·敎部》:"教,上所施下所效也。从攴,从孝(jiào)。"又《子部》:"孝,放也。从子,爻声。"④"放"即"仿"字,仿效。段玉裁解释说:"教、效叠韵。""孝,……效也。上施,故从攴;下效,故从孝。"⑤

　　"教"的本义当是教诲、教育。既包括技能,也包括道德礼义。《孟子·滕文公上》:"后稷教民稼穑,树艺五谷。五谷熟而民人育。人之有道也,饱食暖衣,逸居而无教,则近于禽兽。圣人有忧之,使契为司徒,教以人伦:父子有亲,君臣有义,夫妇有别,长幼有序,朋友有信。"意思是,后稷教给百姓种植庄稼,栽种五谷。五谷成熟了,百姓得到了养育。为人之道,如果

---

① 参《十三经注疏·尚书正义》,中华书局 1980 年版,《说文解字·叙上》,中华书局 1963 年版。
② 《十三经注疏·礼记正义》,中华书局 1980 年版,第 293 页。
③ 刘志成:《文化文字学》,巴蜀书社 2002 年版,第 192 页。
④ 汉·许慎:《说文解字》,中华书局 1963 年版,第 69、309 页。
⑤ 清·段玉裁:《说文解字注》,上海古籍出版社 1981 年版,第 127 页。

只是吃得饱，穿得暖，住得安逸却得不到教育，就与禽兽差不多了。所以圣人（虞舜）又忧虑这件事，于是就派契作司徒，教给百姓做人的道理：父子有骨肉之亲，君臣有礼义之道，夫妻有内外之别，长幼有尊卑之序，朋友有诚信之德。"教民稼穑"，教的是具体技艺；"教以人伦"，教的是伦理道德。

"教（教）"字的甲骨文构形，表明殷商时代教育已相当成熟，从"攴"，意味着施教者从严要求；从"孝"，又意味着受教育是从模仿开始的，反映了上古教育的特色。

2. 學（学）

"學（学）"的甲骨文构形作"𢁏""𢁏""𢆉"，对这种构形的具体所指，学界说法不一致。一般认为，"𢁏""𢁏"象两只手，"爻"代表知识，合起来表示传授知识。"介"象房屋，表示传授知识的处所。學（学）的篆文形体作"𢾢"，许慎根据篆文的构形解释说："敩（学），觉悟也。从教从冂。冂，尚朦也。臼声。學，篆文敩省。"①段玉裁解释说："冂下曰，覆也。尚童朦，故教而觉之……作敩从教，主于觉人；秦以来去攴作學，主于自觉。"②意思是说，根据篆文构形分析，敩（学）的本义是使人醒悟，所以从教，从冂（mì）。"冂"的构形象覆盖的器物，"子"在"冂"下，意味着被覆盖，蒙昧不省事理，所以要靠大人教诲来去除蒙昧，从"子"的角度看，就是学习了。所以汉语中把不省事的孩子称为"童蒙"，把教孩子读书称作"发蒙"，引申之，把开启民智称作"启蒙"，如一九一九年的"五四"运动称作"启蒙运动"，都是同样的道理。"学"字的上述甲骨文构形再次表明，早在殷商时期，教与学已成为人们传授知识和生产生活经验的重要手段和普遍现象。

此外，古人认为，教与学是对立的统一，是相辅相成的。《礼记·学记》："教然后知不足，知不足，然后能自反也……教然后知困，知困然后能自强也。故曰教学相长也。"意思是说，通过教，才能发现自己的不足和困惑，知道了自己的不足和困惑，才能够进一步深入学习研究，从而更深刻、准确地掌握相关知识和学问，所以说教与学是相互促进的。这种"教学相长"的教育理念表明了周秦时期人们对教与学关系已经有了深刻、精当的认识。

由此引申，上古把教学的处所也称"学"。据《孟子·滕文公上》记载："夏曰校，殷曰序，周曰庠，学则三代共之，皆所以明人伦也。"赵岐注："学则三代同名，皆谓之学。"③即教学机构的名称夏、商、周有所不同，但"学"是三代共同使用的通名。《礼记·学记》也记载："古之教者，家有塾，党有庠，术有序，国有学。"④

3. 塾、庠、序、校

塾、庠、序、校都是古代学校的名称。

---

① 汉·许慎：《说文解字》，中华书局 1963 年版，第 69 页。
② 清·段玉裁：《说文解字注》，上海古籍出版社 1981 年版，第 127 页。
③ 《十三经注疏·孟子注疏》，中华书局 1980 年版，第 38 页。
④ 《十三经注疏·礼记正义》，中华书局 1980 年版，第 293 页。

"塾"字的小篆构形作"",《说文·新附》:"塾,门侧堂也。从土,孰声。"①即古代位于门内两侧的堂屋。《礼记·学记》:"古之教者,家有塾,党有庠,术有序,国有学。"郑玄注释说:"古者仕焉而已者,归教于闾里,朝夕坐于门侧之堂,谓之塾。"意思是说,古代为官退休的人,回到家乡教闾里的孩子读书,整天坐在门侧的堂屋里,所以叫塾。孔颖达进一步解释说:据《周礼》记载,"百里之内,二十五家为闾,同共一巷。巷首有门,门边有塾,谓民在家之时,朝夕出入,恒就教于塾。""《白虎通》云:'古之教民,百里皆有师。里中之老有道德者为里右师,其次为左师,教里中之子弟以道艺孝悌仁义也。'"②由此可见,"塾"是古代最基层的学校,是民间教书学习的地方。所以中国古代有所谓"私塾""村塾"。

　　"庠"的金文构形作"",外面的""是房屋,里面是一头羊。篆书作"庠",《说文·广部》:"庠,礼官养老,夏曰校,殷曰庠,周曰序。从广(yǎn),羊声。""广,因广为屋,象对剌高屋之形。""广"是象形字,象依山崖建造的房屋,所以汉字中,以"广"作为表意构形的字往往和房屋有关。如"庭、廊、庑、府、库、厨、厕"等。"(宀)、广都是房屋,屋中有羊,表明庠最初是贮存剩余的家畜的地方。在物质不丰富的上古时期,贮存家畜用以养活年长失去生活能力的人。所以,先秦的"庠"兼作学校和养老之所。《礼记·王制》:"有虞氏养国老于上庠,养庶老于下庠;夏后氏养国老于东序,养庶老于西序;殷人养国老于右学,养庶老于左学;周人养国老于东胶,养庶老于虞庠,虞庠在国之西郊。"所谓国老,"谓卿大夫致仕者,庶老谓士也"。把学校设置在养老的地方,或是因为这些"国老""庶老"本身就是最好的老师,可以把他们的知识传授给学生。同时,古人教育学生,除了一般知识、技艺外,主要是"教之以孝悌之义",国家养老的地方正是传授、学习孝悌之道的理想环境。所以郑玄解释说:"(庠、序、学、胶)皆学名也。异者四代相变耳,或上西或上东,或贵在国或贵在郊。上庠,右学,大学也,在西郊;下庠,左学,小学也,在国中王宫之东。东序,东胶,亦大学,在国中王宫之东;西序,虞庠,亦小学也,西序在西郊,周立小学于西郊。"并特地指出,"庠之言养也。周之小学为有虞氏之庠制,是以名庠"③。

　　综上所述,殷周时期,庠、序、学、胶既是国家养老之处,又是官立的学校。

　　"庠"的第二个意义是"乡学"。《礼记·学记》:"古之教者,家有塾,党有庠,术有序,国有学。"郑玄注:"党有庠者,党谓《周礼》五百家也;庠,学名也。于党中立学,教闾中所升者也。"④即庠作为乡学,教那些由家塾升级上来的学生。

　　汉代以后,庠主要指地方官学。《汉书·平帝纪》:"立官稷及学官,郡国曰学,县、道、邑、侯国曰校……乡曰庠。"⑤

　　"序"的篆文构形作"序"。《说文·广部》:"序,东西墙也。从广,予声。"⑥"序"的本义是堂屋的东西墙,即室前堂上的东厢、西厢的墙壁。引申指正屋两侧的东西厢房。学校在国中王宫的东西两侧,故也称序。

---

①　汉·许慎:《说文解字》,中华书局 1963 年版,第 290 页。
②　《十三经注疏·礼记正义》,中华书局 1980 年版,第 293 页。
③　《十三经注疏·礼记正义》,中华书局 1980 年版,第 118 页。
④　《十三经注疏·礼记正义》,中华书局 1980 年版,第 293 页。
⑤　汉·班固:《汉书》卷十二,《景印文渊阁四库全书》,台北商务印书馆 1986 年版。
⑥　汉·许慎:《说文解字》,中华书局 1963 年版,第 192 页。

夏代就有序,周代的乡学也叫序。《礼记·学记》:"古之教者,家有塾,党有庠,术有序,国有学。"郑玄注:"术有序者。术,遂也。《周礼》万二千五百家为遂,遂有序,亦学名,于遂中立学,教党学所升者也。"即"序"作为地方学校,教授那些由庠升级上来的学生。序中的优秀学生则可以升入国学。郑玄认为,"国有学者,国谓天子所都及诸侯国中也。《周礼》天子立四代学,以教世子及群后之子及乡中俊选所升之士也"。"国"即天子和诸侯的都城,其中所立的"学"是最高学府。按照《周礼》的记载,周代学校包括了"虞、夏、商、周"四代的学校。

先秦之"序",主要用来习射。射是周代学校学习的"六艺"之一。《周礼·地官·大司徒》:"以乡三物教万民而宾兴之:一曰六德,知、仁、圣、义、忠、和;二曰六行,孝、友、睦、姻、任、恤;三曰六艺,礼、乐、射、御、书、数。"①《周礼·地官·州长》:"春秋以礼会民而射于州序。"郑玄注:"序,州党之学也。会民而射,所以正其志也。"②

"校"的本义是古代枷锁类刑具,读"jiào"。《说文·木部》:"校,木囚也。从木,交声。"③据《孟子》记载,夏代的学校称"校"。《诗经·郑风·子衿》序:"子衿,刺学校废也。乱世则学校不修焉。"郑玄笺:"郑国谓学为校,言可以校正道艺。"④即在其中可以校正道艺,所以叫校。

由于周朝立四代之学,所以《左传》中有"乡校"的记载。《左传·襄公三十一年》:"郑人游于乡校,以论执政。然明谓子产曰:'毁乡校,何如?'子产曰:'何为?夫人朝夕退而游焉,以议执政之善否。其所善者,吾则行之;其所恶者,吾则改之。是吾师也,若之何毁之?我闻忠善以损怨,不闻作威以防怨。岂不遽止?然犹防川,大决所犯,伤人必多,吾不克救也。不如小决使道,不如吾闻而药之也。'然明曰:'蔑也今而后知吾子之信可事也。'……仲尼闻是语也,曰:'以是观之,人谓子产不仁,吾不信也。'"⑤

杜预认为,"乡校"即乡之学校。就这段记载看来,当时的"乡校"不仅是教学的场所,而且还是议论朝政得失的地方,所以然明提议关闭乡校。但作为郑国国相的子产不同意,他认为,正因为人们可以在这里议论朝政的得失,才能知道自己的哪些做法是百姓所喜欢的,哪些是人们所厌恶的。喜欢的自己就坚持,不喜欢的自己就改正。从这个意义上看,"乡校"就如同自己的老师。因此,不能关闭。而且,只能用忠诚善良来减少仇恨,不能用权威来阻止怨恨。制止别人的议论,就像堵塞河水一样,大的决口的冲击,伤人一定多,来不及救助。不如放小的决口把水导出来,不如听到议论后把它当药来看待。所以然明才表示:"蔑自今往后知道您确实可以侍奉了。"以至于仲尼听说了这件事,也感慨说:"根据这件事看来,人说子产不仁爱,我不相信。"

《公羊传·宣公十五年》何休注:"在田曰庐,在邑曰里。一里八十户,八家共一巷。中里为校室,选其耆老有高德者,名曰父老……十月事讫,父老教于校室。八岁者学小学,十五者学大学。其有秀者,移于乡学;乡学之秀者,移于庠;庠之秀者,移于国学。"⑥

上古时期的学校有"塾、庠、序、校"等诸多名称,除了时代的差异外,还代表着不同层级

① 《十三经注疏·周礼注疏》,中华书局 1980 年版,第 69 页。
② 《十三经注疏·周礼注疏》,中华书局 1980 年版,第 79 页。
③ 汉·许慎:《说文解字》,中华书局 1963 年版,第 124 页。
④ 《十三经注疏·毛诗正义》,中华书局 1980 年版,第 77 页。
⑤ 《十三经注疏·春秋左传正义》,中华书局 1980 年版,第 313~314 页。
⑥ 《十三经注疏·春秋公羊传注疏》,中华书局 1980 年版,第 93 页。

和不同的功能特点,从而反映了上古时期的学校教育体系(塾—庠—序—(国)学)已经基本形成。此外,早期学校往往与国家的养老处所结合在一起,反映了初始教育以"孝悌仁义"为重要内容的道德教育特色。《左传》中有关"乡校"的记载,还反映出春秋时期学校兼具的议论朝政、探究治国之道的学术功能。

4. 聿(筆)

"聿"的甲骨文构形作"",象手执笔的形象,是"筆"字的初文。《说文·聿部》:"聿,所以书也。楚谓之聿,吴谓之不律,燕谓之弗。""筆,秦谓之筆,从聿,从竹。"[①]朱骏声《说文通训定声》:"聿,秦以后皆作筆字。"[②]

作为书写绘画的工具,聿(筆)产生得很早,相传"伏牺初以木刻字;轩辕易以刀书;虞舜造筆,以漆书于方简"[③]。筆在殷商就已经使用,甲骨文中已有先用毛笔书写再刻画的字。《礼记·曲礼上》:"史载筆,士载言。"郑玄注:"谓从于会同,各持其职,以待事也。筆谓书具之属,言谓会同盟要之辞。"[④]意思是跟随天子诸侯参加盟会朝见时,史官要准备好记事用的筆,士人要拟好盟约的文辞,以便随时使用。《庄子·田子方》:"宋元君将画图,众史皆至,受揖而立,舐筆和墨,在外者半。"[⑤]

古代的筆有毛筆、竹筆、苇筆、碳筆、骨筆、茅筆等多种,其中以竹管和毛发制成的毛筆为多,所以筆字构形从竹。基本形制是用竹管制成筆杆,用毛制成筆头,将筆头绑附在筆杆或塞在筆杆(竹管)的腔内。早期的筆头多用鹿毛、兔毛制成,后也用狼毫、鼠尾、羊毛、鸡毛等制作。

筆的用途十分广泛,是书写作画、行政管理和文化传播的最重要的工具,在文化史上占有十分重要的地位,名列传统的"文房四宝"(筆墨纸砚)之首,为历代文人墨客所珍爱。所以筆便有了众多美称别名:因用竹管制作,故称寸管、三寸弱管、手管、银管、宝管等。

唐代韩愈将筆拟人化,作《毛颖传》:"毛颖者,中山人也……秦始皇时,蒙将军恬南伐楚,次中山……遂猎,围毛氏之族,拔其豪,载颖而归。献俘于章台宫,聚其族而加束缚焉。秦皇帝使恬赐之汤沐,而封诸管城,号曰管城子。日见亲宠任事。颖为人强记而便敏,自结绳之代以及秦事,无不纂录;阴阳、卜筮、占相、医方、族氏、山经、地志、字书、图画、九流百家、天人之书,及至浮图、老子、外国之说,皆所详悉。又通于当代之务、官府簿书、市井货钱注记,惟上所使。自秦皇帝及太子扶苏、胡亥、丞相斯、中车府令高、下及国人,无不爱重……累拜中书令,与上益狎,上尝呼为中书君……(后)上见其发秃,又所摹画不能称上意……遂不复召。归封邑,终于管城。其子孙甚多,散处中国夷狄,皆冒管城,惟居中山者,能继父祖业。"

《毛颖传》讲述了用兔毛制筆的经过和筆的用途及年久头秃,毛发磨损后,终老管城的经历,形象而贴切。自此之后,笔又被称为"管城侯""管城子"。毛颖、颖毛、中书君、毛中书。

因为筆用毛、羽制成,毛又称"毫",羽毛又称"翰",所以筆又可称寸毫、尖毫、秋毫、霜毫、

---

① 汉·许慎:《说文解字》,中华书局 1963 年版,第 65 页。

② 清·朱骏声:《说文通训定声》,武汉市古籍书店影印 1983 年版,第 628 页。

③ 明·董斯张:《广博物志》卷三十,《景印文渊阁四库全书》,台北商务印书馆 1986 年版。

④ 《十三经注疏·礼记正义》,中华书局 1980 年版,第 22 页。

⑤ 《诸子集成·庄子集解》,中华书局 1954 年版,第 133 页。

银毫、寸翰、弱翰、银翰、管翰等等。

笔是为文绘画常用的工具,文人墨客的才气情思往往通过笔呈现出来,久而久之,笔就成了古代文人才情的化身。

《南史》记载,南朝纪少瑜早孤,幼有志节。一天,他梦见前辈名士陆倕把一束青镂管笔交给他,说:"我以此笔犹可用,卿自择其善者。"此后,他的文章每天都在长进。于是人称"才思日进"①。(唐·李延寿《南史·纪少瑜传》)五代王仁裕《开元天宝遗事》卷二记载:"李太白少时,梦所用之笔头上生花,后天才赡逸,名闻天下。"②后人遂用"梦笔生花"来形容才华超群,文采绽放。同样,文人常用的笔如果出了问题,就意味着才情枯竭了。唐李延寿《南史·江淹传》记载,南朝著名文学家江淹,晚年时曾经在冶亭留宿,梦见一个人自称是郭璞,对江淹说:"吾有笔在卿处多年,可以见还。"于是江淹就在怀中摸索,得到了一管五色笔,交给了郭璞。第二天醒来,再作诗"绝无美句","时人谓之才尽"③。这就是文学史上"江郎才尽"的故事。"五色笔"正是江淹文才的化身。

古代文人对于笔是非常钟情的。汉代蔡邕曾作《笔赋》,表达了其对笔的认识和情感:"惟其翰之所生,于季冬之狡兔。性情亟以慓悍,体遄迅以骋步。削文竹以为管,加漆丝之缠束。形调搏以直端,染玄墨以定色。画乾坤之阴阳,赞宓皇之洪勋。叙五常之休德,扬荡荡之明文。纪三王之功伐兮,表八百之肆觐。博六经而缀百氏兮,建皇极而序彝伦。综人事于晦昧兮,赞幽冥于神明。象类多喻,靡施不协。上刚下柔,乾坤位也;新故代谢,四时次也。圆和正直,规矩极也。玄首黄管,天地色也。"④

5. 墨

"墨"的小篆构形作"墨"。《说文·土部》:"墨,书墨也。从土,从黑。"⑤段玉裁认为:"盖笔墨自古有之,不始于蒙恬也。著于竹帛谓之书,竹木以漆,帛必以墨。"⑥"墨"本指书写绘画用的黑色颜料,后又包括朱墨和各种彩色墨。墨是谁创造的?始于何时?说法不一,有"邢夷作墨,史籀始墨书于帛""田真造墨""墨始造于黄帝之时"等诸说。⑦清人桂馥认为:"古者,漆书以后,皆用石墨以书。"⑧认为墨产生于漆书后。明人陶宗仪《辍耕录》记载:"上古无墨,竹挺点漆而书。中古方以石磨汁,或云是延安石液。至魏晋时始有墨丸,乃漆烟松煤夹和为之……唐高丽岁贡松烟墨,用多年老松烟和麋鹿胶造成。至唐末,墨工奚超与其子廷珪自易水渡江,迁居歙州,南唐赐姓李氏,廷珪父子之墨始集大成。"⑨作为文字书写的重要工具,墨很可能在殷商时期就已使用,只是早期的墨是从天然矿物中得到的,即所谓石墨。"墨"从土从黑的构形,也可以提供证明。

① 唐·李延寿:《南史》卷七十二,《景印文渊阁四库全书》,台北商务印书馆 1986 年版。
② 五代·王仁裕:《开元天宝遗事》卷二,《景印文渊阁四库全书》,台北商务印书馆 1986 年版。
③ 唐·李延寿:《南史》卷五十九,《景印文渊阁四库全书》,台北商务印书馆 1986 年版。
④ 汉·蔡邕:《蔡中郎集》卷四,《景印文渊阁四库全书》,台北商务印书馆 1986 年版。
⑤ 汉·许慎:《说文解字》,中华书局 1963 年版,第 287 页。
⑥ 清·段玉裁:《说文解字注》,上海古籍出版社 1981 年版,第 688 页。
⑦ 明·董斯张:《广博物志》卷三十,《景印文渊阁四库全书》,台北商务印书馆 1986 年版。
⑧ 清·桂馥:《说文解字义证》,上海古籍出版社 1987 年版,第 1197 页。
⑨ 明·陶宗仪:《辍耕录》卷二十九,《景印文渊阁四库全书》,台北商务印书馆 1986 年版。

墨同笔一样,作为文房四宝之一,在中国文化史上占有重要地位,受到历代文人雅士的珍爱。人们除了据其原料、形制、用途赠其"松煤、宝煤、玄云、玄玉、玄圭、玄笏、书媒"等别名外,还有"乌金""金不换""黑松使者""玄香太守"等雅号,甚至称其为"墨卿"。古人作诗为文绘画均用墨,所以古代诗文、书画又称"文墨""翰墨",前人的遗作称"遗墨",名人的书画作品称"墨宝"。

6. 纸

"纸"字的小篆构形作"紙"。《说文·糸部》:"纸,絮一苫也。从糸,氏声。"[①]苫,段玉裁引作"箈",并注:"各本讹苫,今正。"[②]"箈"是在水中漂洗丝絮时垫在下面的竹席。"纸"字的本义指漂洗蚕茧时附着在竹席上的一层絮丝。引申指用来书写绘画的缣帛。最初造纸时,要把树皮、麻头及破布、渔网等原料打碎,放在席上,在水中漂洗,抚平后晾干,整个过程和原料与漂洗丝絮相似,所以也把这种用树皮、麻头及破布、鱼网等原料制成的东西称作纸。

纸是中国古代四大发明之一,是中华民族对人类文明做出的重要贡献,据文献记载发明者是东汉的蔡伦。《后汉书·蔡伦传》云:"自古书契多编以竹简,其用缣帛者,谓之为纸。缣贵而简重,并不便于人。伦乃造意用树肤、麻头及敝布、渔网以为纸。元兴元年奏上之,帝善其能,自是莫不从用焉。故天下咸称蔡侯纸。"[③]竹简太重而缣帛太贵,不利于书写传播。蔡伦发明的植物纤维纸,解决了这个文化传播的难题,所以一经发明,天下就"莫不用之"。但据出土实物证明,"纸"在西汉时已经产生,并非蔡伦首创。

纸作为文房四宝之一,一出现就受到文人墨客的钟爱,种类雅号繁多,不胜枚举,如纸可统称"方絮""玉楮""云肪""玉笺""玉屑"等。以原料分类,有蚕茧造的茧纸、麻造的麻纸、树皮造的皮纸(包括楮皮纸、桑皮纸、桑根纸、香皮纸)、竹子造的竹纸、碎布造的布头纸以及用多种原料混合制造的六合纸等数十种;以产地而言,有宣纸、剡纸、玉泉笺、灞桥纸、高丽纸等数十种;就发明者、制造者而言,又有蔡侯纸、左伯纸、薛涛笺、谢公笺等。

7. 砚

"砚"字的小篆构形作"䂃"。《说文·石部》:"砚,石滑也。从石,见声。"[④]段玉裁注:"谓石性滑利也……字之本义谓石滑不涩,今人研墨者曰砚,其引申之义也。"[⑤]"砚"是磨墨的用具,相传始于上古,历代沿用至今。作为古代"文房四宝"之一,砚也是历代文人墨客所钟爱之物,种类繁多,形制各异,不胜枚举。砚以石制为多(故砚字从"石"),也用金、铁、玉、木、瓦等制作。品类以产于广东肇庆端溪的端砚、产于安徽歙县的歙砚、产于山西绛县的澄砚、产于陕西洮河的洮砚为"四大名砚",其中端砚最为著名。

① 汉·许慎:《说文解字》,中华书局 1963 年版,第 276 页。
② 清·段玉裁:《说文解字注》,上海古籍出版社 1981 年版,第 659 页。
③ 南朝宋·范晔:《后汉书》卷一百八,《景印文渊阁四库全书》,台北商务印书馆 1986 年版。
④ 汉·许慎:《说文解字》,中华书局 1963 年版,第 195 页。
⑤ 清·段玉裁:《说文解字注》,上海古籍出版社 1981 年版,第 453 页。

8. 帛

"帛"字的甲骨文形体作"帛",《说文·帛部》:"帛,缯也,从巾,白声。"①徐锴认为,"当言白亦声。""帛"本是丝织品的总称,上古纸产生之前,帛也用来书写文字。元舒天民《六艺纲目》卷下:"古未有纸,编竹简而书之,或书于帛,帛亦谓之纸。"②古人常"竹帛"连用,表示著录的对象。《汉书·苏武传》:"李陵置酒贺武曰:'今足下还归,扬名于匈奴,功显于汉室,虽古竹帛所载,丹青所画,何以过子卿?'""竹帛所载",即记载在竹帛上的名人的事迹和功绩。周秦时期,竹帛是用来记事的主要材料。但帛作为丝织品,不易得到,且价格昂贵,一般人用不起,所以自从有了纸张之后,除非是帝王的诏令或是特殊需要,一般情况下就不再用帛写字了。

9. 简、笺、牍、椠、札

"简"字的小篆形体作"簡"。《说文·竹部》:"简,牒也。从竹,间声。"③"牒"是木片,"简"是用来记事的长条形竹片,始于上古,盛行于周秦,汉代纸发明后,竹木简就逐渐被纸所替代(图16-1)。写在简上的字称简书。《诗经·小雅·出车》:"岂不怀归,畏此简书。"毛传:"简书,戒命也。邻国有急,以简书相告,则奔命救之。"孔颖达疏:"古者无纸,有事书之于简,谓之简书。"④简形体狭长,仅能容下竖写的一行字,且长短不一,长者二尺四寸,短者一尺左右。汉蔡邕《独断》,"简,其制长二尺,短者半之。"⑤

竹简的制作有一套完整的工序,先要把竹子截断,再劈开削刮成竹片,因为其颜色仍保留着竹子的青色,叫"青简"。青简水份大,书写时容易晕染,而且易遭虫蠹,不易保存,所以往往要把青简放在火上烤干,这道工序叫"杀青"。由于受到火烤青简上有竹液流出,类似"出汗",所以称为"汗简""汗青"。南朝宋范煜《后汉书·吴祐传》:"吴祐字季英,陈留长垣人也。父恢为南海太守。佑年十二,随从到官。恢欲杀青简以写经书。"李贤注:"杀青者,以火炙简,令汗,取其青,易书,复不蠹。谓之杀青,亦谓汗简。"⑥"取其青",即去除其青色。(一说"杀青"是用刀刮去竹简的青皮。刘向《列子序》:"皆已杀青书。"张湛注:"谓汗简刮去青皮也。"⑦)

后"杀青"引申指书籍定稿。李善《文选序》:"合成六十卷。杀青甫就,轻用上闻。"⑧由于书籍是写在经过"汗青"的竹简上的,所以用原料来代称实物,"汗青"就成了书籍、史册的代名词。南宋著名文人文天祥的名作《过零丁洋》中就有"人生自古谁无死?留取丹心照汗青"的名句。

相对于简而言,小的竹片叫"笺"。"笺"的篆书构形作"箋",上半部分是竹,下半部分是

---

① 汉·许慎:《说文解字》,中华书局 1963 年版,第 160 页。
② 元·舒天民:《六艺纲目》,《景印文渊阁四库全书》,台北商务印书馆 1986 年版。
③ 汉·许慎:《说文解字》,中华书局 1963 年版,第 95 页。
④ 《十三经注疏·毛诗正义》,中华书局 1980 年版,第 148 页。
⑤ 汉·蔡邕:《独断》,《景印文渊阁四库全书》,台北商务印书馆 1986 年版。
⑥ 南朝宋·范煜:《后汉书》卷九十四,《景印文渊阁四库全书》,台北商务印书馆 1986 年版。
⑦ 《诸子集成·列子注》,中华书局 1954 年版,第 2 页。
⑧ 唐·李善:《文选序》,《景印文渊阁四库全书》,台北商务印书馆 1986 年版。

图 16-1　简

"戋"。汉字中从"戋"得声的字往往有"小"的意义特点，所以笺是小竹片。《说文·竹部》："笺，表识书也。"①"表识书"，就是把文中的要点或是自己的心得体会等写下来，附在正文的旁边。正文是写在简牍之上的，不能动，于是就把想要摘录的要点和想提要表达的心得体会记在一张小竹片——笺上。直到今天，人们还把随手使用的纸称作"便笺""信笺"。

"牍"（牘）的篆书形体作"牘"。《说文·片部》："牍，书版也。从片，卖声。""片，判木也，从半木。"②"片"象把木劈开，是木的一半，表示木片。"牍"字从片，是用来书写的木片。南方竹多，用竹片作为写字的原料称为"简"；北方竹少木多，则劈木成片，在上面写字，所以"牍"又叫"木简"。《毛诗正义·序》："卜商阐其业，雅颂与金石同和；秦正燎其书，简牍与烟尘共尽。"③"简牍"指经典文献。可见被秦皇焚毁的上古时期的书籍是用简和牍写成的。

"椠"字的小篆形体作"椠"，上半部分是"斩"，下部分是"木"，意思是把木斩断劈开。《说文·木部》："椠，牍朴也。"④段玉裁解释说："朴，素也，犹坯也。牍，书版也。椠谓书版之素，未书者也……《释名》曰：'椠，版之长三尺者也。'"⑤古人把木劈开制成版用来写字，相对而言，"椠"是没有写字的木版，写上了字的木版称"牍"。汉代扬雄编著了中国第一部方言词典《輶轩使者绝代语释别国方言》（简称《方言》），扬雄在《答刘歆书》中，谈及自己搜集材料、著述《方言》时的情况说，汉成帝时，各地的孝廉和卫卒到京城集会时，扬雄就拿着笔和帛询问他们各自的方言异语，"归即以铅摘次之于椠，二十七岁于今矣"。"铅"是当时用来书写的铅粉笔，"摘次之于椠"，即摘要记录在事先准备好的木版即"椠"上。为了著《方言》，扬雄这样记录整理了二十七年，足见古人对语言文化的研究用力之勤，功夫之深。

用来写字的大片的木版叫椠、牍，小的叫札。《说文·木部》："札，牒也，从木，乙声。"⑥段玉裁解释说："长大者曰椠，薄小者曰札。"⑦古人读书，读到深处，有心得感想，或是需要摘录

---

① 汉·许慎：《说文解字》，中华书局 1963 年版，第 96 页。
② 汉·许慎：《说文解字》，中华书局 1963 年版，第 143 页。
③ 《十三经注疏·毛诗正义》，中华书局 1980 年版，第 1 页。
④ 汉·许慎：《说文解字》，中华书局 1963 年版，第 124 页。
⑤ 清·段玉裁：《说文解字注》，上海古籍出版社 1981 年版，第 265 页。
⑥ 汉·许慎：《说文解字》，中华书局 1963 年版，第 124 页。
⑦ 清·段玉裁：《说文解字注》，上海古籍出版社 1981 年版，第 265 页。

要点时,不能在原简牍上书写,就把它写在小木版——札上,于是后人称这种性质的小段文字为"札记"或"小札"。

10. 编、册、典

"编"的篆文构形作"編"。《说文·糸部》:"编,次简也。从糸,扁声。"①"次简"即把简按照次序编连在一起。"编"从糸,可见用来连缀的是丝绳之类。朱骏声《说文通训定声》:"《声类》,以绳次物曰编。"②单片的竹片和木片称"简"和"牍",文字多的时候,单片的简和牍就盛不下,需要使用多支竹片或木片,写成后,为了防止错乱,需要用丝绳一类的东西把多支竹片或木片按照顺序编连起来,这项工作就叫"编"。

"编"又引申指编缀而成的一部书。《汉书·张良传》:"良夜半往,有顷,父亦来。喜曰:'当如是。'出一编书,曰:'读是,则为王者师。'"颜师古注:"编谓联次之也。联简牍以为书,故云一编。"③"一编书",即一部用丝绳把简编起来的书籍。晋荀勖《穆天子传·序》:"古文穆天子传者,太康二年,汲县民不准盗发古冢所得书也。皆竹简,素丝编。以臣勖前所考定古尺度其简,长二尺四寸,以墨书,一简四十字。"④"素丝编",即用没有染的丝绳把竹简连缀起来。

用丝绳把简编起来的书叫"册",又写作"策"。"册"的甲骨文构形作"冊",正象用绳索把简编起来的样子。《说文·册部》:"册,符命也,诸侯进受于王也。象其札一长一短,中有二编之形。笧,古文册从竹。"⑤"二编",即指简编起来的两条丝绳。"一长一短",则形象地表示出简长短不一的实际情况。"册"又可写作"策"。宋程大昌《演繁露·简策》:"古者大事书之于策,小事简牍而已。策者,编缀众简而成者也。文满百,乃书之;不然则否。故曰'小事简牍而已。'"蔡邕《独断》云:"礼曰:不满百文。不书于策。其制长二尺,短者半之。其次一长一短。"⑥

"册"是编简而成的书籍,引申之,凡是簿籍均可称"册",如名册、画册、账册、手册、纪念册等。在名册上登记叫注册,表示书籍的量也可以用"册",如一册书(图16-2)。

记录在简册上的先王遗训、重要的文献要珍藏起来,这就是"典"。"典"的甲骨文构形作"𢍰",中间部分是"册",两边象两只手捧着,表示贵重、珍爱。小篆作"𠔓",上半部分是"册",下半部分是"丌"(jī),象册放置在特定的几上。《说文·丌部》:"典,五帝之书也。从册在丌(jī)上,尊阁之也。庄都说,典,大册也。"⑦五帝的细目,文献记载说法不一,一般认为指伏

图16-2 册

---

① 汉·许慎:《说文解字》,中华书局1963年版,第276页。
② 清·朱骏声:《说文通训定声》,武汉市古籍书店影印1983年版,第841页。
③ 汉·班固:《汉书》卷四十,《景印文渊阁四库全书》,台北商务印书馆1986年版。
④ 晋·荀勖:《穆天子传·序》《景印文渊阁四库全书》,台北商务印书馆1986年版。
⑤ 汉·许慎:《说文解字》,中华书局1963年版,第48页。
⑥ 宋·程大昌:《演繁露》卷十三,《景印文渊阁四库全书》,台北商务印书馆1986年版。
⑦ 汉·许慎:《说文解字》,中华书局1963年版,第99页。

羲氏、神农氏、黄帝、尧、舜,五帝之书可理解为上古帝王的遗训、规章、法度。后泛指记载法则、制度的重要文献。《尚书·五子之歌》:"明明我祖,万邦之君。有典有则,贻厥子孙。"孔安国传:"典谓经籍;则,法;贻,遗也。"后代"经典"常连用,表示重要的典籍文献。

《论语·述而》记载了孔子的一段小故事:"子所雅言,《诗》、《书》、执礼,皆雅言也。"郑玄注释说:"读先王典法,必正言其音,然后义全。""雅言"即正言,通语、标准语。孔子在读《诗》《书》《礼》时,都要用"雅言"。为什么呢?因为《诗》《书》《礼》是先王的典籍,必须要用雅言来读,才能更全面准确地理解其中的意思。重要的是,这样做表现了孔子对先王经典的重视与崇敬。也反映出先秦时期,"典"在文献书籍中的重要地位。

综上所述,纸张出现之前,古人削竹(木)为简,连简为编,编简为册,册置于丌上,好好珍藏的叫典。

11. 删与刊

"删"的篆书构形作"删"。《说文·刀部》:"删,剟也。从刀、册。册,书也。"[1]段玉裁解释说:"凡言删剟者,有所去即有所取,如《史记·司马相如列传》曰:'故删取其要,归正道而论之。'删取,犹节取也。"[2]徐锴《系传》:"古以简牍,故曰孔子删《诗》《书》,言有所取舍也。"可见,"删"的本义当是裁定,节取。古人称孔子删《诗》,按照孔颖达的解释,是说《诗》"时经五代,篇有三千","先君宣父,厘正遗文,缉其精华,褫其烦重。上从周始,下暨鲁僖,四百年间,六诗备矣"[3]。即孔子从三千余首诗中节取出三百零五篇,编定成《诗》。《礼记注疏·提要》:"戴德删其烦重,合而记之,为八十五篇,谓之《大戴记》;而戴圣又删大戴之书为四十六篇,谓之《小戴记》。"

"删"的本义是截取,有去除,也有取用。从"删"字构形来看,由"册"和"刀"两部分构成。"册"是用丝绳编起来的简(牍),要想对写在简牍上的内容有所取舍,就需要用刀来刮削。"删"字的构形,形象地反映了这种文化现象。

"刊"字的篆文形体作"刊"《说文·刀部》:"刊,剟也。"[4]段玉裁解释说:"凡有所削去谓之刊。故刻石谓之刊石。"[5]"刊"与"删"不同,"刊"意在削除,而"删"意在节取。古人在简牍上写字绘画,一旦出现错误,没有办法涂改,就用刀在简牍上削去一层,重新书写,叫做"刊正"。汉语中也有"刊误"一词,即除去错误的字词语句。如果简牍上的字词是完全正确的,不允许改正,这样的书籍叫做"不刊之典""不刊之书";这样的文章、观点就叫"不刊之论";清阎若璩《尚书古文疏证》卷二:"按,吴文正公《尚书叙录》信可为不刊之典矣。"《旧唐书·窦群传》:"经者,先圣之至言,仲尼之所发明,皆天人之极致,诚万代不刊之典也。"唐孔颖达《春秋左传序》:"周公之志,仲尼从而明之;左丘明受经于仲尼,以为经者,不刊之书也。"清倪涛《六艺之一录·历朝书论》卷三百五:"隶出于篆,然汉人隶法变化不同,有合篆者,有离篆者,有增篆者,有减篆者。为体各殊,讹舛错出。须要合篆,乃为正则。林罕言非究于篆,无由得

---

① 汉·许慎:《说文解字》,中华书局 1963 年版,第 92 页。
② 清·段玉裁:《说文解字注》,上海古籍出版社 1981 年版,第 180 页。
③ 《十三经注疏·毛诗正义·序》,中华书局 1980 年版,第 1 页。
④ 汉·许慎:《说文解字》,中华书局 1963 年版,第 92 页。
⑤ 清·段玉裁:《说文解字注》,上海古籍出版社 1981 年版,第 180 页。

隶。此不刊之论也。"

"刊"是削除，与"刻"义近，于是有"刊刻"一词。古代刻版印刷，所以出版发行又叫"刊行"。

12. 畫(画)

"畫"的甲骨文构形作"𦘫"，上半部分"⺕"，象手执笔，下半部分"𤰔"象是画出来的图画。《释名·释书契》："畫，绘也。以五色绘物象也。"①即用五彩描绘事物的形象。近代考古发现了大量被认为是新石器时期的岩画和彩陶的装饰画，岩画是用石头刻在岩壁上的，彩陶上的装饰画有些被推测是用毛笔画的，这些距今约有六七千年的历史。甲骨文中"𤰔"字的构形，表明绘画已是殷商社会一种流行的艺术形式，而且用笔绘画已经成为最主要的绘画方式了。《左传·宣公二年》记载：楚庄王率军讨伐陆浑的戎人，到达洛水，在周王室境内阅兵示威。周定王派王孙满慰劳楚庄王。庄王问他九鼎的大小、轻重。王孙满回答说："大小、轻重在于德行而不在于鼎本身。""夏之方有德也，远方图物，贡金九牧，铸鼎像物，百物而为之备，使民知神、奸。"意思是说，从前夏朝有美德时，远方的诸侯把各自国家所具有的奇珍异物画成图像，用九州进贡的青铜铸成九鼎，并把图像铸在上面，使百姓通过鼎上面的画像辨识神灵和奸恶。所谓"图物"，就是把各自国家的奇珍异物画成图像。"铸鼎像物"，就是把这些图像铸在鼎上，以便让天下百姓认识知道。这段记载表明，早在夏禹时期，先民的绘画技艺就已经相当成熟了。

《韩非子·外储说左上》中记载了一则绘画的小故事："客有为齐王画者，齐王问曰：'画孰最难者？'曰：'犬马最难。''孰易者？'曰：'鬼魅最易。夫犬马，人所知也，旦暮罄于前，不可类之，故难。鬼神，无形者，不罄于前，故易之也。'"②

13. 樂(乐 yuè)

"樂"(乐)字的甲骨文构形作"♯""♯"，象木上有丝(♯)，中间的"⬥"象是弹拨用的工具，整个构形象是弹拨类的乐器。小篆作"樂"。《说文·木部》："乐，五声八音总名。"乐的本义是音乐。段玉裁解释说："《乐记》曰：'感于物而动，故形于声；声相应，故生变；变成方，谓之音；比音而乐之，及干戚羽旄谓之乐。'音下曰：宫、商、角、徵、羽，声也；丝、竹、金、石、匏、土、革、木，音也。''乐之引申为哀乐之乐。'③据此，声、音、乐细分还有差别：自然发出的声音叫做"声"；声音相混合呼应，按照一定的节奏高低强弱变化叫做"音"；随着音阶节奏而演唱叫做"乐"。"乐"也可指哀乐的乐。《周易·豫》："雷出地，奋，豫。先王以作乐崇德。"孔颖达疏："雷是鼓动，故先王法此，鼓动而作乐，崇盛德业，乐以发扬盛德故也。"④意思是先王作乐是为了崇敬德业，发扬美德，教化民众。黄帝曾命令夔作乐官，"夔，命汝典乐，教胄子。直而温，宽而栗，刚而无虐，简而无傲。诗言志，歌永言，声依永，律和声。八音克谐，无相夺伦，神

———————

① 清·王先谦：《释名疏证补》，上海古籍出版社 1984 年版，第 303 页。
② 《诸子集成·韩非子集解》，中华书局 1954 年版，第 202 页。
③ 清·段玉裁：《说文解字注》，上海古籍出版社 1981 年版，第 265 页。
④ 《十三经注疏·周易正义》，中华书局 1980 年版，第 20 页。

人以和"①。（见《尚书·舜典》）"典乐"，即司乐，主管乐官。"教胄子"，指用音乐教育年轻人。"八音"指"丝、竹、金、石、匏、土、革、木"八种材料制成的乐器发出的声音。"丝"指弦乐器，如琴瑟之类；"竹"指管乐，如笛箫之类；"金"指打击乐器中的钟之类；"石"指石制的打击乐器磬之类；"匏"指笙之类；"土"指泥做的埙（xūn）之类；"革"指皮革制的打击乐器鼓之类，"木"指木制的打击乐器柷（zhú）、敔（yǔ）之类。（见《周礼·春官·大师》）

14. 鼓

"鼓"字的甲骨文构形作"𮯖""𮯗"，左半部分"𮯘"上部象鼓饰，中间象鼓形，下部象鼓架，整体象鼓架上架着的有装饰的鼓，右半部分"𮯙"象一只手拿着鼓锤在击鼓。《说文·鼓部》："鼓，郭也。春分之音，万物郭皮甲而出，故谓之鼓。从壴，支象其手击之也。"②《释名·释乐器》："鼓，郭也。张皮以冒之，其中空也。"③"鼓"是一种打击乐器。古人认为，鼓的声音是春天的声音，春天万物郭（突破）甲皮冒出来，取与"郭"古音相近的名，所以叫做鼓。鼓在中国有着悠久的历史。早期的鼓以皮为面，以陶或木为框，中空，整体呈圆柱形或扁圆形，并配有鼓饰和鼓架，以手持棍击之，声音远扬。

鼓种类繁多，用途广泛而重要，在乐器中占有十分重要的地位。《周礼·地官·鼓人》："鼓人掌教六鼓四金之音声，以节声乐，以和军旅，以正田役。教为鼓而辨其声用：以雷鼓鼓神祀；以灵鼓鼓社祭；以路鼓鼓鬼享；以鼖鼓鼓军事；以鼛鼓鼓役事；以晋鼓鼓金奏。"郑玄注释说：雷鼓是八面鼓，用来祭祀天神；灵鼓是六面鼓，用来祭祀地祇（地神）；路鼓是四面鼓，用来祭祀宗庙；鼖（fén）鼓长八尺，是大鼓，作战时用；鼛（gāo）鼓长一丈二尺，组织田役时用；晋鼓长六尺六寸，奏乐时用。鼓可用来祭祀天地宗庙，指挥军队，组织劳役，节制音乐。古人认为"国之大事，在祀与戎"④，即国家最大的事情一是祭祀，二是打仗，而鼓是祭祀和作战中不可或缺的乐器。《左传·庄公二十五年》："六月辛未朔，日有食之。鼓，用牲于社。"杜预注："鼓，伐鼓也；用牲，以祭社。"《成公二年》："师之耳目，在吾旗鼓，进退从之。"《左传·僖公二十二年》："寡人虽亡国之余，不鼓不成列。"孔颖达《正义》："军法，鸣鼓以战，因谓交战为鼓。"两军交战击鼓，是为了提振士气，所以成语中有"一鼓作气"的说法。《左传·庄公十年》："夫战，勇气也。一鼓作气，再而衰，三而竭。彼竭我盈，故克之。"⑤

此外，在群乐合奏时，鼓还用来节制音乐，有鼓为群音之首的说法。《古乐书·卷下》："鼓无当于五声，五声弗得不和；鼓为雄乐，其声欢而象雷，其形穹而象天，其于众音为君。是故其器不宜小，小则不尊；其击不宜轻，轻则不严……凡作乐，先鸣鼓以动之，所以统众音也……三通既毕，则又从容三击，然后柷起而众乐作焉。故曰群音之首也。"⑥

① 《十三经注疏·尚书正义》，中华书局 1980 年版，第 19 页。
② 汉·许慎：《说文解字》，中华书局 1963 年版，第 102 页。
③ 清·王先谦：《释名疏证补》，上海古籍出版社 1984 年版，第 329 页。
④ 《十三经注疏·春秋左传正义·序》，中华书局 1980 年版，第 1 页。
⑤ 《十三经注疏·春秋左传正义》，中华书局 1980 年版，第 77、192、112、65 页。
⑥ 清·应㧑谦：《古乐书》卷下，《景印文渊阁四库全书》，台北商务印书馆 1986 年版。

15. 钟(鐘)

"鐘"字简化作"钟"。古书常假借作"鍾"。"鐘"的小篆构形作"鐘"。《说文·金部》："鐘，乐鐘也。秋分之音，物穜成。从金，童声。古者垂作鐘。"[1]段玉裁《说文解字注》作"万物穜成，故谓之鐘"[2]。"钟"的本义是打击乐器，古人认为，钟代表的是秋天的声音，是万物"穜"成的时候，所以取与"穜"声音相近的名，叫做"鐘(钟)"。作为打击乐器，钟有着悠久的历史，相传尧的臣下垂创造了鐘。

同鼓一样，钟在古代乐器中的地位十分重要，也是古代使用最为广泛的乐器之一。古人在祭祀、作战及各种礼仪活动中都要用到钟。《周礼·春官·钟师》："钟师掌金奏。凡乐事以钟鼓奏九夏。"郑玄注："金奏，击金以为奏乐之节，金谓钟及镈。""以钟鼓者，先击钟，次击鼓，以奏九夏。夏，大也。"[3]

《左传·庄公二十九年》："凡师，有钟鼓曰伐，无曰侵，轻曰袭。"[4]"有钟鼓曰伐"，即用兵打仗，敲钟击鼓，声明对方的罪过，叫做伐。

《左传·成公十二年》记述了晋国使臣出使楚国，楚王接见时的礼仪："晋郤至如楚聘，且莅盟，楚子享之。子反相，为地室而县焉。郤至将登，金奏作于下。惊而走出。子反曰：'日云莫矣，寡君须矣，吾子其入也。'宾曰：'君不忘先君之好，施及下臣，贶之以大礼，重之以备乐，如天之福，两君相见，何以代此？下臣不敢。'"[5]"为地室而县"，即建造了地下室把钟鼓悬挂在里面。"金奏作于下"，即地室里突然钟鼓齐鸣。所以郤至才大吃一惊跑了出来。因为钟鼓齐鸣，是两君相见时的礼仪，所以郤至说"两君相见，何以代此？下臣不敢"。这件事说明春秋时期，两君相见时要击鼓鸣钟以为重礼。

古代的钟要吊在架子上，称悬钟；有单独的，称特钟；也有十六件编为一组的，称编钟。《左传·襄公十一年》："歌钟二肆。"杜预注："肆，列也。悬钟十六为一肆，二肆三十二枚。"[6]

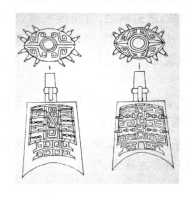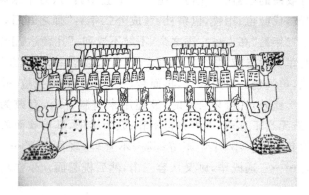

图 16 - 3　钟、编钟

---

① 汉·许慎：《说文解字》，中华书局 1963 年版，第 297 页。
② 清·段玉裁：《说文解字注》，上海古籍出版社 1981 年版，第 709 页。
③ 《十三经注疏·周礼注疏》，中华书局 1980 年版，第 162 页。
④ 《十三经注疏·春秋左传正义》，中华书局 1980 年版，第 80 页。
⑤ 《十三经注疏·春秋左传正义》，中华书局 1980 年版，第 208 页。
⑥ 《十三经注疏·春秋左传正义》，中华书局 1980 年版，第 249 页。

钟即编钟。宋陈旸《乐书·八音》："古者编钟、编磬,登歌用之,以节歌句。故堂上击黄钟、特钟,而堂下编钟应之;击黄钟、特磬,而堂下编磬应之,上下唱和之道也。"①

16. 磬

"磬"字的甲骨文构形作"𠭥""𠩵",上半部分象吊着一块直角形石块,下半部分象一只手拿着锤在敲击。《说文·石部》:"磬,乐石也。从石、殸,象悬虚之形。殳,击之也。古者母句氏作磬。殸,籀文省。"②"磬"是石制的打击乐器。相传尧的臣下母句氏创造了磬。《广雅·释乐》:"母句氏磬十六枚。"注:"《世本》母句作磬。母句,尧臣也。"③

《尚书·尧典》中记载了一件事,帝尧命令夔司乐,夔说:"予击石拊石,百兽率舞。"孔安国传:"石,磬也。磬音之清者,拊亦击也,举清者和,则其余皆从矣。乐感百兽,使相率而舞,则神人和可知。"孔颖达疏:"乐器惟磬以石为之,故云石磬也。八音之音,石磬最清,故知磬是音之声清者。磬必击以鸣之,故云拊亦击之,重其文者,击其大小,击是大击,拊是小击。"④"击石拊石",即敲击石做的磬。磬的声音最清脆,击磬则其他乐器都发声应和,以至于感动了百兽,使它们都随着音乐起舞了,从而达到了神人相和的境界。这段记述形象地表明了音乐的重要作用:可以感动万物,使神人相和;同时也表明早在帝尧时期,磬就已产生并使用了。

古代磬有石磬和玉磬,石磬往往有十六枚(一说十二枚),悬挂在特制的架子上,所以称悬磬、编磬,演奏时置于堂下。《周礼·春官·磬师》:"磬师掌教击磬,击编钟。"郑玄注:"磬亦编,于钟言之者,钟有不编。"《周礼·春官·小胥》:"凡县(悬)钟、磬,半为堵,全为肆。"郑玄注:"钟、磬者,编县(悬)之,二八十六枚而在一虡(jù),谓之堵。钟一堵,磬一堵,谓之肆。"⑤

玉磬属于特磬,演奏时陈于堂上。《诗经·商颂·那》:"既和且平,依我磬声。"毛传:"磬,声之清者也,以象万物之成。"郑玄笺:"磬,玉磬也。堂下诸县(悬)与诸管声皆和平,不相夺伦。又与玉磬之声相依,亦谓和平也。"⑥"诸县(悬)"即各种悬挂的乐器,诸管即各种管乐器,代表堂下一切乐器。这些乐器发出的声音与玉磬之声相依相和,寓意万物顺利长成。

磬的形状外角为直角形,所以弯曲成直角的样子,古人称"磬折"。《史记·滑稽列传》:"西门豹簪笔磬折,向河立待良久。"唐张守节《正义》:"磬折,谓曲体揖之,若石磬之形曲折也。磬一片黑石,凡十二片,树在虡上击之。其形皆中曲垂两头,言人腰侧似也。"⑦句中的"磬折",指西门豹弯腰弯得很深,表示严肃而恭敬。

磬演奏时总是悬挂在架子上,下面是空的,所以古人常用"悬磬"来表示空无一物。《左传·僖公二十六年》:"齐侯曰:'鲁人恐乎?'对曰:'小人恐矣,君子则否。'齐侯曰:'室如县

① 宋·陈旸:《乐书》郑一百一十,《景印文渊阁四库全书》,台北商务印书馆 1986 年版。
② 汉·许慎:《说文解字》,中华书局 1963 年版,第 195 页。
③ 魏·张揖:《广雅》卷八,《景印文渊阁四库全书》,台北商务印书馆 1986 年版。
④ 《十三经注疏·尚书正义》,中华书局 1980 年版,第 20 页。
⑤ 《十三经注疏·周礼注疏》,中华书局 1980 年版,第 162、157 页。
⑥ 《十三经注疏·毛诗正义》,中华书局 1980 年版,第 352 页。
⑦ 汉·司马迁:《史记》卷一百二十六,中华书局 1959 年版,第 3212 页。

罄,野无青草,何恃而不恐?'对曰:'恃先王之命。'"①"县罄"即"悬磬",因为鲁国受了灾荒,国库空虚,所以齐侯用"室如县罄"来表示室中没有资财粮食可用。

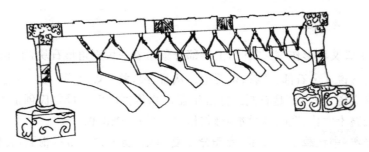

图 16-4　编磬

17. 舞

"舞"的甲骨文构形作"𡘲""𣥊",象人手提道具舞蹈的样子。小篆作"𦦎",《说文·舛部》:"舞,乐也。用足相背,从舛,無声。"②"足相背",是指"舛"字两足相背,表示跳舞时两足的动作。所谓"手之舞之足之蹈之"。舞蹈源于劳作,起源很早。"𡘲""𣥊"字的构形记录了殷商时期手持道具跳舞的情景。据《周礼·春官·乐师》记载:"乐师掌国学之政,以教国子小舞。"郑玄注:"谓以年幼少时,教之舞。《内则》曰:'十三舞勺,成童舞象,二十舞大夏。'"年幼即学习跳舞,勺、象、大夏是不同年龄段所学的舞蹈名称。商周时期,舞蹈已有多种。"凡舞,有帗舞,有羽舞,有皇舞,有旄舞,有干舞,有人舞。"郑众认为,从手持的道具来分,帗舞手持完整的羽毛;羽舞持分开的羽毛;皇舞用羽毛盖在头上,衣服上缀着翡翠羽毛;旄舞持牦牛尾;干舞是兵舞,持兵器跳舞;人舞不持道具,是徒手。从舞蹈的用途分,祭祀社稷用帗舞,祭祀宗庙用羽舞,祭祀四方用皇舞,祭祀辟雍用旄舞,有关军事用干舞,祭祀星辰用人舞③。尽管对于上述舞蹈的用途,文献中还有不同说法,但总的来看,商周时期,舞蹈已用于人们社会生活的方方面面,成为生活中不可或缺的重要组成部分。

教育、文字、书籍、绘画、音乐、舞蹈既是文化记录者,又是文化的直接反映形式。汉字形体中寓含着大量此类信息,形象而真实地记录了上古时期中华民族的先民丰富多彩的文化现象,昭示着上古文明的晨曦。

① 《十三经注疏·春秋左传正义》,中华书局 1980 年版,第 119 页。
② 汉·许慎:《说文解字》,中华书局 1963 年版,第 113 页。
③ 《十三经注疏·周礼注疏》,中华书局 1980 年版,第 155 页。

第十七章　色泽祥瑞篇

　　色彩本质上是一种自然物质，但是人们对色彩的选用却有着复杂的原因。不同民族对色彩有着不同的好恶，其中既有审美情趣的原因，也受到各种不同的自然和风俗因素的影响。在中华民族的发展史上，服饰的色彩还具有标示等级的作用，不同等级的人在服饰的色彩上有着严格的要求。因此，对色彩的态度与选择其实是民族文化的反映。此外，求福避祸，追求美满是人的本能，生活中人们常常把自己的思想情绪同具有某种特性的客观事物联系起来，甚至将自己对美好的理想与渴望寄寓在某些客观事物上。于是一件普通的自然事物在人们眼中就具有了吉凶色彩。中华传统文化讲究"天人合一"，古人认为，世间的吉凶福祸往往在大自然中有某些先兆，吉利的先兆被称作"祥瑞"。"祥"本指吉祥，引申指征兆，又多指吉祥的征兆。"瑞"本义是玉制的信物、符节，古人认为，征兆与具体事物的感应，就像符节一样契合，所以"瑞"又引申指征兆。《吕氏春秋·应同》记载："凡帝王者之将兴也，天必先见祥乎下民。黄帝之时，天先见大螾大蝼。黄帝曰：'土气胜。'土气胜，故其色尚黄，其事则土。及禹之时，天先见草木秋冬不杀。禹曰：'木气胜。'木气胜，故其色尚青，其事则木。及汤之时，天先见金刃生于水。汤曰：'金气胜。'金气胜，故其色尚白，其事则金。及文王之时，天先见火，赤乌衔丹书集于周社。文王曰：'火气胜。'火气胜，故其色尚赤，其事则火。代火者，必将水。天且先见水气胜，水气胜，故其色尚黑，其事则水……"[①]于是征兆、色彩、政治、人事都被联系在了一起。汉字作为记录客观世界和人们思想的符号，在其构形和使用中自然也会反映出先民的喜好厌恶、吉祥福瑞方面的文化特色。

1. 玄与黑

　　"玄"字的甲骨文构形作"𢆶"，"幺"字的甲骨文构形也作"𢆶"。《说文·玄部》："玄，幽远也。黑而有赤色者为玄。"[②]朱骏声《说文通训定声》："（幺），此字当从半糸。糸者，丝之半，幺者，糸之半。细小幽隐之谊。玄从此会染丝意。"[③]据此，"𢆶"象细丝之形。上古人为的色彩多由染丝而成，红黑色为玄（一说青黑色）。《诗经·豳风·七月》："载玄载黄，我朱孔阳，为公子裳。"毛传："玄，黑而有赤也。"[④]《周礼·考工记》："三入为纁，五入为緅，七入为缁。"郑玄注："染布帛者，染人掌之。凡玄色者，在緅缁之间，其六入者与。"[⑤]

　　另外，"玄"又泛指黑色。《尚书·禹贡》："厥篚玄纤缟。浮于淮泗，达于河。"孔安国传：

---

①　《诸子集成·吕氏春秋集解》，中华书局 1954 年版，第 126～127 页。

②　汉·许慎：《说文解字》，中华书局 1963 年版，第 84 页。

③　清·朱骏声：《说文通训定声》，武汉古籍书店 1983 年版，第 306 页。

④　《十三经注疏·毛诗正义》，中华书局 1980 年版，第 122 页。

⑤　《十三经注疏·周礼注疏》，中华书局 1980 年版，第 281 页。

"玄,黑缯;缟,白缯。纤,细也。"①意思是说,用筐装着黑色的细绸和白色的绢,用船载着通过淮河泗水,到达菏泽。《礼记·月令》:"天子居玄堂左个,乘玄路,驾铁骊,载玄旗,衣黑衣,服玄玉。"②

"黑"字的甲骨文构形作"ຊ",下半部分是"火",上半部分是火燃烧时烟外泄的烟道口。小篆作"黑",《说文·黑部》:"黑,火所熏之色也,从炎上出囧,囧,古囱字。"③古代柴草燃烧时产生的烟经烟道(烟囱)口排出去,烟道口处被烟火所熏,未完全燃烧的碳日积月累便成了黑色。古人造字时便用生活中常见的"火从烟道排出"的形象,生动地表示出"黑"这个抽象的概念。从中可以看出先民造字时的聪明和才智。

"黑"是夜晚的颜色,晚上光线不好,看不清事物,所以汉语中"黑"常与"暗"连用,称"黑暗",引申指不公开的、非法的事物和行为。如称非法的、不公开的交易为"黑市",犯罪团伙称"黑帮",黑帮说的、一般人听不懂的话为"黑话",黑帮居住的隐秘的地方称"黑窝",来路不明的钱称"黑钱"等等。

古人喜欢光明,讨厌黑暗,所以"黑"又引申指"坏""狠毒"。如心地不良称"黑心"。

此外,古人以五色配五方,"黑"被认为是北方之色。宋蔡卞《毛诗名物解·衣服解》:"赤者,南方之色;黑者,北方之色也。"④

2. 黄

"黄"字的甲骨文构形作"黄""黄",对于这个构形,学界说法不一。一说是佩玉,一说义同"尪",是仰面朝天的人形。总之,表示色彩,是假借字⑤。"黄"字小篆形体作"黄"。《说文·黄部》:"黄,地之色也。从田,从炗,炗亦声。炗,古文光。"⑥"地之色",即土地的颜色,所以从田,从光。《易·坤》:"夫玄黄者,天地之杂也。天玄而地黄。"孔颖达疏:"天色玄,地色黄。"⑦《周礼·考工记》:"天谓之玄,地谓之黄。"⑧古人认为,天的本色是玄(黑)色,就像没有太阳、月亮、星辰时的颜色。地的本色是黄色,就像中原地区土的颜色。

相传上古帝王的衣服取象天地的颜色,上衣象天,玄(黑)色;下裳象地,黄色。《后汉书·舆服志下》:"上古穴居而野处,衣毛而冒皮,未有制度。后世圣人易之以丝麻。观翚翟之文,荣华之色,乃染帛以效之,始作五采,成以为服……黄帝尧舜垂衣裳而天下治,盖取诸乾坤。乾坤有文,故上衣玄,下裳黄。"⑨

古人以五色配五方、五行,黄为中央之色,为土德。《史记·五帝本纪》:"(黄帝)有土德之瑞,故号黄帝。"⑩因为土是黄色,所以称黄帝。

① 《十三经注疏·尚书正义》,中华书局1980年版,第36页。
② 《十三经注疏·礼记正义》,中华书局1980年版,第153页。
③ 汉·许慎:《说文解字》,中华书局1963年版,第487页。
④ 宋·蔡卞:《毛诗名物解》卷十九,《景印文渊阁四库全书》,台北商务印书馆1986年版。
⑤ 董莲池:《说文解字考正》,作家出版社2004年版,第547页。
⑥ 汉·许慎:《说文解字》,中华书局1963年版,第291页。
⑦ 《十三经注疏·周易正义》,中华书局1980年版,第7页。
⑧ 《十三经注疏·周礼注疏》,中华书局1980年版,第280页。
⑨ 南朝宋·范晔:《后汉书》卷四十,《景印文渊阁四库全书》,台北商务印书馆1986年版。
⑩ 汉·司马迁:《史记》卷一,中华书局1959年版,第6页。

因为"黄"是中央之色,所以受到古代帝王的喜爱,周天子玄衣黄裳,唐代皇帝常服黄袍。至唐高宗时,黄色成为帝王服装的专用颜色,禁止他人服用。这种风俗一直延续到清代。

3. 青

"青"字小篆作"青",上半部分是"生",下半部分是"丹"。《说文·青部》:"青,东方色也。木生火,从生、丹,丹青之信言象然。"[①]《说文解字注》认为"象"字当作"必"。并注:"俗言信若丹青,谓其相生之理有必然也。"[②]意思是说,按照五色配五方和五行的观点,"青"属于东方之色,五行属"木",而"木"生"火","火"是南方之色,红色,"丹"亦为红色,所以说"青"从生从丹,生出丹色的颜色为青。许慎以五行的观点来分析"青"字的构形,可备一说。一说"青"是"丹"之一种,生于石,当是从丹、生声。《山海经·大荒西经》:"西有王母之山,壑山、海山,有沃之国,白木琅玕,白丹、青丹,多银铁。"[③]

"青"作为颜色,常指绿色。《释名·释采帛》:"青,生也,象物生时色也。"[④]又可指深蓝色。《荀子·劝学》:"青,取之于蓝而青于蓝;冰,水为之而寒于水。"[⑤]还可以指黑色。唐李白《将进酒》:"君不见,高堂明镜悲白发,朝如青丝暮成雪。"

在传统文化中,又以四方配四季,东方代表春,南方代表夏,西方代表秋,北方代表冬。"青"是东方之色,所以又代指春天。今天"青春""青年""青工"中的"青",用的就是东方之色"春"的引申义。

4. 赤

"赤"字的甲骨文构形作"",上部分是"大",下半部分象"火"。《说文·赤部》:"赤,南方色也。从大,从火。"[⑥]段玉裁解释说:"火者,南方之行,故赤为南方之色。从大者,言大明也。"[⑦]"赤"的本义是红色,正像火的颜色,太阳是最大的"火",而南方太阳最盛,所以称赤为"南方之色"。《尔雅·释器》:"一染谓之縓,再染谓之赪,三染谓之纁。"郭璞注:"(縓)今之红也;(赪)染赤;纁,绛也。"[⑧]縓、赪、纁由浅入深,都是红色,其中赤色深浅居中。《礼记·月令》:"孟夏之月……天子居明堂左个,乘朱路,驾赤骝,载赤旗,衣朱衣,服赤玉,食菽与鸡。"孔颖达疏:"色浅曰赤,色深曰朱。路与衣服,人功所为,染必色深,故云朱;玉与骝马,自然之性,皆不可色深,故云赤。旌旗虽人功所为,染之不须色深,故亦云赤。……郑注《仪礼》云:'朱则四入与?'是朱深于赤也。"[⑨]朱色又比赤色深。

---

① 汉·许慎:《说文解字》,中华书局 1963 年版,第 106 页。
② 清·段玉裁:《说文解字注》,上海古籍出版社 1981 年版,第 215 页。
③ 晋·郭璞注:《山海经》卷十六,《景印文渊阁四库全书》,台北商务印书馆 1986 年版。
④ 清·王先谦:《释名疏证补》,上海古籍出版社 1984 年版,第 220 页。
⑤ 《诸子集成·荀子集解》,中华书局 1954 年版,第 1 页。
⑥ 汉·许慎:《说文解字》,中华书局 1963 年版,第 212 页。
⑦ 清·段玉裁:《说文解字注》,上海古籍出版社 1981 年版,第 491 页。
⑧ 《十三经注疏·尔雅注疏》,中华书局 1980 年版,第 35 页。
⑨ 《十三经注疏·礼记正义》,中华书局 1980 年版,第 137 页。

5. 白

"白"的甲骨文构形作"⊖",象太阳刚露出地面,表示天色刚亮时的颜色。小篆作"白",《说文·白部》:"白,西方色也。阴用事,物色白。从入合二,二,阴数。"①"白"的本义是白色。《诗经·大雅·抑》:"白圭之玷,尚可磨也;斯言之玷,不可为也。"毛传:"玷,缺也。"②"白圭",即白色的玉。

引申之,凡发亮的东西也可称白。苏轼《前赤壁赋》:"客喜而笑,洗盏更酌,肴核既尽,杯盘狼藉,相与枕藉乎舟中,不知东方之既白。""东方之既白"即天色已放亮。今天仍称白天、白昼。

古代丧服为白色。《仪礼·士丧礼》郑玄注:"其服白,布衣素裳也。"贾公彦疏:"衣与冠同色,裳与屦同色,以衣弁白而白屦,故《士冠礼》云,素积白屦是也。"③据此,丧服当是白冠、白衣、白裳、白屦。由此,白又引申指丧事。丧事又叫白事。《周礼·春官·保章氏》:"以五云之物,辨吉凶水旱,降丰荒之祲象。"郑司农云:"青为虫,白为丧,赤为兵荒,黑为水,黄为丰。"④今天民间称"红白喜事",红是指男女结婚,是喜事,白是指高寿的人病逝的丧事,叫喜丧,统称红白喜事。

白色与黑色对比鲜明,汉语中常用"黑白"对比表示对立。《韩非子·解老》:"目不能决黑白之色,则谓之盲;耳不能别清浊之声,则谓之聋。"⑤又引申用来形容是非正误。《史记·秦始皇本纪》:"今皇帝并有天下,别黑白而定一尊。"⑥"别黑白"即区分正误是非。今天还称"黑白分明",如果分不清是非正误,则称"黑白颠倒"。

在中华民族的传统文化中,"黄、青、赤、白、黑"是正色,称为"五色",并以五色配金、木、水、火、土"五行",又以五行配"五德",于是色彩又同德行联系起来:青为东方之色,为木德;赤为南方之色,为火德;金为西方之色,白,为金德;黑(玄)为北方之色,为水德;黄为中央之色,为土德。古代主张"以德治天下",于是不同的色彩就成为不同朝代所崇尚的代表颜色。

苏轼《书传》卷五:"以五德王天下,所从来尚矣。黄帝以土,故曰黄;炎帝以火,故曰炎;禹以治水得天下,故从水而尚黑;殷人始以兵王,故从金而尚白;周人有流火之祥,故从火而尚赤。"⑦意思是说,黄帝是以土德来治理天下,土色为"黄",所以称"黄帝";炎帝以火德统治天下,所以称"炎帝";夏禹治水,以水德治理天下,水色为黑,所以夏朝崇尚黑色;殷人用兵器夺取了天下,兵器色白,所以殷人崇尚白色;周代有流火的祥瑞,火色赤,所以周人崇尚红色。

对色彩的崇尚集中表现在举行大事时所选器物的颜色上。《礼记·檀弓上》记载了夏、商、周三代物色变化的情况:

"夏后氏尚黑,大事敛用昏,戎事乘骊,牲用玄。"郑玄注释说:(夏朝)把建寅之月定为正

---

① 汉·许慎:《说文解字》,中华书局1963年版,第160页。
② 《十三经注疏·毛诗正义》,中华书局1980年版,第287页。
③ 《十三经注疏·仪礼注疏》,中华书局1980年版,第187页。
④ 《十三经注疏·周礼注疏》,中华书局1980年版,第181页。
⑤ 《诸子集成·韩非子集解》,中华书局1954年版,第101页。
⑥ 汉·司马迁:《史记》卷六,中华书局1959年版,第255页。
⑦ 宋·苏轼:《书传》卷五,《景印文渊阁四库全书》,台北商务印书馆1986年版。

（正月），丧事要在黄昏时入敛，黄昏时天色将黑；打仗时要乘黑马，祭祀时的牺牲全部用玄色的，玄也是黑色之类。

"殷人尚白，大事敛用日中，戎事乘翰，牲用白。"郑玄注释说：（殷人）把建丑之月作为正月，此时植物刚长出的嫩芽色白；丧事要在中午举行，因为太阳中午时是白色的，作战时要乘白色的翰马，祭祀的牺牲用白色的。

"周人尚赤。大事敛用日出，戎事乘骝，牲用骍。"郑玄注释说：（周）把建子之月作为正（月），因为此时植物萌芽的颜色是红色的。丧事要在日出时举行，因为太阳刚出来时是红色的。作战时乘赤色的骝马，祭祀的（祭品）牺牲选用红色的骍马[①]。

丧事、作战、祭祀是古代最重要的事情，所以举行这些事情时所用事物的颜色一定要用当时所崇尚的颜色。

6. 麟

"麟"小篆构形作"麐"，是传说中的一种像鹿的野兽，又叫"麒麟"，雌雄相配，雄性叫麒，雌性叫麟。麟的形象是古人以鹿为主，综合了牛、马等动物的形象构拟出来的，用作祥瑞的象征。《说文解字注·鹿部》："麒麟，仁兽也。麕身，牛尾，一角。"[②]《诗经·周南·麟之趾》孔疏引陆玑《毛诗草木鸟兽虫鱼疏》："麟，麕身，牛尾，马足，黄色，圆蹄，一角，角端有肉。音中钟吕，行中规矩，游必择地，祥而后处，不履生虫，不践生草，不群居，不侣行，不入陷阱，不罹罗网。王者至仁则出。"[③]《公羊传·哀公十四年》："麟者，仁兽也。有王者则至。"何休注："状如麕，一角而戴肉，设武备而不为害，所以为仁也。""上有圣帝明王，天下大（太）平，然后乃至。"[④]可见，麟所以被称为仁兽，主要是因为麟虽然有角，可以作为武器，但角上有肉，不锋利，不是用来伤害其他野兽和人的。同时，它不践踏活着的虫子和青草，还独居独行，既不会落入陷阱，也不会陷入罗网，所以称它为仁兽。麟还非常讲究信用，圣王在世，天下太平时，它就会现身。没有圣王时，它不会出现。所以麟又被认为是瑞兽，它的出现，往往象征着吉祥和太平。

麟的现身曾与中国文化史上一件大事有关。《左传·哀公十四年》记载：鲁哀公十四年春天，叔孙氏的赶车人子鉏商打猎时猎获了一头麟，因为没有见过这种野兽，认为不吉祥，就把它赐给了管理山泽的人。管理山泽的人也不知道这是什么野兽，就请孔子看。孔子仔细察看后说："这是麒麟。"杜预在为《春秋》经文"西狩获麟"做注释时说："麟者，仁兽，圣王之嘉瑞也。时无明王，出而遇获。仲尼伤周道之不兴，感嘉瑞之无应，故因鲁春秋而修中兴之教，绝笔于获麟之一句，所感而作，固所以为终也。"[⑤]意思是，麒麟是仁兽，圣王明君在位，天下太平时才会现身，而春秋末期天下大乱，没有明王，麒麟却出现了，是一件反常的事情。由此孔子联想到自己生不逢时，政治主张不能施行，方法策略不被采用，与此时出现的麒麟相似，所以悲伤感慨，修订《春秋》也就到此为止了。"西狩获麟"这件事引起了孔子的伤感，《春秋》就

---

① 《十三经注疏·礼记正义》，中华书局 1980 年版，第 48 页。
② 清·段玉裁：《说文解字注》，上海古籍出版社 1981 年版，第 470 页。
③ 《十三经注疏·毛诗正义》，中华书局 1980 年版，第 15 页。
④ 《十三经注疏·春秋公羊传注疏》，中华书局 1980 年版，第 158 页。
⑤ 《十三经注疏·春秋左传正义》，中华书局 1980 年版，第 470 页。

修订到了"西狩获麟"这一年。于是,中国历史上所谓的"春秋时期"也就至此结束了。

麒麟是仁兽、瑞兽,故常用来比喻杰出的人才。《晋书·顾和传》:"顾和字君孝,侍中众之族子也……和二岁丧父,总角便有清操,族叔荣雅重之,曰:'此吾家麒麟,兴吾宗者,必此子也。'"①后"麒麟儿"就被用作称赞别人的孩子聪明有才的美称。杜甫《徐卿二子歌》:"君不见,徐卿二子生绝奇,感应吉梦相追随。孔子释氏亲抱送,并是天上麒麟儿。"

图 17-1　麒麟

7. 鳳(凤凰)

"鳳"(凤)甲骨文构形作"𪅀""𪅀",象高冠、花翎、长尾的形状,是传说中的神鸟。又称"凤凰",雌雄相配,雄性叫凤,雌性叫凰。凤凰的形象是古人以鸡或孔雀的形象为主,集合了众多飞禽的形象虚拟出来的。古人视它为灵物,用作吉祥的象征。《说文解字·鸟部》:"凤,神鸟也。天老曰:'凤之象也,鸿前麐后,蛇颈鱼尾,鹳颡鸳思,龙文虎背,燕颔鸡喙,五色备举。出于东方君子之国,翱翔四海之外,过昆仑,饮砥柱,濯羽弱水,莫宿风穴,见则天下大安宁。'"②《山海经·南山经》中,更是把凤凰与德、仁、义、礼、信等人应该具备的美德联系在了一起。"丹穴之山……有鸟焉,其状如鸡,五采而文,名曰凤凰。首文曰德,翼文曰义,背文曰礼,膺文曰仁,腹文曰信。是鸟也,饮食自然,自歌自舞,见,则天下安宁。"③意思是,凤凰周身的羽毛呈五彩花纹,其中头上的花纹像"德"字,翅膀上的花纹像"义"字,背部的花纹像"礼"字,胸部的花纹像"仁"字,腹部的像"信"字。凤凰一出现,天下就安宁。

凤凰现身是大祥瑞。《韩诗外传》记载:"黄帝即位,施惠承天,一道修德,惟仁是行,宇内和平,未见凤凰,惟思其象,夙寐晨兴。乃召天老而问之曰:'凤象何如?'天老对曰:'夫凤之象,鸿前而麟后,蛇颈而鱼尾,龙文而龟身,燕颔而鸡啄,戴德负仁,抱中挟义,小音金,大音鼓,延颈奋翼,五色备明,举动八风。气应时雨,食有质,饮有仪。往即文始,来即嘉成。惟凤为能通天祉,应地灵,律五音,览九德。天下有道,得凤象之一,则凤过之;得凤象之二,则凤翔之;得凤象之三,则凤集之;得凤象之四,则凤春秋下之;得凤象之五,则凤没身居之。'黄帝

① 《晋书》卷八十三,《景印文渊阁四库全书》,台北商务印书馆 1986 年版。
② 汉·许慎:《说文解字》,中华书局 1963 年版,第 79 页。
③ 《山海经》卷一,《景印文渊阁四库全书》,台北商务印书馆 1986 年版。

曰：'于戏，允哉！朕何敢与焉！'于是黄帝乃服黄衣，带黄绅，戴黄冕，致斋于中宫。凤乃蔽日而至。黄帝降于东阶，西面，再拜稽首，曰：'皇天降祉，不敢不承命。'凤乃止帝东园，集帝梧桐，食帝竹实，没身不去。"①黄帝是仁德之君，所以凤凰翔集，蔽日而至，至死不离开。

凤凰是人们传说的灵鸟、神鸟，所以常用来比喻有圣德的人。《论语·微子》记载了一件事：孔子周游列国时，来到楚国，楚国隐士陆通（字接舆）披散着头发，假装癫狂，一边从孔子车边经过，一边唱歌，唱道："凤兮，凤兮，何德之衰？往者不可谏，来者犹可追。已而已而，今之从政者殆而。"孔子听了赶快下车，想同接舆谈谈，接舆却快步走开，躲避了孔子，孔子最后也没能与他对上话。对这段歌词，宋邢昺注释说："（接舆）知孔子有圣德，故比孔子于凤。但凤鸟待圣君乃见，今孔子周行，求合诸国而每不合，是凤德之衰也……已往所行者不可复谏止也，自今已来尤可追而自止。欲劝孔子辟乱隐居也……世乱已甚，不可复治也。再言之者，伤之深也……今之从政者皆无德，自将危亡无日。"②

古人又以雄凤雌凰类比男女情爱。《诗经·大雅·卷阿》："凤凰于飞，翙（huì）翙其羽。"毛传："雄曰凤，雌曰凰。"③《左传·庄公二十二年》记载，陈国大夫懿氏想把女儿嫁给敬仲为妻，特地先占卜吉凶。他的妻子占卜，卦兆上显示吉利。"是谓凤凰于飞，和鸣锵锵。有妫之后，将育于姜……"杜预解释说："雄雌俱飞，相和而鸣，锵锵然，犹敬仲夫妻相随适齐，有声誉。"④陈国是妫姓，齐国是姜姓，意思是说，敬仲夫妻二人就像凤与凰那样，相伴相和，去到齐国，并且有美好的声誉。于是，后人就把"凤凰于飞"用作夫妻和谐的代名词，时至今日，"凤凰于飞"还是新婚庆典上的常用词语。

古人还把男向女求婚称作"凤求凰"。汉司马相如有才气，善抚琴。一次在临邛富人卓王孙家做客饮酒，卓王孙女儿卓文君新寡，从门缝间偷看司马相如，内心喜欢爱慕。司马相如又为琴歌二章来表达自己的爱慕之情："凤兮凤兮归故乡，遨游四海求其凰，时未遇兮无所将。何悟今夕升斯堂，有艳淑女在闺房，室迩人遐毒我肠。何缘交颈为鸳鸯，胡颉颃兮共翱翔。""凰兮凰兮从我栖，得托孳尾永为妃。交情通意心和谐，中夜相从知者谁？双翼俱起翻高飞，无感我思使余悲。"⑤于是卓文君便趁夜与司马相如私奔，最后终成美满夫妻。自此，才男向美女求婚便称"凤求凰"。

凤凰与夫妻相关的还有"凤台"的传说。据《列仙传》记载：秦穆公时，萧史善于吹箫，能够把孔雀白鹤引到庭上。秦穆公有女儿字弄玉，爱萧史。穆公就把弄玉嫁给了他。萧史每天教弄玉吹箫，模仿凤凰的叫声。过了几年，弄玉的箫同凤凰鸣声一样了，于是吸引凤凰飞到了他们的屋里。秦穆公于是为他们建造了凤台。萧史弄玉夫妇二人居住在台上，数年不下来。忽然有一天，夫妇二人都随着凤凰飞走了。今天陕西宝鸡东南还有凤女台⑥。

古代汉语中还有"凤鸣朝阳"和"凤栖梧桐""丹凤朝阳"的说法。"凤鸣朝阳"和"凤栖梧桐"来自于《诗经·大雅·卷阿》："凤凰鸣矣，于彼高冈。梧桐生矣，于彼朝阳。"毛传："山东

①　许维遹：《韩诗外传集释》，中华书局 1980 年版，第 277～279 页。

②　《十三经注疏·论语注疏》，中华书局 1980 年版，第 73 页。

③　《十三经注疏·毛诗正义》，中华书局 1980 年版，第 278 页。

④　《十三经注疏·春秋左传正义》，中华书局 1980 年版，第 73 页。

⑤　元·左克明：《古乐府》卷九，《景印文渊阁四库全书》，台北商务印书馆 1986 年版。

⑥　《列仙传》卷上，《景印文渊阁四库全书》，台北商务印书馆 1986 年版。

曰朝阳。梧桐不生山冈,太平而后生朝阳。"即山的东面叫朝阳,梧桐在太平盛世时生长在向阳的东面的山冈上。郑玄笺:"凤凰之性,非梧桐不栖,非竹实不食。"梧桐生于朝阳,而凤凰栖于梧桐上,所以称凤鸣朝阳。孔颖达解释说:"凤凰鸣于山脊之上者,居高视下,观可集止。喻贤者待礼乃行,翔而后集。梧桐生者,犹明君出也,生于朝阳者,被温仁之气,亦君德也。"① 意思是说,凤凰鸣于高岗,是居高临下,观看可栖止的地方;"梧桐生"喻明君出,于是凤凰翔集于梧桐之上,比喻贤者群集,依附明君。因此"凤栖梧桐"常用来比喻太平盛世,贤才来到;"凤鸣朝阳"比喻贤才遇时,可以大展宏图。

"丹凤朝阳"则与传说中凤凰产于"丹穴之山""其状如鸡"有关。雄鸡司晨,鸡鸣日出,"丹凤朝阳"形象地描绘出了凤凰迎着朝阳引吭高歌的图景,所以常用来比喻和谐美好,激昂向上,大展宏图。

凤凰、麒麟是珍禽灵兽,平时难得一见,所以汉语中用"凤毛麟角"比喻极稀有珍贵的人才和事物。明屠隆《务真》:"古者文章气节经济性命之士,如凤毛麐(麟)角,寥寥哉,代不数人。"②

图 17-2 凤凰

8. 龍(龙)

"龍"(龙)的甲骨文构形作"![甲骨文]""![甲骨文]",象首、角、身、尾之形,是传说中的神兽。龙的形象是以蛇为主,集合了猪、马、鹿及鳄鱼等众多动物的形象虚拟出来的,古人视为灵物,用作吉祥的象征。《说文·龙部》:"龙(龙),鳞虫之长,能幽能明,能细能巨,能短能长。春分而登天,秋分而潜渊,从肉飞之形。"③传说中的龍有鳞有爪,能飞,能游,春分时节飞上九天,秋分时节潜入深渊。据史书记载,汉民族崇拜的人文始祖"女娲"人头蛇身,"伏羲"也是"人头蛇身"④,先民将龙想象为蛇身,或许出于同一种对蛇图腾崇拜的原因。"龙"作为中华民族的象征,今天称中华民族是"龙"的传人或许正源于此。

① 《十三经注疏·毛诗正义》,中华书局 1980 年版,第 279 页。
② 明·贺复征:《文章辨体汇选》卷七百七十六,《景印文渊阁四库全书》,台北商务印书馆 1986 年版。
③ 汉·许慎:《说文解字》,中华书局 1963 年版,第 245 页。
④ 见汉·王逸:《楚辞章句》卷三,《艺文类聚》卷十七,《景印文渊阁四库全书》,台北商务印书馆 1986 年版。

相传龙有五种，与方位相配。东方曰苍龙（也称青龙），南方为赤龙，西方为白龙，北方为黑龙，中央为黄龙，以黄龙为长①。《史记·封禅书》记载："秦始皇既并天下而帝，或曰：'黄帝得土德，黄龙地蚓见；夏得木德，青龙止于郊，草木畅茂；殷得金德，银自山溢；周得火德，有赤乌之符。今秦变周，水德之时。昔秦文公出猎，获黑龙，此其水德之瑞。'于是秦更命河曰'德水'，以冬十月为年首，色上黑，度以六为名，事统上法。"②

古人认为，龙为祥瑞之物，代表着天命。君王亦受命于天，每逢改朝换代，龙必出现，以为瑞兆，或许正是这种原因。自周朝以来，龙一直是君主帝王的象征和化身。《吕氏春秋·介立》："晋文公反国，介子推不肯受赏，自为赋诗曰：'有龙于飞，周遍天下；五蛇从之，为之丞辅。龙反其乡，得其处所；四蛇从之，得其露雨。'"高诱注："龙，君也，以喻文公；五蛇，以喻赵衰、狐偃、贾他、魏犨、介子推也。"③

所以，帝王即位称龙飞、龙兴。《周易·乾》："九五，飞龙在天，利见大人。"孔颖达疏："言九五阳气盛，至于天，故云飞龙在天。此自然之象，犹若圣人有龙德，飞腾而居天位，德备天下，为万物所瞻睹，故天下利见此居王位之大人。"④"龙飞"即飞龙在天，飞龙在天，正是播云布雨，大展宏图之时，所以用来喻称帝王登基。《三国志·蜀书》："高祖龙兴，尊王子弟，大启九国，卒斩诸吕，以安太宗。""龙兴"指汉高祖登基称帝。

秦汉后，"龙"更成为帝王的专称。于是，帝王的车称龙车，乘的舟称龙舟、龙船，睡觉的床称龙床，穿的朝服称龙衮，子孙可以称龙子、龙孙、龙种……

传说中的龙不同于麒麟、凤凰等灵禽神兽的最主要的一点是，它不仅是祥瑞之物，还能兴云降雨。所以古代天旱时，都要向龙求雨。甲骨文就有作龙求雨的记载："其作龙于凡田

图 17-3　龙

又雨。""十人又五□□龙□田 又雨。"⑤说明早在殷商时期，向龙求雨的习俗就已经比较普遍

① 汉·董仲舒：《春秋繁露》卷十六，《景印文渊阁四库全书》，台北商务印书馆 1986 年版。
② 汉·司马迁：《史记》卷二十八，中华书局 1959 年版，第 1366 页。
③ 《诸子集成·吕氏春秋》，中华书局 1954 年版，第 117 页。
④ 《十三经注疏·周易正义》，中华书局 1980 年版，第 2 页。
⑤ 《甲骨文合编》10.2990；9.27021，中华书局

了。其后形式越发复杂多样，汉董仲舒《春秋繁露》记载"春旱求雨……为大苍龙一，长八丈，居中央；为小龙七，各长四丈，于东方。皆东乡，其间相去八尺。""夏求雨……为大赤龙一长，七丈居中央，义为小龙六，长各三丈五尺，于南方，皆南乡其间相去七尺…… 以戊巳日为大黄龙一，长五丈，居中央；又为小龙四，各长二丈五尺，于南方，皆南乡，其间相去五尺。"①今天遍布中华各地的龙王庙都是当年祭祀求雨的遗迹。

9. 龜(龟)

"龟"字的甲骨文构形作"龟""龟"，篆书作"龜"，象乌龟的形状，本义即爬行动物乌龟。龟的一个显著特点是生命力强，可活数百岁，上古即被当作"灵物"之一。《礼记·礼运》："麟凤龟龙，谓之四灵。"②宋李昉等《太平御览·鳞介部三》："灵龟者，玄文五色，神灵之精也。上员法天，下方法地，能见存亡，明于凶吉。""上员（圆）法天"，是说龟的背甲圆形隆起，象天；"下方法地"，是说龟的腹甲，呈方形，象地。"龟之言久也，千岁而灵，此禽兽而知吉凶者也。"③正因为龟象天法地，且年寿千岁，阅尽沧桑，所以古人认为它能预见人世间的吉凶存亡，因此用来占卜预测，称其为"灵龟""神龟"。殷商以来，无论是国家大事还是个人私事，事先都要进行占卜，龟甲则是占卜的必备之物。《诗经·大雅·绵》："周原膴膴，堇荼如饴。爰始爰谋，爰契我龟。曰止曰时，筑室于兹。"郑玄注："契灼其龟而卜之。"即周文王的祖父古公亶父来到岐山后，刻龟占卜，根据占卜的提示，最后定居周原。这是用占卜来决定国家大事。私人小事也要用占卜来决定，《诗经·卫风·氓》："尔卜尔筮，体无咎言。以尔车来，以我贿迁。"毛传："龟曰卜，蓍曰筮。"④意谓女子告诉男子占卜后再来娶妻。

此外，龟被认为是"灵龟"，还与"洛书"有些关系。《周易·系辞上》："天垂象，见吉凶，圣人象之；河出图，洛出书，圣人则之。"⑤"洛书"，一说即洪范九畴，即龟背上的纹理，是天授的神物，由玄龟从洛水中驮上来。《艺文类聚·祥瑞下》："尧沉璧于洛，玄龟负书出，背甲赤文成字，止坛。"《尚书·洪范》："天乃锡禹洪范九畴，彝伦攸叙。"孔安国传："天与禹洛出书，神龟负文而出，列于背，有数至于九。"⑥

龟作为神龟、灵龟，在中华传统文化中有很高的地位。据《尔雅》记载，龟有十种之多："一曰神龟，二曰灵龟，三曰摄龟，四曰宝龟，五曰文龟，六曰筮龟，七曰山龟，八曰泽龟，九曰水龟，十曰火龟。"⑦《礼记·礼器》记载，因为龟可预知吉凶，所以"诸侯以龟为宝，以圭为瑞"⑧。神龟、灵龟是国家的宝器，所以古代常把龟与玉并称，代指国家重器。《论语·季氏》："虎兕出于柙，龟玉毁于椟中，是谁之过与？"⑨《史记·龟策列传》记载："神龟出于江水中，庐江郡常岁时生龟长尺二寸者二十枚输太卜官。太卜官因经吉日剔取其腹下甲。龟千岁乃满

① 汉·董仲舒：《春秋繁露》卷十六，《景印文渊阁四库全书》，台北商务印书馆1986年版。
② 《十三经注疏·礼记正义》，中华书局1980年版，第197页。
③ 宋·李昉等：《太平御览》《景印文渊阁四库全书》，台北商务印书馆1986年版。
④ 《十三经注疏·毛诗正义》，中华书局1980年版，第242、56页。
⑤ 《十三经注疏·周易正义》，中华书局1980年版，第70页。
⑥ 《十三经注疏·尚书正义》，中华书局1980年版，第75页。
⑦ 《十三经注疏·尔雅注疏》，中华书局1980年版，第75页。
⑧ 《十三经注疏·礼记正义》，中华书局1980年版，第203页。
⑨ 《十三经注疏·论语注疏》，中华书局1980年版，第64页。

尺二寸,王者发军行将,必钻龟庙堂之上,以决吉凶。今高庙中有龟室,藏内以为神宝。"[①]

即使平民百姓,也非常喜爱龟。《史记·龟策列传》:"能得名龟者,财物归之,家必大富至千万。一曰兆斗龟,二曰南辰龟,三曰五星龟,四曰八风龟,五曰二十八宿龟,六曰日月龟,七曰九州龟,八曰玉龟。凡八名龟,龟图各有文在腹下,文云云者,此某之龟也。略记其大指,不写其图。取此龟不必满尺二寸,民人得长七八寸,可宝矣。"[②]

宋代大诗人陆游晚年自号"龟堂"。据说其取"龟"字意义有三,一为龟贵,二为龟闲,三为龟长寿。所以古代称人长寿为"龟寿""龟龄"。

由于龟上下都有甲壳,不易观察,古人认为龟都是雌性。《说文·龟部》:"龟,旧也。外骨内肉者也。从它,龟头与它头同。天地之性,广肩无雄,龟鳖之类以它为雄,象足甲尾之形。"[③]"它"即"蛇"字初文,龟头与蛇头相同,龟也以蛇为雄性,龟要产卵,必须与蛇交配。所以古代作为北方太阴之神的"玄武"是蛇盘绕在龟背上,与龟交尾的形象。所以古代名物及语言中,"龟蛇"常连用:《周礼·春官·司常》:"司常掌九旗之物名,各有属以待国事。日月为常,交龙为旂,通帛为旃,杂帛为物,熊虎为旗,鸟隼为旟,龟蛇为旐。"[④]《释名·释用器》:"龟蛇为旐,旐,兆也。龟知气兆之吉凶,建之于后,察度事宜之形兆也。"[⑤]柳宗元《送娄图南秀才游淮南将入道序》:"深山之木石,大泽之龟蛇,皆老而久,于其道何如也?"

图 17-4　玄武

10. 燕

"燕"字的小篆构形作"燕",象燕子的形状。《说文·燕部》:"燕,玄鸟也。籋口,布翄,枝尾,象形。"[⑥]"玄鸟"即黑色的鸟。《尔雅·释鸟》:"燕燕,鳦。"郭璞注:"《诗》云:'燕燕于飞。'一名玄鸟,齐人呼鳦。"邢昺疏:"燕燕,即今之燕,古人重言之。以其玄色,故谓之玄鸟。"[⑦]

相传商朝的始祖契的母亲是吞了燕子卵以后而怀孕生的契。《诗经·商颂·玄鸟》:"天

①　汉·司马迁:《史记》卷一百二十八,中华书局 1959 年版,第 3227 页。
②　汉·司马迁:《史记》卷一百二十八,中华书局 1959 年版,第 3226 页。
③　汉·许慎:《说文解字》,中华书局 1963 年版,第 285 页。
④　《十三经注疏·周礼注疏》,中华书局 1980 年版,第 188 页。
⑤　王先谦:《释名疏证补》,上海古籍出版社 1984 年版,第 353 页。
⑥　汉·许慎:《说文解字》,中华书局 1963 年版,第 245 页。
⑦　《十三经注疏·尔雅注疏》,中华书局 1980 年版,第 82 页。

命玄鸟,降而生商,宅殷土芒芒。"毛传:"玄鸟,鳦也。春分玄鸟降,汤之先祖有娀氏女简狄配高辛氏帝,帝率与之祈于郊禖而生契,故本其为天所命,以玄鸟至而生焉。"郑玄笺:"谓鳦遗卵,娀氏之女简狄吞之而生契,为尧司徒,有功,封商。尧知其后将兴,又锡其姓焉,自契至汤,八迁始居亳之殷地而受命。国日以广大芒芒然。汤之受命,由契之功,故本其天意。"①于是燕子就成了殷商的始祖。当然,作为殷商的后人而言,认为燕子传授的只是天意而已,殷商王朝的建立自然也是秉承天命,君权神授。

燕子是候鸟,每年春天飞来中原地区。而春天是万物萌生的季节,所以称燕子为开春之候鸟。燕来之日,新婚妇女都要到郊外,祭祀高禖以求子。这就是古人春分之日到郊外祭祀求子的风俗。这种风俗起于什么时候?说法并不一致。《礼记·月令》记载:"是月也,玄鸟至。至之日,以太牢祠于高禖,天子亲往,后妃帅九嫔御。"郑玄注:"玄鸟,燕也。燕以施生时来巢人堂宇而孚乳,嫁娶之象也,媒氏之官以为候。高辛氏之世,玄鸟遗卵,娀简吞之而生契,后王以为媒官嘉祥而立其祠焉,变媒言禖,神之也。"依郑玄的意思,因为燕子是春天这个"施生之时"飞到人家的堂宇生养小燕的,与人类嫁娶之意相象,于是媒氏之官就把燕子飞来的时候作为祭祀高禖求子的日子。因为高辛氏的妃子简狄在春天燕来时吞了燕子的卵而生了契,非常灵验,于是后代君王就为高辛氏立祠,把他作为"媒神"来祭祀。"媒"改为从"示"的"禖"字,称"高禖",是为了表明这件事当初与上帝有关,要"以之为神"。还有另外一种说法,"高禖"的"高"不是"高辛氏"的"高",而是"尊"的意思,"高禖"即"先禖之神","高"是"尊之之称"。即早在高辛氏妃子简狄吞食燕卵之前就存在了②。

所以在中华传统文化中,燕子往往代表着生机。自古至今,无论尊贵贫贱,人人都喜欢让燕子来自家厅堂屋宇上作窝,即使有燕子的粪便羽毛撒落一地也没有怨言。唐代诗人刘禹锡的名作《乌衣巷》中,曾用燕子的去留来象征家国的兴衰:"朱雀桥边野草花,乌衣巷口夕阳斜。旧时王谢堂前燕,飞入寻常百姓家。"堂前燕子飞入寻常百姓家,意谓当年不可一世的王谢大族早已生机不再,也寄寓着家国兴衰、王朝更替之慨。

11. 鹤

"鹤"字的小篆构形作"𪇰",三国吴人陆玑《毛诗草木鸟兽虫鱼疏》卷下:"鹤形状大如鹅,长三尺,脚青黑,高三尺余。赤顶,赤目,喙长四寸,余多纯白。亦有苍色,苍色者,人谓之赤颊。常夜半鸣……其鸣高亮,闻八九里。"③古人赋予鹤的文化色彩有很多。

鹤形体健美,生性喜水,常活动在水边沼泽地带,因而被认为是隐居贤者的形象。《诗经·小雅·鹤鸣》:"鹤鸣于九皋,声闻于野。"毛传:"皋,泽也。言身隐而名著也。"孔颖达认为:"鹤鸣于九皋之中,其声闻于外方之野。鹤处九皋,人皆闻之。以兴贤者隐于幽远之处,其名闻于朝之间。"④

古代隐者常以鹤自比。《世说新语·排调》记载了一个小故事:晋代名士陆云与荀隐素不相识,有一次在司空张华(茂先)处相会了。张华认为二人都有大才华,今日相遇,可以不

———————————

① 《十三经注疏·毛诗正义》,中华书局 1980 年版,第 354～355 页。

② 《十三经注疏·礼记正义》,中华书局 1980 年版,第 133 页。

③ 吴·陆玑:《毛诗草木鸟兽虫鱼疏》卷下,《景印文渊阁四库全书》,台北商务印书馆 1986 年版。

④ 《十三经注疏·毛诗正义》,中华书局 1980 年版,第 165 页。

说口语白话。陆云自我介绍说："云间陆士龙。"荀隐回答说："日下荀鸣鹤"。"鸣鹤"是荀隐的字。"云间陆士龙"与"日下荀鸣鹤"两句平仄相间相对，声调和谐，对仗工稳。"云间"是陆士龙的故乡——华亭的别称，"日下"本是天子所处之地——京城的代称，因为荀隐是颍川人，建安元年曹操迎汉献帝建都许昌，许昌汉代属颍川郡，所以用"日下"来代称[①]。荀隐字鸣鹤，也表明鹤在古人心目中隐逸清高的文化色彩。

宋代钱塘名士林逋，幼孤，好学，不出仕为官。在西湖孤山结庐隐居二十余年，从未涉足城中闹市。林逋终生不娶，无子女。住处周围多种梅、养鹤。泛舟西湖时，有客人来，就放鹤迎接，时人称之"梅妻鹤子"[②]。此外，古代隐者常以"闲云野鹤"自称，表明对无拘无束，随心所欲的理想追求。

鹤寿命长，《淮南子·说林训》："鹤寿千岁，以极其游。"[③]所以古人视之为"仙禽"，俗称"仙鹤"。于是汉语中颂人长寿为"鹤寿""鹤龄"。白鹤羽毛通体洁白，又长寿，所以汉语中称老年人头发白为"鹤发"。称年老头白但面色红润健康为"鹤发童颜"。

旧题汉刘向《列仙传》记载："王子乔者，周灵王太子晋也。好吹笙，作凤凰鸣。游伊洛之间，道士浮丘公接以上嵩高山。三十余年后，求之于山上，见桓良曰：'告我家，七月七日待我于缑氏山巅。'至时果乘白鹤驻山头，望之不得到，举手谢时人，数日而去。"[④]因为王子乔是周灵王太子，所以汉语中称太子座驾为"鹤驾"。

白鹤潇洒脱俗，又善飞翔，古人以为是得道成仙者升天所乘。唐欧阳询《艺文类聚·鸟部》："《相鹤经》曰：鹤，阳鸟也，而遊于阴。盖羽族之宗长，仙人之骐骥也。""仙人之骐骥"，即仙人所乘之良马。"《述异传》曰：荀环事母孝，好属文及道术。潜栖却粒。尝东游，憩江夏黄鹄楼上，望西南有物飘然降自霄汉。俄顷已至，乃驾鹤之宾也。鹤止户侧，仙者就席，羽衣虹裳，宾主欢对，辞去，跨鹤腾云，眇然烟灭。"[⑤]"羽衣虹裳"的仙者驾鹤来，又乘鹤离去，古代文人隐士羡慕修道成仙，所以称"去世"为"驾鹤西去""驾鹤西游"。

在禽鸟中，鹤高大健美，尤其是丹顶鹤更加潇洒漂亮，因而自古受到人们喜爱。《左传·闵公二年》记载："十二月，狄人伐卫。卫懿公好鹤，鹤有乘轩者。将战，国人受甲者皆曰：'使鹤，鹤实有禄位，余焉能战？'"[⑥]"轩"是大夫乘坐的车子。鹤可以被人喜欢，但卫懿公把鹤当大夫一样对待，就过分了，故而引起了将士的不满。三国吴人陆玑在《毛诗草木鸟兽虫鱼疏》中记载："今吴人圈囿中及士大夫家皆养之。"可以看出在当时鹤确实受人喜爱。

鹤喜欢在半夜鸣叫，且鸣声嘹亮。所以王充在《论衡·变动》中称："夜及半而鹤唳，晨将旦而鸡鸣。"[⑦]宋乐史《太平寰宇记·江南东道》："《舆地志》云，吴大帝以汉建安中封陆逊华亭侯，即以其所居为封。谷出佳鱼，莼菜，又多白鹤清唳。"晋代名士陆机、陆云兄弟在此地生活了二十多年，陆机受谗遇害时，慨叹："华亭鹤唳岂可复闻乎？"表现出对鹤鸣和华亭生活的深

---

① 余嘉锡：《世说新语笺疏》，中华书局1983年版，第789页。

② 《宋诗钞》卷十三，《景印文渊阁四库全书》，台北商务印书馆1986年版。

③ 《诸子集成·淮南子》，中华书局1954年版，第300页。

④ 旧题汉刘向：《列仙传》卷上，《景印文渊阁四库全书》，台北商务印书馆1986年版。

⑤ 唐·欧阳询：《艺文类聚》卷九十，《景印文渊阁四库全书》，台北商务印书馆1986年版。

⑥ 《十三经注疏·春秋左传正义》，中华书局1980年版，第85页。

⑦ 《诸子集成·论衡》，中华书局1954年版，第146页。

深眷恋。于是后人常用"华亭鹤唳"表示清静悠美的隐逸生活和对此种生活的向往①。

鹤善于鸣叫,鸣声能传八九里,远方人也能听到。《晋书·谢玄传》记载,东晋谢玄率师与前秦苻坚在淝水交战,"坚众奔溃,自相蹈藉,投水死者不可胜计,肥(淝)水为之不流。余众弃甲宵遁,闻风声鹤唳,皆以为王师已至。草行露宿,重以饥冻,死者十七八"②。于是"风声鹤唳"就成了胆怯心虚,自相惊扰的形象写照。

图 17-5　鹤鸣朝阳

　　① 宋·乐史:《太平寰宇记·江南东道》,《景印文渊阁四库全书》,台北商务印书馆 1986 年版。
　　② 唐太宗:《晋书》卷七十九,《景印文渊阁四库全书》,台北商务印书馆 1986 年版。

第十八章　时令节庆篇

时令是先民在长期的生产和生活中所形成的对大自然的气候变化及其带来的各种生物的繁衍生息规律的认识。早在新石器时期，农业生产就成为汉民族最主要的社会生产方式，成为先民衣食生存的基础。农业对于季节气候的依赖促使先民细致观察和分析物候现象，总结规律，并用于农业生产上。此外，先民常常把物候节令的变化同当时的文化联系在一起，极富民族文化特色。

清人马骕《绎史》中说："春为忠，东方为春。春，动也。是故鸟兽孕宁，草木华生，万物咸遂，忠之至也；夏为乐，南方为夏。夏，兴也。南，任也。是故万物莫不任兴，蕃殖充盈，乐之至也；秋为礼，西方为秋。秋，肃也。万物莫不礼肃，敬之至也；冬为信，北方为冬。冬，终也。阴阳之交，接万物之始，信之至也。"[①]

为了适应四季的变化，更好地避祸求福，感谢大自然的恩赐，各种富有特色的民俗庆祝活动便产生了，并逐渐扩展开来，一直流传至今，成为中华传统文化的一个重要的组成部分。上古时期这些文化信息，在汉字构形中也多有体现。

1. 春

"春"字的甲骨文构形作"𣛜""𣚼"，由"𣎳""𣏾"（草、木）"⊙"（太阳）和"𡳿"（屯，草木嫩芽破土而出，芽叶未分之形）构成。篆书作"𣿉"。《说文·艸部》："春，推也。从艸，从日。艸春时生也，屯声。臣锴曰：春，阳也，故从日；屯，草生之难也，故云亦声。"[②]"𣛜"字的构形象在阳光照耀下，草木嫩芽刚刚冲破阻碍生长出来，用这种形象来表示每年草木破土而出的季节——春天，非常生动。许慎用"推"来解释春的意思，是说草木嫩芽冒出时要挤开周围的阻碍，以说明"春"得名的原因。《公羊传·隐公元年》："春者何？岁之始也。"何休注："春者，天地开辟之端，养生之首，法象所出，四时本名也。昏，斗指东方曰春，指南方曰夏，指西方曰秋，指北方曰冬。"[③]"四时"即四季，上古以岁星（北斗星）方位定四季，黄昏时，斗柄向东为春季，向南为夏季，向西为秋季，向北为冬季。古人认为，五色以青为春，五行以木为春，方位以东为春，五音以角为春。

"春"表示季节，包括农历正月、二月和三月。古人习惯用孟、仲、季来表示次序。所以有孟春、仲春、季春的叫法。据《礼记·月令》记载："孟春之月……立春之日，天子亲帅三公九卿诸侯大夫以迎春于东郊，还反赏公卿诸侯大夫于朝……天子乃以元日祈谷于上帝……率

---

① 清·马骕：《绎史》卷一百十五，《景印文渊阁四库全书》，台北商务印书馆 1986 年版。
② 汉·许慎：《说文解字》，中华书局 1963 年版，第 27 页。
③ 《十三经注疏·春秋公羊传注疏》，中华书局 1980 年版，第 2196 页。

三公九卿诸侯大夫躬耕帝籍田。""仲春之月……玄鸟至。至之日，以太牢祠于高禖，天子亲往，后妃帅九嫔御……祀不用牺牲，用圭璧，更皮币。""季春之月……天子布德行惠，命有司发仓廪，赐贫穷，振乏绝。"①

"春"是一年四季之始，故常用来代指一年。李白《答湖州迦叶司马问白是何人》："青莲居士谪仙人，酒肆藏名三十春。湖州司马何须问？金粟如来是后身。"三十春即三十年。范仲淹《陶唐氏》诗："纯衣黄冕历星辰，白马彤车一百春。莫道茅茨无复见，古今时有致尧人。""一百春"即一百年，极言其久。

春天是万物生机勃勃的季节，所以常用"春"代指生机。刘禹锡《酬乐天扬州初逢席上见赠》："沈舟侧畔千帆过，病树前头万木春。""万木春"即万木葱茏，生机无限。

由季节引申喻人，人一生中生机最旺盛的时期叫"青春"。青春时期也是人走向成熟的时期，所以又用春代指"情欲"。《诗经·召南·野有死麕》："有女怀春，吉士诱之。"怀春即思春，思慕恋爱配偶。于是怀春之女称"春女"，怀春之心称"春心"。《淮南子·缪称训》："春女思，秋士悲，而知物化矣。"《诗经·豳风·七月》郑玄注："春女感阳气而思男，秋士感阴气而思女，是其物化。"李白《江夏行》："忆昔娇小姿，春心亦自持。为言嫁夫婿，得免长相思。""春情""春意"常用来指男女间的柔情蜜意。宋孟元老《东京梦华录》卷六："别有深坊小巷，绣额珠帘，巧制新妆，竞夸华丽。春情荡扬，酒兴融怡。雅会幽欢，寸阴可惜。"孟浩然《春怨》："佳人能画眉，妆罢出帘帷。照水空自爱，折花将遗谁？春情多艳逸，春意倍相思。愁心极杨柳，一种乱如丝。"

2. 年

春季最重要的节日就是"春节"，俗称"过年"。"年"字甲骨文构形作"𠂤""𠂤"，上半部分是"禾苗"和下垂的"穗"，象稻谷成熟；下半部分是"人"，整个构形象人背着成熟的庄稼，表示五谷成熟。所以"年"的本义是五谷成熟。《说文·禾部》："年，谷熟也。从禾，千声。春秋传曰：'大有年。'"②《春秋左传正义·桓公三年》："冬，齐侯使其弟年来聘。有年。"杜预注："五谷皆熟，为有年。"孔颖达疏："年训为稔，谓岁为年者，取其岁谷一熟之义……《穀梁传》曰：'五谷皆熟为有年，五谷大熟为大有年。'"③

上古种植五谷，每年成熟一次。所以古人又把五谷从种到收这一个时间段称做一年。《尔雅·释天》："载，岁也。夏曰岁，商曰祀，周曰年。"郭璞认为：夏代所以称"岁"，是"取岁星行一次"的意思；商代所以称"祀"，是"取四时(季)一终"的意思，周代所以叫"年"，是"取禾一熟"的意思④。按照郭璞的观点，在表示时段的意思时，"载""岁""祀""年"是相同的。尽管名称不同，但意思相同，且各有其成因和理据。需要注意的是，用"年"作为计量时段的名称，是从周代开始的。《孟子·梁惠王上》："明君制民之产，必使仰足以事父母，俯足以畜妻子；乐岁终身饱，凶年免于死亡。然后驱而之善，故民之从之也轻。"⑤"乐岁"指丰收的年头，"凶年"

---

① 《十三经注疏·礼记正义》，中华书局 1980 年版，第 1355 页。
② 汉·许慎：《说文解字》，中华书局 1963 年版，第 146 页。
③ 《十三经注疏·春秋左传正义》，中华书局 1980 年版，第 1746 页。
④ 《十三经注疏·尔雅注疏》，中华书局 1980 年版，第 2608 页。
⑤ 《十三经注疏·孟子注疏》，中华书局 1980 年版，第 2671 页。

是歉收的年份。

　　引而申之，"年"又可以指"岁数""寿命"。《战国策·赵策四》："太后曰：'敬诺。年几何矣？'对曰：'十五岁矣。虽少，愿及未填沟壑而托之。'"①"年"指岁数。《诗经·小雅·鸳鸯》："君子万年，福禄宜之。"郑玄笺："君子谓明王也，交于万物，其德如是，则宜寿考受福禄也。"孔颖达疏："君子明王交于万物之德如是，则万年之寿及福禄并皆宜归之也。"②"年"指寿命。

　　"年"既然表示收获五谷，辛苦劳作了一年到了收获的时候，自然要好好庆贺一番。同时，"年"既是旧岁之终，又是新岁之始，于是"年"就成为汉民族最重要的节日之一。夏历每年的最后一天晚上称"除夜""除夕"，取"月穷岁尽""除旧布新"之意。无论富贵贫贱，家家户户都要打扫房屋庭院，祭祀祖宗神灵。然后全家人围坐一起，吃团圆饭，又称年夜饭。午夜接神以后才能入睡，叫守岁。据梁宗懔《荆楚岁时记》记载，正月一日即大年初一，是一年的开始，要"鸡鸣而起"，民间称"起五更"。"先于庭前爆竹以辟山臊恶鬼"。《荆楚岁时记》引《神异经》称：西方山中有一种人，名叫山臊，身高仅一尺多，一只脚，不怕人，人如果冒犯了他，就犯寒热，生病。为了驱逐他，人们就把竹桶放到火中烧，竹子燃烧发出噼噼啪啪的爆裂声，就把山臊吓跑了……爆竹也便由此得名，时至今日，年初一人们起床后的第一件事就是燃放烟花爆竹。

　　然后是"帖画鸡或斫镂五采及土鸡于户上；造桃板着户，谓之仙木，绘二神，贴户左右，左神荼，右郁垒，俗谓之门神"。在门上贴上鸡和门神的画像或是挂上刻在木板上的鸡和门神的形象，都是为了驱鬼。相传"桃都山有大桃树，盘屈三千里，上有金鸡，日照则鸣。下有二神，一名郁，一名垒，并执苇索以伺不祥之鬼，则杀之。"③《论衡·订鬼》中也有记载，称："《山海经》又曰，沧海之中有度朔之山，上有大桃木，其屈蟠三千里，其枝间东北曰鬼门，万鬼所出入也。上有二神人，一曰神荼，一曰郁垒，主阅领万鬼。恶害之鬼，执以苇索而以食虎。于是黄帝乃作礼，以时驱之，立大桃人，门户画神荼、郁垒与虎，悬苇索以御凶魅。有形，故执以食虎。"④据此，以制桃人，挂门神、悬苇索来驱鬼的习俗始于黄帝，后在中原地区广泛流行。

　　最早的门神是"神荼""郁垒"，唐代又换成了唐开国将军秦琼和尉迟恭。相传唐太宗因邪祟而患病，于是秦琼和尉迟恭二人日夜镇守宫门，邪祟就平息了。为了长久安宁且免除秦琼和尉迟恭镇守宫门的劳苦，太宗就命令画师画了二人的像贴在宫掖的左右门上。后民间效仿，于是秦琼和尉迟恭便取代了神荼和郁垒成为了驱鬼避邪的门神。此外，相传唐玄宗曾在除夕夜梦见能捉小鬼的"钟馗"，醒后命画工吴道子按照唐玄宗的记忆画成钟馗捉鬼的图像，后来钟馗的画像也就成了"门神"⑤。古人使用这种画或刻在桃木板上的门神画像，目的是镇鬼驱邪，所以称之为"桃符"。

　　五代时起开始在桃符上题写喜庆的话，上下相对，称"联语"。《宋史·世家二·西蜀孟氏》："每岁除日，命翰林为词，题桃符，正旦，置寝门左右。末年，学士幸寅逊撰词，昶以其非工，自命笔题云：'新年纳余庆，嘉节号长春。'昶以其年正月降王师，即命吕余庆知成都府，而

────────────────

① 汉·刘向：《战国策》，上海古籍出版社 1985 年版，第 769~770 页。
② 《十三经注疏·毛诗正义》，中华书局 1980 年版，第 480 页。
③ 梁·宗懔：《荆楚岁时记》《景印文渊阁四库全书》，台北商务印书馆 1986 年版。
④ 《诸子集成·论衡》，中华书局 1954 年版，第 221 页。
⑤ 参见《御定月令辑要》卷五，《景印文渊阁四库全书》，台北商务印书馆 1986 年版。

图 18-1 门神

长春乃太祖诞圣节名也。"①宋代这种在桃符上题"联语"的风俗十分盛行。宋朝名相王安石曾作《元日》诗:"爆竹声中一岁除,春风送暖入屠苏。千门万户瞳瞳日,争插(一作"总把")新桃换旧符。""放爆竹、喝屠苏酒、新桃换旧符"记录了当时过年的景象,自然也寓含着作者政治改革的理想和决心。明代开始把这种"联语"写在纸上,始称"春联",延续至今。这样的孟昶的"新年纳余庆,嘉节号长春"便是有记录的最早的"春联"。宋代由贴门神还发展出贴年画的风俗,也一直延续至今。

图 18-2 放爆竹

"悬苇索"即把用蒲苇编成的绳子于年节时悬挂在大门上,用来驱鬼避邪。因为相传神荼、郁垒,曾经用苇索把"恶害之鬼"捆起来喂老虎,是恶鬼惧怕的东西。这种风俗也一直延续到现代。

此外,喝屠苏酒也是古代过年(元日)必不可少的事情。"屠"的意思是"屠绝鬼气","苏"的意思是"苏醒人魂",所以过年喝屠苏酒,可除去一年的瘟气。相传屠苏酒的配方是神医华佗配制的。由赤木桂心、防风、菝葜、蜀椒、桔梗、大黄、乌头、赤小豆等多味中药材配伍,装在红色的三角形布袋中,除夕夜悬到井底,年初一清晨取出来,放在酒中煎煮,全家人面向东,

———————————

① 元·托克托:《宋史·世家二》,《景印文渊阁四库全书》,台北商务印书馆 1986 年版。

从少至长,依第饮之。药渣还投到井中,年年饮井中水,一生无病。依礼,饮酒应先敬年长者,但为什么过年的屠苏酒先让年幼的喝呢?古人认为,对于年幼的孩子来说,过一年就长大一岁,值得庆贺;而对于老年人来说,过一年生命就少了一岁,所以要后饮[1]。

此外,祭祖宗、拜大年、吃饺子、串亲戚等等,都是传统过年的习俗,而不同地域亦各具特色,不胜枚举。

正月十五为元宵节,又称上元节、元夕、灯节,民间称"闹元宵"。"元"的甲骨文构形作"兀",本义是人头,引申指"第一个";"夕"与"宵"均指夜晚,"元宵节"即在新年第一个月圆之夜举行的欢庆活动。相传元宵节起源于汉代,至唐代已盛行。白居易《白孔六帖》卷四中已有"正月十五为上元"的记载。

元宵夜的主要庆祝活动之一是"观灯",从帝王到百姓,从宫中到街市,无不张灯结彩,热闹非凡。

《旧唐书·中宗本纪》记载:"四年春……上元夜,帝与皇后微行观灯,因幸中书令萧至忠之第。是夜,放宫女数千人看灯。"[2]

宋祝穆《古今事文类聚·前集》卷七:"唐朝正月十五夜,许三夜夜行,其寺观街巷,灯明若昼,山棚高百余尺。神龙以后复加严饰,士女无不夜游,车马塞路,有足不蹑地浮行数十步者。"[3]

"数千宫女观灯","灯明若昼,山棚高百余尺","士女无不夜游",以至于"车马塞路",甚至"有足不蹑地浮行数十步者"。即脚不着地让人群拥挤着前行几十步。可见场面之宏伟。宋代的元宵灯会在规模、时间和灯饰的精美方面都胜过唐代。唐代的灯会是正月十五前后各一日,宋代又向后延长了两天,到十八日,明代则从初八开始,一直到十八,整整十天。

宋代大词人辛弃疾用词的形式记录了正月十五元宵灯会的繁华热闹景象:"东风夜放花千树,更吹落,星如雨。宝马雕车香满路,凤箫声动,玉壶光转,一夜鱼龙舞。蛾儿雪柳黄金缕,笑语盈盈暗香去。众里寻他千百度,蓦然回首,那人却在,灯火阑珊处。"[4](《青玉案·元夕》)收尾四句"众里寻他千百度,蓦然回首,那人却在,灯火阑珊处",描写了作者所追寻的却是不慕繁华,冷寂孤傲的"美人","灯火阑珊"的清寂与前面的极度繁华形成鲜明强烈的对比,寄寓颇深,是千古流传的名句。

除了观灯,还有一项主要的活动是吃元宵。元宵本叫"圆子",也叫"汤圆",因为在元宵节这天食用,所以又叫元宵。一般是用糯米粉裹上各种馅制成。据说吃元宵的风俗始于宋代,一直流传至今。

除了观花灯,吃元宵之外,民间还有舞狮子,踩高跷等活动。

季春三月,民间有"寒食"的风俗。梁宗懔《荆楚岁时记》记载:"冬至一百五日即有疾风甚雨,谓之寒食,禁火三日。"[5]据农历推算,一般在清明前二日过寒食节。"寒食"顾名思义,即不生火做饭,吃冷食。究其原因,民间传说是为了纪念介子推。春秋时期晋国大夫介子推

---

① 参见明·李时珍:《本草纲目》卷二十五;梁·宗懔《荆楚岁时记》《景印文渊阁四库全书》,台北商务印书馆1986年版。
② 后晋·刘昫:《旧唐书》卷七,《景印文渊阁四库全书》,台北商务印书馆1986年版。
③ 宋·祝穆:《古今事文类聚》卷七,《景印文渊阁四库全书》,台北商务印书馆1986年版。
④ 宋·辛弃疾:《稼轩词》卷三,《景印文渊阁四库全书》,台北商务印书馆1986年版。
⑤ 梁·宗懔:《荆楚岁时记》《景印文渊阁四库全书》,台北商务印书馆1986年版。

（一作介之推）辅佐晋公子重耳出游，在重耳衣食无着、最困难的时候，曾"割股啖君"，即割下自己大腿上的肉做熟后给重耳吃。重耳在外流亡十九年后回到晋国，做了国君，即晋文公。遍赏当年跟随其流亡的人员，却忘记了介子推。介子推认为，重耳回国为君是天意而非人力，不满意当时晋文公赏赐群臣和群臣理所当然地接受赏赐的现状，于是同母亲一起逃到绵山隐居。晋文公听说后，下令寻找介子推而不得，就听从臣下建议，放火烧山。最后在山顶一棵大树下发现了已被烧死的介子推及其母亲。文公痛悔不已，下令在介子推遇难的前后三天，晋国全国禁火，以纪念介子推。于是全国上下都不生火做饭，吃提前做好的冷食充饥。后相沿成俗，称"寒食禁火"。

据《周礼·司烜氏》记载，"中春以木铎修火禁于国中"。郑玄注："为季春将出火也。火禁谓用火之处及备风燥。"①"中春"即仲春，"出火"指三月初，大火星开始出现，而人世间正是天干物燥之时，要注意防火，所以要禁火。寒食正是仲春之末，所以要禁火，吃冷食。由此看来，禁火是周代的旧制度，是为了防止在天气干燥的时候发生火灾。但民间百姓更愿意相信吃"寒食"是为了纪念忠义的介子推。

寒食过后就是清明节。宋孟元老《东京梦华录》："清明日……凡新坟皆用此日拜扫。"②清明节最主要的活动就是上坟扫墓，祭祀先人，一直延续至今。此外，还有踏青郊游，打马球，放风筝，荡秋千，斗鸡，拔河等风俗。

3. 夏

"夏"字的小篆构形作"　"。《说文·夊部》："夏，中国之人也，从夊（suī）、从页，从臼。臼，两手；夊，两足也。臣锴曰：象有威仪，文饰备具，行纡迟也。"③"页"表示人头，"臼"象两手相叉，"夊"象两脚有所拖曳的样子，表示行动迟缓。整个构形象一名威仪堂堂，行动有礼的人。上古中原地区汉民族的文明程度远高于边远地区的其他民族，所以用一个具有威仪的人形来表示"夏"这个中原部落的名称，后用来指称中国人，也作为中国的代称。段玉裁认为，"夏"指中国之人，"以别于北方狄、东北貉、南方蛮闽、西方羌、西南焦僥、东方夷也"④。"　"字构形，反映了秦汉时期人们对中原地区文明的认可。

"夏"也表示季节，指农历的四至六月，当是其假借义。《尚书·尧典》："申命羲叔宅南交，日永星火，以正仲夏。"孔安国传："永，长也，谓夏至之日。火，苍龙之中星，举中则七星见可知，以正仲夏之气节。"⑤"日永"即天长，夏至时分，是一年中白天最长的日子。《尔雅·释天》："春为青阳，夏为朱明，秋为白藏，冬为玄英。春为发生，夏为长嬴，秋为收成，冬为安宁。"郭璞注："（春）气青而温阳，（夏）气赤而光明，（秋）气白而收藏，（冬）气黑而清英。"⑥古人认为，五色以赤为夏，五行以火为夏，方位以南为夏，五音以宫为夏。

---

① 《十三经注疏·周礼注疏》，中华书局1980年版，第885页。
② 宋·孟元老：《东京梦华录》卷七，《景印文渊阁四库全书》，台北商务印书馆1986年版。
③ 汉·许慎：《说文解字》，中华书局1963年版，第112页。
④ 清·段玉裁：《说文解字注》，上海古籍出版社1981年版，第233页。
⑤ 《十三经注疏·尚书正义》，中华书局1980年版，第119页。
⑥ 《十三经注疏·尔雅注疏》，中华书局1980年版，第2607页。

夏天气候炎热,宜安心静养,不宜用兵、田猎和过分劳作。《礼记·乡饮酒义》:"南方者夏,夏之为言假也。养之,长之,假之,仁也。"①蔡邕《独断》:"夏至阴气始起,麋鹿解角,故寝兵鼓,身欲宁,志欲静,故不听事。"②违反了这个规律,就要受到上天的惩罚。《太公金匮》记载:"纣尝以六月猎于西土,发民逐禽。民谏曰:'今六月,天务覆施,地务长养。今盛夏发民逐禽,而元元悬于野。君践一日之苗,而民百日不食。天子失道,后必无福。'纣以为妖言而诛之。后数月,天暴风雨,摧屋折树。"③

　　夏季最重要的民俗节日是五月初五的"端午节"。"端"是"首""第一""正"的意思。按照干支纪月,夏历正月为寅,二月为卯,三月为辰,四月为巳,五月为午,因此"五月"又称"午月",第一个"五"(午),所以叫"端五""端午";"五"在传统文化中为阳数,所以"端午"又名"端阳";因为是"五月初五",所以又叫"重五"等。"端午"最早的文字记载是晋人周处的《风土记》:"仲夏端午,烹鹜角黍。"

　　端午节最重要的民俗活动就是吃粽子和赛龙舟。相传这是为了纪念战国时期楚国的爱国主义诗人屈原。据《史记·屈原列传》记载,屈原本与楚王同姓,其祖上是楚武王之子。屈原"博闻强志,明于治乱,娴于辞令"。担任楚怀王的高官"左徒",地位仅次于令尹(相国)。"入则与王图议国事,以出号令;出则接遇宾客,应对诸侯。王甚任之。""甚任之",即非常信任他。后来受到上官大夫靳尚、令尹子兰等人的谗害,先后两次被逐出京城,流放到偏远的江南一带。但屈原仍然"睠顾楚国,系心怀王,不忘欲反。冀幸君之一悟,俗之一改也"。秦昭王二十九年,秦国大将白起攻陷楚国都城——郢都,屈原见复国无望,怀抱玉石自投汨罗江而死④。《史记正义》引南朝梁吴均《续齐谐记》:"屈原以五月五日投

图18-3　屈原投江

汨罗而死,楚人哀之。每于此日,以竹筒子贮米投水祭之。汉建武中,长沙区回白日忽见一人,自称三闾大夫,谓回曰:'闻君常见祭,甚善。但常年所遗,并为蛟龙所窃。今若有惠,可

———————————

　① 《十三经注疏·礼记正义》,中华书局1980年版,第1684页。
　② 汉·蔡邕:《独断》,《景印文渊阁四库全书》,台北商务印书馆1986年版。
　③ 唐·欧阳询:《艺文类聚》卷三,《景印文渊阁四库全书》,台北商务印书馆1986年版。
　④ 汉·司马迁:《史记》卷八十四,中华书局1959年版,第2481~2491页。

以楝叶塞上,以五彩丝转缚之,此物蛟龙所惮.'回依其言。世人五月五日作粽,并带五色丝及楝叶,皆汨罗之遗风。"①

五月端午赛龙舟风俗的起源有多种传说,流传较广的还是与屈原有关。梁宗懔《荆楚岁时记》:"五月五日竞渡,俗为屈原投汨罗日,伤其死所,故并命舟楫以拯之。舸舟取其轻利,谓之飞凫。一自以为水车,一自以为水马。州将及土人悉临水而观之。"②楚国百姓怀念屈原,于是在屈原投江这天,争先恐后地驾着船去打捞救助。吃粽子、赛龙舟的风俗一直延续至今。

此外,一些地方过端午节还要挂菖蒲、艾叶,薰苍术、白芷,喝雄黄酒,相传是为了避邪。

4. 雩

上古时期,先民以农牧为生,对大自然的依赖性很强。无论是水患还是旱灾,都对人们的生活构成了极大威胁。在炎炎夏季,一项重要的民俗祭祀活动就是遇到天旱时求雨。古代求雨有专门的字"雩"。

"雩"字的甲骨文构形作"▨""▨",上半部分的"门"和旁边的小点表示雨,剩余部分表示读音或求雨时的声音。所以,"雩"的本义是求雨。《说文·雨部》:"雩,夏祭乐于赤帝以祈甘雨也。从雨,于声。▨,或从羽。雩,羽舞也。"③"雩"字的甲骨文构形"▨""▨",形象地记录了上古时期先民挥舞着羽毛,高声呼喊着祭祀求雨的民俗。《尔雅·释训》郭注"雩之祭舞者,吁嗟而请雨"。邢昺疏:"孙炎云,雩之祭,有舞有号。"④即一边跳舞,一边呼号。《礼记·月令》:"命有司为民祈祀山川百源,大雩帝,用盛乐。"郑玄注:"阳气盛而常旱,山川百源能兴云雨者也,众水始所出为百源,必先祭其本,乃雩。雩,吁嗟求雨之祭也。雩帝,谓为坛南郊之旁,雩五精之帝,配以先帝也。"⑤在南郊筑坛,在上面跳舞歌呼来祭祀先帝神灵以求雨的这种祭祀活动,早在殷商时期就产生了,周代已相当普遍。《论语·先进》:"莫春者,春服既成,冠者五六人,童子六七人,浴乎沂,风乎舞雩,咏而归。"⑥"风乎舞雩",即在雩坛上吹吹风,这表明歌舞求雨的"雩祭"已成为一种常见的民俗活动了。

5. 秋

"秋"字的小篆形体作"▨"。《说文·禾部》:"秋,禾谷孰也。从禾,▨省聲。"⑦段玉裁解释说:"其时万物皆老,而莫贵于禾谷,故从禾。"⑧"秋"的本义是庄稼成熟。蔡邕《月令章句》:"百谷各以其初生为春,成熟为秋。"后引申指季节——秋季,即农历的七、八、九三个月。《礼记·月令》:"孟秋之月,凉风至,白露降,寒蝉鸣,鹰乃祭鸟。仲秋之月,鸿雁来,玄鸟归,

① 汉·司马迁:《史记》卷八十四,中华书局1959年版,第2491页。
② 梁·宗懔:《荆楚岁时记》《景印文渊阁四库全书》,台北商务印书馆1986年版。
③ 汉·许慎:《说文解字》,中华书局1963年版,第242页。
④ 《十三经注疏·尔雅注疏》,中华书局1980年版,第2591页。
⑤ 《十三经注疏·礼记正义》,中华书局1980年版,第1369页。
⑥ 《十三经注疏·论语注疏》,中华书局1980年版,第2500页。
⑦ 汉·许慎:《说文解字》,中华书局1963年版,第146页。
⑧ 清·段玉裁:《说文解字注》,上海古籍出版社1981年版,第327页。

群鸟养羞。季秋之月，鸿雁来，宾雀入，大水为蛤，菊有黄华，豺乃祭兽。"①

古人认为，五色以白为秋，五行以金为秋，方位以西为秋，五音以商为秋。

秋天是万物成熟的季节，是一年中收获的季节，所以又以"秋"代指"年"。《史记·梁孝王世家》："上与梁王燕饮，尝从容言曰：'千秋万岁后传于王。'"②"千秋"即千年，"千秋万岁"代指帝王去世。

秋天又是万木凋零的季节，所以古人常逢秋而悲。宋玉《九辩》："悲哉！秋之为气也。萧瑟兮草木摇落而变衰，憭栗兮若在远行，登山临水兮送将归。"李白《临江王节士歌》："洞庭白波木叶稀，燕鸿始入吴云飞。吴云寒，燕鸿苦，风号沙宿潇湘浦。节士悲秋泪如雨，白日当天心，照之可以事明主。"

民俗中，秋季最流行的节日有三个，一是七月初七的"七夕节"，二是八月十五的"中秋节"，三是九月初九的"重阳节"。

"七夕节"："夕"的本义是日落之后，月亮半现之时，泛指夜晚。农历七月初七的晚上，碧宇浩渺，河汉璀璨。在中华传统的天文学中，银河两岸有两颗明亮的星遥遥相对，左岸的名"牵牛"，右岸的名"织女"。"牵牛"被认为是上帝的大将军，是"管理关梁之神"；织女被认为是上帝的女儿，是"管理果瓜丝帛珍宝之神"。《诗经·小雅·大东》："维天有汉，监亦有光。跂彼织女，终日七襄。虽则七襄，不成报章。睆彼牵牛，不以服箱……"③意思是说织女星虽然在天空中往返，但织不成锦绣衣裳；牵牛星虽然明亮，但不能用来驾车运输。上古社会，男耕女织是最典型的经济生活形态，牛则是人类耕田最主要的助手，于是牵牛星自然就被赋予了男性的人格特征，成为男子的代表；织女星自然是女性的代表。他们隔天河而立，于是便产生了相恋相会的故事。《古诗十九首·迢迢牵牛星》："迢迢牵牛星，皎皎河汉女。纤纤擢素手，札札弄机杼。终日不成章，泣涕零如雨。河汉清且浅，相去复几许？盈盈一水间，脉脉不得语。"④一水之隔，却脉脉不得语，以至于泪如雨下，可见恋情之深。汉代以后，牛郎织女的故事逐步丰富完善，最终演绎成为了一个凄美的爱情故事：玉皇大帝的小女儿名叫织女，善良漂亮，心灵手巧，因不喜欢上天的孤寂生活，下凡来到人间，爱上了勤劳朴实的牛郎。结为夫妻后生有一男一女。玉帝发现后派天兵天将捉拿织女返回天庭，牛郎闻讯，用扁担担着一双儿女在后面紧紧追赶。快要追上时，西王母拔出金簪划了一道天河，挡住了牛郎的去路，将其一家隔开。牛郎织女只能隔着天河相望，不得团聚。这就是处于银河两岸的牵牛星和织女星。玉帝规定他们夫妻二人只能在七月初七晚上见一次面。于是每年的七月初七晚上，喜鹊们就飞到天河上，用身体为他们搭起一道"鹊桥"，牛郎织女才得以团圆一次。宋代词人秦观便依据这个凄婉的爱情故事创作了流传千古的词作《鹊桥仙·纤云弄巧》：

"纤云弄巧，飞星传恨，银汉迢迢暗度。金风玉露一相逢，便胜却人间无数。柔情似水，佳期如梦，忍顾鹊桥归路。两情若是久长时，又岂在朝朝暮暮！"⑤

"七夕节"晚上，"妇女结彩缕，穿七孔针，或以金银鍮石为针，陈几筵、酒脯、瓜果于庭中，

① 《十三经注疏·礼记正义》，中华书局 1980 年版，第 1373 页。

② 汉·司马迁：《史记》卷五十八，中华书局 1959 年版，第 2082 页。

③ 《十三经注疏·毛诗正义》，中华书局 1980 年版，第 461 页。

④ 梁·萧统：《文选》卷二十九，《景印文渊阁四库全书》，台北商务印书馆 1986 年版。

⑤ 宋·秦观：《淮海长短句》，《景印文渊阁四库全书》，台北商务印书馆 1986 年版。

图 18 - 4 鹊桥相会

以乞巧。有蟢子网于瓜上,则以为符应。"①织女是聪明巧慧的女神,同时又是主管果瓜丝帛珍宝之神,所以民间妇女要在她和牛郎相会这个美好的夜晚向她请求智慧和技巧,所以"七夕节"又叫"乞巧节"。

相传"七夕节"最早是战国时期的楚怀王设立的。(《增物原》:"楚怀王初置七夕。")汉代已有过七夕的风俗,两晋更加普及,唐宋时期,已蔚成风气。据宋孟元老《东京梦华录》记载:"至初六日、七日晚,贵家多结彩楼于庭,谓之乞巧楼。"楼上要摆花朵、瓜果、酒炙、笔砚、针线等物,女孩焚香列拜,叫做"乞巧"。然后对着月亮用五色线穿针,穿过去的就预示着可以得到巧慧。再有的把喜蛛(一种小蜘蛛)放在盒子里,第二天看喜蛛在盒子里结网既圆又正,就预示着心愿能够实现②。

"中秋节"的日期是秋季的第二个月即八月的十五日,正好是秋季的一半,所以叫中秋。按照孟秋、仲秋、季秋三秋的排列习惯,八月是仲秋,所以又叫"仲秋节"。早在上古时期,先民就有祭拜太阳和月亮的习俗。《周礼·春官·典瑞》:"天子常春分朝日,秋分夕月。"③秋分时节,天高气爽,月亮在一年中显得最圆最大,所以是祭月的好日子。月亮又大又圆,象征着人世间的团圆,所以中秋节又叫"团圆节"。据文献记载,唐代,中秋节已经成为民间的重要节日,一直延续至今。

中秋节最主要的活动之一是吃月饼。文献记载,月饼产生于宋代,本来是中秋节用于祭月的食物,所以叫月饼。面为皮,以糖、果仁、蔬菜、肉等为馅,烧烤而成。因其圆形,象征着团圆,所以民间也用来互相馈赠。明吕毖《明宫史·饮食好尚》:"至十五,家家供月饼、瓜果,候月上焚香后,即大肆饮啖,多竟夜始散席者。如有剩月饼,仍整收于干燥风凉之处,至岁暮,合家分用之,曰团圆饼也。"④

———————————

① 梁·宗懔:《荆楚岁时记》,《景印文渊阁四库全书》,台北商务印书馆 1986 年版。
② 宋·孟元老:《东京梦华录》,《景印文渊阁四库全书》,台北商务印书馆 1986 年版。
③ 《十三经注疏·周礼注疏》,中华书局 1980 年版,第 776 页。
④ 明·吕毖:《明宫史》卷四,《景印文渊阁四库全书》,台北商务印书馆 1986 年版。

中秋节另外一项主要活动是赏月。宋吴自牧《梦粱录·中秋》记录了宋代庆祝中秋佳节的景况："八月十五日,中秋节。此夜月色倍明于常时,又谓之'月夕'。此际金风荐爽,玉露生凉,丹桂香飘,银蟾光满。王孙公子、富家巨室,莫不登危楼,临轩玩月。或登广榭,玳筵罗列,琴瑟铿锵,酌酒高歌,恣以竟夕之欢。至如铺席之家,亦登小小月台,安排家宴,团圞子女,以酬佳节。虽陋巷贫窭之人,解衣市酒,勉强迎欢,不肯虚度此夜。天街买卖直至五鼓,玩月游人婆娑于市,至晓不绝。"①

无论王孙公子还是中产之家,都要摆宴赏月,以酬佳节。即使是生活困窘的下层民众,也要"解衣买酒",尽力欢迎,以不虚度此夜。可见中秋节是举国欢庆的节日。

中秋节是团圆节,但人生往往聚少离多,于是古人往往借明月寄托对亲友故乡的相思之情。宋代大文学家苏轼的词作《水调歌头·明月几时有》是"中秋词"的代表作:"明月几时有?把酒问青天。不知天上宫阙,今夕是何年。我欲乘风归去,又恐琼楼玉宇,高处不胜寒。起舞弄清影,何似在人间?转朱阁,低绮户,照无眠。不应有恨,何事长向别时圆?人有悲欢离合,月有阴晴圆缺,此事古难全。但愿人长久,千里共婵娟。"②

一轮明月总是容易引起人们的联想,在民俗中,中秋节还往往和"嫦娥奔月""月兔捣药""吴刚伐桂"等美丽的神话传说联系在一起,更增加了赏月的情趣和神秘色彩。

农历九月初九为重阳节。在中华传统文化中"九"为阳数,两个"九",所以叫"重阳",也叫"重九"。"九"又是个位数中最大的数,又谐音"久","久久"表示长寿。所以"重阳节"往往与敬老、驱邪、祝寿联系在一起。

相传重九节起于汉代。梁吴均《续齐谐记》记载,东汉时,汝南人桓景长年跟随费长房游学。一天,费长房对桓景说:"九月九日你家中当有灾祸,你应立即回家,让家人每人做一个红口袋,里面装上茱萸,系在臂上,然后登高,饮菊花酒,这次灾祸就可以免除了。"桓景按照长房说的,全家人登山饮酒,傍晚回到家中,看见鸡犬牛羊一天中全部死掉了。长房闻说了这件事,说:'这些家畜替你们全家人承担了灾祸。所以吴均认为"今世人九日登高、饮酒,妇人带茱萸囊,盖始于此"③。

古人有重阳节登高赏菊的风俗。唐欧阳询《艺文类聚》:"魏文帝与钟繇书曰:'岁往月来,忽复九月九日。九为阳数,而日月并应,俗嘉其名,以为宜于长久。故以享宴高会。是月,律中无射,言群木庶草无有射而生。至于芳菊,纷然独荣。非夫含乾坤之纯和,体芬芳之淑气,孰能如此?故屈平悲冉冉之将老,思食秋菊之落英。辅体延年,莫斯之贵。谨奉一束,以助彭祖之术。"④认为秋菊"含乾坤之纯和,体芬芳之淑气",是延年益寿的良药。重阳节正是百花凋零而秋菊盛开的季节,所以古人重阳节必登高赏菊。

6. 冬

"冬"字的甲骨文构形作"𐍈""𐍈",象绳子的两端,表示终了,结束。小篆作"𡕾"。《说

① 宋·吴自牧:《梦粱录》卷四,《景印文渊阁四库全书》,台北商务印书馆1986年版。
② 宋·苏轼:《东坡词》,《景印文渊阁四库全书》,台北商务印书馆1986年版。
③ 梁·吴均:《续齐谐记》,《景印文渊阁四库全书》,台北商务印书馆1986年版。
④ 唐·欧阳询:《艺文类聚》卷四,《景印文渊阁四库全书》,台北商务印书馆1986年版。

文·夂部》:"冬,四时尽也,从夂,从仌,夂古文终字。""仌(冰),冻也,象水凝之形。"①上半部分是"终"字,下半部分象是水凝结而成的"冰",以此表示冬天来临,四季将尽。农历十至十二月三个月称冬。古人认为,五色以黑为冬,五行以水为冬,方位以北为冬,五音以羽为冬。《汉书·五行志》:"坎在北方,为冬,为水也。"②《礼记·乡饮酒义》:"北方者,冬,冬之为言中也,中者,藏也,是以天子之立也。"③冬天是万物终结,收藏的季节,自然也是辛勤劳作一年,庆祝丰收的季节。冬季最主要的民俗节日是"腊八",又称"腊祭",或简称"腊"。

7. 臘(腊)

"臘"(腊)字的篆文构形作"臘",《说文·肉部》:"臘(腊),冬至后三戌,腊祭百神。从肉,巤声。"④"腊"是十二月祭祀百神的日子,所以古代称十二月为腊月。祭祀用肉,所以"腊"字从肉。(今天还把冬季腌制的肉类也称腊肉、腊肠。)《左传·僖公五年》:"虞不腊矣,在此行也。晋不更举矣。"杜预注:"腊,岁终祭众神之名。"孔颖达疏:"应劭《风俗通》云:'案,礼,夏曰嘉平,殷曰清祀,周曰大蜡(zhà),汉曰腊。腊者,猎也,田猎取兽,祭先祖也。'此言虞不腊矣,明当时有腊祭。周时腊与大蜡各为一祭,言汉改曰腊,不蜡而为腊矣。"⑤据此,周代有腊祭和蜡祭两种祭祀,蜡祭百神,而腊祭先祖。汉代改"蜡"作"腊"。

相传神农氏时代就有祭祀百神的蜡祭。《礼记·郊特牲》:"天子大蜡八,伊耆氏始为蜡。蜡也者,索也,岁十二月合聚万物而索飨之也。"蜡祭在年终岁末的十二月初八,意思是"合聚万物而索飨之"。此时庄稼已收完藏好,于是在庆祝收获的同时,祭祀与农事有关的诸神,以示感恩。古人认为:"万物有功加于民者,神使为之也。"所以要在岁末之月"祭之以报焉"。祭祀的与农事相关的神灵共八位,一是传说中教百姓种庄稼的"先啬"神农氏;二是管理农事之神"司啬"后稷;三是农夫神;四是邮、表、畷神,即窝棚神、田埂神和井神;五是猫神和虎神,因为猫吃田鼠,虎食野兽,都保护庄稼;六是坊神,即堤堰神,堤堰防水;七是水庸神,即沟渠神,沟渠用于排水灌溉;八是管理百虫之神⑥。这八种神都被认为是带来农业丰收的神祇,所以一起进行祭祀。时至今日,民间在腊月初八吃"腊八粥"的习俗,就是古代"蜡祭"风俗的遗留。

8. 寒

"寒"字的篆文构形作"寒",《说文·宀部》:"寒,冻也。从人在宀下,以茻荐覆之,下有仌。"⑦段玉裁注释说:"'冻'当作'冷'。"⑧"寒"字的构形非常形象:人卧在屋子里,为了保暖,身子下面铺着草,上面盖着草,即使这样,脚下还是结了冰,足见天气寒冷。《孟子·梁惠王

---

① 汉·许慎:《说文解字》,中华书局1963年版,第240页。
② 汉·班固:《汉书》卷二十七,《景印文渊阁四库全书》,台北商务印书馆1986年版。
③ 《十三经注疏·礼记正义》,中华书局1980年版,第1684页。
④ 汉·许慎:《说文解字》,中华书局1963年版,第88页。
⑤ 《十三经注疏·春秋左传正义》,中华书局1980年版,第1795页。
⑥ 《十三经注疏·礼记正义》,中华书局1980年版,第1453页。
⑦ 汉·许慎:《说文解字》,中华书局1963年版,第151页。
⑧ 清·段玉裁:《说文解字注》,上海古籍出版社1981年版,第341页。

上》：“七十者衣帛食肉，黎民不饥不寒，然而不王者，未之有也。”①“寒”常引申指寒冷的季节，是冬的代称。《易·系辞下》：“寒往则暑来，暑往则寒来，寒暑相推而岁成焉。”②意思是说，寒季过去，暑季到来；暑季过去，寒季又到来。寒暑相互交替，一岁就形成了。一年中最冷的季节在农历十二月，所以农历二十四节气中，最冷的两个节气就叫小寒和大寒。宋陈元靓《岁时广记·冬》：“《三统历》曰：‘小寒、大寒者，十二月极寒之时，相对为大小。月初寒为小，月半寒为大。’”③上古北方之神玄冥即司寒之神，简称“寒”。《左传·昭公四年》：上古使用冰块，要冬季先藏冰，春季再用冰。冬季藏冰之前，要先用黑山羊、黑黍子来祭祀司寒之神；然后在深山绝谷，阴风寒气聚集的地方凿冰贮藏；用冰的时候，要把桃弓棘箭，摆在冰窖门口来消除灾祸。冰的贮藏取用都按照时节。腊月祭祀司寒神时藏冰，春天献羔祭祖时开门取冰，公侯首先使用冰，然后是大夫及其妻子以至于年老疾病之人。火星出现就要把冰全部分配完毕④。

9. 暑

“暑”字的篆书构形作“暑”。《说文·日部》：“暑，热也。从日，者声。”“暑”的本义指炎热，引申指炎热的季节。一年中最热的季节是夏季，所以“暑”往往用作夏季的代称，与用作冬季代称的“寒”相对。《列子·汤问》：“寒暑易节，始一反焉。”⑤“寒暑易节”即寒来暑往，表示半年过去。农历二十四节气中，把夏季的最后一个月——六月的两个节气称作“小暑”和“大暑”，是一年中最湿热的季节。宋陈元靓《岁时广记·夏》：“《孝经纬》曰，‘夏至后十五日，斗指丁，为小暑；后十五日，斗指未，为大暑。’《三统历》曰，‘……小暑、大暑者。就极热之中，分为小大，月初为小，月半为大。’”⑥

上古时期先民就有避暑的风俗。《墨子·贵义》：“何故为室？曰：冬避寒焉，夏避暑焉，室以为男女之别焉。”“避寒暑”是建造宫室的目的之一。梁刘孝威《行幸甘泉歌》：“汉家迎夏毕，避暑甘泉宫。栈车鸣里鼓，驷马驾相风。”记载的是汉武帝去甘泉宫避暑的盛况。《开元天宝遗事》有“冰山避暑”和“结棚避暑”的记载：“杨氏子弟每至伏中，取大冰，使匠琢为山，周围于宴席间。座客虽酒酣而各有寒色，亦有挟纩者。”“长安富家子刘逸、李闲、卫旷，家世巨豪而好接待四方之士……每至暑伏中，各于林亭内植画柱，以锦绮结为凉棚，设坐具，召长安名妓间坐，递相延请，为避暑之会。”

10. 沬、盥、洗、浴

无论欢庆什么节日，自身的清洁卫生都是必不可少的。就日常自身清洗而言，包括沬、盥、洗、浴、沐几个方面。

“沬”(huì)字甲骨文作“𣶒”，上部分是一个人低头、伸手撩水洗脸，下半部分是盆，中间

① 《十三经注疏·孟子注疏》，中华书局1980年版，第2666页。
② 《十三经注疏·周易正义》，中华书局1980年版，第87页。
③ 宋·陈元靓：《岁时广记》卷四，《景印文渊阁四库全书》，台北商务印书馆1986年版。
④ 《十三经注疏·春秋左传正义》，中华书局1980年版，第2033页。
⑤ 《诸子集成·列子注》，中华书局1954年版，第55页。
⑥ 宋·陈元靓：《岁时广记》卷四，《景印文渊阁四库全书》，台北商务印书馆1986年版。

还有水点儿溅出,组合起来表示洗脸。司马迁在《报任安书》中说李陵率部被数倍于己的匈奴军队包围,斗转千里,箭尽粮绝,死伤过半。但李陵"一呼劳军,士无不起,躬自流涕,沫血饮泣,更张空拳,冒白刃,北向争死者"①。其中"沫血"就是以血洗面,可谓英勇壮烈。

"盥"字甲骨文作"🖐",象一只手 𝍆 伸到盆子里,旁边还有水点儿。小篆作"盥",由两只手、水和皿三部分构成,这些构形都表示"盥"的意义是洗手,非常形象。《管子·弟子职》:"少者之事,夜寐夙作。既拚(fèn)盥漱,执事有恪,摄衣共盥。"房玄龄注:"扫席前曰拚。盥,洁手;漱,涤口。"②今天的"盥洗室"的"盥",仍然保存着其构形所表示的意义——洗手。

"洗"字甲骨文作"🦶",其中"𝈇"表示脚,上边还有水点儿溅出来,下面是一只盆,组合起来表示洗脚。后来才泛指洗涤。其实今天人们还常说"洗脚",没人说"沐脚",更不说"沫脚""盥脚",也不说"浴脚"。

"浴"字的甲骨文作"🧍",人的身体周围有水点溅出,下面是一只盆子,组合起来表示洗澡。今天还说"浴室""浴盆",仍然保留着"浴"字构形所表示的意义。

东汉王充在《论衡·讥日》中说:"沐者,去首垢也,洗去足垢,盥去手垢,浴去身垢。"③沐、盥、洗、浴构形上透露出来的信息,反映了数千年前的甲骨文时代先民在自身的清洁卫生方面的风俗习惯。

---

① 梁·昭明太子:《文选》卷四十一,《景印文渊阁四库全书》,台北商务印书馆1986年版。
② 《诸子集成·管子校正》,中华书局1954年版,第315页。
③ 《诸子集成·论衡》,中华书局1954年版,第233页。

第十九章　时间方位篇

在中华传统文化中,先民对时空方位的长期观察分析所形成的时空观念及其在生产生活中的具体运用方式是一个重要的组成部分,且极富民族特色。由于生产、生活的需要,先民对时间的划分和空间方位的确定在文字产生之前就开始了。日出而作、日落而息的原始生活状态让先民们通过观察日月星辰的运行变化来确定每天的具体时段和方位,并将其有效地运用于生产和生活中。这种远古时代的文化信息在汉字的构形中也有所反映。反过来说,汉字产生时所选用的形体结构中其实也蕴藏了先民有关时间方位方面的文化信息。

1. 朝

"朝"字的甲骨文构形作"᫐""᫐","Ψ"即"屮(chè)",象小草,"☐""☐"即日字,表示太阳,"☽"即月字,表示月亮。小草代表着地平线,太阳从小草中露出来,月亮尚未完全落下去,表示日月相对的时刻——早晨,读为"zhāo"。《战国策·齐策》:"邹忌修八尺有余,身体昳丽。朝服衣冠,窥镜,谓其妻曰:'我孰与城北徐公美?'"[①]"朝服衣冠"即早晨起床穿上衣服,戴上帽子。

古代官员早晨要履职执班,于是表示早晨意义的"朝"便引申指官员去君王办公的场所报到履职的行为。《左传·宣公二年》记载,晋灵公派鉏麑刺杀正卿赵盾,鉏麑"晨往,寝门辟矣。(赵盾)盛服将朝,尚早,坐而假寐"。"盛服将朝"即穿好官服去晋国国君宫中报到执班,俗称"早朝""上朝",上朝穿的衣服称"朝服",戴的帽子称"朝冠"。臣下早晨"上班"称"早朝",君王也一样。白居易《长恨歌》记述唐明皇宠幸杨贵妃:"云鬓花颜金步摇,芙蓉帐暖度春宵。春宵苦短日高起,从此君王不早朝。"[②]于是面见君王也称"朝"。《孟子·梁惠王上》:"欲辟土地,朝秦楚,莅中国而抚四夷也。"[③]"朝秦楚"即使秦国、楚国来朝见。再引申,上朝、朝见的地方也称"朝"。《左传·宣公二年》:"太史书曰:'赵盾弑其君,以示于朝。'"[④]"示于朝"即在朝廷上展示。由"朝廷"的意思再引申指朝代,如唐朝、宋朝、明朝、清朝等。

"朝"表示早晨,与其意义相对的是"莫"(暮)。

2. 莫(暮)

"莫"的甲骨文构形作"᫐",上下部分都是"Ψ Ψ",中间是"☐",象是太阳落到了地面

---

① 汉·刘向:《战国策》卷八,上海古籍出版社 1985 年版,第 324 页。
② 唐·白居易:《白氏长庆集》卷十二,《景印文渊阁四库全书》,台北商务印书馆 1986 年版。
③ 《十三经注疏·孟子注疏》,中华书局 1980 年版,第 2671 页。
④ 杨伯峻:《春秋左传注》,中华书局 1980 年版,第 658、662 页。

上的小草中,以此来表示黄昏。《说文·茻部》:"莫,日且冥也。从日在茻中。"①"冥"是黑,"且冥",即天将要黑的时候。"莫"的本义是黄昏,后为了与表示"没有"义的"莫"有所区别,人们就在"莫"下又加了一个"日"字写作"暮",用来表示黄昏。

　　天色晚了称"暮",又可泛指"晚",汉语中,事物晚期往往加"暮"字修饰。如:一至三月为春季,三月可称"暮春"。《论语·先进》:"莫春者,春服既成,冠者五六人,童子六七人,浴乎沂,风乎舞雩,咏而归。"包咸注:"莫春者,季春三月也。"②农历九月称"暮秋"。元陶宗仪《说郛·巨卿之信》:"(张巨卿)与张元伯为友,春别京师,暮秋为期。元伯至九月十五日杀鸡炊黍以待之。"③一年的末月可以称"暮岁"。《太平御览·时序》:"十二月季冬,亦曰暮冬,杪冬,余月,暮节,暮岁。"④人生晚年可以称"暮年"。曹操《步出夏门行·龟虽寿》:"老骥伏枥,志在千里;烈士暮年,壮心不已。"日晚的景象可以称暮气,引申指精神委靡不振。《孙子·军争》:"三军可夺气,将军可夺心。是故朝气锐,昼气惰,暮气归。"⑤

　　传统文化中,常将"朝"与"暮"对举。

　　《庄子·齐物论》记载了一则寓言故事:有一天,狙公(负责喂养狙的小官)对狙(猕猴)们说,每天早晨给大家吃三升橡子,晚上吃四升。结果所有的狙都非常生气,坚决不同意。于是狙公改口说,那好吧,改为每天早晨四升,晚上三升。结果狙们都很高兴,一致同意。于是汉语中就产生了一个成语"朝三暮四"。但其表达的意义在使用的过程中发生了变化,现在表示反复不定。

图 19-1　朝三暮四

　　类似的说法还有"朝秦暮楚"。战国时期,秦国和楚国互相敌对,又都是强国,于是一些说客或小国为了自己的利益,时而依附秦国,时而又依附楚国。宋黄震《古今纪要》卷一:"战国视春秋,士习又一变。春秋诸臣,各忠于其国;至战国,则朝秦暮楚,于其利而已。"⑥

　　① 汉·许慎:《说文解字》,中华书局1963年版,第27页。
　　② 《十三经注疏·论语注疏》,中华书局1980年版,第2500页。
　　③ 元·陶宗仪:《说郛》卷十二下,《景印文渊阁四库全书》,台北商务印书馆1986年版。
　　④ 宋·李昉等:《太平御览》卷二十七,《景印文渊阁四库全书》,台北商务印书馆1986年版。
　　⑤ 《诸子集成·孙子十家注》,中华书局1954年版,第118~120页。
　　⑥ 宋·黄震:《古今纪要》卷一,《景印文渊阁四库全书》,台北商务印书馆1986年版。

楚人宋玉《高唐赋·序》记载了一个"朝云暮雨"的故事:从前,楚襄王与宋玉到云梦台游玩,看到高唐观上有一股云气,变幻无穷,襄王于是问宋玉,"这是什么气呢?"宋玉回答说:"这就是人们所谓的'朝云'。"襄王说,"为什么叫朝云呢?"宋玉回答说:"昔者先王(楚怀王)尝游高唐,怠而昼寝,梦见一妇人,曰:'妾巫山之女也,为高唐之客。闻君游高唐,愿荐枕席。'王因幸之。去而辞曰:'妾在巫山之阳,高丘之阻。旦为朝云,莫为行雨。朝朝莫莫,阳台之下。'"第二天早晨楚怀王醒来一看,同梦中神女说的一样,于是就为她立了一座庙,庙名就叫"朝云"①。"朝云暮雨"本指巫山神女早晚的变化,后引申指男女情爱与欢合。而"朝朝暮暮"则表示日日夜夜,天天如此。

图 19-2 朝云暮雨

3. 旦

"旦"的甲骨文构形作"⊖""⊖",象太阳跃出地平面的样子。小篆作"旦"。《说文·旦部》:"旦,明也。从日见一上,一,地也。"用太阳跃出地面的形象表示天明,早晨。

《吕氏春秋·去宥》记载了一个小故事:"齐人有欲得金者,清旦被衣冠,往鬻金者之所。见人操金,攫而夺之。吏搏而束缚之。问曰:'人皆在焉,子攫人之金,何故?'对曰:'殊不见人,徒见金耳。'"②"清旦"即清晨。

太阳出来,光辉明亮,所以"旦"又有"明亮"义。《尚书大传》卷一:"日月光华,旦复旦兮。"郑玄注:"复旦,明明相代也。"③意思是日月的光华代代相传。今天"复旦大学"的名称或许用的正是这个意思。

天亮就意味一天的开始,所以"旦"又可代指"天""日"。《战国策·燕策二》:"臣有骏马,欲卖之,比三旦立于市,人莫与言。""比三旦"即连续三天。《战国策·赵策四》:"一旦山陵

---

① 梁·萧统编:《文选》卷十九,《景印文渊阁四库全书》,台北商务印书馆 1986 年版。
② 《诸子集成·吕氏春秋》卷十六,中华书局 1954 年版,第 195 页。
③ 《尚书大传》卷一,《景印文渊阁四库全书》,台北商务印书馆 1986 年版。

崩,长安君何以自托于赵?"①"一旦"即假如有一天。此外,古人称农历每个月的第一天为"旦日",所以至今仍称元月初一为"元旦"。

4.夕

"夕"字的甲骨文构形作"$\mathfrak{C}$""$\mathfrak{I}$",象一弯新月,小篆作"$\mathfrak{P}$"。《说文·夕部》:"夕,莫也。从月半见。"②"月半见(现)"即月亮刚刚露出一半的样子,以此来表示黑夜刚刚到来,即黄昏。

古代早晨拜见君王叫"朝",傍晚拜见叫"夕"。《左传·成公十二年》:"政以礼成,民是以息。百官承事,朝而不夕。"孔颖达疏:"旦见君谓之朝,莫(暮)见君谓之夕。"③

"旦"意思是天亮,"夕"的意思是"天黑",于是古人常用"旦夕"表示一天和时间紧迫。《史记·刺客列传》:"臣幸有老母,家贫,客游以为狗屠,可以旦夕得甘毳以养亲。"④"旦夕"即每天。陈寿《三国志·吴书》:"今管亥暴乱,北海被围。孤穷无援,危在旦夕。"⑤危险就在旦夕之间,可见时间紧迫。

此外,古人用"朝"表示早,用"夕"表示晚,所以"朝"与"夕"常对言。《论语》中说:"子曰,朝闻道,夕死可也。"(《论语·里仁》)"朝闻夕死",意思是只要得到了真理,即使马上去死也没有遗憾。"朝令夕改",意思是早晨下了命令,晚上就改变了,比喻反复无常。"朝令夕改,靡有常规,则政不节矣。"(《宋史·儒林传》)"朝不谋夕",又称"朝不虑夕",意思是早晨不考虑晚上会怎么样,表示处境艰难危险,只图眼前,顾不上考虑长远。"吾侪偷食,朝不谋夕,何其长也?"杜预注:"言欲苟免目前,不能念长久。"(《左传·昭公四年》)李密《陈情表》:"日薄西山,气息奄奄,人命危浅,朝不虑夕。"

5.夙与夜

"夙"字的甲骨文构形作"$\mathcal{L}$""$\mathcal{L}$","$\mathcal{I}$"即夕,象月亮将落未落的样子,"$\mathcal{L}$""$\mathcal{L}$"象人形,月将落未落之时人即起来劳作,所以"夙"的本义是"早晨""早"。"夜"的甲骨文构形作"$\mathcal{K}$","$\mathcal{D}$"是"夕"字,"$\mathcal{K}$"是省笔的"亦"字。《说文·夕部》:"夜,舍也。天下休舍也。从夕,亦省声。"⑥"天下休舍"即天下休息,天下休息的时候是夜晚。

"夙"表示早晨,"夜"表示晚上,所以古人常"夙""夜"对举。《诗经·卫风·氓》:"夙兴夜寐,靡有朝矣。"孔疏:"常自早起夜卧,无有一朝一夕而自解(懈)惰。""夙兴"即很早就起床干活,"夜寐"指很晚才睡觉,表示一天到晚一刻都不懈怠。"夙兴夜寐"又可以简称"夙夜",表示日夜(一天到晚)都在做事情,顾不上休息。《诗经·召南·采蘩》:"被之僮僮,夙夜在公。"毛传:"被,首饰也。僮僮,竦敬也。夙,早也。"郑玄笺:"公,事也。早夜在事。"⑦"夙夜在公"

---

① 汉·刘向:《战国策》卷三十,上海古籍出版社1985年版,第1092,770页。
② 汉·许慎:《说文解字》,中华书局1963年版,第142页。
③ 《十三经注疏·春秋左传正义》,中华书局1980年版,第1910页。
④ 汉·司马迁:《史记》卷十,中华书局1959年版,第2522页。
⑤ 陈寿:《三国志·吴书》,《景印文渊阁四库全书》,台北商务印书馆1986年版。
⑥ 汉·许慎:《说文解字》,中华书局1963年版,第142页。
⑦ 《十三经注疏·毛诗正义》,中华书局1980年版,第325、284页。

即一天到晚都在忙碌。

6. 杲(gǎo)与杳

"杲"字的甲骨文构形作"𣎵",上面的"⊡"是日,下面的"木"是木,即树。用太阳升到树梢头的形象表示明亮。《说文·木部》:"杲,明也。从日在木上。"[①]《诗经·卫风·伯兮》:"其雨其雨,杲杲出日。"毛传:"杲杲然日复出矣。"[②]"杲杲然"即太阳出来明亮的样子。

"杳"字的甲骨文构形作"杳",上部分是木(树),下部分是"日",合起来象太阳落到了树木以下,表示幽暗、昏暗。《说文·木部》"杳,冥也。从日在木下。"[③]《楚辞·九歌·山鬼》:"云容容兮而在下,杳冥冥兮羌昼晦。"[④]由光的幽暗引申指声音的微茫。《唐才子传·陈抟》:"曾向前朝出白云,后来消息杳无闻。如今已肯随征召,总把三峰乞与君。"[⑤]汉语中"杳无音信"即音信渺茫,得不到一点信息。

朝、莫(暮)、旦、夕、夙、夜、杲、杳等字的构形,反映出先民原始的时间观念,及其判断记录时间的方法:以日、月的升、落变化为核心,以草、木(树)等相对固定的事物为参照,确定一天早晚的时间界限。从造字构形的角度看,是"远取诸物"的具体表现。此外,"明"和"光"也与"时间"意义相关联。

7. 明

"明"字甲骨文构形作"明",左月右日,象月和日相对,交相辉映,表示明亮。正如《周易·系辞下》所言:"日月相推而明生焉。"[⑥]小篆作"朙"。《说文·明部》:"朙,照也。从月从囧。"又:"囧,窗牖丽廔闿明,象形,凡囧之属皆从囧。"[⑦]小篆的形体是月光照到窗上,通过月光照在窗上的变化来表示光明。

"明"可以特指天亮。《诗经·齐风·鸡鸣》:"东方明矣,朝既昌矣。"[⑧]"东方明矣",即东方亮了。黑夜过去,光明到来,民间至今称"天明"。

"天明"了,预示着又一个白天到来,所以第二天又称"明日""明天"。明代文嘉有一首通俗易懂的《明日歌》:"明日复明日,明日何其多?日日待明日,万事成蹉跎。"[⑨]意思是劝人珍惜今日,抓住今日,今日事今日毕,不要拖延到明天。

---

① 汉·许慎:《说文解字》,中华书局 1963 年版,第 119 页。
② 《十三经注疏·毛诗正义》,中华书局 1980 年版,第 327 页。
③ 汉·许慎:《说文解字》,中华书局 1963 年版,第 119 页。
④ 宋·朱熹:《楚辞集注》卷二,《景印文渊阁四库全书》,台北商务印书馆 1986 年版。
⑤ 元·辛文房:《唐才子传》卷八,《景印文渊阁四库全书》,台北商务印书馆 1986 年版。
⑥ 《十三经注疏·周易正义》,中华书局 1980 年版,第 87 页。
⑦ 汉·许慎:《说文解字》,中华书局 1963 年版,第 141 页。
⑧ 《十三经注疏·毛诗正义》,中华书局 1980 年版,第 349 页。
⑨ 明·文嘉:《文氏五家集》卷九,《景印文渊阁四库全书》,台北商务印书馆 1986 年版。

8. 光

"光"字的甲骨文构形作"𡱸",上半部分"𤌆"象火,下半部分"𠂊"象人,合起来象人的头上有一团火,以此表示光明。《说文·火部》:"光,明也。从火在人上,光明意也。"①

由"光明"义引申指发光的物体。古人认为世上发光的物体主要是日、月、星,所以把它们合称为"三光"。《庄子·说剑》:"上法圆天,以顺三光;下法方地,以顺四时;中知民意,以安四乡。"②

光照在物体上地下会留下阴影,阴影的变化即反映出时间的变化,于是汉语中又把时间称为"光阴"。《颜氏家训·勉学》卷上:"光阴可惜,譬诸逝水。当博览机要,以济功业。"③

光能照亮物体,并带来温暖,于是"光"就有了好处、恩惠的意义,今天人称"沾光",即是获取了恩惠和好处的意思。欢迎客人来访称欢迎"光临",意思是对方的到来给我们带来了光明和恩惠。此外,"光"还引申指"风景",所以"观光"即是游览观赏其风光景色。

9. 上与下

"上"字的甲骨文构形作"𠄞",用一长笔表示基准,用一短笔表示上的方位。所以"上"的本义指高位。《说文·上部》:"上,高也。"④

最高者莫过天了,所以古诗文中常用"上"代指"天"。《诗经·大雅·大明》:"明明在下,赫赫在上。"毛亨传:"文王之德明明在下,故赫赫然著见于天。"⑤清陈奂《诗毛氏传疏》:"在上与在下对文,下为天之下,则上为天矣。"汉乐府民歌中有《上邪》:"上邪,我欲与君相知,长命无绝衰。""上"显然是指"上天"——"老天爷"。

皇帝君王地位最高,所以"上"又可代指"帝王"。《诗经·序》:"上以风化下,下以风刺上。主文而谲谏,言之者无罪,闻之者足以戒,故曰风。"孔疏:"臣下作诗所以谏君,君又用之教化。"⑥"上"即指君王。所以古代称皇帝为"皇上"。

又扩展指所有地位高的人。《论语·学而》:"其为人也孝弟,而好犯上者鲜矣。不好犯上而好作乱者,未之有也。"何晏注:"上谓凡在己上者。"⑦

又引申指尊位。古代席地而坐时,无论是面向南还是向北,均以西为尊位,称上位、上座。《礼记·曲礼上》:"席南向北向,以西方为上;东向西向,以南方为上。"郑玄注:"上谓席端也。坐在阳,则上左;坐在阴,则上右。"⑧意思是说,布设坐席时,如果是面向南或是面向北,都以西头的座位为尊位,为上座;如果是面向东或是面向西,则都以南头的座位为尊位,为上座。如果是南北向设席,南面是阳,所以左边的位置为上;北面是阴,所以右边的位子为

① 汉·许慎:《说文解字》,中华书局1963年版,第210页。
② 《诸子集成·庄子集解》卷八,中华书局1954年版,第204~205页。
③ 隋·颜之推:《颜氏家训》卷上,《景印文渊阁四库全书》,台北商务印书馆1986年版。
④ 汉·许慎:《说文解字》,中华书局1963年版,第1页。
⑤ 《十三经注疏·毛诗正义》,中华书局1980年版,第506页。
⑥ 《十三经注疏·毛诗正义·序》,中华书局1980年版,第271页。
⑦ 《十三经注疏·论语注疏》,中华书局1980年版,第2457页。
⑧ 《十三经注疏·礼记正义》,中华书局1980年版,第1239页。

上。宋李昉等《太平御览·讲说》:"大将军袁绍总兵冀州,遣使要郑玄,大会宾客。玄最后至,乃延升上座。"[1]

"下"字的甲骨文构形作"⌒",用一长笔表示基准,用一短笔表示下的方位。所以"下"的本义指低位。《说文·上部》:"下,底也。"[2]"底"即底部,低的地方。

古人认为,最低的地方是地,所以古诗文中常用"下"代指"地"。《楚辞·天问》:"遂古之初,谁传道之?上下未形,何由考之?"王逸注:"言天地未分,溷沌无垠,谁考定而知之。"[3]"上"即天,"下"即地。

"上"可以指称"帝王",则"下"即指称"臣民"。《诗经·序》:"上以风化下,下以风刺上。主文而谲谏,言之者无罪,闻之者足以戒,故曰风。"孔疏:"臣下作诗所以谏君,君又用之教化。"[4]《战国策·秦策一》:"上下相愁,民无所聊。"高诱注:"上下,君臣也。"[5]

又扩展到凡是地位低的都可以称"下"。明董斯张《广博物志·天道上》:"大水者,阴灭阳也。阴灭阳者,卑胜尊也。日食亦然。皆下犯上,以贱伤贵,逆节也。"[6]

古人常用"下"来表示自谦。《晋书·列传第七》:"尚之又曰:'宗室虽多,匡谏者少。王者尚纳刍荛之言,况下官与使君骨肉不远,蒙眷累世,何可坐视得失而不尽言?'""下官"是尚之自谦之词。

10. 左与右

"左"字的甲骨文构形作"ナ",象人的左手的形状。《说文解字注·左部》:"ナ者,今之左字。""右"字甲骨文构形作"又",象人右手的形状。先民是用左、右手的形状来表示"左"和"右"的方位,这种现象,正是汉字构形规律"近取诸身"的具体体现。

古人以面南为正,所以称东方为左,西方为右。南朝宋刘义庆《世说新语·方正》:"王丞相初在江左,欲结援吴人,请婚陆太尉。"[7]"江左"即长江下游以东的地区。唐太宗《晋书·文苑列传》:"吉甫、太冲,江右之才杰;曹毗、庾阐,中兴之时秀。"[8]"江右"即长江下游以西的地区,即今天江西省一带。

在传统文化中,表方位的"左"和"右"往往和尊卑、先后联系在一起。《史记·孝文本纪》:"昔先王远施不求其报,望祀不祈其福;右贤左戚,先民后己,至明之极也。"裴骃《集解》:"韦昭曰:'右犹高,左犹下也。'"[9]"右贤"即以贤才为上为尊;"左戚"即以亲戚为下为卑。所以汉至唐代,官员贬谪叫"左迁""左授"。宋程大昌《演繁露》:"古人得罪下迁者,皆曰左迁。

① 宋·李昉等:《太平御览》卷六百十五,《景印文渊阁四库全书》,台北商务印书馆1986年版。
② 汉·许慎:《说文解字》,中华书局1963年版,第1页。
③ 汉·王逸:《楚辞章句》,《景印文渊阁四库全书》,台北商务印书馆1986年版。
④ 《十三经注疏·毛诗正义·序》,中华书局1980年版,第271页。
⑤ 汉·刘向:《战国策》卷三,上海古籍出版社1985年版,第81页。
⑥ 明·董斯张:《广博物志》卷一,《景印文渊阁四库全书》,台北商务印书馆1986年版。
⑦ 余嘉锡:《世说新语笺疏》,中华书局1983年版,第305页。
⑧ 唐太宗:《晋书》卷九十二,《景印文渊阁四库全书》,台北商务印书馆1986年版。
⑨ 汉·司马迁:《史记》卷十,中华书局1959年版,第429页。

汉法,仕诸侯者名为左官,则古不尚左,其来久矣。"①因为古代以右为尊,所以"没有比什么东西更好的"叫做"无出其右","不正之术"叫做"左道旁门"。

"左"和"右"古代都表示帮助,《周易·泰》:"天地交泰,后以财成天地之道,辅相天地之宜,以左右民。"王弼注:"泰者,物大通之时也。上下大通,则物失其节,故财成而辅相,以左右民也。"孔颖达疏:"左右,助也。以助养其人也。"②帮助意义的"左"和"右"后来写作"佐"和"佑",所以大臣对君王称"辅佐",百姓求上天和神灵"保佑"。

11. 内与外

"内"字的甲骨文构形作"$\bigwedge$""$\bigwedge$",由"人"和"冂"(jiǒng)构成。小篆作"内"。《说文·入部》:"内,入也,从冂,自外而入也。"③又《冂部》:"邑外谓之郊,郊外谓之野,野外谓之林,林外谓之冂。象远界也。""冂"是远方的边界,自外而"入",表明"内"的本义是进入。引申之,进入以后的位置也可以叫内。这样看来,表示方位——里面,是"内"的引申义。《左传·昭公二十五年》:"公与昭子言于幄内,曰:'将安众而纳公。'""幄内"即帐幕里面。

古代建筑,外堂内室,所以也把"室"叫作"内"。《汉书·晁错传》:"先为筑室,家有一堂二内。门户之闭,置器物焉。民至有所居,作有所用,此民所以轻去故乡而劝之新邑也。""二内"即二室。

自父系氏族社会时起,即主张"男主外,女主内",所以常把"妻妾"称"内人"。《礼记·檀弓下》:"今及其死也,朋友诸臣未有出涕者,而内人皆行哭失声,斯子也,必多旷于礼矣夫!"郑玄注:"内人,妻妾。"作为谦称,妻妾称自己为"贱内"。清施闰章《寄陈转庵太守》:"盖以时方绝粮,括及餠罍之类,易米二升,日晡方炊。贱内闻之流涕。"④"贱内"即其妻子。

另外,天子君王管理天下,相对而言,君主平时居住的皇宫称"内"。唐白居易《和刘郎中学士题集贤阁》:"傍闻大内笙歌近,下视诸司屋舍低。"宋黄干《以骑驴钟馗送秦先之》:"髯翁矍铄老据鞍,曾入大内见阿瞒。""大内"均指皇宫。

"外"的甲骨文构形作"γ",象占卜时龟兆的纹理向外伸展的样子,以此来表示方位——外面。小篆作"外"。《说文·夕部》:"外,远也。卜尚平旦,今夕卜,于事外矣。"⑤据此,"外"的本义是疏远。《荀子·王霸》:"人主不公,人臣不忠也;人主则外贤而偏举,人臣则争职而妒贤。是其所以不合之故也。"杨倞注:"外贤,疏贤也。"⑥"疏贤"即对贤人疏远。《世说新语·言语》:"长沙王亲近小人,远外君子。凡在朝者人怀危惧。"⑦"远外君子",即对君子疏远,"外"也是远的意思。

作为方位词,外与内、里、中相对。父系世族社会以来,婚后以男方为主,女方的家属均认为是"外"人,称呼中往往加外予以区分。《尔雅·释亲》:"母之考为外王父,母之妣为外王

---

① 宋·程大昌:《演繁露》卷五,《景印文渊阁四库全书》,台北商务印书馆1986年版。
② 《十三经注疏·周易正义》,中华书局1980年版,第28页。
③ 汉·许慎:《说文解字》,中华书局1963年版,第109页。
④ 清·施闰章:《学余堂文集》卷二十八,《景印文渊阁四库全书》,台北商务印书馆1986年版。
⑤ 汉·许慎:《说文解字》,中华书局1963年版,第142页。
⑥ 《诸子集成·荀子集解》,中华书局1954年版,第142页。
⑦ 余嘉锡:《世说新语笺疏》,中华书局1983年版,第87页。

母。母之王考为外曾王父,母之王妣为外曾王母。"①今天仍称"外公""外婆""外孙""外甥"等。

12. 東(东)与西

"東(东)"字的甲骨文构形作"""",篆书作"東"。《说文·东部》:"东,动也,从木。官溥说,从日在木中。"②"动"的意思是萌动,是用同音词来说明"东"字得名的由来和理据。对于""的构形,学界说法不一。王宁先生认为是两头扎口的口袋,即"橐"(tuó)字的初文,假借表示"东方"。小篆的形体"東"则讹变成了从日在木中。中原地区,古人往往看到太阳是从树林中升起来的,所以用"东"来表示太阳升起的方位③。

"西"的甲骨文构形作"""",象挂在树枝上的鸟巢。《说文·西部》:"西,鸟在巢上,象形。日在西方而鸟栖,故因以为东西之西。"④"西"的本义是鸟类栖息,因为太阳西落时鸟归巢栖息,所以引申指西方。"东"与"西"的形体正是对汉字构形时"远取诸物"此条规则的运用。

如第十八章所述,上古以五方配五行、五色、五声和四季。东方为春,春天是万物萌动的季节,所以称"动"也。西方为秋,秋天是万物成熟零落的季节。

古人认为,大地西高东低,所以河水向东流。将这种规律用于人事,则认为西高东低。宋程大昌《演繁露》:"古今宾主之位,宾皆在西,主皆在东,非尊东而下西也,东卑于西,故自处于卑,以西方尊客也。《曲礼》曰:'主人就东阶,客就西阶。客若降等,则就主人之阶,则是客与主人敌礼者,即居西对东,以与主人匹,所谓分庭抗礼者也。"⑤主人为了对客人表示尊重,所以让客人处于西边,自己处于东边。正是由于这种原因,汉语中常把客人叫"西宾""西席",而主人叫"东主""东家",还有"房东""股东"等称呼,均与这种文化特色有关。

古代太子要住在东宫,以象征太子像初升的太阳。所以常以"东宫"代指太子。《诗经·卫风·硕人》:"硕人其颀,衣锦褧衣。齐侯之子,卫侯之妻,东宫之妹,邢侯之姨。谭公维私。"毛传:"东宫,齐大子也。"⑥

13. 北与南

"北"的甲骨文形体作"",象两个人背靠背的形状。所以,《说文·北部》解释说:"北,乖也。从二人相背。"⑦"乖"就是相离,相反,后写作"背"。即"北"是"背"的初文。古代中午面向太阳为正位,而人的背对的方向正与此方位相反,所以表示背离义的"北"又引申指方位——北。

---

① 《十三经注疏·尔雅注疏》,中华书局1980年版,第2593页。
② 汉·许慎:《说文解字》,中华书局1963年版,第126页。
③ 王宁:《说文解字与汉字学》,河南人民出版社1994年版,第21~22页。
④ 汉·许慎:《说文解字》,中华书局1963年版,第247页。
⑤ 宋·程大昌:《演繁露》卷五,《景印文渊阁四库全书》,台北商务印书馆1986年版。
⑥ 《十三经注疏·毛诗正义》,中华书局1980年版,第322页。
⑦ 汉·许慎:《说文解字》,中华书局1963年版,第169页。

"南"的甲骨文构形作""""。对于这个构形表示的意义及理据,学界说法不一。一般认为可能是古代的乐器,古代乐器往往列于南面,引申指陈列乐器的方位——南。

在传统文化中,南方为夏,夏季是万物蕃殖生长的时节。北方为冬,冬季是一年的终结,也是阴阳之交,万物之始的时候。五行中南方属火,代表着光明,所以古代"圣人南面而听天下",以表示"向明而治"①。"南面"即面向南,表示尊位;臣下面向北朝见天子君王,面北表示卑位。所以称君王为"南面称孤",称臣下为"北面称臣"。扩大到上级接见下级时,位置也是面向南。古代官府的大门一般都是向南开。现实生活中,朝南更容易受到阳光的照射,房屋门窗朝南更容易采光,所以称南门为正门,称坐北朝南的房屋为正房。

《战国策·魏策四》记载了一则小故事,季梁听说魏王要进攻邯郸,急急忙忙赶回来劝谏魏王说:"今者臣来,见人于大行,方北面而持其驾,告臣曰:'我欲之楚。'臣曰:'君之楚,将奚为北面?'曰:'吾马良。'臣曰:'马虽良,此非楚之路也。'曰:'吾用多。'臣曰:'用虽多,此非楚之路也。'曰:'吾御者善。''此数者愈善,而离楚愈远耳。'今王动欲成霸王,举欲信于天下,恃王国之大、兵之精锐而攻邯郸,以广地尊名。王之动愈数,而离王愈远耳,犹至楚而北行也。"②于是后人就用"南辕北辙"来比喻采取的行动与期望达到的目的正好相反的行为。

图 19-3　南辕北辙

14. 中

"中"字的甲骨文构形作"""","丨"象旗杆,上下部分象飘扬的旗帜,中间部分的"口"表示中央的方位。《说文·丨部》:"中,内也,从口、丨,上下通。"③段玉裁认为,其中"口"字读"围",不是口。上下通,"谓中直,或引而上,或引而下,皆入其内也。"④依《说文》,"中"的本义是内。

从方位上看,"中"即是中央。《诗经·邶风·柏舟》:"泛彼柏舟,在彼中河。"毛传:"中河,河中。"即黄河的中央。

"中间"即不偏不倚,所以中又指"正"。《晏子春秋·问上》:"景公问晏子曰:'君子常行

① 《十三经注疏·周易正义》,中华书局 1980 年版,第 94 页。
② 汉·刘向:《战国策》卷二十五,上海古籍出版社 1985 年版,第 907 页。
③ 汉·许慎:《说文解字》,中华书局 1963 年版,第 14 页。
④ 清·段玉裁:《说文解字注》,上海古籍出版社 1981 年版,第 20 页。

曷若?'晏子对曰:'衣冠不中,不敢以入朝;所言不义,不敢以要君。'"张纯一注:"中,正也。衣冠正斯瞻视尊。"[1]

传统文化中,"中"的地位非常重要。古人认为,华夏族建国的黄河流域一带是天下的中央,所以称"中国",其余四方边远地域称"四夷";而中国是最先进、文明的地方。《诗经·小雅·六月·序》:"《小雅》尽废,则四夷交侵,中国微矣。"春秋时期又指周王朝所处之地为中国。《诗经·大雅·民劳》:"民亦劳止,汔可小康。惠此中国,以绥四方。"毛传:"中国,京师也;四方,诸夏也。"[2]

天子、君王都要处在中央的位置。《荀子·大略》:"欲近四旁,莫如中央,故王者必居天下之中,礼也。"[3]贾谊《新书·属远》:"古者天子地方千里,中之而为都,输将繇使,其远者不在五百里而至。公侯地百里,中之而为都,输将繇使其远者不在五十里而至。输将者不苦其劳,繇使者不伤其费,故远方人安其居,士民皆有欢乐其土,此天下之所以能长久也。"以中央为都城,是便于统治的需要,也是历代沿用的规矩。此外,古代行军作战,主帅要处于"中军";同一辆战车上,主将要处于中间。

在儒学文化中,"中庸"是最高的道德标准。《论语·雍也》:"子曰,中庸之为德也。其至矣乎! 民鲜久矣。"何晏注:"庸,常也;中,和。"[4]"中"即是"正",不偏不倚;"庸"即是"常",不变动。

———————————

① 《诸子集成·晏子春秋校注》,中华书局1954年版,第87页。
② 《十三经注疏·毛诗正义》,中华书局1980年版,第424、548页。
③ 《诸子集成·荀子集解》,中华书局1954年版,第321页。
④ 《十三经注疏·论语注疏》,中华书局1980年版,第2479页。

第二十章 汉字的形体演变与据形析义

汉字作为记录汉语的书写符号,历史悠久。即使从殷商甲骨文算起,也已经使用了近四千年。在漫长的历史岁月中,随着社会的进步,语言的发展,汉字的实用目的日益明确,使用日趋广泛。随着书写工具和材料的发展和变化,从而导致汉字的形体也发生了多次显著的变化,而汉字形体的演变则对分析字形、演变、了解掌握字义有了重大的意义。因此,为了更全面地认识汉字,掌握汉字,更准确地理解汉字所记录的含义,并规范地使用汉字,掌握一点汉字形体演变的知识是非常必要的。

第一节 汉字的形体及其演变

一般认为,汉字的形体由图画和契刻符号演变而成,在漫长的历史岁月中,又经历了甲骨文、金文、篆书、隶书、楷书等几个主要发展阶段才成为我们今天看到的样子。

下面,我们从分析汉字的形体、了解掌握汉字含义的角度,把汉字的几种主要形体及其演变过程简要介绍一下。

一、甲骨文

甲骨文是刻在龟甲兽骨上的文字,时代是殷商时期。由于内容主要是占卜的记录,所以又称"卜辞";由于是刻在龟甲兽骨上的,所以又称"契文""甲骨文";由于是在殷墟出土的,所以又叫"殷墟文字"。龟甲,包括龟背部的甲——背甲和腹部的甲——腹甲。骨,主要是牛的肩胛骨。为什么要刻在这上面而不是别的材料上呢?后人分析,原因很多,但这些材料坚硬,经久耐磨,不易损坏,也相对容易找到,应该是基本的原因。

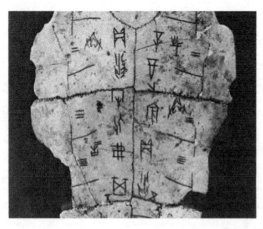

图 20-1 刻有文字的龟甲图片

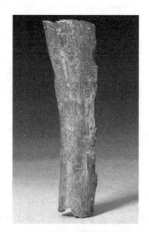

图 20-2 刻有文字的牛肩胛骨图片

上图是刻有文字的龟甲图(令雨《甲骨文合集》一四一三八版)。右图是刻有文字的牛胛骨图。

类似的字如裘作"𧚍",象毛露在外的皮衣;"车"作"𨏀",象车的俯视图形;"羞"作"𦏧",象一只手举着羊进献;"孕"作"𣎵",象人腹中怀着子(婴儿)的样子;"启"作"𢻹",象一只手在开门;"初"作"𧘫",左上部分是衣,右下部分是刀,表示用刀裁布;"涉"作"𣥿""𣥨""𣥿""𣥿",中间部分是水,水的两边一边一只脚,表示徒步过河,等等。

由以上字形可以看出,甲骨文的主要特点是:

1. 以象形字为主,图画性、写实性强。
2. 形体结构不固定,如"涉"字的四种构形。
3. 笔画细瘦,刀笔味浓。因为是在龟甲兽骨上"刻",而龟甲兽骨又很坚硬,从而形成了这种笔画细瘦,刀笔味浓的风格。

二、金文

金文是铸在青铜器上的文字,时代是从西周至秦代皆有出土发现。由于青铜器以乐器和礼器为主,而钟、鼎分别是乐器和礼器的代表,所以金文又叫"钟鼎文"。

金文是继承甲骨文而成,但比甲骨文更加成熟。同甲骨文相比,金文的主要特点是:

1. 新产生的象形字很少,而形声字增多,表明其正走向成熟。
2. 异构字减少,构形趋于稳定。
3. 有些笔画相对粗肥,浇铸味浓。

图20-3 天王吏 (甲金字典)

三、篆书

篆书包括大篆和小篆。大篆出自周宣王太史籀的《史籀篇》,故又称籀文,时代是西周晚期。小篆形成于战国末期,秦丞相李斯进行过统一整理,是秦始皇统一后实行的标准字体。如:

說文解字

同甲骨文、金文相比,篆文的特点是:

1. 形体方正,结构整齐。

2. 象形性减弱,符号性增强。

3. 笔画圆转匀称,结构定型。

小篆是战国时期的西土文字,称秦系文字。战国时期的东方六国的文字叫古文。

四、隶书

隶书是因为使用者——徒隶而得名的一种新型文字,由篆文演变而成。隶书起源于战国晚期,成熟于汉代。由于社会事务繁多,篆书书写不便,影响速度,为了简便快捷,在非正式场合书写时,往往把圆转的线条变成方折的笔画,并加以省改,就产生了隶书。秦时初期的隶书叫秦隶,又称古隶;汉代成熟的隶书叫汉隶,又称今隶。

説文解字

汉字由篆书到隶书的转变叫隶变。隶变是汉字发展史上的一次重大的关键性的变化,是汉字由古文字变为今文字的里程碑和分水岭。为什么这么说呢?

1. 隶书把汉字以前的象形部件变成了表义构件,如水,甲骨文作"〰",象流水,隶书作"水";衣,甲骨文作"𠆢",象上衣,隶书作"衣";向,甲骨文作"𤡎",象小房子墙上的窗口,隶书作"向"。可见,甲骨文象事物的样子,而隶书已经成了一个纯粹的表义符号。

2. 隶书把圆转的线条变成了平直方折的笔画,如日,甲骨文作"⊙",隶书作"日";月,甲骨文作"𝄇",隶书作"月";牛,甲骨文作"𝑌"、隶书作"牛"。

这样的结果是彻底改变了汉字的象形性,极大地增强了汉字的符号性,后来文字的篆意逐渐在减弱,同时也从根本上降低了汉字的书写难度,大大提高了书写速度,使汉字的工具性得到了加强。从此,汉字进入了今文字阶段。

五、楷书

楷书是从隶书演变而成的一种标准、规范的新字体,由于它形体方正,笔画平直,结构谨严,堪称楷模,所以称"楷书"。时代源于东汉,流行于魏晋,成熟于隋唐,一直沿用至今。

説文解字

楷书对隶书的改变主要是在笔法和字体形态上。

1. 笔法上,隶书中包含着"蚕头燕尾""一波三折""波磔挑法"等艺术性因素,尽管美观,但从工具性的角度考虑,仍然不够方便快捷。所以,楷书把它改为横平竖直,笔势平稳,书写更方便快捷,更符合符号化的要求。

2. 形态上,隶书一般呈扁平状,楷书改为方正,更显得刚正大方。

楷书完成了汉字书写元素的最后定型,一直到今天,历千年而不变。

除上述几种字体外,还经常说到草书和行书。

草书是汉字的连笔书写的字体,要求粗具轮廓即可,不必每笔都写清楚。源于秦汉(草隶），流传至今。

行书可以看作是楷书的手写体，书写比楷书随意，又比草书容易辨认，产生于晋代，一直是最流行的手写体。

综上所述，汉字形体的演变，大致上经历了甲骨文、金文、篆书、隶书、楷书等几个主要阶段。其中，由篆书到隶书的变化被称为"隶变"，是汉字字体发展过程中最重要的一次变革，隶书以前的字体——甲骨文、金文、篆书（包括大篆和小篆）被称为古文字；篆书以后的字体——隶书、楷书等被称为今文字。"隶变"是古今汉字的分水岭。

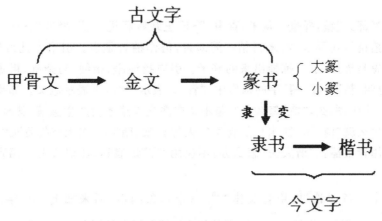

汉字形体演变示意图

汉字的形体从甲骨文到楷书的变化，既有形体结构的变化，也有笔画形态的变化，尤以笔画形态的变化为主。变化的基本趋势表现在以下三个方面。

一是由繁趋简。图画性渐弱，符号性日强，由最初的象形性文字逐渐发展成为抽象的书写符号；笔形也由圆转的线条变为平直方折的笔画。

二是结构定型。由原来的结构多样、一字数型向结构固定、形体单一发展。

三是构形形声化。构形由原来的以象形、会意为主向以形声为主发展。

第二节　汉字形体的简化与构形分析

汉字的简化问题、繁简问题一直是人们关注的一个热点。该怎样看待，我们认为：

首先，汉字的简化是汉字工具性的必然结果，是由其自身发展规律所决定的。事实也正是如此，我们看到，从甲骨文到楷书，汉字形体发展史上的变化，多数都是简化。

其次，汉字是表意的，它记载了中华民族的历史，承载着五千年的文明，维系着辽阔中华不同方言区的人们的信息情感的交流。因此，它不仅仅是一种工具，更是一种文化。所以，汉字的简化应该慎之又慎，底线是不能破坏它的构形体系的完整性。

第三，今天使用的简化字，绝大部分并不是中华人民共和国建国以后的创造，而是沿用了历史上已有的"俗字"。如魏晋隋唐时期已经有了辞（辭）、乱（亂）、问（問）、闻（聞）、庄（莊）、争（爭）、状（狀）、随（隨）、隐（隱）、来（來）、夹（夾）、继（繼）、断（斷）、粮（糧）、旧（舊）等等。

值得注意的是，汉字形体的演变、简化的结果是导致了一些汉字构形理据的消失，汉字变成了不能直接表意的表意文字。这就使得今天在分析汉字字形、探求字义时遇到了困难。于是就出现了以下一些问题：

某位营养专家讲："大家好，XX 书记讲话，讲了身体好，咱们就有精气神，（掌声）大家想一想"精"的一半是米，那边是青菜，你如果不吃米和青菜还有精吗？还有我们说的"气"，"气"的繁体字中间也是一个米。我们说人有神，神的一半是田，田上面种庄稼，所以我们要多吃植物性食品才能健康。"①

营养专家说"多吃植物性食品才能健康"或许有一定道理，但是绝对不能这样分析"精"和"神"。

《说文·米部》："精，择也。从米、青声。"②段玉裁解释说："精，择米也……《庄子·人间世》曰'鼓策播精'，司马云，简米曰精。简即柬，俗作拣者是也。引申为凡最好之称。"③可见，"精"的意思是拣择，也指拣择出来的好米。引申指纯净、精细，与杂乱、粗疏相对。于是最好的事物也叫"精"。在"精"字的构形中，"青"只表示读音，不表示意义。如果硬说其中的"青"是"青菜"的话，那么，"情"怎么办？是不是要多吃青菜才会产生感情，甚至才有爱情呢？依次类推，水怎么就"清"了，往水里加青菜？天怎么就"晴"了，往天空扔青菜？眼"睛"怎么就明亮了，多用青菜擦？"请大夫"怎么办，不仅用"言"语表达，还要背上一捆青菜？……显然于理不通。

"神"，第十一章讨论过，甲骨文作"🦑"（申），象闪电，后来加上"示"字，小篆还写作"禍"，后来才省作"神"，指神灵。"神"字的初文"🦑"是闪电的形象，与"田"风马牛不相及，更不用说在上面种庄稼了。

还有人这么分析"温"字：放个盆，往里面倒上水，太阳一晒，怎么样了呢？温暖了④。

照这样分析的话，"媪"字是不是可以说：放个盆，把女孩儿放里面，太阳一晒，怎么样了呢？变成老太婆了。

一次在一个讨论汉字简化的电视节目中，有个江苏人说，还是繁体字好，你看"江苏"的简称"蘇"，构形多好啊，一看就是鱼米之乡。

如果这样分析，湖南人恐怕就不高兴了，"湘"，有"氵（水）"有"木（树）"有"目（眼睛）"，人都爬到树上看着满地的大水——发大水了啊？

安徽人又该怎么想呢？一看这个"皖"字，左边是"白"，右边是"完"，马上就会想到……

这样分析"温""蘇"，错误有三：

一是把形声字当会意字分析了，即把表示读音的构件当成表示意义的构件看待了。

二是把字的结构层次搞错了，把应该两分的结构三分了。"温"是从水，昷声；"蘇"是从艹稣声。应该一分为二，而不是一分为三。

三是按照今文字的构形分析，不准确。尤其是"温"，异体字作"温"，小篆作"溫"，哪里有什么"日"？

---

① 京报网 2007 年 6 月 19 日《让有氧代谢进入中国——健康快车十周年纪念活动实况》。
② 汉·许慎：《说文解字》，中华书局 1963 年版，第 147 页。
③ 清·段玉裁：《说文解字注》，上海古籍出版社 1981 年版，第 331 页。
④ 李敏生：《汉字哲学初探》，社会科学文献出版社 2001 年版，第 73～74 页。

这种分析都是违反汉字结构规律的,是错误和荒谬的,也是十分有害的。表面上看,是宣传、弘扬汉字文化,其实是对汉字的一种伤害。让人觉得汉字没有系统,可随意解释,实在是不应该的。

当代语言生活中,犯这种错误的并不鲜见。比如,有人说:

婚,女人发了昏才结婚。(其实,"昏"是黄昏,而不是发昏。)

欲,离深谷只欠一步,所以千万不要太过度。("欠"的甲骨文形体作"𣢜",是一个人张着口打哈欠的样子,《说文》认为本义是"贪欲也,从欠,谷声"[1]。段玉裁认为"欠"表示"慕液",即羡慕得流口水[2]。"欠"在这里不是相差的意思。)

骗,一旦被人看穿,马上就会被人看扁。("骗"的本义是跃上马,"马"表示骑的马,不是副词"马上";扁表示读音,与看扁没有关系。)

理,真理掌握在王者手里。(理"从玉,里声",玉作偏旁,由于书写的原因,常把"丶"与最下一笔连写成"一",与"王"没有关系,里只表读音,不表示"手里"。)

旧,新的东西过了一日就成为旧的了。("旧"是"舊"的简化字,是"舊"的下半部分臼的变形,与"日"没有任何关系。左边的"丨"与数字"一"毫不相干。)

更有甚者,为了教外国人学汉语,对汉字进行了中西结合式的解释:

禁,上帝向亚当明示树上的果子吃不得。

婪,二木之下一女摘果,表示夏娃受蛇的诱骗偷吃禁果。

船,运载了诺亚一家的方舟[3]。

显然,汉民族的先民造字时,是不会考虑到什么"亚当""夏娃""诺亚"一类的人和事的。

作者这样说也许是为了引起汉字学习者的兴趣,以便帮助他们更快地学习、记忆汉字。但这种违反汉字规律的随意解释总体上看还是弊多利少。首先,这样的解释是随机的、偶发的,因人因地而变化的,破坏了汉字构形的科学性和规律性,是很不严肃的。其次,这种解释仅适用某一字,不可类推。看似有趣,实则把有联系成系统的汉字割裂成一个个孤立无关的符号,不利于汉字的总体学习和把握。更严重的是,它破坏了汉字形义关系的规范性。第三,这样解释汉字,会容易使人形成汉字是可以随心所欲进行解读的错觉,严重损害了汉字的科学性和权威性。

这种现象的原因是多方面的,有的是单纯为了学习汉字,如果这样,倒也情有可原。解决的办法是,多了解一点汉字的构形规律和形义关系就不会用这样的方法去记了。还有一种情况,随着中华传统文化的弘扬和国学热的兴起,有些人希望能从本源上解释某种文化现象,于是把仅流传使用了几年的汉字搬出来分析一番。但可惜缺少汉字学和相关语言学的知识,以至于出了错。此外,也不能排除有些人借分析汉字字形解说字义而蒙骗他人,或是故意标新立异,以谋取个人名利。如果如此,就是人品问题了。但无论出于什么动机,这样分析汉字都是错误的,都是不可取的,都是误人子弟的。

这种现象告诉我们,分析汉字的形体,解释字义,进而探讨其中的文化内涵,一定要

---

① 汉·许慎:《说文解字》,中华书局 1963 年版,第 179 页。

② 清·段玉裁:《说文解字注》,上海古籍出版社 1981 年版,第 411 页。

③ 转引自杨琳:《汉字形义与文化·前言》,南开大学出版社 2012 年版,第 3 页。

注意：

第一，分析的字形应该是古文字的构形，即小篆以前的构形。小篆以后的形体往往看不出当初构形时的"造意"。

第二，形声字的声符只是表示读音的，千万不能把它当作表义构件来分析。尽管有些形声字的声符与字所记录的意义特点有联系，但这种现象并不具备普遍性，且联系的往往只是意义特点，而非具体意义。因此不能把声符作为分析汉字实用意义的因素。

第三节　汉字形体分析与文献阅读

汉字的构形与本义、古义有直接或密切的联系，读古书时，通过分析汉字的构形，往往可以帮助我们更准确地理解文献的意义。例如：

1. 粪

《论语·公冶长》中记载了一件事，有一天，孔子的弟子宰予在白天睡觉，有人告诉了孔子。孔子说："朽木不可雕也，粪土之墙不可圬也，于予与何诛？"[①]

"粪土之墙"的"粪土"是什么意思？今天的许多版本都没有注释，可能觉得好懂。有的直接注成了"粪便和泥土"。因为《现代汉语词典》中解释说"粪土"就是"粪便和泥土，比喻不值钱的东西"[②]。显然，用这个来解释"粪土之墙"中的"粪土"是不合适，粪便和泥土筑成的墙，这种房子谁能住呢？

"粪"的甲骨文构形作"　""　"，象两只手，端着一个簸箕，簸箕中有小点掉下去。组合在一起表示打扫，扫除，是个动词。所以《说文》说："粪，弃除也。"[③]段玉裁认为"'弃'亦'粪'之误"，"粪方是除"。进而指出："古谓除秽曰粪，今人直谓秽曰粪，此古义今义之别也。"[④]

可见"粪"的本义是"除，扫除"，且在先秦文献中多有用例。《礼记·曲礼上》甚至描写了为长者打扫坐席的具体方式："凡为长者粪之礼，必加帚于箕上，以袂拘而退；其尘不及长者，以箕自乡而扱之。"[⑤]

由"扫除"义引申指扫除出来的污物，即"秽物"，再与"土"结合成复音词即"粪土"，义为"秽土""脏土""灰土"。粪是"秽土"，垃圾、秽土堆成的墙当然不能粉刷，因为本身"质地"就不好。所以孔子用粪土之墙作比喻，说明对宰我白天睡觉的事情，不知道该说他什么。

其实，经典文献中的"粪土"大都不是今天所谓"粪便和泥土"的意思，如：

《左传·僖公二十八年》："荣季曰：'死而利国，犹或为之，况琼玉乎？是粪土也。而可以济师，将何爱焉？'"[⑥]（"粪土"比喻无用之物。）

---

①　宋·朱熹：《四书章句集注》，中华书局 1983 年版，第 78 页。
②　《现代汉语词典》，商务印书馆 2005 年第五版，第 404 页。
③　汉·许慎：《说文解字》，中华书局 1963 年版，第 83 页。
④　清·段玉裁：《说文解字注》，上海古籍出版社 1981 年版，第 158 页。
⑤　《十三经注疏·礼记正义》，中华书局 1980 年版，第 1239 页。
⑥　杨伯峻：《春秋左传注》，中华书局 1981 年版，第 467～468 页。

《左传·襄公十四年》："卫侯与之言，虐。退而告其人曰：'卫侯其不得入矣。其言粪土也。亡而不变，何以复国？'"①（"粪土"喻秽贱不当。）

《世说新语·文学》："人有问殷中军：何以将得位而梦棺器，将得财而梦矢秽？殷曰：官本是臭腐，所以将得而梦棺尸；财本是粪土，所以将得而梦秽污。时人以为名通。"②（"粪土"喻秽贱无用。）

即使是毛泽东主席的《沁园春·长沙》中的名句"粪土当年万户侯"中的"粪土"，也还是秽土、垃圾、不值钱的东西的意思，也与"粪便"无关。只不过在今天，"粪"的古义"扫除"及其近引申义"秽土"基本不再使用了，才造成了误解。

弄清了"粪"的构形，对该句话就理解得更准确了。

2. 去

《说文·去部》："去，人相违也。"③段注："违，离也。"④

甲骨文中"去"字作""，上部是"大"，一个成年人的形状，下部是居住的洞穴，象成年人离开住所到外面去。所以，古代"去"的意思是"离开"。

"鹏之徙于南冥也，水击三千里，抟扶摇而上者九万里，去以六月息者也。"（《庄子·逍遥游》）

"去以六月息者也"有的翻译成："乘着六月风而去。"并且注明："去，指飞去南海。"

本义是"离开"。大鹏是从北冥飞向南冥的，"去"的意思也是"离开"，上述译文是按照"去"在今天的常用义"前往""到……地方去"的意思来翻译了，所以不正确，正确的译文应该是："乘着六月的大风离开。"

3. 不顾而唾

《左传·僖公三十三年》记载了一件事：晋文公去世后，秦国出兵与晋国在殽打了一仗，晋国的军队经过苦战俘获了秦军的三名主将。晋文公的夫人是秦穆公的女儿，就向刚继位的晋襄公求情，说是他们擅自行动，破坏了秦晋两国的友好关系，秦国国君就是吃他们的肉也不解恨，就让秦国国君来处罚他们吧，您何必亲自动手呢？于是晋襄公就放了秦国的三位主将。

晋国的大将先轸上朝，问起秦国的俘虏的事，襄公说，太夫人为他们求情，我已经放他们回国了。先轸非常生气，说：

"武夫力而拘诸原，妇人暂而免诸国。堕（隳 huī）军实而长寇雠，亡无日矣！'不顾而唾。"⑤（《左传·僖公三十三年》）

先轸的意思是说，将士们拼死才把他们从战场上抓获，妇人几句话就把他们从国内放走

---

① 杨伯峻：《春秋左传注》，中华书局 1981 年版，第 1015 页。

② 余嘉锡：《世说新语笺疏》，中华书局 1983 年版，第 233 页。

③ 汉·许慎：《说文解字》，中华书局 1963 年版，第 104 页。

④ 清·段玉裁：《说文解字注》，上海古籍出版社 1981 年版，第 213 页。

⑤ 杨伯峻：《春秋左传注》，中华书局 1981 年版，第 499 页。

了。损害了自己军队的战果，助长了敌人的气焰，要是这样的话，国家离灭亡就没有几天了。于是"不顾而唾"。

"不顾而唾"是什么意思？

有的翻译成：先轸不顾礼貌，当着襄公的面吐了一口唾沫[①]。"不顾礼貌"，今天看来似乎也对，其实有问题。

"顾"字从"页"，"页"的甲骨文作"𩑋"，突出人的头，因此，"页"的本义是人头。汉字中，从页的字往往都和人头有关。所以《说文》解释说："顧，还视也。从页雇声。"可见"顾"的意思是回头看。这里用的正是顾的本义，正确的理解应该是："头也不回地吐了一口唾沫就离开了"。

"不顾礼貌"是以今律古了。而且"不顾礼貌"太笼统，"头也不回"则要具体形象得多。

4. 淫

"淫"字小篆作"𣸁"，《说文·水部》解释说："侵淫随理也，从水，㸒声。一曰久雨为淫。"[②]"淫"的本义是浸泡，慢慢地渗透的意思。引申指过度、过分，所以说雨下得时间长了就叫淫雨，刑罚过分了叫淫刑，杀人过分了叫淫杀，言辞过分了叫淫辞。再引申指沉溺，进一步引申指迷乱、使昏乱。然后才指男女关系行为不正当。

《孟子·滕文公下》："居天下之广居，立天下之正位，行天下之大道。得志，与民由之；不得志，独行其道。富贵不能淫，贫贱不能移，威武不能屈，此之谓大丈夫。"[③]

"富贵不能淫，贫贱不能移，威武不能屈"被称为"三不能"，今天还经常有人引用。问题是"淫"该怎么理解？很多人都解释成今天意义的"淫乱"。这是不合适的，不准确的。

孟子的这句话，古人解释说："淫，荡其心也；移，变其节也；屈，挫其志也。"[④]意思是说，富贵了，心不能乱；贫贱了，志不能变；恶势力面前，节不能屈。这才叫大丈夫。显然，孟子在这里提出了儒家所推崇、遵循的为人处世的标准。这也是中华传统文化中个人道德修养的核心内容之一。即做一个大丈夫，无论在什么情况下都要坚守自己的志向、节操，不能动摇，富贵的时候，不能迷乱，要把握得住；贫贱的时候要守得住；面对强势力要挺得住，无论何时何地，都不变初衷，这才是大丈夫。

《左传·昭公二十五年》记载了一件事："子大叔见赵简子，简子问揖让、周旋之礼焉。对曰：'是仪也，非礼也。'简子曰：'敢问何谓礼？'对曰：'吉也闻诸先大夫子产曰：夫礼，天之经也，地之义也，民之行也。天地之经，而民实则之。则天之明，因地之性，生其六气，用其五行。气为五味，发为五色，章为五声。淫则昏乱，民失其性。'"[⑤]五味、五色、五声过分了就是"淫"，淫的结果是"昏乱"，昏乱了百姓就失去了他们的本性。

所以，结合孟子的整段话分析，这个"淫"应该是迷乱、昏乱的意思，不是今日所谓的"淫乱"。

---

① 《左传全译》上册，贵州人民出版社 1990 年版，第 371～372 页。
② 汉·许慎：《说文解字》，中华书局 1963 年版，第 231 页。
③ 宋·朱熹：《四书章句集注》，中华书局 1983 年版，第 265～266 页。
④ 宋·朱熹：《四书章句集注》，中华书局 1983 年版，第 266 页。
⑤ 杨伯峻：《春秋左传注》，中华书局 1981 年版，第 1457 页。

这个例子还告诉我们，读经典，一定要通读全文，千万不能断章取义。不能把今人错误的理解强加在古人头上，更不能根据自己的臆想改变古书的原意。

5. 时

《论语·学而》："子曰，学而时习之，不亦说乎。""时"，有人解释成"抓紧时间"，为什么呢？理由是"时"的左边是"日"，右边是"寸"，于是附会成"一寸光阴一寸金"，当然要抓紧了。显然，这样分析犯了两个错误，一是分析的是简化字"时"的构形，简化字的形体不能作为分析字义的依据，"时"的小篆形体作"時"，右边不是"寸"而是"寺"，是个形声字。如果照那样分析，哪有什么"一寸光阴一寸金"？倒像是"做一天和尚撞一天钟了"。第二个错误是把形声字当会意字分析了，右边的"寺"是表示"時"字的读音的。

从以上分析表明，掌握了汉字的结构规律，确实可以帮助我们更好地把握汉字的字义，甚至可以通过汉字构形的分析，探讨其中寓含的文化信息，从而更准确地理解经典文献的意义。同时还要注意通读原文，千万不能断章取义，更不能随意把自己的主观臆断强加在古人头上。

附录

附1 本书分析字例简明索引

声母	字例	备考
A	安 2,6	
B	聿 2；本 2；北 2,19；步 2；表 4；带 4；弁 4；陛 6；步 7；奔 7；北 9；鼻 9；卜 11；邦 12；鄙 12；剾 12；兵 13；秉 14；贝 15；幣（币）15；败 15；贬 15；璧 15；寶（宝）15；帛 16；编 16；白 17	
C	寸 2,9；从 2；裳 4；初 4；春 5；午（杵）5；除 6；彳 7；宁 7；辵 7；衝 7；車（车）7；齿 9；慈 10；臣 12；弛 13；倉（仓）14；采 14；册 16；赤 17；春 18	
D	大 3；弔（吊）8；德 10；都 12；帝 12；稻 14；牍 16；典 16；冬 18；旦 19；東（东）19	
E	歹 9；刵 12	
F	市 4；燔 5；方 7；婦（妇）8；夫 8；乏 9；福 11；灋（法）12；伐 13；焚 14；販 15；鳳（凤）17；粪 20	
G	甘 2；固 2；冠 4；觚 5；觥（觵）5；高 6；宫 6；歸（归）8；规 8；國（国）12；干 13；戈 13；弓 13；職（馘）13；耕 14；毌（贯）15；圭 15；鼓 16；龜（龟）17；盥 18；杲 19；光 19；顾 20	
H	虎 2；衮 2；河 2；醢 5；户 6；行 7；婚（昏）8；皇 12；后 12；獲 14；穫（获）14；货 15；环 15；畫（画）16；黑 17；黄 17；鹤 17；寒 18；沫 18	
J	及 2；晶 2；锦 2；具 3；甲 4,13；巾 4；即 5；既 5；臼 5；酒 5；爵 5；囧 6；家 6；井 6；街 7；降 7；嫁 8；颈 9；祭 11；稷 11,14；郡 12；軍（军）13；戒 13；贱 15；金 15；玦 15；珏 15；玑 15；教（教）16；简 16；笺 16；精 20	
K	寇 3；绔 4；膾（脍）5；口 9；刊 16	
L	临 1；牢 2；栗 2；林 2；梨 2；裹 4；糧（粮）5；酃 5；里 6；领 9；礼（禮）10；禄 11；里 12；邻 12；吏 12；旅 13；耒 14；利 14；廩（□）14；牢 14；麟 17；龍（龙）17；臘（腊）18	
M	牧 1,2,14；木 2；眉 2；末 2；莫 2；美 5；宀 6；门 6；盟 12；苗 14；麥（麦）14；麻 14；買（买）15；墨 16；莫（暮）19；明 19	
N	牛 2；逆 7；男 8；女 8；農（农）14；年 18；内 19；南 19	
O	耦 14	
P	炮 5；配 5；品 9；礴 13；砲 13；朋 15；贫 15	
Q	犬 2；弃 3；裘 4；卿 5；衢 7；去 7,20；取（娶）8；妻 8；妾 8；企 9；囚 12；牽（牵）14；禽 14；磬 16；桼 16；青 17；秋 18	
R	日 1,2；刃 2；乳 8；仁 10；辱 14；耨 14	

声母	字例	备考
S	射 1,2,13;水 2;上 2,19;宿 2,6;食 5;飨 5;彝 5;室 6;術 7;涉 7;孫(孙)8;首 9;舌 9;受 9;授 9;死 9;殇 9;聖 10;示 11;祀 11;牲 11;神(申)11;社 11;史 12;事 12;戍 13;矢 13;粗(柏)14;黍 14;菽 14;嗇(穑)14;桑 14;獸 14;狩 14;塾 16;删 16;暑 18;夙 19;神 20;时 20	
T	桃 2;堂 6;徒 7;题 9;弟(悌)10;田(畋)14	
W	文 2、3;武 2;闻 2;巫 11;王 12;武 13;衛(卫)13;為(为);14 舞;16 外;19 温;20	
X	页 2,9;向 2;下 2,19;休 2;鄉 5;羡 5;羞 5;蠱 5;向 6;衡 7;徙 7;項 9;心 9;息 9;信 10;孝 10;牺 11;觋 11;禧 11;相 12;學(学)16;庠 16;序 16;校 16;玄 17;夏 18;洗 18;夕 19;西 19	
Y	月 1,2;羊 2;曰 2;亦 2;友 2;炎 2;洋 2;缨 4;衣 4;饔 5;飲(饮)5;酉 5;衍 7;御(驭)7;姻(因)8;孕 8;育 8;喑 8;元 9;颜 9;牙 9;要 9;友 9;義(义)10;邑 12;狱 12;圉 12;刖 12;役 13;藝(執)14;渔 14;玉 15;瑗 15;砚 16;聿(筆)16;樂(乐)16;燕 17;零 18;浴 18;夜 19;杳 19;右 19;淫 20	
Z	逐 1,7;州 2;中 2;朱(株)2;栽 2;子 3,8;章 3;卒 4;炙 5;酌 5;斟 5;醉 5;尊 5;琖 5;觯 5;止 7;走 7;陟 7;舟 7;字 8;葬 8;自 9;止 9;正 9;爭 9;志 9;忠 10;祝 11;占 11;祖 11;宗 11;政 12;宰 12;執(执)12;鄭 12;征 13;戰(战)13;张 13;珠 15;纸 16;札 16;鐘(钟)16;朝 18;左 18;中 18	

说明:1. 所列字例以第一字的声母为序排列。

2. 例字后的数字为所在章节数,同一字出现在不同章节者用",号隔开。

附 2 主要参考文献

[1] 许　慎:《说文解字》,北京:中华书局 1963 年版。

[2] 徐　锴:《说文解字系传》,《四部丛刊》本,上海:上海商务印书馆 1922 年版。

[3] 段玉裁:《说文解字注》,上海:上海古籍出版社 1981 年版。

[4] 桂　馥:《说文解字义证》,上海:上海古籍出版社 1987 年版。

[5] 王　筠:《说文释例》,北京:中华书局 1987 年版。

[6] 朱骏声:《说文通训定声》,武汉:武汉市古籍书店影印本 1983 年版。

[7] 邵晋涵:《尔雅正义》,《皇清经解》本,上海:上海书店 1988 年版。

[8] 郝懿行:《尔雅义疏》,上海:上海古籍出版社 1982 年版。

[9] 扬　雄:《方言》,《四部丛刊》本,上海:上海商务印书馆 1922 年版。

[10] 王先谦:《释名疏证补》,上海:上海古籍出版社 1984 年版。

[11] 顾野王:《玉篇》,《四部丛刊》本,上海:上海商务印书馆 1922 年版。

[12] 娄　机:《汉隶字源》,《景印文渊阁四库全书》,台北:台北商务印书馆 1986 年版。

[13] 陆德明:《经典释文》,上海:上海古籍出版社 1985 年版。

[14] 钱大昕:《十驾斋养新录》,南京:江苏古籍出版社 2000 年版。

[15] 顾蔼吉:《隶书大字典》,扬州:江苏广陵古籍刻印社 1999 年版。

[16] 赵　翼:《陔余丛考》,石家庄:河北人民出版社 2003 年版。

[17] 黄　侃:《文字声韵训诂笔记》,上海:上海古籍出版社 1983 年版。

[18] 罗振玉:《增订殷虚书契考释》,台北:艺文印书馆 1981 年版。

[19] 王国维:《观堂集林》,石家庄:河北教育出版社 2001 年版。

[20] 李孝定:《甲骨文字集释》,台北:中央研究院历史语言研究所 1970 年版。

[21] 于省吾:《甲骨文字诂林》,北京:中华书局 1996 年版。

[22] 徐中舒:《甲骨文字典》,成都:四川辞书出版社 1998 年版。

[23] 杨树达:《积微居小学述林》,北京:中华书局 1983 年版。

[24] 赵　诚:《甲骨文与商代文化》,沈阳:辽宁人民出版社 2000 年版。

[25] 李　圃:《古文字诂林》,上海:上海教育出版社 1999 年版。

[26] 中国社会科学院考古研究所:《甲骨文编》,北京:中华书局 1965 年版。

[27] 容　庚:《金文编》,北京:中华书局 1985 年版。

[28] 陆宗达:《说文解字通论》,北京:北京出版社 1981 年版。

[29] 陆宗达,王宁:《训诂与训诂学》,太原:山西教育出版社 1994 年版。

[30] 商承祚:《〈说文〉中之古文考》,上海:上海古籍出版社 1983 年版。

[31] 裘锡圭:《文字学概要》,北京:商务印书馆 1988 年版。

[32] 王　宁:《汉字构形学讲座》,上海:上海教育出版社 2002 年版。

[33] 王　宁:《训诂学原理》,北京:中国国际广播出版社 1996 年版。

[34] 王宁,谢栋元,刘芳:《〈说文解字〉与中国古代文化》,沈阳:辽宁人民出版社 2000 年版。

[35] 李学勤:《失落的文明》,上海:上海文艺出版社 1997 年版。

[36] 宋永培:《〈说文〉汉字体系研究法》,南宁:广西教育出版社 1999 年版。

[37] 宋永培:《〈说文解字〉与文献词义学》,郑州:河南人民出版社 1994 年版。

[38] 宋永培:《古汉语词义系统研究》,呼和浩特:内蒙古教育出版社 2000 年版。

[39] 何九盈:《汉字文化学》,沈阳:辽宁人民出版社 2000 年版。

[40] 刘志成:《文化文字学》,成都:巴蜀书社 2003 年版。

[41] 张涌泉:《汉语俗字研究》,长沙:岳麓书社 1995 年版。

[42] 董莲池:《说文解字考正》,北京:作家出版社 2004 年版。

[43] 刘兴均:《〈周礼〉名物词研究》,成都:巴蜀书社 2001 年版。

[44] 杨　琳：《汉字形义与文化》，天津：南开大学出版社 2012 年版。

[45] 刘志基：《汉字——中国文化的元素》，上海：华东师范大学出版社 2007 年版。

[46] 暴希明：《汉字文化论稿》，郑州：郑州大学出版社 2009 年版。

[47] 阮　元：《十三经注疏》，北京：中华书局 1980 年版。

[48] 黄　侃：《黄侃手批白文十三经》，新竹：理艺出版社 1999 年版。

[49] 校点本《二十四史》，北京：中华书局 1959 年—1977 年版。

[50] 《诸子集成》，北京：中华书局 1954 年版。

[51] 《诸子集成补编》，成都：四川人民出版社 1997 年版。

[52] 董仲舒：《春秋繁露》，《景印文渊阁四库全书》，台北商务印书馆 1986 年版。

[53] 王　逸：《楚辞章句》，《四部丛刊》本，上海：上海商务印书馆 1922 年版。

[54] 刘　向：《古列女传》，《四部丛刊》本，上海：上海商务印书馆 1922 年版。

[55] 韦　昭：《国语解》，《四部丛刊》本，上海：上海商务印书馆 1922 年版。

[56] 崔　豹：《古今注》，《景印文渊阁四库全书》，台北：台北商务印书馆 1986 年版。

[57] 葛　洪：《神仙传》，《景印文渊阁四库全书》，台北：台北商务印书馆 1986 年版。

[58] 郦道元：《水经注》，《四部丛刊》本，上海：上海商务印书馆 1922 年版。

[59] 李　善：《文选注》，《景印文渊阁四库全书》，台北：台北商务印书馆 1986 年版。

[60] 韩　愈：《昌黎集》，《景印文渊阁四库全书》，台北：台北商务印书馆 1986 年版。

[61] 苏　鹗：《苏氏演义》，《景印文渊阁四库全书》，台北：台北商务印书馆 1986 年版。

[62] 孟　棨：《本事诗》，《景印文渊阁四库全书》，台北：台北商务印书馆 1986 年版。

[63] 宗　懔：《荆楚岁时记》，《景印文渊阁四库全书》，台北商务印书馆 1986 年版。

[64] 郑　樵：《通志》，《景印文渊阁四库全书》，台北：台北商务印书馆 1986 年版。

[65] 洪　迈：《容斋随笔》，《景印文渊阁四库全书》，台北：台北商务印书馆 1986 年版。

[66] 戴　侗：《六书故》，《景印文渊阁四库全书》，台北：台北商务印书馆 1986 年版。

[67] 司马光：《资治通鉴》，北京：中华书局 1956 年版。

[68] 李昉等：《文苑英华》，《景印文渊阁四库全书》，台北：台北商务印书馆 1986 年版。

[69] 李昉等：《太平御览》，《景印文渊阁四库全书》，台北：台北商务印书馆 1986 年版。

[70] 郭茂倩：《乐府诗集》，《景印文渊阁四库全书》，台北：台北商务印书馆 1986 年版。

[71] 欧阳修：《文忠集》，《景印文渊阁四库全书》，台北：台北商务印书馆 1986 年版。

[72] 朱　熹：《四书章句集注》，北京：中华书局 1983 年版。

[73] 吴自牧：《梦粱录》，《景印文渊阁四库全书》，台北：台北商务印书馆 1986 年版。

[74] 高　承：《事物纪原》，《景印文渊阁四库全书》，台北：台北商务印书馆 1986 年版。

[75] 孟元老：《东京梦华录》，《景印文渊阁四库全书》，台北：台北商务印书馆 1986 年版。

[76] 董斯张：《广博物志》，《景印文渊阁四库全书》，台北：台北商务印书馆 1986 年版。

[77] 洪亮吉：《春秋左传诂》，《皇清经解续编》，上海：上海书店 1988 年版。

[78] 章太炎：《春秋左传读》，《章太炎全集》第二卷，上海：上海人民出版社 1982 年版。

[79] 余嘉锡：《世说新语笺疏》，北京：中华书局 1983 年版。

[80] 《马克思恩格斯选集》，北京：人民出版社 1972 年版。

[81] 徐元诰：《国语集解》，北京：中华书局 2002 年版。

[82] 杨伯峻：《春秋左传注》，北京：中华书局 1981 年版。

[83] 赵善诒：《说苑疏证》，上海：华东师范大学出版社 1985 年版。

[84] 许维遹：《韩诗外传集释》，北京：中华书局 1980 年版。

后 记

　　本选题当初是针对汉字规范和中华传统文化的学习,在中国语言文字学专业的主干课程《现代汉语》《古代汉语》和《汉字学》《训诂学》《中华传统文化》等选修课的基础上设计的一门非中文专业通识教育课程,名曰《汉字的传统文化解读》,目的是提升大学生的汉语水平和汉文化素质,弘扬中华优秀传统文化。由于其既有汉字学理论知识,又与大众语言生活密切结合,并将汉文化贯穿始终,深入浅出,形象生动,颇受不同专业学生的好评。并应邀分专题在大连市"白云书院""市民文化大讲堂"、大连市委党校、大连市马克思主义学院、大连市行政学院等作系列学术报告,受到广大听众的欢迎与喜爱。2011年该课程被列入辽宁省首批精品视频公开课,2012年年初又通过教育部专家评审,列入国家首批精品视频公开课建设项目,同年11月建成,并在网上展播。由于受课时、授课条件的限制,《汉字的传统文化解读》课程的内容只是本选题的部分前期成果。

　　承蒙高等教育出版社的领导、编辑不弃,将此课题列入出版规划,并对研究的理论深度和广度提出了许多宝贵意见,本书的编辑,对此书的撰写和出版自始至终给予热情的支持和多方帮助,付出了大量心血,在此表示诚挚的感谢。撰写过程中,还受到了大连大学人文学部、学科办的领导和同仁们的大力支持,书稿完成后,又获得大连市学术著作出版基金资助出版。此外,大连美术学院副院长巨德辉副教授为本书精心绘制了插图,焦冬梅副教授、林乐常教授和我的研究生赵君副教授、李倩博士、路飞飞讲师等参与编写了部分章节,穆晶、朱晓彤、刘晓凯、田杏如、刘艳静、刘鑫鑫、赵斌、赵全、于艳艳等同学或帮助收集资料,或帮助核对引文,也为此书的出版做出了可贵的贡献。在此一并致谢。

李　索

2014年春于大连东城苑陶然斋

郑重声明

    高等教育出版社依法对本书享有专有出版权。任何未经许可的复制、销售行为均违反《中华人民共和国著作权法》,其行为人将承担相应的民事责任和行政责任;构成犯罪的,将被依法追究刑事责任。为了维护市场秩序,保护读者的合法权益,避免读者误用盗版书造成不良后果,我社将配合行政执法部门和司法机关对违法犯罪的单位和个人进行严厉打击。社会各界人士如发现上述侵权行为,希望及时举报,本社将奖励举报有功人员。

反盗版举报电话　　(010)58581897　58582371　58581879
反盗版举报传真　　(010)82086060
反盗版举报邮箱　　dd@hep.com.cn
通信地址　北京市西城区德外大街 4 号
　　　　　高等教育出版社法务部
邮政编码　100120